Das war das 20. Jahrhundert im

JERICHOWER LAND

Das Buch zur Serie der "Volksstimme"

von Paul Nüchterlein, Gerhard Mittendorf, Heinz Jericho,
Dr. Klaus Lehnert und Bernd Körner.

Die Volksstimme dankt dem Stadt- und Kreisarchiv Burg,
den Stadtarchiven Gommern und Möckern für die Unterstützung
und das bereitgestellte Material
und den Lesern für ihre Zusendungen.

Wartberg Verlag

Wir danken der *Volksstimme* sowie ihren Leserinnen und Lesern
für die Unterstützung bei der Entstehung dieses Buches.

**In unserer Reihe „Das war das 20. Jahrhundert"
sind bisher in der Region Magdeburg erschienen:**

(1) Magdeburg

•

(2) Magdeburg-Sudenburg

•

(3) Region Westliche Altmark

•

(4) Ohrekreis

•

(5) Jerichower Land

•

(6) Bördekreis/Kreis Staßfurt

•

(7) Kreise Halberstadt/Wernigerode

•

(8) Region Schönebeck/Zerbst

Sämtliche Texte und Abbildungen in diesem Buch
sind der Serie entnommen, welche die „Volksstimme" 1999 in ihrem
Verbreitungsgebiet veröffentlichte.

Die nicht gekennzeichneten Fotografien stammen aus dem
Stadt- und Kreisarchiv Burg, den Stadtarchiven Gommern und Möckern
sowie dem Archiv der „Burger Rundschau" und des „Genthiner Rundblicks".

1. Auflage 2000
Alle Rechte vorbehalten, auch die des auszugsweisen Nachdrucks
und der fotomechanischen Wiedergabe.

Druck: Bernecker, Melsungen
Buchbinderische Verarbeitung: Büge, Celle
© Wartberg Verlag GmbH & Co. KG
34281 Gudensberg-Gleichen, Im Wiesental 1
Tel.: 05603/93050
www.wartberg-verlag.de
ISBN 3-86134-625-7

Die Geschichte, das Gedächtnis der Menschheit.

Ohne Erinnerungen können Menschen nicht leben, seien es angenehme wie die erste Liebe oder ein Sonnenuntergang am Meer, oder seien es bedrückende wie eine schlimme Krankheit oder der Tod eines Freundes. Gemeinschaften geht es nicht anders: Sie brauchen ihre Erinnerungen, um die Gegenwart verstehen zu können.

So hat es einen guten Grund, wenn Tageszeitungen nicht nur aktuelle Nachrichten bringen, sondern auch intensiv in die Geschichte greifen – denn die Geschichte ist das Gedächtnis einer Stadt, eines Landes, einer Nation.

Paul-Josef Raue

Das letzte Jahr eines Millenniums war für die VOLKSSTIMME ein willkommener Anlass, systematisch die Geschichte der letzten hundert Jahre zu schreiben – nicht mit der Akribie eines Historikers, sondern mit der Unbekümmertheit von Journalisten, die genau den Alltag der Menschen kennen und um die Kraft des Erzählens wissen. Die großen, die historischen Ereignisse haben wir selbstverständlich versammelt, jedoch zeigen wir, wie sie die Menschen in unserer Region erlebten. Und wir kramen scheinbar nebensächliche Anekdoten hervor, die jedoch belegen, wie der Alltag der Menschen ablief: War nicht der Brotpreis für die meisten wichtiger als eine große Debatte in Berlin?

Wir blättern Jahr für Jahr in der Geschichte unserer Altvorderen, unserer Nachbarn und lassen Zeitzeugen zu Wort kommen: So war das Jahrhundert im Jerichower Land, so haben es die Menschen hier erlebt – und so wollen wir es aufbewahren für uns und für die kommenden Generationen. Auf hundert Zeitungsseiten haben wir das 20. Jahrhundert besichtigt – dank der Mithilfe unserer Heimatforscher, dank vieler Leserinnen und Leser, die in ihren Erinnerungen ebenso gekramt haben wie in alten Truhen, Foto-Alben und Tagebüchern. So entstand die umfangreichste historische Serie, die wohl je eine regionale Tageszeitung gedruckt hat.

Dank der großen Jahrhundert-Serie hat eine hochkarätig besetzte Jury die VOLKSSTIMME zur besten Lokal- und Regionalzeitung Deutschlands für das Jahr 1999 gewählt. Den renommierten Lokaljournalisten-Preis der Adenauer-Stiftung bekommt zum ersten Mal eine ostdeutsche Tageszeitung. Die Jury lobt das ausgefeilte Konzept, sich mit der deutschen Geschichte auseinander zu setzen: „Zehn Jahre nach dem Mauerfall 1989 wurde hier lokale und regionale Zeitgeschichte sehr überzeugend aufbereitet." Die Jury überzeugte vor allem, dass die Redakteure dabei auch vor Tabu-Themen nicht Halt machten.

Eine Auswahl der Texte und Bilder aus der Serie versammeln wir in diesem Buch – damit wir dieses schwere Jahrhundert in unserem Gedächtnis bewahren und die Gegenwart besser meistern können.

Ihr

Paul-Josef Raue
Chefredakteur

1900

100 Salutschüsse zum Neujahrsmorgen

Neujahr 1900. Die Glocken der Burger Kirchen läuten den Jahreswechsel, den Übergang in das zwanzigste Jahrhundert feierlich ein.

Man feierte die Silvesternacht entweder im Familienkreis oder in den zahlreichen Lokalen und Gastwirtschaften der Stadt. Der Polizeibericht vermerkte keine besonderen Vorkommnisse.

An diesem denkwürdigen Jahreswechsel herrschte ziemliches Schmuddelwetter, keine Frostgrade waren auf dem Thermometer zu entdecken und auf die weiße Pracht oder Eislauf auf zugefrorenen Gewässern musste man verzichten. Am frühen Neujahrsmorgen wurden die Burger von 100 lauten Salutschüssen, mit der das neu aufgestellte Feldartillerieregiment Nr. 40 das neue Jahrhundert begrüßte, aus dem Schlaf gerissen. Für die Frühaufsteher eine Gelegenheit, zu der im Vorjahr weit draußen auf freiem Feld am Wege zur Roten Mühle von der Stadt erbauten Kaserne zu pilgern. Beim Militärkonzert der Regimentskapelle auf dem Viereck des Paradeplatzes (Rolandplatz), bei dem sich am Vormittag zahlreiche Zuhörer einfanden, konnte man mit Freunden und Bekannten gute Wünsche für die Zukunft austauschen, bei dieser Gelegenheit auch dem Roland, dem alten Wahrzeichen der Stadt, seine Aufwartung zu machen. „Glück auf zu neuem Schaffen, im neuen Jahr, im neuen Jahrhundert!"

GENTHINER CHRONIK

15. Januar: Der Winter hat mit recht „ansehnlicher" Kälte eingesetzt. Der „Import Industrie" macht er einen Strich durch die Rechnung. Diese importiert Eis auf Schiffen von Norwegen und Schweden nach Deutschland. Der Winter erzeugt einheimische Ware.

19. Januar: In der Stadtverordnetenversammlung Genthin verliest Bürgermeister Winter ein Schreiben des Ministers für Eisenbahn, dass der Bau der Strecke Genthin-Tucheim-Ziesar genehmigt ist.

26. Januar: Den Einwohnern wird bekannt gegeben, dass durch die Fernsprecheinrichtung auch Telegramme aufgegeben und empfangen werden können.

14. Februar: Die von der Post neu eingeführte Regelung, dass die Briefträger jedes Vierteljahr ihr Revier wechseln sollen, wird von den Einwohnern und Geschäftsleuten für nicht gut gehalten.

1. Mai: Die städtische Privatschule für Mädchen wird in Genthin im Juni eröffnet. Sie umfasst die ersten vier Klassen. Die Leitung der Schule liegt in den Händen der Oberlehrerin Hubertine Lüder.

28. Juli: Alles stöhnt, die Hitze ist gar zu groß. Jeder Tag bringt Temperaturen von über 30 Grad C. Man rät zur Diät und man soll viel trinken.

23. August: Zwischen Parchener und Fieneroder Chaussee werden von der landwirtschaftlichen Winterschule Versuchsfelder angelegt. Man will auf den leichten Böden alle Fruchtarten auf ihren Ertrag testen.

Der Radfahrverein Genthin veranstaltet eine Wettfahrt von über neun Kilometern. Der erste Preis ist eine Acetylen-Fahrradlampe.

BURGER CHRONIK

1. Januar, Niegripp: Das Burger Tageblatt meldet den Wasserstand der Elbe bei Niegripp mit +2,20 m (über Null).

27. Januar, Burg: Den Reigen der Feierlichkeiten zum Kaiserlichen Geburtstag eröffnet das Gymnasium mit dem Gesang „Vater, kröne Du mit Segen".

15. März, Burg: Aus der hiesigen von Pischelchen Anstalt werden zehn Knaben und sechs Mädchen konfirmiert.

19. Mai, Magdeburgerforth: An der Kleinbahn brennt es wieder. Ein Feuer entstand durch Funkenflug, die Brandstelle befindet sich hinter Magdeburgerforth.

13. Juni, Möckern: Hilmar Graf vom Hagen, königlicher Hofmeister und Kammerherr, ist im 65. Lebensjahr sanft entschlafen.

10. August, Blumenthal: Bewilligt werden 63 000 Mark für den Chausseebau von Blumenthal zur Fähre Kehnert.

3. September, Burg: Die „Turnerschaft" hält aus Anlass des Sedantages in der „Zentralhalle" ein Schauturnen ab.

12. Oktober, Grabow: Auf dem hiesigen Rittergut ist Maul- und Klauenseuche ausgebrochen.

14. Oktober, Rietzel: Bei der Jagd in der Feldmark werden ein Rehbock, vier Hasen und 42 Kaninchen zur Strecke gebracht.

30. November, Möckern: Der Schweinemarkt ist von Handelsleuten und Käufern gut besucht.

10. Dezember, Königsborn: Die Versammlung des landwirtschaftlichen Vereins hat das Thema „Stand der Rinderzucht".

Neue Karte für neues Jahrhundert

Viele Glückwünsche wurden zum neuen Jahr und zum Jahrhundertanfang im Landkreis Jerichow I von dessen Einwohnern ausgetauscht. Die Burger verschickten die in Mode gekommenen Neujahrskarten, so auch wie nebenstehend sichtbar Herr Fritz Hochbaum, Goldleistenfabrik, in der Großen Brahmstraße 7. Am 12. Januar 1900 hielt der Bürgermeister Wilhelm Kuhr anlässlich der Stadtverordnetensitzung eine Neujahrsansprache. Zum Jahreswechsel und zur Jahrhundertwende sagte der beliebte Bürgermeister: „Als eine schmucke Dame trete unsere Kommune ein ins neue

Jahrhundert. Es werde Gelegenheit bieten, sie weiter zu schmücken, denn es herrscht Frieden in Europa, im Kaiserreich und in der Kommune."

„Genthiner Echte"

Die Genthiner Aktien-Brauerei brachte am 3. Februar 1900 ein neues Bier auf den Markt. Das „Genthiner Echte", so der vielversprechende Name des neuen Produktes, wurde nach keiner geringeren als nach der Münchener Art gebraut. Es sollte später in „feuchtfröhlichen Kreisen" lebhaften Absatz finden. Die Bierproduktion der Genthiner Aktien-Brauerei hatte zwei Jahre zuvor, am 7. Mai 1898, die Produktion aufgenommen. Sie war 1897 durch die Gastwirte des Kreises Jerichow II gegründet worden. 1919 ging das Unternehmen in Liquidation. Nach mehrmaligem Besitzerwechsel erwarb 1935 Wilhelm Hild das Unternehmen.

Die Genthiner Brauerei – ein beliebtes Motiv für Postkarten des Jahres 1900. (Foto: Stadtarchiv Genthin)

Aussteuer in Arbeit

Die Braut des Jahres 1900 aus einem bäuerlichen Haushalt hatte, bevor sie vor den Altar trat, mit der Anfertigung ihrer Aussteuer allerhand zu tun. Sechs bis acht Dutzend Handtücher mussten so genäht und anschließend mit dem gestickten Mädchennamen der Braut versehen werden. Des Weiteren musste die junge Bäuerin sechs- bis achtmal Bettwäsche einschließlich Laken in die Ehe mitbringen. Damit allerdings nicht genug: Auch für Tischtücher trug die Braut Sorge. Besagte Tischtücher durften als Leinen-Meterware bezogen werden und brauchten allerdings nur noch besäumt werden. Zur Aussteuer gehörte ebenso Leinenunterwäsche, die in mühevoller Näh- und Stickarbeit nach einem anstrengenden Arbeitstag auf dem Acker noch bei Petroleumlicht am Abend anzufertigen war.

Alwine Block aus Großwusterwitz 1900, kurz vor ihrer Heirat mit dem Bauern Wilhelm Raeck. Die Frau an der Nähmaschine sitzend – ein Fotomotiv, das seinerzeit hoch im Kurs stand. In keinem Fotoalbum dieser Tage fehlte es. (Foto: privat/Ilse Ziegeler)

Landesasyl und Zuckerfabrik

1901

Im Jahr 1901 wird mit dem Bau der Genthiner Zuckerfabrik begonnen. Ein Jahr später wird sie den Betrieb aufnehmen. Sie zählt zu dieser Zeit zu den modernsten ihrer Art in Deutschland. (Foto: Stadtarchiv Genthin)

Die Region macht von sich reden: Der Bau des Landesasyls und der Zuckerfabrik beginnt.

Die Provinzialverwaltung entschied sich 1901 für den Bau des „kleinen Landasyls" in Jerichow.

In den vorhergehenden Jahren stand die Magdeburger Provinzialregierung wegen Überbelegung der vorhandenen drei Verwahrhäuser für besonders schwere Fälle psychischer Erkrankungen immer wieder vor der Frage der Erweiterung. Die preußischen Provinzen wurden sogar per Gesetz angehalten, für den Ausbau ihrer „Irrenanstalten, Siechanstalten, Blindenhäuser" und anderen Einrichtungen zu sorgen, weil „die sozialen Schwierigkeiten" von Jahr zu Jahr größer wurden. Der Direktor der Heilanstalt Uchtspringe, Dr. Alt, schlug deshalb vor, die Behandlung der Patienten in „gemischter Betreuung" fortzuführen. Er und seine Mitarbeiter verstanden darunter eine Art „freie Behandlung", die bei gleichzeitiger Unterbringung in Jerichow und besonders bei Bauern und Handwerkern in den umliegenden Ortschaften erfolgen sollte.

Der Bau des Landasyls in Jerichow erstreckte sich von 1902 bis 1906. Hier wollten Fachleute Erfahrungen bei der gemischten Betreuung sammeln. Auch in den Folgejahren wurde keine weitere derartige Einrichtung gebaut. Die Stadt stellte für den Bau des Landesasyls 50 Morgen Land zur Verfügung und für den Anfang wurden zunächst zwei Privathäuser bereitgehalten.

Wasserleitungen für Burg

Seit Jahren bestand in der Ihlestadt die Notwendigkeit der Anlage einer städtischen Trinkwasser- und Kanalisationsleitung, wie sie andere gleich große Städte schon seit Jahren besaßen. In diesem Jahre wurden die Vorbereitungen für die flächendeckende Wasserversorgung in Burg ganz erheblich gefördert. Das größte Problem war die Finanzierung. Hatte doch die Stadt 1899/1900 die große Artilleriekaserne auf ihre Kosten zu errichten, was Unmengen von Geld verschlungen hatte. Daher galt es, eine der Größe der Vorhaben entsprechend hohe Anleihe aufzunehmen. Mit dem Bau und der Installation der Trink- und Abwasseranlage beauftragten die Stadtväter die Berliner Firma Börner & Herzberg. Am 6. Juni war es schließlich soweit. An der oberen Magdeburger Chaussee fanden sich die städtischen Körperschaften neben zahlreichen Schaulustigen ein, und Bürgermeister Wilhelm Kuhr unternahm den ersten Spatenstich zum Bau der Burger Kanalisations- und Wasserleitung mit den Worten: „Mit Gott zum Wohle der Stadt". Drei Wochen später begann der Bau des Kesselhauses des Wasserwerkes in der Blumenstraße Inzwischen zogen sich bereits tiefe Gräben durch die Straßen der Innenstadt, ausgehoben mit Spaten und Schaufel bis zu fast vier Meter Tiefe für die Verlegung der

Ausschachtung zum Bau der Wasserleitung und Kanalisation im Untern Hagen. Die Arbeiter posieren für ein Erinnerungsfoto.

einen halben Meter dicken gusseisernen Kanalisationsrohre. Dabei bildeten oft feste und zähe Ton- und Mergelschichten, mächtige Findlingsbrocken und altertümliche Eichenbohlen nur sehr schwer zu bewältigende Hindernisse. Bereits im Herbst dieses Jahres war die Unterstadt mit dem gesamten Rohrnetz, den Einstiegsschächten, Straßengullys, den Hydranten und Hausanschlüssen versehen. Die Dammsetzer hatten Mühe, mit dem Pflastern nachzukommen.

Arbeiterinnen erhalten neue Unterkunft

Dem Bau einer Gemeinschaftsunterkunft für die Arbeiterinnen auf der Domäne Hagen samt Stallungen und Toiletten stand nun nichts mehr im Wege. Das Bauvorhaben war noch im Vorjahr wegen Geldmangels gescheitert. Über die Ausführung gab es lange Zeit unterschiedliche Auffassungen zwischen dem Pächter und dem königlichen Bauamt in Genthin. Während der Pächter die Unterbringung der 22 Frauen in vier Zimmern anregte, favorisierte das Bauamt einen gemeinschaftlichen Schlafraum, der auch als Essensraum genutzt werden sollte. Der Bau sollte ursprünglich westlich des Pächterwohnhauses errichtet werden, da hier der Brunnen lag. Pächter Rummelberg entschied sich jedoch für den jetzigen Standort, da hier genügend Platz war und der Bau ausreichend von seinem Gemüsegarten entfernt war. Dem „Gesinde" wurde zugemutet, das Wasser aus dem 300 Meter entfernt liegenden Brunnen zu holen.

GENTHINER CHRONIK

22. Januar: In der Stadt und im Kreis finden Feierlichkeiten zum 200. Gründungstag des Königreiches Preußen statt. Persönlichkeiten werden ausgezeichnet und in den Adelsstand erhoben.

Februar: Gründung des Schiffervereins „Eintracht" in der Gaststätte Weber, in dem Schiffer und Schiffbauer vereinigt sind. Zweck des Vereins ist die soziale Hilfe und Unterstützung untereinander.

4. April: Die Genthiner Brauerei entwickelt sich zur Zufriedenheit ihrer Teilhaber. Die Produktion beträgt über 10 000 Hektoliter.

23. April: Im neuen Sitzungssaal des Rathauses findet die erste Sitzung der Stadtverordneten statt. Diese müssen bisher in Schulen bzw. in der Gaststätte „Duchstein" tagen. Der neue Saal wird wegen seiner geschmackvollen Gestaltung in der Presse gelobt.

Die Schiffswerft Marwitz, gegenüber der Werft Schütze, nimmt den Betrieb auf. Werden am Anfang vorwiegend Holzkähne gebaut, setzt sich ab 1907 der Eisen- bzw. Stahlschiffbau durch.

30. September: Die Obst- und Gartenbauausstellung wird mit großer Beteiligung und zahlreichen Zuschauern im Schützenhaus eröffnet.

21. November: Kreisbauinspektor Engelbrecht stellt seinen Entwurf für den Neubau der katholischen St.-Marien-Kirche in der Mühlenstraße vor.

BURGER CHRONIK

23. Januar, Altengrabow: Auf dem Truppenübungsplatz des kaiserlichen Heeres wird ein zweiter Uhrenturm mit einer Höhe von 20 Metern errichtet.

9. Februar, Niegripp: Die Eisdecke der Elbe hat sich derart gefestigt, dass sie für Fußgänger und leichte Fuhrwerke zu passieren ist. Viel Volk schaut sich das Naturwunder an.

7. März, Schartau: Auf den Elbwiesen werden die ersten Kiebitze gesehen.

1. April, Burg: Die Stadtsprechanlage wird in Betrieb genommen und die Türmerstelle auf der Kirche „Unser lieben Frauen" (Oberkirche) wird abgeschafft.

Am **28. Mai** verstirbt in Magdeburg im 90. Lebensjahr nach langem Leiden der 36 Jahre verdienstvoll die Geschicke der Stadt Burg leitende frühere Oberbürgermeister Wilhelm Nethe. Die feierliche Beerdigung findet am 31. Mai 1901 mittags unter dem Geläut der Glocken sämtlicher Kirchen statt. Superintendent Fleischhauer spricht in der Friedhofskapelle und am Grabe. Die Beisetzung erfolgt im Erbbegräbnis der Familie. Die Stadt lässt am Sarg eine prachtvolle Kranzspende niederlegen.

20. Juli, Gommern/Vogelsang: Durch Kauf geht die Besitzung des Herrn Knopf, die „Neue Mühle", in den Besitz der Heilstätte Vogelsang über. Der Preis dafür ist 106 000 Mark.

6. August, Burg: Die Grundsteinlegung für den Wasserturm in Burg wird sehr feierlich vorgenommen.

18. August, Gerwisch: Hier gibt es ein großes Radfahrerfest, verbunden mit einem Straßenrennen.

11. September, Möckern: Der Predigeramtskandidat Kalmus bekommt die Rektorstelle.

10. November, Burg: Die Artilleriekapelle der hiesigen Garnison spielt auf dem Paradeplatz u.a. „Unter dem Doppeladler" und „Zwei braune Augen".

13. Dezember, Burg: Die Anwohner haben erreicht, dass der Name „Kaiterlin" beibehalten wird.

1902

GENTHINER CHRONIK

29. März: Die Gemeinde Gladau sieht sich veranlasst, zur Bestreitung der jährlichen Ausgaben 120 Prozent aller heranziehbaren Steuerarten zu erheben. Darunter fallen die Einkommensteuer einschließlich der fingierten Steuersätze, Grund-, Gebäude-, Gewerbe- und Betriebssteuer. Für diesen Beschluss muss die Gemeinde laut Landgemeindeordnung die Genehmigung des Kreisausschusses einholen.

12. Juli: Insolvenz der Firma Swowoda & Sänger. Das Unternehmen, das eine Materialwirtschaft und Düngemittelbehandlung betreibt, genießt in der Genthiner Geschäftswelt und der Einwohnerschaft großes Vertrauen. Der Zusammenbruch hat eine nachhaltige Resonanz in der Stadt und der Umgebung. Die städtische Spar- und Darlehenskasse verliert 150 000 Mark und Privatgläubiger 600 000 Mark.

18. September: Der Magistrat und die Stadtverordneten lehnen die Forderung der königlichen Regierung in Magdeburg ab, eine zentrale Wasserversorgung und Abwasserentsorgung zu verlegen. Man begründet seinen Entschluss: „Man kann nur das Nötigste machen".

12. Dezember: Der Kaufmann und Buchdruckereibesitzer Albert Schenke stirbt. Bis zum 1. April 1900 war er Herausgeber der Genthiner Zeitung. Aufgrund seiner Verdienste um die Stadt wird 1923 eine Straße nach ihm benannt.

1902: Ein schwarzes Jahr für den Genthiner Handwerker-Gesangsverein: In diesem Jahr sinken die Leistungen des Chores in einem Maße, das öffentliche Auftritte nicht mehr möglich macht.

BURGER CHRONIK

4. Januar, Burg: Die Gründung der freien Volksbühne in Burg wird zu einem viel beachteten Kulturereignis.

16. Januar, Theeßen: In der Ortschaft erfolgt eine genaue Zählung der Bürgerschaft. Amtlich wird eine Einwohnerzahl von genau 228 Personen festgestellt.

12. Februar, Möckern: Der Hausdiener Johann Müller aus Möckern wird zum Amtsdiener vom Stadtrat ernannt, bestätigt und vereidigt.

14. Februar, Kreis Jerichow I: Es ist eine Übung der Feldartillerie zwischen Büden und Woltersdorf, von der nicht nur hohe Persönlichkeiten Kenntnis nehmen.

15. Mai, Büden: Der Ackergutsbesitzer Louis Pfennighaus wird zum Gemeindevorsteher mit großer Mehrheit gewählt.

28. und 30. Juni, Altengrabow: An diesen Tagen wird auf dem Truppenübungsplatz mit scharfer Munition geschossen.

Juli 1902, Schartau: In Schartau wird der Baubeginn der äußerst dringend gebrauchten Molkerei bekannt gegeben.

15. September, Burg: Der erste Straßen-Motor-Omnibus knattert unter Anteilnahme sehr vieler Bürger durch die Stadt.

15. September, Parchau: Der Maurer Wilhelm Rieckert wird zum Nachtwächter der Gemeinde ernannt.

21. November, Burg: Das Wasser- und Kanalisationswerk in der Blumenstraße in Burg wird in Betrieb genommen.

Wasserturm krönt neue Wasserleitung

Burg, am 21. November! Nach nur einer eineinhalbjährigen Bauzeit sind die Herstellungsarbeiten zur Anlage der städtischen Trinkwasserleitung und der Kanalisation nunmehr zum Abschluss gelangt.

Bis auf einige Außenbezirke, wie der untere Teil der Koloniestraße, bekamen fast alle Haushalte Anschlüsse, wie es das Ortsstatut vorsah.

Die Gesamtlänge der Leitungsführung einschließlich der über sechs Kilometer langen Abwasserrohrleitung zur Elbe betrug fast siebzig Kilometer. Die Dampfpumpen im Kesselhaus konnten mit einer beträchtlichen Saugleitung aus den insgesamt fünf 35 Meter tiefen Rohrbrunnen in der Feldmark Unterm Hagen stündlich 180 Kubikmeter einwandfreies Trinkwasser fördern. Der Preis sollte für die Bevölkerung 25 Pfennige pro Kubikmeter betragen.

Am 21. November fand die feierliche Inbetriebnahme der gesamten Anlage durch die städtischen Behörden mit einer Besichtigung des festlich geschmückten, neu erbauten Wasserturmes auf dem Weinberge und des Wasserwerkes in der Blumenstraße statt. Damit galt die aufwändig hergestellte Anlage als eröffnet. Die Burger waren damit nicht mehr auf die öffentlichen Straßenbrunnen angewiesen. Im Anschluss an die Einweihung fanden sich die Geladenen zu einem Mittagsmahl in der Loge zusammen.

Bereits im Januar hatte der Vereinsvorsitzende für Altertumskunde, Rektor Rothmann, die bei den Ausschachtungen zur Anlage der Kanalisation geborgenen archäologischen Funde vorgestellt.

Der Bau des Burger Wasserturms im Frühjahr 1902.

Genthins erster Hafen entsteht

Die Zuckerfabrik nahm ihren Betrieb auf. 750 Tonnen Zuckerrüben wurden hier täglich zu weißer Ware verarbeitet. Der Verband der Schokoladenfabrikanten Deutschlands gründete den Betrieb unter der Bezeichnung „Aktiengesellschaft für die Verwertung landwirtschaftlicher Produkte". Damit schuf die Schokoladenindustrie einen Gegenpol zum Syndikat der Deutschen Zuckerindustrie. Für den Standort war die Lage am Elbe-Havel-Kanal entscheidend, an dem nun Genthins erster großer Umschlaghafen entstand. Er besaß zwei Becken, eines für die Rübenentladung und eines für die Weißzuckerverladung. Eine kommunale Umschlageinrichtung war zwar in der Hafenstraße (heutige Bergzower Straße) geplant, doch das Projekt scheiterte am fehlenden Geld.

Das Geld reicht: Mit dem Neubau der Kirche kann begonnen werden

Nachdem zum Pfingstfest 1897 die katholische Gemeinde erstmals einen Gottesdienst in Genthin in einem eigenen Raum feiern konnte, mühte sich der Pfarrer fortan, eine eigene Kirche und eine eigene Schule zu errichten, doch der Grundstückskauf erwies sich im damaligen Preußen als schwierig, und ein Brandenburger Kaufmann betätigte sich als Strohmann. Von ihm berichtet die Chronik der katholischen Gemeinde: „Ein wirkliches Bettelgenie hatte der liebe Gott zum Segen der Gemeinde an ihre Spitze gestellt ... mit einem ganzen Stab von Mitarbeitern, Erwachsenen wie Kindern war er tätig. An mehreren Abenden jeder Woche saß er stundenlang und schrieb Adressen mit ca. 1/2 Dutzend Helfern auf die Cuverts, in welche am Tage dann Schulkinder in den freien Stunden die Bettelbriefe stecken und mit Marken versehen mußten. Regelmäßig vier bis fünf mal im Jahr flatterten diese Briefe, die in Kiepen zu zehntausend und mehr zur Post getragen wurden, zu den Hochfesten des Kirchenjahres hinaus in die Welt, bis nach Amerika." Im Jahre 1902 hieß es dann: „Mit dem Neubau der Kirche kann begonnen werden, das notwendigste Geld ist vorhanden." (Foto: Stadtarchiv Genthin)

Grundstein für Altenplathower Kirche

1903

In Altenplathow wird am 27. April der Grundstein für den Kirchenneubau gelegt. Superintendent Weihe segnet den Grundstein.

Die Baukosten beliefen sich auf insgesamt 78 000 Mark. Den Auftrag zur Herstellung des Außenbaues erhielt das Baugeschäft Albrecht und Rissmann in Genthin.
Der Bau einer neuen Kirche wurde notwendig, weil die alte Kirche nur 330 Menschen Platz bot. Diese Kapazität reichte für die wachsende Bevölkerung nicht mehr aus. Der zweite Grund für einen Neubau lag in dem Umstand, dass die alte Kirche für eine Erweiterung zu baufällig geworden war.

Dem Ereignis in Altenplathow folgte nur kurze Zeit später, am 23. Juni 1903, die Weihe der katholischen Kirche durch den Paderborner Bischof. Ein ganztägiges Fest wurde aus Anlass der Fertigstellung der Kirche veranstaltet.
Die Ausführung dieses Kirchenneubaues bereitete wegen des sumpfigen und moorigen Untergrundes große Schwierigkeiten. Stellenweise musste bis zu elf Meter tief ausgeschachtet werden. So kostete, berichtet Pfarrer Kraning in einer Darstellung der 90er Jahre, der Kirchenneubau mehr in der Erde als über der Erde. Der rote Klinkerbau wurde im historisierenden romanischen Stil errichtet.

„Jerichower Zeitung" erscheint erstmals

Das Jahr 1903 ist das Geburtsdatum der „Jerichower Zeitung". Ihr Herausgeber – Buchbindermeister Jacob Stephan – kam 1890 nach Jerichow und betrieb zunächst einen Buch- und Schreibwarenladen, bevor er das Grundstücke Breite Straße 49 erwarb und sich eine Druckerei einrichtete. Nachdem er den „Jerichower Anzeiger" aufgekauft hatte, gründete er die „Jerichower Zeitung", die über Jahrzehnte die Jerichower Leserschaft begleitete.
In der Jubiläums-Ausgabe der „Jerichower Zeitung" vom 1. Oktober 1928 ist u. a. im Geleitwort zu lesen: Seit 25 Jahren haben unsere Boten die „Jerichower Zeitung" in die Häuser der Stadt zugesandt. Woche um Woche, Monat um Monat, Jahr um Jahr knüpfte die Zeitung die Fäden von Heimat zu Welt, von Land zu Land und trug Kunde von den elendsten Teilen unseres Erdballes den Lesern zu."

Jacob Stephan, Herausgeber der „Jerichower Zeitung" mit seiner Familie.(Repro: Klostermuseum Jerichow)

Nach Leitungsverlegung werden in Burg Straßen gepflastert

Aufgeteilt war in Burg der bisherige Mühlgang vor dem Berliner Tor in die jetzt mit mehrstöckigen Mietshäusern bebaute Mühlen- und die dahinführende Ihlestraße. Beide Straßenzüge wurden nach der Verlegung der Leitungen auch gepflastert und mit Bürgersteigen versehen. Die östliche Seite der Kanalstraße erhielt einen neuen Bürgersteig. Der Burger Steinsetzbetrieb Badewitz erhielt den Auftrag zur Pflasterung der inzwischen bis zur Kleinbahn bebauten Magdeburger Chaussee und der im Volksmund als Stankgasse bezeichneten Gartenstraße. Die allgemeine Bautätigkeit in der Stadt war in diesem Jahr minimal. Zurückgegangen war auch der Absatz der hier etablierten Ziegeleien. Der niedrige Wasserstand behinderte den Transport der Steine nach auswärts.

Die dicht bewohnte Ihlestraße mit Blick auf den Bismarckturm der Ihlestadt.

GENTHINER CHRONIK

2. April: In der Presse wird die neue Rechtschreibung vorgestellt, die seit dem 1. Januar des Jahres gültig ist. Als größter Mangel wird empfunden, dass man mehrere Schreibweisen für einige Wörter verwenden kann.

21. April: Ein schwerer Nordweststurm mit viel Schnee richtet in der Stadt und im Kreis an Gebäuden schwere Schäden an. Am 20. April nachmittags sinkt ein Kahn mit Steinen auf der Elbe bei Ferchland. Auf 100 preußischen Bahnstrecken ist der Verkehr unterbrochen.

25. April: Aus der Genthiner Stadtverordnetenversammlung: Der Etat für die Beleuchtung der Stadt ist um 350 Mark überschritten worden. Die Summe wurde mit der Auflage bewilligt, dass eine „Gasstandskontrolluhr" eingebaut wird.

2. Mai: Einführung der Buchstaben und Nummerierung für Automobile. Die Provinz Sachsen erhält den Buchstaben M, der Regierungsbezirk Magdeburg erhält die Nummern 1-350.

5. Mai: Das Kleinbahnprojekt Schönhausen–Sandau der Firma Lenz & Comp. ist von der Provinzialverwaltung in einigen Punkten bemängelt worden.

16. Juli: Große Projekte in Parey: Die Gemeindevertretung von Parey lehnt den Bau einer Straßenbeleuchtung ab. Ein Komitee will diese auf eigene Rechnung bauen. Gleichzeitig soll eine „Straßenbahnverbindung" zwischen dem Bahnhof Güsen und Jerichow, die Chaussee entlang, geschaffen werden. Die Automobilverbindung vom vorigen Jahr ist bis heute nicht fertig gestellt.

BURGER CHRONIK

11. Januar, Wüstenjerichow: Im Rittergut treffen sechs Fässer mit Forellen aus Ellerich ein, die in den Gewässern bei Wüstenjerichow ausgesetzt werden.

10. Februar, Gommern: Der Feldhüter Schreyer erwischt Wilderer auf frischer Tat, in einem Sack haben sie ein soeben geschossenes Reh versteckt.

16. März, Burg/Möser: Eine Turnfahrt unternehmen die Mitglieder des Burger Turn-Vereins „Jahn" mit der Bahn nach Möser – und dies bei herrlichem Frühjahrswetter.

18. März, Möserhöhe: Einen prähistorischen Fund macht der Ziegeleibesitzer und Gastwirt Herr Adrian auf Möserhöhe. Beim Graben in etwa 50 cm Tiefe findet er große Zähne von Tieren vergangener Zeiten. Es wird weiter nach Fundstücken gegraben.

1. Juli, Burg: Nach einem sehr kalten Mai werden die städtischen Badeanstalten (Männer/Frauen) an der Ihle wieder geöffnet.

18. Juli, Burg: Ein Großfeuer vernichtet in der Burger Koloniestraße mehrere Ställe und eine Scheune.

18. Juli, Burg/Niegripp: Auf vielfachen Wunsch des Publikums gibt es nun Dampferfahrten von Burg nach Niegripp an jedem Sonntag.

2. August, Schartau: Feierliche Einweihung der gründlich erneuerten Kirche der Gemeinde.

16. August, Kleinbahnen Kreis Jerichow I: Eine Neuerung bieten die Kleinbahnen KJ I: Die Passagierwagen werden jetzt mit elektrischer Beleuchtung erhellt.

9. November, Gütter: Heute wird die vom Sturmwind mitgenommene Wetterfahne der Kirche durch eine neue ersetzt.

1904

GENTHINER CHRONIK

23. Januar: Gegen 19 Uhr entspringt ein Ochse dem Gatter auf dem Güterbahnhof. Das Tier läuft die Königstraße (heutige Poststraße) entlang bis zur Aktienbrauerei, kehrt um und kann „festgenommen" werden. So die Meldung der Lokalpresse.

6. Februar: Der zuständige Minister in Preußen spricht sich gegen den Flaschenbierhandel aus. Durch den mobilen Verkauf werden „weite Teile der arbeitenden Bevölkerung zur Trunksucht verleitet". Das Bier wird den Familien förmlich aufgedrängt. Man sieht ganze Familien mit Weib, Kind und Kostgänger betrunken auf der Straße.

6. Februar: Die Pareyer Schifferschule besuchten in diesem Winter nur 30 Schüler, sonst waren es 50 bis 60. Es wird darauf verwiesen, dass zur Prüfung nur solche Personen zugelassen werden, die entsprechende Unterrichtsstunden nachweisen können.

2. Juli: Für das neue Spritzenhaus in der Großen Schulstraße werden von der Stadtsparkasse 14 000 Mark bereitgestellt. Das alte Wehrgebäude am Markt wird auf Abbruch verkauft.

9. August: Das Schützenhaus, seit 30 Jahren im Besitz von Herrn Zemlin, wird für 131 000 Mark an den Berliner Herrn Ullmann verkauft. Die Gaststätte ist eines der beliebtesten Ausflugslokale in der Stadt.

11. September: Mit einem großen Fest begeht die Genthiner Feuerwehr ihr 30-jähriges Bestehen. Viele Gemeinden, auch aus anderen Kreisen, senden Abordnungen. Wie die Presse berichtet, ist die Wehr „beliebt in der Stadt und Umgebung".

BURGER CHRONIK

1. Januar, Burg: Am Neujahrstage ist von vormittags ab 11 Uhr ein Konzert der beliebten Tyroler-Sänger Gesellschaft im Konzerthaus Markt.

9. Januar, Burg: Beim Eisfahren für eine Brauerei verunglückt ein Ackerbürger aus der Koloniestraße, der schwere Wagen geht ihm über die Beine.

26. Januar, Burg: Für die hiesigen Fernsprechteilnehmer: Neu angeschlossen ist die Güterabfertigungsstelle der Kleinbahn unter der Nummer 36.

11. Februar, Burg: Die Mitglieder und Gäste vom Turnverein „Germania" treffen sich zu einem großen Maskenball im „Wilhelm Garten", verschiedene originelle Überraschungen erwarten die fröhlichen Teilnehmer.

18. Februar, Burg: Ein allerliebst, schmuck ausgestattetes Ponyfuhrwerk kutschiert durch die Straßen, und zwar als Reklame für eine „sine cura" genannte Zigaretten-Spezialität.

3. April, Burg: „Viel los" ist auch diesmal wieder zum Osterfest an allen Ecken und Enden, nur leider nicht draußen in der Natur. Regen und Kühle sind dafür der Grund.

15. April, Niegripp: Im Saal der Gaststätte findet die Sitzung des Krieger-Verbandes des Kreises Jerichow I statt mit Vertretern auch aus Biederitz, Lostau, Hohenwarthe und Schermen.

17. April, Schartau: Goldene Hochzeit feiert der frühere hiesige Lehrer und Kantor Herr Lietze. Alle Kinder und Enkelkinder des rüstigen Jubelpaares gehören zu den Gratulanten.

25. Mai, Burg: Seine Königliche Hoheit Prinz Friedrich Wilhelm passiert am Nachmittag mit dem Schnellzug 29 in einem besonderen Abteil erster Klasse unsere Bahnstation.

Bau und Weihe katholischer Kirchen

Der Grundstein für eine neue katholische Kirche wird in Burg gelegt.

Die Anteilnahme an dem großartigen Ereignis für dieses Jahr beschränkte sich nicht nur auf den Stadtrat, die Honoratioren Burgs und die ansässige katholische Kirchengemeinde. Sie war auch beim Volke zu spüren.
Die alte katholische Kirche auf dem Grundstück Berliner Straße 38 entsprach nicht mehr den Bedürfnissen der Sankt-Johannes-Gemeinde. Deshalb erfolgte am Anfang des Monats November die Grundsteinlegung für eine größere Kirche in der Blumenthaler Straße, direkt an der alten Stadtmauer gelegen. An der Ostseite der Kirche ist der Grundstein mit der Jahreszahl 1904 noch heute sichtbar. Erbaut wurde eine dreischiffige Backsteinkirche im neogotischen Stil nach Plänen des Diözesan-Baumeisters Dr. Güldenpfennig aus Paderborn. Auf der Rückseite einer damals herausgegebenen Anlasskarte ist das Folgende zu lesen: „Zur Erinnerung

Mit einem großen Gottesdienst wird der Grundstein für die neue Sankt-Johannes-Kirche gelegt.

an die Grundsteinlegung der neuen katholischen Kirche in Burg bei Magdeburg am 6. November 1904 – in Dankbarkeit gewidmet von H. Hünermund, Pfarrer in Burg."

Einweihung der Altenplathower Kirche

Über 1000 Menschen kamen zur Einweihung der Altenplathower Kirche am 25. August 1904. Die Kirche wurde anstelle eines alten romanischen Feldsteinbaues im historisierenden gotischen Stil errichtet. Über dem Eingang an der Südseite befand sich ein großes aus Kupfer getriebenes Kruzifix. Die Innenausmalung der Kirche wurde im Jugendstil vorgenommen.
(Foto: Stadtarchiv Genthin)

Höhen und Tiefen für Fabriken

Die heimische Wirtschaft erlebte in diesem Jahr Höhen und Tiefen.
Die Burger Schuhfabrik Conrad Tack & Cie. erfuhr eine großzügige bauliche Erweiterung durch die Errichtung eines modernen Produktions- und Verwaltungsgebäudes an der Magdeburger Chaussee und den Flügel an der Feldstraße.
Ein neues Werkstattgebäude errichtete die Wilhelm-Liebermann-Fabrik in ihrem Betrieb an der Magdeburger Straße. In der Maschinenfabrikation der Stadt war die Produktion des letzten Jahres um etwa 33 Prozent höher als im Vorjahr, als Ursache wurde der allgemein bemerkbare Aufschwung in der Industrie angesehen.
Die Tuchfabriken klagten allerdings über schlechten Absatz und über den Rückgang staatlicher Aufträge. Die auswärtige Konkurrenz mit besserer technischer Ausstattung galt auch als Grund.
Die Tischlereien, die mit 57 Betrieben hier zahlreich vertreten waren, hatten genügend Aufträge zu erledigen. Die in den Firmen tätigen Arbeiter führten die neunstündige Arbeitszeit ein.
Bei den Burger Handschuhmachern, die zumeist Frauen in Heimarbeit beschäftigten, ging der Absatz erheblich zurück. Als Ursache galten starke Einfuhren aus Böhmen, wo die Löhne geringer waren.

Angst und Schrecken beim Waldbrand: Ein schauerlich schöner Anblick

Bis dato der größte und gefährlichste Waldbrand in der Umgebung Genthins ereignete sich am 31. Juli 1904. Betroffen davon waren der städtische Forst, das Revier Dreibrücken – vom Talerberg bis in Richtung Roßdorfer Forst. Vernichtet wurden etwa 50 Morgen Genthiner und 25 Morgen Roßdorfer Forst 20-jährigen Bestandes.
Wie es in der Festschrift zum 50. Gründungsjubiläum der Feuerwehr im Jahre 1924 voller Anerkennung geschrieben steht, leistete die Feuerwehr tüchtige Arbeit, hieb einen lichten Streifen von etwa drei Metern Breite in die Kiefernschonung und warf einen Graben auf. Das Feuer griff so schnell um sich, dass einzelne Feuerwehrleute direkt in Lebensgefahr schwebten und mit blutigem Gesicht aus dem dichten Busch hervorgestürzt kamen. „Ein schauerlich schöner Anblick aber war es, wenn die Flammen ebenso plötzlich oft zirka 20 Meter hoch auflohten", berichteten Augenzeugen.

Feierliche Enthüllung in Burg

1905

Das Haus Große Brahmstraße 15 in Burg ist die Geburtsstätte des um die preußische Armee hochverdienten Generals von Clausewitz.

Aus diesem Anlass wurde am vorbezeichneten Hause durch das Komitee zur Errichtung eines Clausewitz-Denkmals in Breslau eine Gedenktafel angebracht, deren feierliche Enthüllung am 15. August 1905 unter Teilnahme vieler hiesiger und auswärtiger Offiziere, Vertreter der städtischen Behörden, der Kriegervereine und weiterer Persönlichkeiten und Institutionen stattfand.

Um das Andenken an diesen hervorragenden General in seiner Vaterstadt wach zu halten, gaben die städtischen Behörden dem neu angelegten Straßenzug von der Niegripper Chaussee bis zum Ihlekanal die Bezeichnung Clausewitzstraße. Noch eine Namensgebung ist zu nennen: Der Straßenzug zwischen der Clausewitzstraße und der Kanalstraße erhielt in Anerkennung der Verdienste des früheren hiesigen Oberbürgermeisters Nethe um die Stadt Burg den Namen Nethestraße.

Der Enthüllung der Tafel für General von Clausewitz wohnen viele Militärs bei.

Neugierig auf das Auto des Lehrers

Einer der ersten Burger Personenkraftwagen wurde in diesem Jahr vom Lehrer Sternberg, der im Kreuzgang wohnte, angeschafft. Er konnte sich der Neugier der Verwandten, Bekannten und Burger sicher sein.

Grabplatte in Altenplathow aufgefunden

Im Fußboden der alten Altenplathower Kirche wurde 1905 die Grabplatte des Herman Plothe, Ahnherr der Familie von Plotho, gefunden. Die Grabplatte datiert aus dem Jahr 1170. Dieser Figurengrabstein erlangte Jahrzehnte später auf der Straße der Romanik einige Bedeutung.

Nur Kies bei Parey gefunden

Erdbohrungen auf Veranlassung des Königlichen Bergbauamtes im September des Jahres 1904 in der Pareyer Feldmark, die bis zu einer Tiefe von 30 Meter reichten, belegten weder ersehnte Kohle- noch Salzvorkommen. Es wurde jedoch ein großes und reichhaltiges Kieslager gefunden. „Hoffentlich gibt dies schon Veranlassung, dass der langersehnte Bahnbau vorwärts geht und eine Verbindung unseres Ortes nach der Kreisstadt (damals noch Jerichow) durch eine Chaussee geschaffen wird", hieß es in der Berichterstattung der Genthiner Zeitung.

Kupferschmiede Schubert in Genthin

Die Kupferschmiede des Ewald Schubert, Am Markt 23 – eines der Häuser, das um 1905 das Stadtbild mit prägte. In der oberen Etage betrieb die Lehrerwitwe Wilhelmine Rohr eine Pension für die Schüler des Lehrerseminars Genthin. (Foto: Stadtarchiv Genthin)

Eine freiwillige Sammlung für Gladaus Gemeindeschwester

In einem Beschluss der Gemeindevertretung Gladau wurde zum Unterhalt der hiesigen Gemeindeschwester ein Betrag von 100 Mark festgelegt.
Der Nutzen, den die ganze Gemeinde oder jeder einzelne Hausvater von der Tätigkeit einer solchen Krankenschwester hatte, wurde von der Gemeindevertretung allseitig anerkannt und die Bereitwilligkeit, einen solchen Beitrag zu leisten, einstimmig ausgesprochen. Doch wurde zunächst für das Jahr 1905 beschlossen, denselben durch freiwillige Gaben von den einzelnen Bürgern einsammeln zu lassen, weil der Gemeinde-Etat zur Zeit keine Deckung für diese Ausgabe enthielt.
Die freiwillige Sammlung für die Gemeindeschwester, die im November im Ort durchgeführt wurde, brachte einen Erlös in Höhe von 152,80 Mark, davon wurden allein von dem Herrn Major Arnim 100 Mark gespendet.

GENTHINER CHRONIK

18. Januar: In der ersten Sitzung der Jerichower Stadtverordneten wird zunächst das Büro gewählt. Als 1. Vorsteher wird der Kaufmann Trübe wiedergewählt, als dessen Stellvertreter Gastwirt Herger. Als 1. Schriftführer wird Molkereibesitzer Liebig wiedergewählt, als dessen Stellvertreter Bäckermeister Mangelsdorf.

6. Februar: Um Kohle zu sparen bzw. einem Kohlemangel vorzubeugen, verkehren vorläufig auf der Strecke Magdeburg-Genthin keine Arbeiterzüge mehr.

10. Februar: Das Abfahrtsignal der Eisenbahnzüge mit der Lokomotivpfeife soll aus Rücksicht auf das Publikum vom 1. Mai an wegfallen.

25. Februar: Die Gemeinde Gladau hat von dem Provinzial-Ausschuss aus der Dotationsrente 400 Mark als Beihilfe zur Tilgung von Chaussee-Bauschulden bewilligt bekommen.

10. März: In Genthin explodiert im Schmidt'schen Gasthofe die angezündete Petroleumlampe.

10. Mai: An Stelle des versetzten Rektors Lages wird der Seminarlehrer Ahrens in Genthin zum Rektor der städtischen Volksschulen in der Schuldeputationssitzung gewählt. Gleichzeitig wird das Grundgehalt für diese Stelle auf 2400 Mark erhöht.

22. Mai: Der Regierungsassessor v. Schenk wird Landrat des Landkreises Jerichow II.

4. September: In Genthin erscheint ein Adressbuch. Neben einem Einwohnerverzeichnis gehört dazu eine Zusammenstellung der Behörden und Anstalten. Der Preis beträgt 1,25 Mark.

BURGER CHRONIK

5. Januar, Burg: Auf der Fahrt von Berlin in den Harz passieren mehrere Kraftwagen (Versuchsautomobile), die von Militärpersonen besetzt sind, die Stadt.

11. Februar, Möckern: In Möckern wird die Einrichtung einer elektrischen Zentrale vorbereitet.

12. Februar, Burg: Bei einem in der Schulstraße wohnhaften Arbeiter wird von der Polizei ein Hund beschlagnahmt, der von dem Betroffenen in der Privatwohnung geschlachtet worden war. Es war ein Fleischerhund von besonderer Größe und beträchtlichem Gewicht, etwa einen Zentner schwer.

5. April, Wüstenjerichow: Täglich gehen große Sendungen von Satzkarpfen, Schleien usw. mit der Kleinbahn und dann weiter nach allen Orten des Deutschen Reiches ab.

12. Mai, Burg: Der Bürgermeister Herr Wilhelm Kuhr eröffnet die gewerbliche Fortbildungsschule in den alten Schulhäusern der Mädchenschule an der Zerbster Promenade. Das ist der Beginn des Berufsschulwesens in Burg.

18. Mai, Brehm: Auf dem Brehm bei Herrn Böttcher, einem beliebten Ausflugsziel, wird die Sommer-Saison durch das erste Konzert der Lorenzschen Kapelle eröffnet. Es sind wohl an die 200 Personen anwesend.

3. Juni, Burg: Die neuen Radfahrwege in der Blumenthaler Straße und am Kaiser-Wilhelm-Platz sind durch dort aufgestellte Tafeln als öffentliche Radfahrwege bezeichnet und zur Benutzung freigegeben. Es sind die ersten Verkehrsschilder in Burg.

8. Juni, Burg: Der Neubau der Schuhfabrik Höhnen u. Co. in der Bahnhofstraße ist soweit fortgeschritten, dass die obere Balkenlage aufgebracht werden kann.

1906

GENTHINER CHRONIK

16. Februar: Genthin sieht mit Anteilnahme der Silberhochzeit des Kaiserpaares entgegen. Stiftungen und Gründungen von Wohltätigkeitsveranstaltungen widmen sich dem Ereignis. Das Genthiner Wochenblatt schreibt ehrfurchtsvoll: „So ergeht denn der Ruf, ‚Fahnen heraus!'"

27. Februar: In Königsrode brennt eine große Feldscheune nieder.

28. Februar: Die alte defekte Pareyer Orgel soll ein neues Orgelwerk erhalten. Die neue Orgel umfasst mit freier Kombination 50 Register und wird von der Firma Voigt in Stendal geliefert.

1. April: Die Genthiner Präparandenanstalt wird in eine Seminar-Präparandenanstalt umgewandelt. Die Verbindung mit dem Seminar besteht darin, dass der Seminardirektor auch die Präparandenanstalt leitet und neben den Präparandenlehrern die Seminarlehrer Unterricht an der Anstalt erteilen.

3. Mai: Prinz August kommt nach Jerichow zu Besuch, besichtigt die Klosterkirche und macht auf der Domäne halt.

15. Mai: Zum Bahnbau von Burg über Blumenthal, Parchau, Ihleburg, Parey, Ferchland, Derben, Klietznick nach Jerichow ist mitzuteilen, dass die Stadt Burg sich bereit erklärt hat, 500 000 Mark beizusteuern.

23. bis 26. Juni: Die Schützengilde Genthin begeht ihre 200-jährige Jubelfeier.

23. Juni: Der Jerichower Männerturnverein begeht sein 25-jähriges Bestehen.

27. Oktober: Die frühere eiserne Bahnsteigüberdachung des Bahnhofs Burg wird nach Genthin transportiert und findet dort Verwendung.

13. Dezember: Güsens Kirche wird nach erfolgter Reparatur wieder eingeweiht.

BURGER CHRONIK

6. Januar, Burg: Eine „Geschichte des Altmärkischen Artillerie-Regiments 40 in Burg" wurde auf dienstliche Veranlassung von Adolf Müller zusammengestellt und ist nun als Buch erschienen.

7. Februar, Schartau: In althergebrachter Weise wird von der Einwohnerschaft im Dietzschen Lokale die Lichtfestfeier begangen. Auch aus Burg sind dazu viele Freunde und Gönner eingeladen.

11. März, Burg: Den Gasthof „Zur Eisenbahn" in der Zerbster Chaussee übernimmt Herr Karl Plottkow, die Bewirtschaftung des „Deichwalls" übernimmt Herr Gustav Adolph aus Burg.

2. Mai, Möser: Die Walderholungsstätte eröffnen ihren Betrieb. Um den Besuchern auch bei ungünstiger Witterung einen geschützten Aufenthalt bieten zu können, wird noch eine geschlossene Baracke aufgestellt.

10. Juni, Tryppehna: Der hiesige Gesangsverein veranstaltet im Nathoschen Gasthofe ein Vergnügen.

8. Juli, Waldrogäsen: In dem vom Maurermeister Ortloff aus Burg in Verbindung mit dem Turm des Hauses ausgeführten Neubau haben die Besitzer Herr Rittmeister Thümen und seine Gemahlin Einzug gehalten.

10. August, Friedensau: Mit den Ausschachtungsarbeiten und der Steinanfuhr zum Bau des Altenheims wird jetzt begonnen.

23. September, Burg: Zum ersten Mal öffnen sich heute früh die Räume der neuen Wartesäle auf unserem Staatsbahnhofe, die gastlichen Räume sind schon recht einladend.

Bahnsteiginsel gegen Gleisübertreter

Die Erweiterung und ein Umbau des Burger Bahnhofsgebäudes steht in diesem Jahre an.

Der ständig steigende Bahnverkehr und die wachsenden Sicherheitsanforderungen waren die Gründe für Bauarbeiten an dieser Station der Königlichen Eisenbahn. Aus Sicherheitsgründen wurden die Gleise untertunnelt und der Inselbahnsteig errichtet, damit in der Zukunft die Gleise nicht mehr überschritten werden mussten. Doch trotz respektabler Strafen und Ermahnungen der Bahnbeamten musste dieses Vergehen immer wieder zu Protokoll genommen werden. Im Rahmen der Umbauten nach modernen Gesichtspunkten entstand auch der kleine Wasserturm mit Kran für Lokomotiven.

Bahnhofsvorsteher war Herr Pendorf, die Güterabfertigung unterstand Herrn Obergütervorsteher Köllner. Der Abgang der Züge nach Berlin war täglich 14 Mal, gleiches galt für

Das Bahnhofsgebäude Burg nach dem Umbau.

die Magdeburger Richtung. Burg besaß nach diesen Baumaßnahmen einen repräsentativen Bahnhof. Vor dem Bahnhofsgebäude warteten Kutscher auf ankommende Fahrgäste, um diese sicher in die Stadt zu befördern.

Ältester Kaiser-Spross geruht die Truppe zu besuchen

Unter dem Jubel der Einwohner von Ziesar im Kreis Jerichow I ritt der Kronprinz Friedrich Wilhelm (zu Pferde, zweiter von rechts) durch ein Spalier der Schaulustigen. Der älteste Sohn des Kaisers war auf dem Weg zum Truppenübungsplatz in Altengrabow, wo er in der weißen „Kaiserbaracke" Quartier nahm. Der Kaiser selber kam schon seit 1899 regelmäßig nach Altengrabow, wo ihn stets gewaltige Zuschauermassen bejubelten.

Ein neues Spritzenhaus

Das neue Genthiner Spritzenhaus wurde am 15. Dezember 1906 eingeweiht, wobei Bürgermeister Winter die Einweihungsrede hielt. Der Oberführer dankte dem Bürgermeister und der Stadt für das gezeigte Entgegenkommen im Namen der Wehr, woraufhin nach Gebhardts Konzerthaus marschiert und dort selbst ein äußerst amüsanter, von kameradschaftlichem Geiste getragener Kommers abgehalten wurde, dessen humoristischen Teil hauptsächlich der Kamerad Schwarzlose und Mitglieder des Handwerker-Gesangvereins bestritten

Das neue Spritzenhaus in der Großen Schulstraße. (Repro: Stadtarchiv Genthin)

Hindenburg schießt auf einen Hirsch gleich aus der Kutsche

Der Generalfeldmarschall und spätere Reichspräsident Hindenburg kam im Spätherbst des Jahres 1906 zu einer Jagd nach Parchen. Der Adel der Region und Mitglieder des Kriegervereins waren ebenso geladen. Hindenburg trat die Reise mit dem Zug an, kam von Berlin bis Genthin. Nachdem er aus dem Zug gestiegen und durch die Bahnhofshalle geschritten war, erwartete ihn vor dem Bahnhofsgelände Stallmeister Albert Herwig mit einer Kutsche. Albert Herwig war von 1904 bis 1945 als Stall- und Pferdemeister am Hofe der Byerns. Die Exzellenz spendierte Herwig eine Zigarre und ein Goldstück und bat um Halt der Kutsche. Hindenburg nahm das Fernglas und suchte die Gegend in Richtung Wiechenberg nach Wild ab. So befahl er, nun den Weg von der Hauptverkehrsstraße über Wiechenberg nach Parchen zu nehmen. Den ersten Hirsch, dessen er ansichtig wurde, schoss er gleich aus der Kutsche. In Parchen angekommen, berichtete Hindenburg von seinem „Jagderfolg". Major von Byern war erschrocken. Er ordnete sofort die Suche nach dem Hirsch an. Hindenburg verzichtete auf die weitere Jagd. Er und die Hofgesellschaft ließen sich abends den Hirschbraten bei einem guten Schluck hervorragend schmecken. Paul von Hindenburg übernachtete einige Tage im Schloss von Parchen. Nach erfolgreicher Jagd wurde er mit der Kutsche nach Genthin gebracht, stieg in den Zug und fuhr nach Berlin zurück.

1907

Bismarckturm grüßt von Fläminghöhe

Burg, 22. März. Heute erlebt die Stadt einen ihrer größten Tage in der jüngsten Geschichte.

Unter großer Anteilnahme der Bevölkerung – es hatte sich eine riesige Feiergemeinde eingefunden – und in Anwesenheit prominenter Persönlichkeiten konnte der markante, nunmehr fertig gestellte Bismarckturm auf der Fläminghöhe als Gedenkstätte für den Schmied des Reiches, den Fürsten Otto von Bismarck, der Öffentlichkeit übergeben werden. Unter den Ehrengästen befanden sich neben zwei Mitgliedern der Familie v. Bismarck der Oberpräsident der Provinz Sachsen, Freiherr von Wilmowsky, und als Ehrenvorsitzender des Baues der Kommandierende des Altmärkischen Feldartillerie-Regiments Nr. 40, Oberstleutnant Ziemer. An der Spitze der städtischen Behörden nahm der Erste Bürgermeister Schmelz an dem für die Stadt bedeutungsvollen Weiheakt teil.

Besonders den nunmehr 254 Mitgliedern des Burger Vereins Bismarckturm war es zu verdanken, dass der Bau mit einem in 15 Jahren angesparten Baufonds und mit zahlreichen Spenden aus allen Schichten der Bevölkerung auf dem einzigartigen Höhenplatz erstand. Vaterländisch gesinnte Männer waren es, die den gemeinsamen Gedanken des unerschütterlich treuen Andenkens an den Altreichskanzler, den Fürsten Otto von Bismarck, und der nie erlöschenden Dankbarkeit für alles, was er unserem Volke gewesen ist, hochhielten.

Der 26 Meter über den Flämingrücken hochragende, aus Feld und Ziegelsteinen errichtete Turm, zu dem auch Burger Schüler von den Äckern Steine gesammelt und zur Baustelle geschafft hatten, möge noch in ferneren Zeiten der Stadt zur Zierde gereichen.

Die Bismarckturm-Einweihung bringt das Volk auf die Beine.

Falsche Zehnmarkstücke

Im Frühjahr 1907 waren in Genthin falsche Zehnmarkstücke im Umlauf.

Die hauptsächlichsten Merkmale der Falschstücke, die das Bild Kaiser Wilhelms I, die Jahreszahl 1875 sowie das Münzzeichen trugen, waren folgende: Das Metall bestand aus einer Silberlegierung mit schwacher Vergoldung. Der Rand zeigte einen leichten weißen Schimmer. Die Prägung erschien gut. Die Größe wich von den echten Stücken ab, schließlich wog das einzelne Stück 1 Gramm weniger als eine echte Krone.

23 552 Leute in 1943 Häusern

Zum Jahreswechsel wohnten in Burg 23 552 Personen in 1943 Häusern.

Die Schuhindustrie beschäftigte 2500 Arbeiter. In den acht Tuchfabriken, denen für die Lieferungen an Armee und Marine Preise bewilligt wurden, der Absatz anderer Tuche aber sehr schwer und fast ohne Nutzen war, waren etwa 600 Arbeiter im Lohn. Die Branche hatte im letzten Jahr 12 000 bis 13 000 Stück Tuche hergestellt. In Burg gab es zur Zeit noch 39 selbständige Schuhmacher, daher der Name „Schusterburg" für die Stadt.

Das Innere der Jerichower Stadtkirche erstrahlt in neuem Glanze

In der Geschichte der Jerichower Stadtkirche ist das Jahr 1907 ein ganz bedeutendes. Dank der Überlieferungen, wie sie die Jerichower Zeitung festgehalten hat, sind auch heute, 92 Jahre später, genaue Ereignisse und Vorgänge bekannt.

Nach dem Neujahrsfest wurde so die Stadtkirche für den Gottesdienst geschlossen. Maurer waren eingezogen, sie sollten auf Beschluss des Gemeindekirchenrates die unfertige, bis dahin nur aus rohen Brettern und Balken bestehende Decke über dem Altarraum mit Kalkputz versehen. Dann waren die Maler am Werke und zuletzt in der Kunst der Glasmalerei erfahrene Leute. Am ersten Osterfeiertag konnte wieder Einzug gehalten werden in die Stadtkirche.

Die drei schönen und wertvollen Glasfenster über dem Altarraum, welche in bunter Glasmalerei den auferstandenen Christus sowie die Apostel Petrus und Johannes zeigen, waren ein Geschenk von Frl. Emma Meyer, welche sie pietätvoll dem Andenken ihrer verstorbenen Eltern, dem Glasermeister Georg Meyer und Frau widmete. Altar und Kanzel wurden auf Kosten auswärtiger lieber Landleute mit neuer Bekleidung in festlichem Rot geschmückt. Bei dem neuen Kruzifix – das Kreuz von Messing, der Körper des Gekreuzigten von Silber –, nebst zwei neuen Leuchtern auf dem Altar, handelte es sich um ein Geschenk der Schwestern Anna und Emmy Plaue, das sie ihren Eltern, Stellmachermeister Karl Friedrich Plaue und Frau, widmeten. Der Kronleuchter im Altarraum aus dem Anfang des vorigen Jahrhunderts war in mühsamer und selbstloser Arbeit von Frl. Emmy Plaue wieder hergestellt worden. „Der Altarraum erscheint gegen früher in einem dem Auge wohltuenden Lichte, eine Wirkung der bunten Fenster und der schönen Malerei, mit welcher Decke und Seitenwände des Altarraumes neu versehen sind", berichtete die Jerichower Zeitung.

GENTHINER CHRONIK

25. Januar/5. Februar: Bei den Reichstagswahlen setzt sich nach einer Stichwahl der konservative Major a. D. von Byern, Parchen, gegenüber dem liberalen Merten, Berlin, im Wahlkreis Jerichow I und II durch.

11. Mai: Der Regierungspräsident gewährt der Jerichower Volks- und Schulbibliothek eine Unterstützung von 50 Mark.

23. Mai: Die Ehrentafeln mit den Namen der im Felde gefallenen Krieger hat in der Stadtkirche wieder ihren Ehrenplatz eingenommen.

6. April: Der Kreistag bestätigt der Gemeinde Großwulkow eine Beihilfe von 3 Mark pro laufender Meter zu den Baukosten der zu pflasternden 230 Meter langen Dorfstraße.

19. April: Bei der Altenplathower Hagenbrücke fährt ein mit Kies beladener Kahn mit so großer Wucht gegen einen Pfeiler, dass er ein Leck bekommt und sinkt.

12. Mai: Der Scharteucker Gesangsverein „Gemütlichkeit" feiert sein 10-jähriges Stiftungsfest.

28. Mai: Zum 82. Mal wird ein Königsschießen der Schützengilde in Jerichow veranstaltet.

7. Juni: Genthins Bürgermeister Karl Winter verstirbt.

22. Juni: Dem Jerichower Magistrat werden 100 Mark von der Königlichen Regierung zu den Schulunterhaltungskosten bewilligt.

2. Juli: Der Jerichower Männergesangverein wird Mitglied des Elb-Havel-Sängerbundes.

1. November: 150 Bewerbungen liegen in Genthin um den Bürgermeisterposten vor. Gewählt wird einstimmig von der Stadtverordnetenversammlung Herr Rautenstrauch.

BURGER CHRONIK

3. Januar, Niegripp: Heute beginnen die Vorarbeiten an der (alten) Schleuse zum Auspumpen derselben,. Reparaturarbeiten am Mauerwerk und an den Schleusentoren sind notwendig.

9. Februar, Burg: Bei günstigem kalten Winterwetter ist im Schützenhausgarten auf der Kunsteisbahn für die Schlittschuhläufer ein Konzert.

6. März, Burg: Die Wiedereröffnung der Schifffahrt in vollem Umfange wird durch die vereinigte Schifffahrtsgesellschaft auf Elbe und Ihlekanal angekündigt.

26. April, Blumenthal: Auf dem Gut Blumenthal I ist um 8 Uhr im westlichen Flügel des Wohnhauses ein Feuer ausgebrochen, das sich bei dem starken Winde bald über das ganze Gebäude ausdehnt und auch die angrenzenden Gebäude gefährdet.

1. Juni, Parchau: Im Parchauer See wird ein Hecht gefangen, der 22 Pfund wiegt.

7. Juli, Burg: Der Mandolinenklub „Alpenstern" wird gegründet.

1. September, Möser: Die Haltestelle der Eisenbahn wird eine Vollstation. Trotzdem vermissen die Reisenden eine gastronomische Einrichtung auch einfachster Art.

9. Oktober, Burg: Aus allen Himmelsrichtungen treffen heute die Rekruten für unser Feldartillerie-Regiment ein. Dieselben werden auf dem Bahnhof in Empfang genommen und nach den Kasernen geleitet.

11. Dezember, Kreis Jerichow I: Die Sachsengänger (das sind Saisonarbeiter in der Landwirtschaft) von Stresow, Grabow und Stegelitz begeben sich in ihre Heimat zurück.

1908

GENTHINER CHRONIK

12. Januar: Auf die Anzeige vom Beginn der Pareyer Schifffahrtsschule melden sich per 8. des Monats 45 Schüler, so dass die Schule einen Besuch ausweist wie seit Jahren nicht. Der Unterricht findet deshalb in zwei Abteilungen statt. Außer 28 Schiffern aus Parey nehmen am diesjährigen Kurs teil: elf Schiffer aus Derben, drei aus Bergzow, zwei aus Güsen und einer aus Ferchland.

5. Februar: Sämtliche 21 Bewerber erhalten durch die Elbschiffer-Prüfungs-Kommission ihr Steuermanns-Patent für die Seeschifffahrt.

14. März: Die Genthiner Aktien-Brauerei feiert ihr 10-jähriges Bestehen.

30. März: Das neue, für den zweiten evangelischen Geistlichen bestimmte Pfarrhaus am Kirchplatz ist nunmehr fertig gestellt. Pastor Heß übersiedelt am 31. März von seiner Mietswohnung in das Pfarrhaus.

18. August: Prinz Eitel Friedrich trifft in Carow zu Besuch bei seiner Exzellenz, General der Kavallerie, Graf von Wartensleben, Kommandator des Johanniter-Ordens in Carow, ein. Prinz Eitel Friedrich ist dessen Ordensmeister.

27. August: Eine Kreislehrerkonferenz der Kreisschulinspektion Altenplathow wird unter dem Vorsitz des Kreisschulinspektors Superintendent Ludeke abgehalten. Die Königliche Regierung Magdeburg stellt das Thema: „Wie werden die Kinder in der Schule zu selbständigem Sprechen befähigt?"

15. Oktober: An der Bahnstrecke Berlin-Magdeburg wird der Haltepunkt Bergzow-Parchen für den beschränkten Eil- und Frachtstückgutverkehr eröffnet.
Nunmehr können dort Stückgutsendungen bis zum Höchstgewicht von 250 Kilogramm abgefertigt werden.

BURGER CHRONIK

3. Januar, Niegripp: Der Eisgang auf der Elbe hat so zugenommen, dass die Schifffahrt eingestellt werden muss. Der Vorkanal der hiesigen Schleuse ist mit neun Schleppzügen und einem Dampfer dicht besetzt.

15. Januar, Burg: Die künstliche Eisbahn im Schützenhausgarten ist am Abend von 8 bis 10 Uhr sehr gut besucht. Der Besitzer entsprach mit längerem Offenhalten einem tatsächlichen Bedürfnis.

5. Februar, Burg: Auf der Berliner Chaussee werden Akazienbäume gefällt, daselbst sollen später Obstbäume gepflanzt werden.

8. April, Burg: Der zum Rektor der Volksmädchenschule gewählte Herr Dahme hat die Bestätigung der vorgesetzten Behörde erhalten.

16. April, Parchau: Der Ackermann Emil Spon verkauft ein seltenes Exemplar von einem Bullen mit dem Gewicht von 970 kg an den Schlachter Mönch in Burg zum Preise von 800 Mark.

5. Mai, Groß-Lübars: Eine Feldscheune des Gutsbesitzers Ebeling brennt ab. Angeblich soll das Feuer durch die beim Dreschen benutzte Lokomobile entstanden sein.

14. Juni, Magdeburgerforth: Am hiesigen Sonntag verkehrt zwischen Burg und Magdeburgerforth ein Sonderzug zu Sonntagspreisen.

3. Juli, Gommern: In großen Schrecken versetzt werden einige Anwohner der Dornburger Straße. Ein durch Sprengarbeiten im Schröderschen Steinbruch gelöster Stein fliegt durch die Luft und trifft das Dach eines Wohnhauses.

138 Vereine bestreiten Burger Kultur

Das Vereinsleben spielt in der Ihlestadt schon immer eine große Rolle und die geselligen Zusammenkünfte der Mitglieder haben eine sehr lange Tradition.

In jedem Jahr wurden neue Vereinigungen verschiedenster Art gegründet, und so fanden die Leute nach getaner Arbeit im Kreise Gleichgesinnter und mit Freunden gleicher Interessen einen sinnvollen Zeitvertreib.

In der Ihlestadt bestanden 1908 138 eingetragene Vereine, lose Zusammenschlüsse nicht mitgerechnet. Ihr Anliegen war so breit gefächert wie die verschiedenen Interessen der Mitglieder.

Der Burger Mandolinenklub „Alpenstern" nimmt Aufstellung.

In neuerer Zeit waren es die Sportvereine, die sich der Körperertüchtigung ihrer Mitglieder widmeten und die einen steigenden Zulauf hatten.

Zu dem vor sechs Jahren aus einzelnen Mitgliedern in unserer Stadt ins Leben gerufenen Fußballklub „Preußen" kamen inzwischen weitere, die sich mit dem Ball auf dem grünen Rasen tummelten. „Fortuna", „Teutonia", „Viktoria" und „Hohenzollern" waren die stolzen Namen dieser Mannschaften, die um den Sieg durch möglichst viele Tore kämpften. Für die Ausübung des Turnsports, dem jetzt jegliche Förderung besonders für die Jugend zuteil wurde, setzten sich neben dem schon seit langem bestehenden Burger Männerturnverein weitere Vereine für Leibesübungen wie der Luft- und Lichtsportverein, die Turnerschaft, die Freie Turnerschaft und der Turnverein „Germania" mit großem Eifer ein. Eine große Anhängerschaft hatten die Gesang- und Musikvereine der Stadt, wie es auch in jedem Dorf wohl einen Chor gab, dessen Mitglieder ihre Freude am gemeinsamen Gesang hatten. Außer den seit Jahrzehnten in Burg bestehenden, dem Bohneschen, dem Chorgesang- und dem Männer-Gesangverein, kamen in den letzten Jahren die Gesangvereine Harmonie, Liedertafel, Frohsinn, Fidelitas, Liederschatz, Maiengruß, Eintracht, Gutenberg, die Sängervereinigung der Firma Tack & Cie, und der Arbeitergesangverein Vorwärts hinzu. Neben dem Musikverein „Lyra" noch der Mundharmonika-Verein „Edelweiß" und seit diesem Jahr der Mandolinenklub „Alpenstern".

Man sieht, an Angebot und Möglichkeiten für jedermann war in Burg kein Mangel.

Genthin erhält eine moderne Badeanstalt

Feierlich und in einem großen Rahmen wurde am 19. Dezember in der Genthiner Königstraße (heutige Friedenstraße) nach nur wenigen Monaten Bauzeit eine moderne Badeanstalt eröffnet, die im Genthiner Wochenblatt mit viel Lob bedacht wurde. Schon äußerlich mache sie einen sehr gediegenen Eindruck, hieß es in der zeitgenössischen Berichterstattung. Finanziert wurde der Bau seinerzeit vom Verein für Gesundheitspflege und von der Stadt Genthin. Sanitätsrat Dr. Frantz vom Verein für Gesundheitspflege formulierte in seiner Ansprache zur Eröffnung der Badeanstalt hohe Ansprüche: „Es ist eine schöne und edle Aufgabe, den Mitmenschen alle Vorzüge öffentlicher Wohlfahrt nach Maßgabe der vorhandenen Möglichkeiten zu erschließen, den wirtschaftlich Schwachen in kompetenter Weise in ihrer Gesundheit zu helfen". Nur, nach wenigen Jahren drohte

der Badeanstalt Ungemach. Aufgrund der wirtschaftlichen Schwierigkeiten nach dem Ersten Weltkrieg sollte sie zum Wohnhaus umgebaut werden. Die Badeanstalt blieb jedoch bestehen, so dass sie im Jahre 1934 der Heilgymnast Häcker kaufen konnte. Deshalb konnte die Einrichtung 1958 ihr nunmehr 50-jähriges Jubiläum begehen. (Foto: Stadtarchiv Genthin)

Weltliche Schule in Franzosenstraße

In den ersten Maitagen 1908 wurde die neue Schule in der Burger Franzosenstraße (heute Karl-Marx-Straße) ihrer Benutzung übergeben. Dabei handelte es sich um die beiden Bürgerschulen (Knaben und Mädchen), die spätere Diesterwegschule.

Das im Jugendstil errichtete Gebäude barg im Innern einige für die damalige Zeit besondere Neuerungen für die Schüler- und Lehrerschaft. Darüber berichtete das Tageblatt (6. Mai): „Mit diesem Schulneubau ist in Burg wirklich Gutes, Praktisches und doch Schönes geschaffen, und das ist recht so. Die Räume in der Franzosenstraße (17 Klassen) sind für die Knaben und in der Scheunenstraße (13 Klassen) für die Mädchen bestimmt, jeder Flügel hat einen Eingang selbstredend für sich. Gemeinsam sind für beide Schulen der Physiksaal, die Turnhalle und der Schulhof. Es gibt zudem zwei Zeichensäle, Rektoren- bzw. Lehrerzimmer. Die Heizungsanlage ist modern, so ist in den Räumen absolut reine Luft. Die Korridore und die Klassenräume sind mit Linoleumbelag ausgestattet."

Ein markanter Schulbau in der Franzosenstraße Burgs.

Im Jahre 1933 kam das Ende der weltlichen Schule. Am 26. Februar 1942 musste die gesamte Schule geräumt werden, es begann der Umbau in ein Lazarett. Nach dem Kriege war in diesem Haus ein Krankenhaus, erst am 2. September 1963 wurde es wieder eine Schule.

Verluste werden immer größer

1915

Auch in der Heimat bringt der Erste Weltkrieg Not und Elend

Die Ziegelei Fink in Parey wurde zu einem Kriegsgefangenenlager für 800 bis 1000 Personen umgebaut. Die Gefangenen wurden beim Ausbau des Plauer Kanals beschäftigt. Am 5. Februar trafen die ersten 800 russischen Gefangenen ein, darunter auch ein paar, die vor dem Krieg auf dem Gut in Parey gearbeitet hatten. Mit zunehmender Kriegsdauer erlangte die Personalfrage entscheidende Bedeutung für alle Staaten. Die Staaten der Entente konnten jedoch auf ein riesiges Potential an Menschen zurückgreifen. Die sinnlosen Materialschlachten dezimierten ganze Jahrgänge und zeugten von der Sinnlosigkeit des Krieges. Für die Leser der Zeitung lagen in der Redaktion täglich die aktuellen Verlustlisten aus. Infolge der Materialschlachten stiegen die Verluste rapide an, immer mehr Familien hatten Opfer zu beklagen. Aber auch das gab es: Der „Lange Josef" war am 23. November in Genthin. Der Angehörige des 1. Garde Regiments zu Fuß hielt sich zwei Tage in der Stadt auf. Er war 28 Jahre alt und mit 2,39 m sollte er der größte Soldat in der deutschen Armee sein. Früher hatte er in der Leibgarde des Kaisers gedient.

Solche Feldpostkarten (die hier abgebildete mit gefangenen Engländern schickte ein Angehöriger einer Minenwerfer-Kompanie nach Parey) wurden zu Beginn des Krieges häufig in die Heimat geschickt – doch Not und Elend wurden immer größer.

Truppenübungsplatz Altengrabow erhält teilweise neue Aufgabe – 1200 Kriegsgefangene.

1200 Kriegsgefangene waren 1915 in Altengrabow/Dörnitz interniert.
Schon in den ersten Kriegstagen gingen die Bauhandwerker an die Arbeit zur Errichtung eines großen Kriegsgefangenlagers. Lang gestreckte Holzbauten, gleich fabrikmäßig zugeschnitten, wurden zusammengesetzt. In aller Eile entstand ein höchst primitiver Stacheldrahtzaun. Es kamen die ersten Gefangenentransporte. Zumeist waren es verwundete Belgier und Franzosen aus den allerersten Grenzkämpfen. Sie machten in der Tat einen bemitleidenswerten Eindruck. Viele von ihnen trugen noch die ersten Verbände und behelfsmäßigen Schienungen. Eine makabere „Erinnerungsansichtskarte" fertigte Foto-Schütze Dörnitz. Auf der Rückseite schrieb ein kaiserlicher Soldat an seine Frau: „... auf dieser Karte kannst Du Dir ein Bild machen, was alles für Nationen hier liegen …" Auf der abgebildeten Karte wurden zum Foto aufgestellt (v.l.n.r.): Russe, Schotte, Belgier, Franzose, Turko (französischer Volksstamm), Zuave und Engländer. Ein Kriegsgefangenenlager für russische Offiziere wurde in Burg am Kanal an der Niegripper Chaussee eingerichtet.

Das sind nur die Vertreter von sieben Nationen, die bei Altengrabow interniert wurden. Weitaus mehr konnten gezählt werden.

Zweites Kriegesjahr mehrt Sorgen

Um die Volksernährung in Kriegszeiten zu sichern, mussten Brotrationen eingeführt werden, da Hamsterkäufe an Korn zugenommen hatten. Seit Januar war die Brotkarte eingeführt. Die Behörden mussten sich mit zunehmendem Preiswucher bei Lebensmitteln beschäftigen.
Im Winter 1914/15 war ein größeres Abschlachten von Schweinen erfolgt, da man Kartoffelknappheit befürchtete. Die Bauern suchten sich der Beschlagnahme ihrer Viehbestände zu entziehen. Aufkäufer aus den großen Städten zahlten höhere Preise für das Schlachtvieh und die Tierhalter suchten sich selbst zu versorgen. Die Ablieferungsstellen konnten nicht alles Schlachtvieh erfassen. Schwierig war die Sicherstellung von Dünger und Saatgut auf dem Lande. Kraftfutter stand kaum noch zur Verfügung. In Burg wurde ein Lebensmittelamt im Hause Breiter Weg 38 eingerichtet.
Die Behörden ordneten die Erfassung und Ablieferung von Gummibereifung, Messing, Kupferkesseln, Nickel und anderen Buntmetallen für die Rüstungsindustrie an.
Verstärkt erfolgten Einberufungen zum Heeresdienst. Der Landsturm des Jerichower Kreises, gediente Männer über 45 Jahre, wurde eingezogen und kam zum Kriegseinsatz nach Belgien. Die Säle der Stadt waren als Reservelazarette eingerichtet und zunehmend mit Verwundeten belegt.
In der Zeitung mehrten sich die Todesanzeigen der Gefallenen.

Der Vaterländische Frauenverein Burg bringt ein Kriegskochbuch heraus. Die Rezept-Zutaten dürften aber zu Kriegsende nicht mehr aufzutreiben gewesen sein.

GENTHINER CHRONIK

5. Januar: Musterungsaufruf in der Zeitung. Von der Musterung sind ausgenommen und brauchen nicht vor Ort zu erscheinen: „Personen, welche mit dem Mangel eines Fußes oder einer Hand, Erblindung beider Augen, Taubstummheit, Kretinismus oder gerichtlich erklärtem Irrsinn, Wahnsinn oder Blödheit behaftet sind …"

22. Januar: Achtung! Feinde im Land! Eine große Anzahl englischer Agenten soll nach Deutschland kommen, um Getreidespeicher, Lebensmittellager, Gas- und Wasserwerke zu zerstören. Verdächtige sind sofort der Polizei zu melden.

2. Februar: Hinweis für die Bürger: Der Bevölkerung muss wiederholt empfohlen werden, den Genuss des gut bekömmlichen, leicht verdaulichen und sehr schmackhaften Schweinefleisches dem Genuss anderer Fleischsorten vorzuziehen. Auch sollten sich die Einwohner einen Vorrat an Schlackwurst, Schinken und Speck anlegen.

18. Februar: „Wer Brotgetreide verfüttert, versündigt sich am Vaterland und macht sich strafbar." Dazu ein Merkblatt für die Herstellung von Dauerware aus Schweinefleisch.

6. März: Der städtische Gastwirtverein hat beschlossen, die Bierpreise zu erhöhen, da die Brauereien die Abgabepreise auch erhöht haben. Der Verein weißt darauf hin, dass er nicht die Mehrkosten tragen kann.

7. Oktober: Rittmeister von Pieschel, zuletzt im Ulanen-Regiment Nr. 13, jetzt Kommandeur der Proviantkolonne 3 des 4. Armeekorps, wird zum Major befördert.

BURGER CHRONIK

30. Mai, Burg: Der landwirtschaftliche Frauenverein eröffnet eine Verkaufsstelle mit selbst erzeugten Produkten aus dem Garten und Stall. Der Andrang ist so groß, dass der Laden keine Kunden mehr aufnehmen kann. Gegen Mittag sind die Bestände fast geräumt. Neue Waren sollen demnächst zum Verkauf kommen.

2. Juni, Burg/Altengrabow: Heute treffen hier, von Altengrabow kommend, 22 Russen ein, die auf Veranlassung der Behörden hiesigen Landwirten zur Hilfe bei der Arbeit zugewiesen werden.

20. Juli, Reesen: In der Nacht werden umfangreiche Diebstähle verübt. Beim Gemeindevorsteher Rettig werden zwei Töpfe mit Fleisch, beim Landwirt Erich 18 Schlackwürste und beim Landwirt Weber vier Pfund Brot und mehrere Flaschen Bier entwendet. Die Täter kamen scheinbar mit Fahrrädern und einem Hund.

1. August, Burg: Auf dem „Preußensportplatz" in der Kolonie ist ein Fußballwettkampf, der Ertrag ist für die hiesigen Lazarette bestimmt.

6. September, Gommern: Bei einem Gewitter sonntagsfrüh werden verschiedene elektrische Leitungen zerstört. – Die Bewirtschaftung des Schützenhauses übernimmt ab 1. Oktober Frau Marnitz.

25. Oktober, Hohenwarthe: Das seltene Fest der goldenen Hochzeit feiert das Christian Häuslersche Ehepaar.

27. November, Burg: Im Schalterraum des Postamtes ist ein künstliches Gebiss gefunden worden. Es liegt dort bis einschließlich 18. Dezember zur Abholung bereit.

1916

Kriegsanleihen und Wurstersatz

GENTHINER CHRONIK

1. Januar: Das Jahr beginnt freundlich, frühlingshaft mild. Die Genthiner sind dankbar, sparen sie doch so wertvolles Heizmaterial. An die Gärtner geht der Appell, sich rechtzeitig der Baumpflege zu widmen, da bei Anhalten der milden Witterung eine übermäßige Ausbreitung von Schädlingen befürchtet wird.

12. Februar: In Zeiten der Not sucht der Mensch nach jeder erdenklichen Abwechslung. So ist die Nachmittagsvorstellung des Union-Theaters restlos ausverkauft. Es läuft die Komödie „Ein angenehmer Gast".

2. Mai: Auf sein 25-jähriges Bestehen kann das Königliche Lehrerseminar zurückblicken. Bisher haben seit Gründung der Anstalt 600 Lehrer hier ihre Ausbildung erhalten. Doch mit Ausbruch des Krieges verwaisen die Räume zusehends. Derzeit befindet sich ein Großteil der Seminaristen im Felde, 15 sind bereits gefallen.

3. August: Den städtischen Beamten mit einem Jahresgehalt unter 3000 Mark wird auf Antrag des Magistrats rückwirkend zum 1. Juli eine Teuerungszulage von monatlich 20 Mark für Verheiratete und 10 Mark für Alleinstehende gewährt.

19. Dezember: Der deutschen Bevölkerung wird ans Herz gelegt, auf das Versenden von Weihnachts- und Neujahrsgrüßen zu verzichten. Reichspost und -bahn sollen durch derartig zivile Belange nicht unnötig belastet werden. Das Beste, was man sich in diesen Tagen wünschen könne, so der offizielle Kommentar, sei „ein deutscher Friede", und das bedürfe schließlich nicht der Bekräftigung durch eine Neujahrskarte.

BURGER CHRONIK

5. Januar, Burg: Durch Herrn Stadtrat Zweig können weitere 3280 Mark in Gold der Reichsbank zugeführt werden.

14. März, Kreis Jerichow I: Der Landrat gibt die Einschränkung des Kartoffelverbrauchs bekannt. Die Verbrauchsmengen an Speisekartoffeln sind bis zum 15. August auf ein Pfund für jede Person, fünf Pfund je Pferd und vier Pfund je Schwein festgesetzt.

15. April, Lüttgenziatz: Unter dem Pferdebestand des Mühlenbesitzers Ruff ist die Räude ausgebrochen.

1. Juni, Blumenthal: Im Feldhüterhaus kommen die der Gemeinde gehörigen Wiesen zur Verpachtung. Es werden für den Morgen je nach Lage 70 bis 140 Mark geboten.

6. Juli, Friedensau: In den Schaufenstern der Burger Buchhandlungen ist zur Zeit ein Katalog des Lazarett-Museums zu Friedensau ausgestellt. Schon die äußerliche Aufmachung lässt auf die Gediegenheit der Ausstellungssachen schließen.

10. August, Burg: In der Nacht werden auf der Bahn zwei junge Burschen angehalten, die im Bremserhäuschen eines Güterzuges eine billige Fahrt nach Berlin unternehmen wollten. Sie waren in Biederitz zugestiegen.

16. September, Burg: Hilfe für Kriegsgefangene: Sprechstunden sind von Montag bis Donnerstag im Geschäftszimmer der Mädchen-Volksschule mit Herrn Direktor Sommer.

2. Oktober, Parchau: Als Erlös aus der von den hiesigen Schulkindern ausgeführten Nachlese von Ähren auf Weizenfeldern nahe des Dorfes können dem Roten Kreuz genau 102,70 Mark zugeführt werden.

15. November, Burg: Dem Vernehmen nach geht die Gaststätte „Kronprinz", früher „Grand Salon", demnächst in den Besitz des Herrn Karl Eckert über.

13. Januar: Der Stadt Genthin ist ein größeres Kontingent an Petroleum zur Verfügung gestellt worden. Bezugsscheine werden im Gebäude der alten landwirtschaftlichen Schule in der Großen Schulstraße an alle berechtigten Bürger ausgegeben. Von der Verteilung ausgeschlossen sind all die Haushalte, denen Elektrizität oder Gas als Energiequelle zur Verfügung steht.

27. Januar: Der Geburtstag Seiner Majestät wird in der Kreisstadt Genthin kriegsmäßig einfach, ohne große Aufmärsche begangen. Höhepunkt des Tages ist ein Festgottesdienst in der Trinitatiskirche am Marktplatz der Stadt. Pastor Krause hält eine patriotisch anmutende Predigt und lässt im Anschluss die Hymne „Gott sei des Kaisers Schutz" anstimmen.

19. Februar: Die Genthiner werden durch ihre Lokalpresse davon in Kenntnis gesetzt, dass sich aus wirtschaftlichen Gründen die Wurstproduktion auf nur wenige Sorten beschränken wird. An die Stelle der aus dem Verkehr gezogenen Sorten soll eine „vegetable" Wurstart treten, die im Wesentlichen aus Mehl, Grütze, Graupen und Hirse besteht.

4. März: Wieder einmal ist das deutsche Volk dazu aufgerufen, Kriegsanleihen zu zeichnen. In Genthin kann dies bei allen Geldinstituten der Stadt geschehen. Die Schuldverschreibungen laufen mitunter bis ins Jahr 1932 und werden dem Inhaber als absolut sichere und Gewinn bringende Vermögensanlage gepriesen.

11. April: Elsa von Bonin, Tochter des Brettiner Rittergutsbesitzers, promoviert an der rechts- und staatswissenschaftlichen Fakultät der Universität Greifswald. Ihre Arbeit, die den Titel „Die Verwertbarkeit des Motivs im materiellen Strafrecht" trägt, erhält das Prädikat „lobenswert".

13. Mai: Für einige Tage gastiert „Holzmüllers Menagerie-Zirkus" in der Stadt. Auf dem Marktplatz schlägt die Truppe ihre Zelte auf und begeistert das Genthiner Publikum mit einer Raubtierschau und akrobatischen Vorführungen.

3. Juni: Im Genthiner Kinderhort des Vaterländischen Frauenvereins, der in den Räumen der Knabenschule untergebracht ist, werden im Durchschnitt täglich 50 Kinder betreut, zumeist Kinder von Kriegswitwen und Frauen, die für einige Stunden in den Betrieben der Stadt die fehlenden Männer ersetzen und so ihren „Dienst am Vaterland" leisten.

18. Juni: Für die Verwundeten des Genthiner Lazarettes organisieren Wohltätigkeitsvereine einen Ausflug nach Schönhausen. Mit der Kleinbahn fahren die Soldaten in Begleitung ihres Pflegepersonals an den Geburtsort des ersten deutschen Kanzlers. In Schönhausen angekommen, werden die Feldgrauen bereits von jungen Maiden erwartet, die ihre Gäste mit Rosensträußen ausstaffieren. Bei Kaffee(-ersatz) und Kuchen scheinen die Sorgen vergessen, man scherzt und lacht – man lebt, endlich einmal lebt man wieder. Der Besuch des Bismarck-Museums erscheint da nebensächlich.

31. Juli: Die Bekleidungsgeschäfte der Stadt Genthin erleben einen letzten großen Ansturm, denn ab 1. August dürfen Kleidungsstücke – mit Ausnahme hoher Preislagen – nur noch gegen Vorlage von Bezugsscheinen verkauft werden.

September: In diesem Monat soll in der Genthiner Trinitatiskirche die hundertste Kriegsandacht seit Ausbruch der Kampfhandlungen gehalten werden. Regelmäßig finden sich in dem Gotteshaus an den Donnerstagabenden Angehörige aller Stände ein, um für eine glücklichere Zukunft zu beten. Es gibt kaum eine Familie, die nicht bereits ein Mitglied auf dem „Feld der Ehre" verloren hat, und so hofft man und sucht Trost, Trost in Lied und Gebet.

27. September: Dem Kaufmann Hugo Pfeffer wird mit

Heroisch wirken die Gedenkblätter, die auch im Kriegsjahr 1916 Väter, Mütter und Witwen in den Händen halten. Als ein Erinnerungszeichen an die „große Zeit" und als „unauslöschlicher Dank des Vaterlandes" sollen sie den Familien helfen, über den erlittenen Verlust hinwegzukommen. Auf den Schlachtfeldern Europas aber nimmt das Gemetzel seinen Lauf.

sofortiger Wirkung das Monopol zum Eier-Ein- und Verkauf übertragen. Wie Genthins Bürgermeister Neumann die Bürger informiert, unterliegt der Kaufmann einer gesetzlichen Preisbindung und darf pro Ei den Einheitspreis von 23 Pfg. verlangen.

11. Oktober: Vor dem Genthiner Schützenhaus haben sich die Landsturmverpflichtungen des Jahrganges 1898 sowie die Rekrutenjahrgänge 1894 bis 1896 zwecks Musterung einzufinden. Von der Gestellung befreit sind nur solche Wehrpflichtige, die blind, taub, nachweislich chronisch krank oder geistesgestört sind.

23. Oktober: Am Geburtstag Ihrer Majestät der Kaiserin findet in der Eingangshalle der Trinitatiskirche zu Genthin eine Eichenplatte Aufstellung. Nach jedem Gottesdienst ist der Besucher des Hauses dazu aufgerufen, eine Spende zu entrichten, für die er einen Nagel erhält. Dieser wird in die Platte geschlagen, auf der nach einiger Zeit die Inschrift „Ein' feste Burg ist unser Gott" deutliche Formen annimmt. Die aus der Nagelung erzielten Erträge kommen einem Fonds zugute, aus dem Kriegsbeschädigte Unterstützung erhalten.

29. Oktober: Das Gut Pennigsdorf geht in den Besitz einer Aktiengesellschaft über, die auf den Ländereien ein industrielles Unternehmen betreiben will. Der bisherige Besitzer, Herr von Ostau, zieht nach Genthin und nimmt in der Magdeburger Straße Quartier.

2. November: Die Stadtverordnetenversammlung von Genthin beschließt, der Zuckerraffinerie AG ein an ihr Betriebsgelände grenzendes zirka 17 300 Quadratmeter großes Grundstück zum Preis von einer Reichsmark pro Quadratmeter zu überlassen.

5. Dezember: Der Winter steht bevor, es soll ein Hungerwinter werden. Schon jetzt sind die Vorräte knapp. Zur Sicherung der Volksernährung ruft der Magistrat der Stadt Genthin die Landwirte der Region auf, alle entbehrlichen Kartoffelmengen abzuliefern. Falls dies nicht freiwillig erfolgt, wird mit Enteignung der gesamten Bestände gedroht.

„Wir lassen uns nicht aushungern!"

1917

Trotzige Reaktion der Burger auf die eingetretene Hungerszeit. Die Conditorei Schulz, sie ist im Breiten Weg zu finden, lässt sich auf einer Postkarte mit einem Bild aus der Friedenszeit abbilden und vermerkt dazu unübersehbar im Kartentext: „Wir lassen uns nicht aushungern!"

Lebensmittel-Rationierung – 125g Graupen in der Woche

Im Januar 1917 setzte eine ganz ungewöhnlich starke, bis Ende Februar andauernde Kälte mit vielfach bis zu -20 Grad C ein. Dazu lag fast die ganze Zeit über tiefer Schnee. Auch im März und April blieb es recht kalt und winterlich, so dass die Frühjahrsbestellung recht spät beginnen konnte. Dann ging es ohne jeden Frühling mit einem Schlage in den heißen Sommer. Mai und Juni waren übermäßig heiß, in beiden Monaten fiel in der Burger Gegend nicht ein Tropfen Regen. Die Ernte war noch viel geringer, als die von 1915 und brachte nur 1/4 des normalen Ertrages. Das Futter für das Vieh war so knapp, dass viele Bauern ihr Vieh auf die Wiesen treiben mussten, da es im Stall nicht gefüttert werden konnte. Als Kohlrübenwinter würden viele diese Zeit noch lange in trauriger Erinnerung behalten. Aus Kohlrüben wurde Marmelade gemacht. Und durch Zusatz von Grütze und Majoran erhielt man Ersatz-Leberwurst.
Im Sommer kam die Tomate, bisher als Gemüse und Nahrungsmittel wenig beachtet, als wohlschmeckende Speise zu Ehren.
Dem Schwarzbrot wurde jetzt Kartoffelmehl zugesetzt.

Die wöchentliche Butterration betrug 60 Gramm, Fleisch 250 Gramm und Graupen 125 Gramm. Namentlich in den Wintermonaten wurde mit Massenspeisungen die Volks-Kriegsküche stark in Anspruch genommen und auch in den großen Ferien konnten Schulkinder hier ihre warme Mahlzeit erhalten.
Auf dem städtischen Schlachthof wurde in diesem Jahr nur die Hälfte der Tiere im Vergleich zu Friedenszeiten, darunter vier Hunde, geschlachtet. Die wöchentliche Fleischration wurde auf 200 Gramm herabgesetzt.
Bis zur neuen Ernte bestand eine große Kartoffelknappheit, die Zuteilungen waren äußerst gering.
Die üblichen Bismarckfeiern am 1. April am Turm sollten ausfallen, da Unruhen befürchtet wurden. Es hatte sich das Gerücht verbreitet, dass die Arbeiter wegen der für den 15. April festgesetzten Kürzung der Brotmenge demonstrieren wollten.
Die herrschende Kohlnot war nicht etwa auf mangelnde Vorräte, vielmehr auf die Transporterschwernisse bei der stark durch den Nachschub an die Front belasteten Bahn zurückzuführen.

Eine kleine Kriegsflotte in Friedensau?

Geschütze, Kampfflugzeuge, Luftschiffe und eine kleine Kriegsflotte, wie passt das nur zu Friedensau?
Die verwundeten Soldaten im Vereinslazarett Friedensau hatten scheinbar ihren Glauben an einen Sieg im Kriege noch nicht aufgegeben, obwohl sie mit ihren Verwundungen doch schlimmste Kriegserfahrungen gemacht hatten.
In ihrer Freizeit beschäftigten sie sich mit allerlei Bastelarbeiten, und dabei herausgekommen sind Kriegsgeräte der modernsten Art dieser Zeit: Flugboot, Luftschiff, Kreuzer, Geschütze. Alles dies wurde auf einigen Schauflächen im „Lazarettmuseum" aufgebaut und zur Erinnerung auf mehreren Ansichtskarten abgebildet.

GENTHINER CHRONIK

4. Januar: Rückblick auf das Jahr 1916: In Genthin wurden 53 Kinder geboren, 27 Jungen und 26 Mädchen. Der starke Geburtenrückgang ist eine Folge des Krieges. 72 Personen sind gestorben und 17 Trauungen fanden statt.

21. Januar: Der Frühzug auf der Kleinbahnstrecke Genthin-Milow entgleist infolge der extremen winterlichen Witterung bei Schlagenthin. Die Genthiner Molkerei wartet an diesem Morgen vergebens auf die Milch zur Verarbeitung.

15. Februar: Bekanntmachung des Regierungspräsidenten. Das Heizen von Kinos und Theatern sowie Räumen, in denen Lustbarkeiten stattfinden, hat zu unterbleiben. Der preußische Kultusminister gibt bekannt, dass bisher 10 950 Lehrer gefallen sind.

19. Februar: Eis und Glätte behindern den Verkehr in der Stadt. Viele Hausbesitzer kommen ihrer Räum- und Streupflicht nicht nach, so dass es zu gerichtlichen Auseinandersetzungen kommt.

8. März: Ein großer Erfolg und eine Freude in der Kriegszeit war die Veranstaltung mit der Berliner Märchenerzählerin Nora Mengelberg in der Aula der Mädchenschule.

21. April: Infolge starken Regens und einsetzender Schneeschmelze führt die Elbe das größte Hochwasser seit 27 Jahren. Die Schifffahrt muss eingestellt werden. Besonders fürchtet man Verluste auf den schon bestellten Ackerflächen in Flussnähe. Das Pretziener Wehr wird geöffnet.

6. September: Der Lehrer und Leutnant d. R. Franz Grießbach wird mit dem EK1 ausgezeichnet. Diese Auszeichnung erhalten auch andere Personen; o. G. wird deshalb besonders erwähnt, weil er später noch Karriere auf militärischem Gebiet macht.

BURGER CHRONIK

18. Januar, Möckern: Ein Jagdvergehen wird Herrn Ziegeleibesitzer Steffen angelastet. Er wird beschuldigt, Falken zum Zwecke des Hasenfangs gestellt zu haben. Er bekommt eine Geldstrafe zu 60 Mark oder ersatzweise 12 Tage Gefängnis.

6. Februar, Güsen: Im Penigsdorfer Schloss entsteht beim Auftauen von Leitungen ein Brand. Einer der hauptsächlich aus Holz hergestellten Türme wird vernichtet, ein zweiter beschädigt.

23. März, Burg/Kreis Jerichow I: Sämtliche noch vorhandenen kupfernen Kessel sind laut Anordnung des Landrates bis 31. März an Kupferschmiedemeister Müller abzugeben.

14. Mai, Burg: Die Lokomotiven und Wagen werden augenblicklich für die Bedürfnisse der kämpfenden Heere, der Volksversorgung und Kriegswirtschaft gebraucht. Für Zwecke des Personenverkehrs stehen sie nur in geringem Umfang zur Verfügung.

27. Juni, Burg: Aus einem Flugzeug, das am Vormittag zwischen 6 und 7 Uhr unsere Stadt überfliegt, wird ein Täschchen mit schwarz-weiß-rotem Bande abgeworfen, das in der Nähe des Gymnasiums zu Erde kommt. Es enthält einen Briefumschlag mit der Bitte um Rücksendung per Post. Der Flieger kommt vom Flugplatz Döberitz und will so seinen Flug dokumentieren.

29. September, Kreis Jerichow I: Das Verbrennen des Kartoffelkrautes ist unter Strafe gestellt. Frisches Kartoffelkraut kann als Futter, trockenes als Streu genutzt werden.

1918 Tage der Novemberrevolution in Burg

GENTHINER CHRONIK

5. Januar: Im gesamten Landkreis ist eine Zunahme von Feld- und Ackerdiebstählen zu verzeichnen, die ihre Ursache in der sich ständig verschlechternden Ernährungslage haben. Feldmieten mit Kartoffeln bzw. Rüben werden nachts aufgebrochen, um die karge Verpflegung aufzubessern.

12. Januar: „Jubel in Jerichow" in einer trüben Zeit. Aus französischer Kriegsgefangenschaft kehren drei Jerichower heim. Sie wurden 1914 gefangen genommen und gehören zu einem Kontingent von 500 Mann, die im Rahmen einer Vereinbarung nun ausgetauscht werden.

18. Februar: Der Ackermann Wilhelm Mewes wird als Ausschussmitglied in den Feuerlöschverband Gladau gewählt.

18. April: Die Gemeinde Gladau wird Mitglied bei der Spar- und Darlehnskasse Genthin.

11. Mai: Beim Spielen am Mühlengraben in Genthin ertrinkt ein vierjähriger Junge.

5. Juni: Auf Antrag der Gladauer Gemeindeschwester Eva Irmer werden ihr die Ortskommunalsteuern widerruflich erlassen.

26. Juni: Der Kreistag beschließt die Beteiligung am Bau der Kleinbahnstrecke Güsen-Jerichow. Der Kreis zeichnet eine Anleihe von 6000 Mark.

4. Juli: Auf dem Gehöft von W. Bollmann in Parey werden zehn junge Gänse abgeschlachtet. Die Spur führt den Polizeihund zur Schleuse. Man vermutet, dass die Täter aus den Reihen der hier liegenden Schiffer kommen.

2. Oktober: Beschluss der Gemeindevertretung Gladau, dass der Pastor und die Lehrer von ihren Einkommen Kommunalsteuern zahlen sollen.

BURGER CHRONIK

8. Januar, Burg: Eine Geldsammlung durch Herrn Kreisausschusssekretär Winckler zur Beschaffung eines Apparates für Röntgenbeleuchtung für das Krankenhaus ergibt einen ansehnlichen Betrag von 6500 Mark.

21. Februar, Burg/Kreis Jerichow I: In allen Schulen werden „Knochensammlungen" durchgeführt.

23. März, Burg: Im Café Kasino des Hotels „Roland" findet um 19.30 Uhr ein Richard-Wagner-Abend statt. Es singt der Tenor Fritz Bub, Kapellmeister ist Herr Siegfried Blumann.

9. April, Burg: Ein Waldbrand ist im Stadtforst Bürgerholz ausgebrochen. Herr Stadtförster, der Lehrer Schwarzrock, mehrere Schulkinder und andere Hilfeleistende können größeren Schaden verhüten.

6. Juni, Burg: Die Waldmeisterpflanze wird vielfach zur Streckung des Tabaks für die Pfeife benutzt. Von ärztlicher Seite wird das für sehr bedenklich gehalten, da die Pflanze einen schädlichen Stoff enthält, der zur Beschleunigung des Herzschlags beiträgt.

3. Juli, Burg: Des Krieges wegen fällt die Feier des 87. Stiftungsfestes der Pieschelschen Anstalt aus. Herr Inspektor Schulze ist in diesem Jahre bereits 20 Jahre an der genannten Anstalt tätig.

4. September, Schermen: Die Mühle von Karl Bock wird bis zum 1. November geschlossen.

23. Oktober, Kreis Jerichow I: Der Besenginster, eine wichtige Fastpflanze in Kriegszeiten, wird der Bewirtschaftung unterstellt, denn man kann sie in der Kriegswirtschaft nicht entbehren.

Die Novemberrevolution, die Abdankung des Kaisers und das Ende des vierjährigen mörderischen Krieges sind auch in Burg zu spüren.

Auf dem Burger Paradeplatz versammelte sich im November das unzufriedene Volk. Zu sehen ist hier das Denkmal für die Gefallenen des Deutsch-Französischen Krieges 1870/1871.

Burg, den 9. November: Die gewaltigen Umwälzungen, die in den letzten Tagen in unserem Vaterlande vor sich gingen und deren Wellen weiter und weiter um sich griffen, hinterließen nunmehr auch hier ihre Folgen. Veranlasst durch die von außerhalb, ganz besonders die gestern aus Magdeburg in unsere Stadt gelangten Nachrichten, sahen sich die verantwortlichen Stellen genötigt, geeignete Maßnahmen zu treffen, um nach Möglichkeit Ruhe und Ordnung aufrecht zu erhalten.

Für heute früh 10.30 Uhr war auf dem Paradeplatz eine Volksversammlung angesetzt, die von vielen Einwohnern, aber auch Soldaten aufgesucht wurde. Herr Stollberg, der Vorsitzende des ins Leben gerufenen Arbeiter- und Soldatenrates, rief die zahlreich Erschienenen – nachdem er die jüngsten Geschehnisse und Umwälzungen geschildert hatte – dazu auf, die bürgerliche und militärische Gewalt in die Hände zu nehmen und treue und feste Anhänger der neuen Ordnung zu werden.

Den Anordnungen der Mitglieder des Arbeiter- und Soldatenrates sei unbedingt Folge zu leisten. Die älteren Bürger und die älteren Soldaten sollten in erster Linie dafür sorgen, dass Jüngere, denen etwa der Kamm schwoll, sich nicht zu Ausschreitungen hinreißen ließen, dass namentlich die durch den Krieg recht verwahrloste Jugend nötigenfalls auch mal zurecht gerüttelt würde. Die neue Sache dürfe nicht verunreinigt, es dürfe nirgends ein Terror ausgeübt werden. Nach einem Hoch auf die freie, soziale Republik formierte sich in Ruhe und Ordnung ein nach Tausenden zählender Zug durch die Straßen der Ihlestadt.

Burg, den 10. November: Im Café Roland spielte am heutigen Sonntag Nachmittag eine Künstlerkapelle. In der Waldhalle, im Seeschlößchen, im Reichsadler und in der Grünen Linde auf dem Großen Hof gab es Unterhaltungskonzerte. Bohnenkaffee, Kakao und Apfelkuchen wurden serviert.

Stadtrat Jerichow beschließt Bau eines Elektrizitäts-Werkes

Für den Bau des E-Werkes in Jerichow bewilligten die Stadtverordneten einen Kredit von 100 000 Mark. Das Projekt war mit 150 000 Mark veranschlagt. Der Stadtrat hatte am 12. Juni 1918 darüber zu entscheiden, ob die Stadt elektrisches Licht bekam.

Bereits am 13. August berichtete die Jerichower Zeitung: „...Kommission kaufte Akkumulatorenbatterien mit 126 Elementen für 3500 M, weiterhin sollen Marmorschalttafeln mit reichhaltiger Kupferleitung und 3 PS Motor für 2500 M und Dynamos mit 48 Kilowatt und dazugehörige Apparate gekauft werden. Ob ein 2 oder 3-Leitsystem gebaut wird, steht noch nicht fest ..."

Die Jerichower Zeitung titelte in ihrer Ausgabe vom 12. Oktober: „Der Bau des Elektrizitätswerkes unserer Stadt hat begonnen. Die Erweiterung des Maschinenhauses des Zimmermeisters Kämpfer ist bereits vollendet." Und weiter hieß es: „Die Pfähle, die die oberirdischen Leitungen tragen sollen, sind eingetroffen und liegen in den Straßen. Die Maschinen sind noch nicht eingetroffen, da bei der Bahn Gütersperre herrscht."

Der Bahn-Engpass hatte sich bald erledigt. Am 15. November berichtete die Jerichower Zeitung, dass „1 Waggon Geräte für das Elektrizität" am Sonnabend eingetroffen sei. „Leider waren viele Geräte beschädigt, da der Zug mit einem anderen zusammengestoßen war. Die Staatsbahnverwaltung muß den Schaden ersetzen. Beschädigt sind die Marmorschalttafeln und etliche Zähler und Motoren."

Pistolenschüsse vertreiben November-Revolutionäre

Das Landratsamt für den zweiten Jerichower Kreis in der Brandenburger Straße in Genthin. In den Auseinandersetzungen der November-Revolution versuchte eine Gruppe von Aufständischen in der Nacht vom 8. zum 9. November 1918, das Gebäude in ihre Gewalt zu bringen. Die abgegebenen Pistolenschüsse des damaligen Landrates von Schenk überzeugten die Angreifer, von ihrem Vorhaben abzulassen. Sie zogen kurz darauf wieder vondannen.

102 unverbindliche Unterschriften

1919

Auf der linken Straßenseite der Grabower Chaussee (heute Grabower Straße) befanden sich noch 1919 Gärten. Ein Jahr später sind an gleicher Stelle die ersten Häuser der neuen Baugenossenschaft zu sehen.

In den ersten Kriegsjahren wird sehr wenig gebaut und in den letzten ruht die Bautätigkeit infolge Bauverbots vollständig.

Die Folge davon war, dass sich nach Beendigung des Krieges und nachdem alle Teilnehmer zurückgekehrt waren in unserer Stadt eine fühlbare Wohnungsknappheit bemerkbar machte. Viele Familien hatten keine Wohnungen, andere mussten unzureichende Notwohnungen beziehen. So wurde denn in Burg immer mehr der Wunsch laut, auch hier, ähnlich wie in anderen Städten, auf genossenschaftlichem Wege unserer Stadt in dieser Notlage zu Hilfe zu kommen. Auf Anregung des Herrn Stadtrat Carl Schulze unternahmen es einige Einwohner, vor allem die ortsansässigen Handwerker, eine Versammlung einzuberufen. Die erste und somit Gründungsversammlung fand am 30. März im „Konzerthaus" am Markt statt und war sehr gut besucht. Zur Leitung wurde Herr Stadtrat Carl Schulze bestimmt und ihm zur Unterstützung die Herrn Lehrer Beckmann, Stadtrat Reimelt und Oberrentmeister Eck beigeordnet. Alle zu ergreifenden Maßnahmen wurden in dieser Versammlung erörtert und dann beschlossen. Auf der nächsten Versammlung am 15. April wurde den Mitgliedern ein Statuten-Entwurf vorgelegt. 102 Teilnehmer gaben zum Schluss ihre unverbindliche Unterschrift zur Mitwirkung an der Genossenschaft. Später wurde der Landrat M. Gebhardt zum Vorsitzenden gewählt. Im Aufsichtsrat wirkte der Stadtverordnetenvorsteher Herr Gustav Stollberg mit, noch heute trägt die Burger Straße seinen Namen.
Die ersten neuen Häuser der Genossenschaft konnten schon im Juli 1920 in der Pulverstraße und Grabower Straße bezogen werden.

Weniger Reisen

Der Landrat von Breitenbuch erließ die Anordnung, dass der Reiseverkehr in Anbetracht der äußerst schwierigen Lage der Bahn weiter eingeschränkt werden müsse. Nur in allerdringendsten Fällen, wofür Nachweise und behördliche Beglaubigung beizubringen wären, könnten Fahrkarten ausgestellt werden.

Kadaverübergabe

Die Viehbesitzer wurden im Kreis darauf hingewiesen, dass Kadaver gefallenen Viehs nur den Kadaververwertungsanstalten – in Burg dem Abdeckereibesitzer G. Theil – überlassen werden dürften.

Wohnungsnot

In Burg herrschte große Wohnungsnot. Die leer stehenden Holzbaracken des Gefangenenlagers an der Niegripper Chaussee und die vor drei Jahren für die Wachabteilung erbauten sowie die Lazarettbaracken am Schützenhaus boten ein notdürftiges Obdach für zahlreiche Familien.

Wehrlos gegen Diebe

Da das Geld ständig an Wert verlor, versuchten manche sich Beständigeres für die Zukunft zu beschaffen, wie auch immer. Die Inhaber der Burger Gold- und Silberwaren- und Uhrengeschäfte standen oft Einbrechern wehrlos gegenüber, sie sollten sich jetzt mit Waffen versehen. Alle anderen in Privathand befindlichen Waffen sollten jetzt auf Anordnung in der Kaserne abgeliefert werden. Kaum jemand kam dieser Aufforderung nach.
Den Kriegervereinen und der Schützengilde wurden ihre Büchsen zum Scheibenschießen und für die Ehrensalven bei Beerdigungen ihrer Mitglieder zeitweise belassen. Nach dem Gebrauch waren die Waffen der Polizei in Verwahrung zu geben. Zahlreiches militärisches Material, auch Waffen, wurden durch Mittelsmänner nach Polen verschoben.
Anfang des Jahres fanden im Zuge der Demobilisierung Versteigerungen von Militärpferden statt. Handwerker und Kleinbauern sollten beim Erwerb bevorzugt werden. Es stellte sich aber heraus, dass bisher zumeist auswärtige Händler die Tiere ersteigerten.

GENTHINER CHRONIK

1. Januar, Burg: Da die Auflösung des Offziersgefangenenlagers unmittelbar bevorsteht, werden alle, die noch Forderungen an das Lager zu haben glauben, aufgefordert, diese schleunigst bei der Kommandantur des Lagers anzumelden.

2. Februar, Rietzel: Die heute der Gemeinde vorgelegte Protesterklärung gegen die Aufhebung des christlichen Religionsunterrichts in der Schule findet die rückhaltlose Zustimmung sämtlicher Gemeindemitglieder.

22. Mai, Burg: Seit langer Zeit kommt nach Burg in den „Wilhelmsgarten" mal wieder eine Varietétruppe, und das mit einem reichhaltigen Programm. Die Entfesselungskünste erregen das allgemeine Staunen der Zuschauer, auch werden humoristische Vorträge mit viel Beifall aufgenommen.

10. September, Burg: Der Tanz- und Liederabend von Ria Held und Richard Rapp erfreut sich im Konzerthaus am Markt eines verhältnismäßig günstigen Besuches. Die Tänzerin bewegt sich nach der Musik berühmter Komponisten wie Beethoven und Mozart.

7. November, Burg: Die Züge können nicht ausreichend geheizt werden, die Reisenden werden daher gehalten, sich in der Reisebekleidung demgemäß einzurichten und auch Decken mitzubringen.

19. Dezember, Burg: Die Schaufensterbeleuchtung ist bekanntlich der Lichtersparnis wegen zur Zeit gänzlich verboten. Da in letzer Zeit Übertretungen des Verbots festgestellt wurden, sei daran erinnert. Anderenfalls gibt es Strafgelder oder der Strom wird abgestellt.

Hunger treibt Städter auf das Land

Wenn auch der Krieg beendet war, wuchsen doch Not und Schwierigkeiten in allen Lebensbereichen. Kohlen- und Rohstoffmangel legten im Winter 1918/19 viele Betriebe, aber auch öffentliche Einrichtungen lahm. Durch die steigende Teuerung kam es zu Streiks und Unruhen.
In Burg war inzwischen zur Aufrechterhaltung von Ruhe und Ordnung, aber auch zum Schutz der Republik, eine Einwohnerwehr aufgestellt worden. Die aus allen Bevölkerungskreisen zusammengesetzte, in acht Stadtbezirken aufgestellte Sicherheitstruppe war mit den Gewehren der aufgelösten Wachabteilung des Offiziers-Gefangenenlagers bewaffnet.
Anfang des Jahres hatte die dort eingesetzte Landsturmkompanie nach dem Abzug der letzten fremden Offiziere das Lager geplündert und danach das Weite gesucht. Auch sonst war nichts mehr vor Diebstahl sicher, die wachsende Not ließ alle Moral sinken. Um einigermaßen heizen und kochen zu können, holen sich die Menschen ganze Wagenladungen Stammholz aus den Wäldern, und auf dem Bahnhof wurden schon Kohlenloren geplündert.
Auf den Dörfern wurden Hühner und anderes Kleinvieh von der Straße weggefangen. Aus Gütter wurde gemeldet, dass dort ein Dreizentner-Schwein, in Wolfshagen sogar ein Bulle und auf dem Lindstedtischen Gut alles Eingeschlachtete und mehrere Zentner Korn gestohlen worden waren. Sogar aus der Kirche ließen die Langfinger die Altar- und Taufdecken und zwei Talare mitgehen. Der Hunger trieb die Städter aufs Land, um sich dort, wo noch etwas zu holen war, das Nötigste zum Überleben zu beschaffen. Andere strichen durch Schiebereien große Gewinne ein.

1920

GENTHINER CHRONIK

28. Januar: Der Gemeindevorsteher Koch wird beauftragt, bei der Kleinbahn-Generalversammlung die Gemeinde Gladau zu vertreten und gegen die Verschmelzung der Ziesarer mit der Genthiner Kleinbahn zu stimmen.

Januar/Februar: Bergzow wird von der Eisenbahngesellschaft erschlossen. Die Gemeinde beschließt den Bau des neuen Bahnhofsgebäudes für die Station Bergzow/Parchen.

Januar/März: „Einer für Alle – Alle für Einen", heißt es in der Auflistung der Einsätze der Genthiner Feuerwehr. In der Statistik „Die Brände der letzten 50 Jahre" sind für das Jahr 1920 folgende drei Ereignisse festgehalten: 14. Januar Scheunenbrand auf dem Rittergut Scharteucke; 16. Januar Scheunenbrand auf dem Rittergut Scharteucke; 21. März Scheunenbrand auf dem Rittergut Hohenbellin. Es sind die Einsätze 128, 129 und 130.

13. April: Die Gründung des Jerichower Ziegenzuchtvereins ist der Zeitung eine Meldung wert.

20. Juli: Die Gemeindevertretung Gladau gibt ihre Zustimmung, dass auf Kosten der Gemeinde ein Elektrizitätswerk errichtet wird und nach erfolgtem Anschluss an das Überlandwerk mit dem Kreis Jerichow II ein Stromlieferungsvertrag abgeschlossen wird.

19. August: Für die Besucher der Klosterkirche ist eine kurze Beschreibung des Bauwerks erschienen. Sie wird den Besuchern der Klosterkirche bei Lösung einer Eintrittskarte (50 Pfennig) mitgegeben. Der Reinertrag kommt den Fonds für die Kirchenheizung zugute.

Oktober: Der „Radfahrerverein Gladau" wird gegründet. Vorsitzender wird Otto Meier, Schrift-Kassenwart August Meier, Fahrwart Ernst Kähltze.

BURGER CHRONIK

8. Januar, Magdeburgerforth: Bei der Holzversteigerung der Oberförsterei ist unter 50 Mark pro Festmeter überhaupt kein Holz zu haben.

14. März, Burg: Die Wahl des 2. Bürgermeisters Wiegang in Burg zum Kreisdeputierten für den Kreis Jerichow I wird bestätigt.

8. April, Burg: Abends um 8 Uhr spricht der Abgeordnete Sommer im Konzerthaus über „die Pflichten des deutschen Bürgers nach dem Putsch".

9. April, Gommern: Der heutige Schweinemarkt ist mit etwa 120 Tieren beschickt. Die Preise sind äußerst hoch und bewegen sich zwischen 150 und 450 Mark. Die Kauflust ist rege, jedoch wird der Markt nicht geräumt.

21. April, Dannigkow: Die Ehlebrücke, welche seit Jahren infolge der Materialknappheit im Kriege verfallen ist, kann wieder hergestellt werden.

20. Juni, Blumenthal: Die 8. botanische Exkursion der Volkshochschule findet statt. Ziel sind die Wiesen bei Blumenthal und die Elbe daselbst.

13. August, Burg: Die Knaben-Volksschule „Comenius" ist seit Beginn dieses Schulvierteljahres in ihr früheres Heim in der Klosterstraße zurückgekehrt.

23. September, Burg und Umgebung: Eine Bärenführerfamilie (Tanzbär) macht unseren Ort unsicher. Der „Hauptkerl" spektakelt in seinem „Suff" im Ort umher.

11. November, Stegelitz: In der Kirche wird eine vom Burger Bildhauer Schön hergestellte Ehrentafel für die im Weltkrieg Gefallenen angebracht.

Ehrentafel für die gefallenen Helden

Eine Ehrentafel zum Gedächtnis an die gefallenen Helden der Stadt Jerichow soll in der Stadtkirche errichtet werden.

Sie sollte in die Nordwand des Chores in die Mauer eingelassen werden. Die Arnstädtschen Grabsteine sollten durch einfache Pilaster eingeschlossen werden. Die auf den Grabsteinen, die als Steintore wirkten, dargestellten Figuren – ein gewappneter mittelalterlicher Krieger und seine betende Frau – sollten an die Taten und Opfer erinnern, die der Weltkrieg von uns forderte, hieß es. Im September wurde festgelegt, dass die Errichtung der Kriegergedächtnisstätte beschleunigt werden sollte. Die Liste der Gefallenen und Vermissten musste aufgestellt werden. Alle Angehörigen wurden gebeten, den Namen des Gefallenen oder Vermissten sowie das Datum des Todes oder des Vermisstwerdens und den militärischen Rang aufzuschreiben. Dieser Zettel sollte bis zum 20. September im Pfarrhaus abgegeben werden. Die Weihe des Denkmals sollte am Totensonntag des selben Jahres stattfinden. Die Sammlung für die Kriegergedächtnisstätte in der Jerichower Stadtkirche brachte ungefähr 6000 Mark ein. Am 25. November fand die feierliche Weihe des Denkmals in der Stadtkirche statt.

Todbringendes Kriegserbe

Burg, 1. März: In der Bürgermark hatte die frühere Garnisonsverwaltung zur Aufbewahrung von Munitionsreserven im Jahre 1900 ein Pulverhäuschen erbaut. Heute flog das bisher von einem militärischen Posten bewachte Anwesen durch eine Explosion in die Luft. Drei Männer hatten Kupferringe von den Geschossen stehlen wollen, um das stark gesuchte Metall zu verkaufen. Dabei waren die Geschosse explodiert. Ein Mann war sofort tot, ein anderer starb an seiner Verletzung, während der dritte entkam. Inzwischen stellte sich heraus, dass die abgesandten Patrouillen zur Bewachung ihrer Aufgabe nicht nachkamen. Ein weiteres großes Explosionsunglück passierte am 1. August. Um 12.30 Uhr mittags detonierte in der Munitions-Zerlegungsanstalt im Troxel, wo die Bestände friedlichen Zwecken zugeführt werden sollten, eine große Menge Sprengstoff. Große Schäden an der Anlage wurden angerichtet, mehrere Personen verletzt und in der Stadt, selbst auf dem Breiten Weg, zersprangen viele Fensterscheiben. Die eigentliche Ursache des Unglücks war nicht festzustellen.

Zabakucker Brennerei wird abgerissen

Die Zabakucker Schnapsbrennerei hatte endgültig ausgedient. Sie war im Jahr 1780 erbaut worden und musste wegen Baufälligkeit abgerissen werden. Dort wurde aus Kartoffeln Schnaps gebrannt. Allerdings ist nicht überliefert, ob der Kartoffelschnaps ausschließlich für die Zabakucker im Ort verblieb oder etwa – wie in vielen anderen Fällen – als Rohstoff zur Herstellung wesentlich edlerer Tropfen in andere Regionen gebracht wurde. Auf den Grundmauern der alten Brennerei wurde zwischen 1920 und 1921 ein Speicher errichtet. Zunächst nutzte das Gut den Neubau als Getreidespeicher (Getreidemühle). Erst nach dem Zweiten Weltkrieg wurden im hinteren Teil weitere Häuser von Siedlern gebaut.

Im Vordergrund der Speicher, der im Jahr 1920/21 auf dem Fundament der alten Schnapsbrennerei errichtet wurde.

Erste Häuser werden gebaut

Die bislang kriegsbedingten zwangswirtschaftlichen Maßnahmen wurden auch in Burg seit Anfang des Jahres weitgehend gelockert und teilweise aufgehoben. Bei allerdings ständig steigenden Preisen setzte langsam die Geschäftstätigkeit auch in Burg wieder ein, das Leben begann sich zu normalisieren.

Die Grabower Straße und Pulverstraße in Burg, wo die Gemeinnützige Wohnungsbau-Genossenschaft Mehrfamilienhäuser errichtete, wurden reguliert und gepflastert. Nach der Gründung der Baugenossenschaft e.G.m.b.H. in Burg begann eine rege Bautätigkeit an diesen beiden Straßen. Bereits im Juli 1920 konnten die ersten Wohnungen bezogen werden. Diese Häuser gehören noch heute zum Bestand der BWG. Auch die Stadt baute Wohnhäuser für ihre Bürger nach dem Kriege. Der erste Aufbauabschnitt war die markante Häuserzeile an der Freiherr-von-Stein-Straße (heute Hegelstraße).

1920 werden die von der Baugenossenschaft Burg an der Grabower Straße errichteten Häuser fertig. (Repros: Archiv Nüchterlein)

Kaum Industrie in Jerichow

Zur Behebung der Geldnot beschloss die Stadt Jerichow im Jahr 1920 die Ausgabe von 25-Pfennig-Notgeldscheinen im Gesamtwert von 10 000 Mark. Ein Anliegen der Jerichower Stadtväter war es, Industrie anzusiedeln. Versuche vor dem Krieg scheiterten aber an den fehlenden Anschlussmöglichkeiten sowohl an die Reichsbahn als auch an den Wasserweg. Auch danach wurden Verhandlungen geführt, so zum Beispiel ab 1919 mit einer Schönhauser Maschinenfabrik. Als Ergebnis wurden die Sandberge für den Preis von etwa 10 000 Mark verkauft. Es sollte eine Fabrik zur Herstellung landwirtschaftlicher Maschinen errichtet werden. Der Käufer erfüllte jedoch die ihm vertraglich auferlegten Verpflichtungen nicht, und so wurde der gezahlte Kaufpreis entsprechend den Bestimmungen zu Gunsten der Stadt für verfallen erklärt. Die Stadt erhielt zudem die Sandberge zurück.

Grundstein für neues Henkel-Werk

1921 führt Bürgermeister Struß die Verhandlungen mit dem Henkel-Unternehmen zur Errichtung eines Tochterunternehmens in der Stadt.

Das Ende des Krieges und die Aufhebung der Rohstoffkontingentierung in allen Bereichen der Wirtschaft versetzte Henkel Düsseldorf in die Lage, die Erzeugnisse in der alten bzw. in verbesserter Qualität wieder auf den Markt zu bringen. Zunehmende Schwierigkeiten infolge ständig steigender Frachtraten bereitete der Transport der Erzeugnisse nach Mittel- und Ostdeutschland (Schlesien, Preußen). Wollte man weiterhin kostengünstig ein preiswertes Produkt auf den Markt bringen, war die Errichtung eines Tochterbetriebes unumgänglich. Der Standort musste in der Nähe des mitteldeutschen Industrieviers liegen, gute Verkehrsanbindung aufweisen und ein Arbeitskräftepotential zur Verfügung haben. Man interessierte sich für die Standorte Parey und Burg. Der Initiative und dem Engagement des damaligen Bürgermeisters W. Struß war es zu verdanken, dass es zu Verhandlungen zwischen dem Magistrat und Henkel kam. Genthin besaß die oben genannten Vorgaben. Das von 1921 bis 1923 errichtete Werk war für eine Kapazität von 30 000 Tonnen pro Jahr konzipiert und trug zur Verbreiterung des Wirtschaftsprofils der Stadt bei. Parallel zum Bau des Werkes entstanden eine Vielzahl von Wohnbauten in der Dattelner-, Breitscheid- und Wagnerstraße. Beachtenswert ist, dass diese Bautätigkeit in einem Zeitraum stattfand, der vom stetigen Geldverfall gekennzeichnet war.

In Genthin wird der Grundstein für ein neues Henkel-Werk gelegt.

Parchener sammeln für ein Kriegerdenkmal im Ort

In Parchen liefen im Jahre 1921 die Vorbereitungen für den Bau eines Kriegerdenkmales. Dafür stiftete zunächst Agathe Luise Henriette von Byern 1000 Mark. Als sie 1921 verstarb, übernahm ihre minderjährige Enkelin Eva von Britzke das Gut in Parchen. Die jüngsten Ereignisse in der Familie von Byern waren jedoch kein Grund, das Kriegerdenkmal nicht zu errichten. So stiftete der Vater Eva von Britzkes, Leoni von Britzke, weitere 5000 Mark für das Projekt. Das Denkmal sollte von der Burger Straße gut sichtbar sein, deshalb erklärte sich Leoni von Britzke auch bereit, die gärtnerische Anlage zu schaffen und zu erhalten. Im folgenden Jahr, 1922, sollte das Kriegerdenkmal fertig gestellt sein.
Die Gesamtanlage des Denkmals kostete insgesamt 45 000 Mark. Durch freiwillige Spenden wurden nahezu 34 000 Mark aufgebracht. Der Rest von 11 000 Mark wurde durch die Gemeinde Parchen und die Ortsteile Wiechenberg und Hüttermühle beglichen.

Das fertig gestellte Kriegerdenkmal. 1921 begann man im Ort, Geld dafür zu sammeln. (Foto: privat)

Burg ohne Garnison – dafür mit Polizeischule

Nach dem Ende des Krieges verordneten die Siegermächte im Versailler Friedensvertrag eine weitgehende Entwaffnung der deutschen Streitkräfte. Der neu aufgestellten Reichswehr war lediglich eine Truppenstärke von 100 000 Mann zugebilligt worden.
In der Burger Kaserne, die im Frieden normalerweise ein ganzes Regiment beherbergte, war 1920 nur die II. Abteilung des Reichswehr-Artillerieregiments Nr. 16 untergebracht. Im Zuge der Verkleinerung der Truppe kam es im Herbst des gleichen Jahres zu deren Verlegung nach Halberstadt, und Burg hatte nun keine Garnison mehr. Nachdem bereits im Oktober 1920 sechs Polizeihundertschaften aus Ohrdruff in Thüringen als Bereitschaft in die leer stehende Kaserne verlegt worden war, beschloss im Frühjahr 1921 der Provinziallandtag die Einrichtung einer staatlichen Polizeischule im Standort Burg. Diese Einrichtung war sozusagen als Ersatztruppenteil für eine wirksame Polizei gedacht. Am 1. April rückten die ersten jungen Polizeianwärter in die Burger Kaserne, die für ein Jahr ihr Zuhause sein sollte, ein. Es bestand für die Schulabsolventen nach einem erfolgreich mit Lehrstoff und praktischer Ausbildung beendeten Jahr die Aussicht, in eine Polizeibereitschaft versetzt und nach weiteren vier Jahren zum beamteten Wachtmeister befördert zu werden.

Erfolgreiche Selbsthilfe

Der Schäfereibesitzer in Gommern half sich, als ihm von den Fleischermeistern für seine Hammel zu niedrige Preise geboten wurden, in uneigennütziger Weise selbst. Er schlachtete die Hammel eigenhändig und verkaufte das Fleisch für acht Mark pro Pfund.
Der Zulauf war groß und am Erntedankfest gab es in vielen Familien billigen Hammelbraten. Nun senkten auch die Fleischer die Preise. Kostete doch vorher ein Pfund Hammelfleisch 14 Mark.

1921

GENTHINER CHRONIK

Joachim Edleff Köppen, gebürtiger Genthiner, Schriftsteller und späterer Namensgeber der Stadt- und Kreisbibliothek, wird 1921 Lektor beim Kiepenheuer Verlag in Potsdam.

18. Februar: Die Genthiner Feuerwehr gedenkt in ihrem Vereinslokal Duchstein der Gefallenen des Ersten Weltkrieges, indem eine Gedenktafel eingeweiht wird. Diese Tafel wurde, so ist in einer Chronik überliefert, vom Kameraden Schütze entworfen und vom Kameraden B. Schmeling „in wahrhaft künstlerischer Weise gemalt".

20. März: Werner Usbeck, Pfarrer in Parchen, verstirbt. Nachfolger wird sein Sohn Ernst.

14. April: Aus dem Protokoll der Gemeindevertretersitzung Gladau: „Die Geburtshilfsmaschine wurde von der früheren Zuchtstiergenossenschaft für 90 Mark angekauft, es wurde aber für zweckmäßiger gehalten, wenn dieselbe im Privatbesitz sich befindet und danach jedem Besitzer zugänglich wäre. Sie wurde deshalb dem höchstbietenden Herrn Chr. Schwarzlose für 110 Mark verkauft, nachdem derselbe sich verpflichtet hat, dieselbe jedem zu borgen."

21. Juli: Der Handwerker-Gesangverein nimmt am Bundesfest des Elbhavel-Sängerbundes in Magdeburg teil.

In Jerichow wird auf dem Gelände der Wartungs- und Instandsetzungswerkstätten mit dem Bau einer neuen, größeren Anlage mit zwei Gleisen und einer Werkstatt begonnen, die im **Herbst 1921** in Betrieb genommen wird.

BURGER CHRONIK

4. Januar, Burg: Wegen Lohnstreitigkeiten treten die in sämtlichen hiesigen Tuchfabriken beschäftigten Arbeiter in den Ausstand (Streik).

17. Februar, Burg: Generalleutnant z.D. Paul Nethe erhält den Charakter als General der Infanterie. Er ist der Sohn des früheren Oberbürgermeisters von Burg und konnte vor kurzem den Ehrentag der fünfzigsten Jährung seines Dienstantritts bei der Armee feiern.

9. April, Kreis Jerichow I: Die Sonnenfinsternis ist infolge der trüben Witterung wenig zu beobachten. Erst gegen 12 Uhr kann man den „Mondschatten" wahrnehmen.

18. Mai, Vehlitz: Baumfrevel – diese Schandtat wird auf der Chaussee Vehlitz-Magdeburg verübt, indem ein roher Patron von 100 Obstbäumen die Kronen abbricht und auch Zweige herunterreißt.

30. Juni, Möckern: Ein Volksfest veranstaltet der Landbund. „Wandervögel" (der Name einiger damaligen Wandervereine) kommen morgens aus den benachbarten Ortschaften. Die Eintreffenden werden mit Musik in den Ort geleitet. Auf dem Anger wird ein „Dornröschenspiel" aufgeführt. Auch Hans-Sachs-Spiele und Reiterspiele werden geboten.

13. Juli, Gommern: „Endlich heimgekehrt" – unter großen Gefahren gelang es nach einer Gefangenschaft von sechs Jahren und vier Monaten dem Kriegsteilnehmer Emil Beierke aus der russischen Kriegsgefangenschaft zu entfliehen und wieder in seiner Heimatstadt Gommern einzutreffen.

14. Dezember, Burg: Das Grundstück der städtischen Molkerei mit sämtlichem Inventar steht, da für das bisherige Angebot der Zuschlag nicht erteilt wurde, erneut zum Verkauf.

1922

GENTHINER CHRONIK

6. Februar: Unter dem Namen „Männergesangsverein Liedertafel Gesangsfreunde" vereinen sich die „Genthiner Liedertafel" und der „Verein der Gesangsfreunde".

3. März: Die Schifffahrt auf dem Plauer- und Ihle-Kanal wird wieder eröffnet.

7. Mai: Bei den Genthiner Stadtverordnetenwahlen werden 2573 Stimmen abgegeben. Das entspricht einer Wahlbeteiligung von 65,3 Prozent.

15. Mai: Der Genthiner Männer-Turnverein 62 feiert sein 60. Bestehen.

30. Mai: In Jerichow brennt auf dem Bahnhof das Dach des Verwaltungsgebäudes.

11. Juli: Die Glockenstiftung zu Gunsten der Trinitatiskirche hat einen Stand von 9678,37 Mark erreicht. Am 15. Juli wird die 10 000 Mark-Grenze überschritten.

20. Juli: Im traditionellen Städte-Wettkampf Burg-Tangermünde-Genthin der Schwimmvereine wiederholte Genthin seinen Sieg vom Vorjahr.

3. Dezember: Die Kirchengemeinde Großwulkow begeht die Feier des 750-jährigen Bestehens ihrer Kirche. Den Festgottesdienst hält Generalsuperintendent D. Stolte aus Magdeburg. Er spricht auch bei dem Familienabend im „Gerickschen Saale", an dem das Heimatspiel „Aus Großwulkows Vergangenheit" zur Aufführung kommt.

23. Dezember: Auf der Stadtverordnetenversammlung wird über die Eingemeindung Altenplathows beraten. Bürgermeister Struß verliest das Genehmigungsschreiben des Ministers.

BURGER CHRONIK

5. Januar, Burg: Heute beginnt der Ausstoß von dem Starkbier „Urbock", dies in I A-Qualität – wie im Frieden!, so die Werbung der Steinhausbrauerei, Feldschlößchen Brauerei und der Brauerei Kleinlein.

18. März, Lüttgenziatz: In der hiesigen Mühle wurden in der vergangenen Nacht 7,5 Zentner Weizen gestohlen. Der amerikanische Weizen befindet sich in Säcken mit der Kennzeichnung C.K. Berlin.

10. Mai, Burg: Das Stiftungsfest der „Bühnenspiel-Vereinigung Burg" ist im Schützenhaus gut besucht. Besonderen Beifall findet das Singspiel „Heimweh".

14. Juni, Burg: Das Königsschießen der Schützengilde vereint einen großen Kreis der aktiven und passiven Mitglieder der Gilde nebst Angehöriger auf dem „Brehm". Beim Schießen auf die Königsscheibe gibt Herr Wilhelm Fahrenholz den besten Schuss ab, Kronprinz wird Herr Erich Eumicke.

1. August, Kreis Jerichow I: Heidelbeeren essen alle gern! Sie sind in diesem Jahr gut geraten. Die Sammler strömen in Scharen mit Kochgeschirren, Krügen oder Töpfen in die Heide. Nach kurzer Zeit ist alles abgepflückt.

Unter Beteiligung fast der gesamten Bevölkerung von Hohenziatz wird im **August** die Ehrentafel für die im Weltkriege Gefallenen eingeweiht.

22. September, Burg: Dem Wunsche weiter Kreise der Bevölkerung nachkommend, ist wieder ein Vortrag wie der des Astronomen Bürgel zu hören.

22. Oktober, Burg/Kreis Jerichow I: Der Dollarstand gestern betrug 3560 Mark, heute kostet ein Dollar schon 4430 Mark. Diese Tauschrelation erhöht sich täglich, und zwar drastisch.

Größtes Fabrikgebäude in Burg

Die A. Paasche AG baut in Burg ein Fabrikgebäude. Es ist 75 Meter lang und eines der größten der Stadt. Wie durch ein Wunder steht es heute noch.

Die Paasches waren schon seit Anfang des 19. Jahrhunderts als Tuchfabrikanten in Burg tätig. Die Firma hatte sich in den Jahren ständig vergrößert. Durch Ankauf eines Grundstücks in der Kapellenstraße wurde Platz für einen Neubau geschaffen. Aus verschiedenen Gründen kam es im Jahre 1922 zur Gründung der Aktiengesellschaft.

Im gleichen Jahr wurde mit dem großen Neubau in Backstein begonnen. Das Gebäude war 75 Meter lang und eines der größten der Stadt. Im Untergeschoss der neuen Fabrik befanden sich die Reißerei und Krempelei, darüber die Spinnerei, darüber die Zwirnerei und

Mit dem Neubau durch die Paasche AG erhält die klassische Ziegelarchitektur der Industrialisierung Deutschlands in der Burger Innenstadt einen imposanten Vertreter. (Repro: Archiv Nüchterlein)

Kettscherei und im Obergeschoss die Weberei. In diesem Gebäude sind heute verschiedene Dienstleister, u.a. auch das Kreis- und Stadtarchiv, untergebracht.

Große Freude bei der Feuerwehr

Freude am 26. Februar 1922 bei der Genthiner Feuerwehr. Nach jahrelangem Hin und Her erhielt sie endlich eine Automobilspritze, der kurz darauf eine Motorspritze folgte. Der Erwerb der Automobilspritze war freudiger Anlass genug, ihn im Bild festzuhalten. Die Aufnahme entstand vor dem Vereinslokal der Genthiner Feuerwehr, der Gaststätte „Duchstein" am Markt.

Eine freiwillige Feuerwehr besaß nun auch Rietzel. Am 20. März erfolgte nach einer wohlgelungenen Schul- und Angriffsübung durch Herrn Kreis-Brandmeister Steindorf die Anerkennung als organisierte Wehr. Das Korps war 25 Mann stark, uniformiert und mit allem Notwendigen ausgerüstet, vom Burger Fotograf C. Kruse auch gleich auf einem Foto festgehalten. Am Abend fand dann noch ein fröhlicher Ball statt.

Neue Glocke in Nielebock

Die Glockenfeier in der Kirche Nielebock vereinte die Gemeinde am 22. Oktober „in dankbarer Freude", wie die Zeitung schrieb. 1917 hatte man die alte zehn Zentner schwere Bronzeglocke „mit unverständlicher Hast aus dem Glockenstuhl und auch aus dem Herzen der Gemeinde" gerissen, so dass sich die Gemeinde fünf Jahre lang mit der kleineren Glocke begnügen musste. Der Jugend des Ortes, die eine Sammlung für eine neue Glocke ins Leben rief, war es dann zu verdanken, dass Nielebock wieder eine „richtige" Glocke bekam..

Der Erlös der Sammlung überschritt bald 100 000 Mark. Es gelang, in der Altmark eine „wundervoll klingende zehn Zentner schwere Bronzeglocke" zu erwerben.

Entmilitarisierung

Nach den Bestimmungen des Friedensvertrages fand auch in Burg am 23. März 1922 eine Besichtigung der militärischen Anlagen durch zwei englische Offiziere in Begleitung eines deutschen Verbindungsoffiziers statt. Besichtigt wurden das ehemalige Munitionsdepot, die ehemalige Feldartillerie-Kaserne – besonders der Dienstbetrieb der dort stationierten Polizeischule –, der Schießstand der Schützengilde auf dem Brehm und das Verwaltungsgebäude in der Bahnhofstraße einschließlich des Verpflegungsamtes dort.

Den zuständigen Stellen wurde angeordnet, alle Beschilderungen militärischen Charakters an den Objekten entfernen zu lassen.

Henkel-Genthin nimmt Produktion auf

1923

Nach weniger als zwei Jahren Bauzeit (die Grundsteinlegung erfolgte am 4. August 1921) nahm am 1. März 1923 das Henkel-Werk seine Produktion auf. Dieses Werk war das größte Tochterunternehmen des Stammhauses. Genthins Bürgermeister Wilhelm Struß hatte sich seinerzeit für die Ansiedlung des Unternehmens in Genthin engagiert. Die Erzeugnisse des Genthiner Henkel-Werkes wurden in den damaligen mittel- und ostdeutschen Raum geliefert. (Foto: Stadtarchiv Genthin)

GENTHINER CHRONIK

Es erfolgt eine Meliorierung des Fieners zu dem Zwecke, das Grabensystem zu verbessern und die Wege auszubauen.

Januar: Mit Wirkung vom 29. Dezember 1922 wird die höhere Mädchen- und Jungenschule aufgelöst. Die am 14. April 1908 gegründete Schule muss wegen Geldmangels schließen.

18. Januar: Der Bus-Verkehr von Güsen–Parey–Derben–Ferchland wird aus finanziellen Gründen eingestellt. Obwohl der Bus stets gut besetzt ist, gibt es nichts zu verdienen, schreibt das Genthiner Wochenblatt.

1. April: Jerichows Schule, die bis April 1914 fünfstufig und von da ab bis Ende März 1923 sechsstufig war, wird am 1. April 1923 in eine siebenstufige Volksschule umgewandelt.

26. Mai: Das unbefugte Bemalen, Beschmieren und Beschmutzen von Gebäuden, insbesondere der Hausfronten an den Straßen und Plätzen, veranlasst das Genthiner Wochenblatt, die Eltern aufzufordern, diesbezüglich auf ihre Kinder positiv einzuwirken.

11. August: Die Landarbeiter von 20 Gütern im Kreis Jerichow II treten in den Streik. Der Streik wird als „wilder" angesehen, da vorher keine Verhandlungen stattfanden. Die Technik-Nothilfe bietet Hilfe bei der Ernte an. Bereits am 18. August wird die Arbeit wieder aufgenommen.

1923: Ein Brot kostet in Genthin 65 Milliarden Papiermark (65 000 000 000).

Das Dorf Altenplathow wird nach Genthin eingemeindet

1923 wurde Altenplathow der Stadt Genthin eingemeindet. Durch die Eingemeindung stieg Genthins Einwohnerzahl auf insgesamt 10 000 an.

Die Altenplathower legten dabei offensichtlich nach wie vor Wert auf Tradition. So ist in der Chronik der Genthiner Feuerwehr aus dem Jahre 1924 überliefert, dass nach Vereinigung der Stadt Genthin mit dem Dorfe Altenplathow im Juni Versuche unternommen wurden, beide freiwilligen Feuerwehren in „irgendeiner Form" zu vereinigen. Das Bemühen scheiterte allerdings. Bis auf den heutigen Tag gibt es eine Genthiner und eine Altenplathower Wehr. Vor dem Dorf Altenplathow wurde bereits im Jahre 1888 die Gemeinde Berg-Genthin eingemeindet und Jahre später, 1927, sollte der Gutsbezirk Hagen folgen.

Baden an der Hagenbrücke. (Foto: Stadtarchiv Genthin)

Millionäre in geflickten Hosen

Der Wert des Geldes sinkt weiter, Geldscheine zwischen 50 Mark und 2000 Mark waren zu Beginn des Jahres 1923 notwendiges „Kleingeld". Infolge des Währungsverfalls wurde es in den folgenden Monaten noch schlimmer. Die Nominalwerte der Geldscheine, speziell in Burg gedrucktes Inflationsgeld, stiegen unaufhörlich. Als Hochinflation muss man dann den Zeitraum August bis November bezeichnen. Am 16. August ließen der Magistrat der Stadt Burg und der Kreisausschuss des Kreises Jerichow I die ersten Millionenscheine drucken. Am 5. November gab es 500-Milliarden-Mark-Scheine.

Die Bezugspreise des Burger Tageblattes betrugen für die Zeit vom 16. bis 30. September, frei ins Haus gebracht, 5 500 000 Mark. Preis pro Eisenbahnfahrt: im Personenverkehr 6 Milliarden Mark, im Fernverkehr 12 Milliarden Mark. Dieser Spuk hatte am 1. Dezember 1923 ein Ende. Aus zehn Milliarden Mark wurden 10 Rentenpfennige und die einfachen Bürger waren ihr Bargeld und ihre Ersparnisse los.

BURGER CHRONIK

1. bis 7. Januar, Burg: Der Ankauf von Gold für das Reich durch die Reichsbank und Post erfolgt zum Preise von 20 000 Mark für ein 20-Mark-Stück.

28. Januar, Burg: Die Bücherei der gewerblichen und hauswirtschaftlichen Berufsschule bittet um Bücherspenden. Die jungen Leute sollen sich mit dem Lesen beschäftigen, so passiere weniger Unsinn.

6. Februar, Pretzien: Hochwasser ist im Anzuge, das Wehr ist bis jetzt mit 7 Jochen gezogen, die letzten Jochen werden voraussichtlich noch am Abend gezogen. Der Wasserstand der Elbe ist heute mittag auf 5,40 Meter gestiegen.

5. März, Reesdorf: Am Sonnabend um 10 Uhr entsteht in dem Trockenraum der Pappenfabrik von Herrn W. Vieritz ein Feuer, das sich mit rascher Schnelligkeit ausbreitet. Etwa 30 Zentner Pappe und das Dach werden Opfer der Flammen.

16. Mai, Altengrabow: Zahlreiche Kraftwagen und Motorräder passieren am Nachmittag auf der Fahrt von Altengrabow nach Ortschaften der Umgegend und zurück Burg. Es handelt sich um eine Übungsfahrt der auf dem Truppenübungsplatz befindlichen Reichswehr-Truppenteile.

28. Juli, Burg: Das hat es hier noch nicht gegeben, eine Freilichtbühne zur Filmvorführung im Schützenhausgarten. Am 16. August wird per Zeitung mitgeteilt, dass die heute und morgen angesetzten Filmvorstellungen bestimmt stattfinden, da es abends elektrischen Strom gibt. Bei der günstigen Witterung dürfte mit zahlreichen Besuchern zu rechnen sein.

1. August, Burg: Von der Post wird eine Erhöhung der Postgebühren mitgeteilt. Die Postkarte wird danach im Stadtverkehr 100 Mark und im Fernverkehr 200 Mark Porto kosten. Für Briefe gilt der doppelte Preis.

Holländerwindmühlen abgerissen

Das Aufkommen von elektrisch betriebenen Großmühlenwerken bedeutete das Aus für die altgewohnten Windmühlen. Einst prägten sie in größerer Zahl das Landschaftsbild auch im Jerichower Land. Traditionell standen fast bei jedem Dorf Bockwindmühlen. Die größeren und leistungsfähigeren Holländer-Mühlen waren allerdings selten. Die Holländer-Mühle bei Burg stand im Koloniefeld, also zwischen der Koloniestraße und der Eisenbahnstrecke Magdeburg–Genthin.

Erhebliche Mängel führten 1923 zum Abriss der Mühle. Noch lange war der Begriff Sportplatz „Holländer" in der Burger Umgangssprache. Heute erinnert dort der „Windmühlenweg" an vergangene Zeiten.

In Gommern heißt ein Wohngebiet nach der Holländerwindmühle, die dort stand. Die Mitte des 19. Jahrhunderts in Gommern erbaute fünfflügelige Holländerwindmühle soll etwa bis 1910 gearbeitet haben. Ein Bauunternehmer erwarb die Mühle 1923, riss sie ab und verwendete die Steine zum Bau des nahebei gelegenen Sägewerks, das inzwischen auch verschwunden ist.

Die Holländer-Mühle bei Burg stand im Koloniefeld. Das historische Foto zeigt das Mühlenanwesen „in besseren Zeiten". (Repro: Nüchterlein)

1924

GENTHINER CHRONIK

Zabakucks Schulstube erhält einen neuen Fußboden. Außerdem wird die Ausstattung mit Schulinventar wie Karten und Linealen verbessert.

19. April: Die Arbeiten am Kleinbahnbau Güsen – Jerichow werden wieder aufgenommen.

17./18. Mai: Der Kreishandwerkertag des Kreises Jerichow II wird im großen Rahmen in Genthin begangen.

24. Mai: Schlagenthins Turn- und Sportverein „Concordia" feiert das Fest der Fahnenweihe.

6. November: Rittergutsbesitzer a. D. Heinrich von Ostau, früherer Rittergutsbesitzer von Ringelsdorf, wird in Ringelsdorf bestattet. Er erlitt einen Herzschlag auf der Hirschjagd in den Karpaten.

November: Vom 30. November bis 7. Dezember wird vom Kaufmännischen Verein „Merkur" ein Schaufensterwettbewerb durchgeführt. Die Teilnahme aller Ladengeschäfte in Genthin ist erwünscht.

11. Dezember: Das „Genthiner Wochenblatt" ruft auf zu Spenden für die städtische Volksküche, vor allem Kartoffeln und Getreide seien willkommen, heißt es. Die Volksküche wurde zwei Jahre zuvor, am 10. Dezember 1922, eröffnet.

22. Dezember: Der Landrat a. D. des Landkreises Jerichow II, Kersten von Schenck, verstirbt in Wernigerode. Zahlreiche Todesinserate füllen den Anzeigenteil des „Genthiner Wochenblatts".

BURGER CHRONIK

8. Januar, Gommern: Die Allgemeine Ortskrankenkasse ist vom Oberversicherungsamt Magdeburg aufgelöst worden. Die Versicherungspflichtigen und -berechtigten Mitglieder sind für den Kreis Jerichow I der AOK überwiesen worden.

21. Februar, Niegripp/Burg: Nach einem Deichbruch an der Elbe bei Niegripp strömt das Wasser in den Kanal. Das Wasser der Ihle kann nicht abfließen und setzt Burger Straßen unter Wasser (Franzosenstraße/Unterm Hagen).

15. April, Burg: Im Hohenzollernpark findet die Jugendweihe von 58 Kindern aus Dissidenten-Familien statt. Es sind 436 Kinder zur Schulentlassung gekommen.

14. Juli, Biederitz: Gegen 5 Uhr am Nachmittag ertrinkt in der Ehle ein aus Holland zu Besuch weilender Mann im Alter von 25 Jahren. Beherzten Schwimmern gelingt es, ihn nach 10 Minuten zu bergen, die Wiederbelebungsversuche bleiben jedoch leider ohne Erfolg.

13. September, Burg: Der Lokomotivführer Wilhelm Riecke begeht sein 25-jähriges Dienstjubiläum. Dem Jubilar gehen viele Glückwünsche zu.

11. Oktober, Burg: Die Achterbahn ist da! Auf dem Schützenplatz hat die weltbekannte Firma Hugo Haase ihre Achterbahn „Barcelona" aufgebaut. Sonst ist dieses Fahrgeschäft nur in Großstädten zu sehen. In Burg ist zunächst die letzte Möglichkeit, mit der Achterbahn zu fahren, denn wie verlautet, geht der Besitzer nach Spanien.

9. Dezember, Biederitz: Zwischenfall am Wahlsonntag! Die Sozialdemokratische Partei hat an der zum Wahllokal führenden Treppe ein Plakat aufgestellt, das die Abbildung eines mit einem Hakenkreuz versehenen Ochsen zeigt. Dazu ist der folgende Satz zu lesen: „Von Ostpreußen bis zur Grenze der Schweiz erkennt man das Rindvieh am Hakenkreuz". Entrüstung bei nationalen Parteien.

Wählergunst pendelt zu Sozialisten

Wahlkampftrupp der SPD in Burg (Schartauer Straße/Ecke Magdeburger Straße) zur Reichstagswahl 1924. (Foto: Archiv Jericho)

In Burg tobt der Wahlkampf. Am 4. Mai ist Reichstagswahl.

Verlusten der bürgerlichen Parteien der Mitte und der SPD standen Gewinne der Deutschnationalen und Nationalsozialisten/Völkischen sowie der Kommunisten gegenüber.

Am 29. August wurde der Dawes-Plan durch den Reichstag angenommen. Der Aushang der erneuten Reichstagswahl vom 7. Dezember verzeichnete einen Rückgang der Stimmen für die extremen Linken und Rechten, starke Gewinne der Sozialdemokraten, leichte Gewinne der bürgerlichen Parteien (einschließlich der Deutschnationalen).

Winterlicher Ausflug mit dem Automobil in Genthin im Jahr 1924. Hier ist es Zahnarzt Vogt mit seiner Ehefrau, er unterhielt eine Praxis im „Naverma"-Haus in der Poststraße, der das Automobil durch die Parchenstraße lenkt.
Auch der Hintergrund der Aufnahme ist einen Hinweis wert: Hier ist die Druckerei Donath, Erscheinungsort des „Genthiner Wochenblatts" und des „Jerichower Kreisblatts" zu sehen.

Tuchfabrik der Paasche AG nahm Arbeit auf

Die Burger Tuchfabrik der Paasche AG nahm in dem neugebauten Fabrikgebäude die Arbeit auf.
Der Antrieb der großen, schweren Maschinen lief über an der Decke hängende Transmissionen. Lederriemen übertrugen die Kraft in der Kettscherei auf sich drehende Trommeln. Auf den Trommeln wurden die Kettfäden für den Webstuhl angelegt. Die Fäden wurden von den dahinter stehenden Spulen abgenommen.

Kettscherei der Burger Tuchfabrik Paasche AG. Ganz rechts ist eine fertige Rolle zu sehen, auf der sich die Kette für ein Stück Tuch befindet.

Tucheimer Wahrzeichen ist abgerissen worden

Einer Berichterstattung über den Abriss des baufälligen Hauses des Gutsbesitzers Schlunke in Tucheim wurde im „Genthiner Wochenblatt" vom 24. April 1924 viel Platz eingeräumt. Aus den Zeilen des Autors spricht wahrhaftige Betroffenheit über den Vorgang:
„Ein altes Wahrzeichen unserer Ortschaft ist vor einigen Tagen von der Bildfläche verschwunden, das in der Ziesarstraße stehende Haus des Herrn Gutsbesitzers Emil Schlunke", leitete der Berichterstatter seinen Beitrag ein und setzte ihn folgendermaßen fort: „Vor länger als 200 Jahren von einem seiner Vorfahren erbaut, machte es ja äußerlich noch einen immerhin freundlichen Eindruck, der besonders gehoben wurde durch die Eigenart des Giebels, der nach der Dorfstraße gerichtet war und durch das charakteristische Gebälk."
Unter anderem heißt auch in dem Beitrag: „Vielen Besuchern unseres Ortes wird auch das Haus bekannt geworden sein durch den davor stehenden steinernen Stuhl. Von ihm hoffte der Berichterstatter, dass er auch in Zukunft stehen bleiben würde. Leider sei infolge des inneren Verfalls ein Neubau nicht zu umgehen gewesen, resümierte der Autor letztlich.

Bismarck-Brücke wird begonnen

1925

In den Jahren 1925/26 wurde im Zusammenhang mit dem Ausbau des Elbe-Havel-Kanals die Bismarck-Brücke gebaut.
Die Brücke war Bestandteil der Reichsstraße 1, die von Köln nach Königsberg führte.
Die 62,5 Meter lange, 5,20 Meter breite und 500 Tonnen schwere Brücke wurde auf dem Trockenen gebaut. Nach der Fertigstellung wurde das Kanalbett ausgebaggert. Der Spannbogen hatte eine Höhe von zehn Metern, 18 000 Niete wurden verbaut.
Am 6. Mai 1945 wurde die Brücke gesprengt.

Burger Schwimmsport erhält ansehnliches Becken

Das Burger Schwimmbecken mit 100 Metern Länge. (Repro: Mittendorf)

Burg erhielt eine schwimmsportliche Anlage, wie sie nur wenige Städte Deutschlands aufzuweisen hatten. Der Gedanke für die Schaffung dieser Anlage, entworfen vom Stadtbaurat Boese, reifte unter dem Bedürfnis heran, den vielseitigen schwimmsportlichen Ansprüchen und der lebhaften Nachfrage nach guter Schwimmgelegenheit der Bevölkerung nachzukommen.
Durch 150 Arbeitslose wurde in den Monaten März bis Juni 1925 das Schwimmbecken, das zunächst in einer Länge von 60 Metern geplant war, in 100 Meter Länge und 34 Meter Breite ausgegraben. Es wurde geteilt in zwei 50 Meter lange und 25 Meter breite Schwimmbecken, getrennt für Männer und Frauen, und zwei 50 Meter lange und neun Meter breite Badebecken für Kinder. Durch das ansteigende Gelände an der nördlichen Seitenwand wurde eine großzügige Terrassenanlage geschaffen. Das idyllische Ihleufer und der Platz der ehemaligen Männerbadeanstalt, von Erlen und Platanen umrahmt, luden zu behaglichem Ausruhen unter schattigen Wipfeln ein. Schmuckanlagen würden bald auch die Hänge und die hochgelegenen Plätze des neuen Bades verschönen. Herr Giemsch führte die Aufsicht als Bademeister der neuen Schwimmanstalt.

Kreis wählt national

Am 29. November traten die Bewohner des Kreises Jerichow II an die Wahlurnen, um einen neuen Kreistag zu wählen. Die Sitze verteilten sich nach den Wahlen wie folgt: SPD acht Sitze, KPD zwei Sitze, Deutsche Demokratische Partei zwei Sitze, Wirtschafts- und Mittelstandsliste der Deutschen Volkspartei vier Sitze. Stärkste Partei wurde die Deutschnationale Volkspartei, die zehn Sitze erzielte.

Von Richthofens Leiche

Die aus Frankreich nach Berlin überführte Leiche des bekannten Fliegers Freiherr Manfred von Richthofen passierte am Bußtag mit einem um 9 Uhr durchfahrenden D-Zug Genthin.
Die hiesigen Militärvereine nahmen Aufstellung im Feldweg entlang der Mützelstraße und ehrten „den Helden" (Genthiner Wochenblatt) bei Durchfahrt des Zuges durch Senken ihrer Fahnen und Abbrennen eines bengalischen Feuers. Auf dem Bahnhof hatten sich zahlreiche Zuschauer eingefunden.
Die Leiche befand sich im letzten Wagen, der hell erleuchtet war und dessen Türen weit offen standen. Alles sei allerdings nur eine Sekundenbeobachtung gewesen, wurde in der Zeitung bedauert.

Bürgermeisterhaus fertig gestellt

1925 wurde das Bürgermeisterhaus in der Genthiner Bahnhofstraße fertig gestellt. Das Wohn- und Repräsentationsgebäude wurde in der Amtszeit von Bürgermeister Struß, der am 11. Januar 1919 die Dienstgeschäfte übernahm, erbaut. Bis zur Fertigstellung des Hauses wohnte Bürgermeister Struß mit seiner Familie im Rathaus.

GENTHINER CHRONIK

29. März: Betriebseröffnung der Kleinbahnstrecke Neuderben – Jerichow.

1. April: Die Firma Bräunert, Bitterfeld, liefert der Gemeinde Mützel eine neue Spritze, die der neu gegründeten Feuerwehr übergeben wird.

3. Mai: Standartenweihe des Kavallerie-Vereins Genthin und Umgebung.

Juli: Einen seit langen Jahren nicht verzeichneten tiefen Wasserstand weist zur Zeit die Elbe auf. Ein noch weiteres Fallen wird in Kürze die Einstellung des Verkehrs der Elbdampfer zur Folge haben müssen, schreibt die Zeitung.

Juli: Die Schützengilde Jerichow feiert ihr 10-jähriges Bestehen.

6. August: Landrat Dr. Brentlage wird die Verwaltung des Landratsamtes Hamm in Westfalen übertragen. Seit 1923 stand er dem Kreis Jerichow II als Landrat vor. Vertretungsweise folgt Dr. Bleckwenn aus Minden.

13. September: 1. Kreissportfest sämtlicher Stahlhelm-Ortsgruppen des Kreises Jerichow II und benachbarter Kreise unter Mitwirkung der vaterländischen Verbände auf dem Sportplatz des Schützenhauses.

23. September: Eine Holzwollefabrik ist im Laufe des Sommers zwischen Parey und Güsen mit Anschluss an die Kleinbahn Güsen–Jerichow entstanden. Der Betrieb wird zügig aufgenommen.

26. September: Güsens Mühle, als Bockwindmühle 1923 einem Gewittersturm zum Opfer gefallen, entsteht neu und technisch modern ausgestattet als Holländer.

15. Oktober: Die Jerichower Heilanstalt feiert ihr 25-jähriges Jubiläum.

BURGER CHRONIK

6. Januar, Gommern: Welch großer Verehrung sich unser verstorbener Superintendent Cremer erfreut, geht auch aus den Beweisen der Anteilnahme hervor. Während der Bestattung läuten auch sämtliche Glocken der katholischen Kirche. Ein beredtes Zeugnis für die Toleranz des Verschiedenen.

1. März, Burg: Die neue Badeanstalt an der Ihle soll spätestens Ende Mai eröffnet werden.

17. April, Reesen: Der Saal des Gastwirts Herr Rose wird derzeit auf den doppelten Umfang vergrößert und bekommt bei dieser Gelegenheit eine der Neuzeit entsprechende Einrichtung. Der Wirt hofft auf mehr Wandergäste auch aus Burg. Die Vereine von Reesen sollen auch den neuen Saal ausgiebig nutzen.

7. Juli, Burg: Ein einstündiges Gewitter bringt endlich den ersehnten Regen. Ein Blitzschlag trifft den Dampfschornstein der Stolle'schen Schuhfabrik in der Deichstraße und zertrümmert einen Teil des Schornsteines. Merkwürdigerweise kommt in die Gegend „Rote Mühle" kein Regen.

15. September, Burg: Der Streik in der Goldleistenfabrik Wattenberg und Co. ist beigelegt worden. Die Arbeit wird heute Morgen in vollem Umfang aufgenommen.

10. Oktober, Gommern: Der Brotpreis für ein Pfund wird von 60 Pfennige auf 55 herabgesetzt.

17. Dezember, Niegripp: Im hiesigen Bezirk haben vier Jäger an zwei Tagen nur zwei Hasen erlegt.

17. Dezember, Burg: Am Erkenthier legt der Kleingartenverein für seine Mitglieder 40 Parzellen an.

1926

Schuhfabrik überbrückt Straße in Burg

GENTHINER CHRONIK

31. August: Eine erfreuliche Linderung der Arbeitslosigkeit ist durch die Einstellung von 30 Arbeitern aus Güsen zur Herstellung eines Abzugsgrabens bei Neuderben eingetreten, schreibt das Genthiner Wochenblatt.

1. September: Graf von Wartensleben, Landrat des Kreises von 1872 bis 1901, verstirbt in Rogäsen.

4. September: Übergabe der Bismarck-Brücke, Bestandteil der Reichsstraße 1, die von Köln nach Königsberg führt.

3. Oktober: Der katholische Pfarrer Hagdorn aus Osterburg wird feierlich in das Genthiner Amt eingeführt.

10. Oktober: Zwischen Jerichow und Sandau ereignet sich auf der Kleinbahnstrecke ein Unfall, als eine Lok und ein Güterwagen entgleisen. Niemand wird allerdings verletzt.

20. November: Eine neue Tankstation für Kraftfahrzeuge hat Gastwirt Otto Schmücker unmittelbar am Bahnhof Güsen, an der Chaussee Hohenseeden–Jerichow, eingerichtet.

7. Dezember: Die Pareyer Holländer-Windmühle aus dem Jahre 1793 wird abgebrochen, da sich notwendige Reparaturen nicht mehr lohnen. Die Mühle befand sich in drei Generationen im Besitz der Familie Schulze.

25. Dezember: Die Elbschifffahrt wird wegen zunehmender Eisbildung eingestellt.

BURGER CHRONIK

7. Januar, Niegripp: Der Pegelstand der Elbe beträgt 4,45 m über Null. Fußgänger, Radfahrer und Autos sind auf dem Weg zu diesem Naturschauspiel. Es herrscht ein Verkehr, wie er sonst nur zur Badesaison üblich ist.

6. Februar, Parchau: In Anwesenheit des Landrats Gebbardt und Kreisbrandmeisters Steindorf ist die Gründung einer freiwilligen Feuerwehr vollzogen worden. 17 Männer erklären sich zum Beitritt bereit.

12. März, Friedensau: Verursacht durch spielende Kinder brennt eine mit Kleeheu gefüllte Feldscheune ab. Die Kinder haben in der Nähe der Scheune ein Strohfeuer entfacht.

21. April, Magdeburgerforth: Im gut besetzten Saal des Hotels „Drei Linden" veranstaltet Herr Eumicke einen Radioabend. Es finden Vorführungen mit deutschen und ausländischen Stationen statt.

25. Mai, Niegripp: Das Wetter ist den Ausflüglern am Pfingstmontag wohl gesonnen. Der Ort ist das Ziel unzähliger Menschen. Stündlich fahren die Motorboote „Hedwig" und „Lieschen". Sie sind gut besetzt.

6. Juli, Hohenziatz: Im Schmidtschen Lokale findet anlässlich der Fertigstellung des elektrischen Netzes ein Lichtball statt. Er wird veranstaltet von den Monteuren der Überlandzentrale Anhalt Dessau.

4. August, Kreis Jerichow I: Für die Landjäger kommen an Stelle der Helme Tschakos zum Einsatz. In einigen Landjägereien wird der Tschako probeweise getragen.

24. Oktober, Burg: Ab sofort wird die Nicolaikirche zu den Gottesdiensten beheizt.

6. Dezember, Burg: Der Bandonionklub ist mit allen Spielern in das Gerichtsgefängnis gekommen. Sie wollen die Insassen der Anstalt, die hier ein freudloses Dasein fristen, mit einem Konzert erfreuen.

Gut für innerbetrieblichen Transport: Brücke über die Magdeburger Straße. (Foto: Archiv Jericho)

Die eingesessene Industrie in Burg richtet es sich entsprechend der Produktionsbedingungen auch baulich praktisch ein.

So wurden die zu beiden Seiten der Magdeburger Straße liegenden Fabrikgebäude der Schuhfabrik Conrad Tack & Cie im Jahre 1926 durch eine geschlossene Brücke miteinander verbunden. Nun konnte man wetterunabhängig Schuhwaren und Rohmaterial hin und her transportieren. Die Hülle der Brücke war beiderseits mit dem Tack'schen Firmenlogo versehen. Relikte der früher wehrhaften Stadt Burg sind auf dem Foto die beiden Wohnhäuser rechts. Sie beherbergten den Steuereinnehmer und den Torwächter. Schließlich befand sich noch viel früher an dieser Stelle das Magdeburger Tor. Wegen Baufälligkeit wurde der Torturm allerdings bereits 1811 abgerissen.

Bauern helfen sich gegenseitig in der Not

Überschwemmungen trafen im Landkreis Jerichow II den größten Teil der heimischen Bauern im Sommer 1926 schwer. Deshalb rief die landwirtschaftliche Kreisvertretung die Landwirte der Region am 4. Juli zur Solidarität untereinander auf. Deren Vorsitzender Hellmann, Großwusterwitz, appellierte eindringlich in einem Inserat: „Die Überschwemmungen haben viele unserer Berufsgenossen schwer geschädigt, in manchen Dörfern ist die Hälfte und mehr der Ländereien unter Wasser. Ungeheure Flächen von Getreide, Rüben und Kartoffeln und fast sämtliches Heu der Überschwemmungsgebiete ist vernichtet. Für uns Landwirte des Kreises Jerichow II ist es Ehrenpflicht, dafür zu sorgen, dass die Schwergeschädigten ihr Vieh durchbringen." Es sei nötig, dass unentgeltlich Vieh auf Koppeln genommen werde, Heu und später auch Zuckerrüben geliefert würden, damit zunächst das Vieh vor dem Verhungern geschützt sei und das Winterfutter sicher gestellt werde.

Der Vorsitzende der landwirtschaftlichen Vertretung: „Jedem muss geholfen werden, jetzt heißt es, freiwillig antreten. Ich schlage vor, pro Morgen der Heugewinnung benutzter Grünlandfläche 1/4 Zentner Heu abzuliefern, Futterrüben stellen wir später selbst. Wer Vieh auf Koppeln nehmen kann, melde sich. Stellt in jedem Dorf Sammellisten für Heu auf!"

Am 23. Juli wurde Entwarnung gegeben: Durch die Hilfsaktion der landwirtschaftlichen Kreisvertretung waren 414 Tiere aus dem Überschwemmungsgebiet zu anderen Landwirten unentgeltlich auf Weiden vermittelt worden. Außerdem wurden 1882 Zentner Heu geliefert.

Jetzt auch Kino in Jerichow

1926 war in Jerichow das Jahr, in dem in die Stadt ein Kino mit fester technischer Einrichtung einzog.
Dem war der Saalbau an Poeges Hotel vorausgegangen, in dessen Zuge der Besitzer Wilhelm Lucke sein Vorhaben umsetzen konnte, Filmvorführungen vornehmen zu lassen. Die Eröffnung war am 6. Oktober. Von Anfang an wurde eine Wochenschau als Bestandteil des Programmes einbezogen. Die Ereignisse, die gezeigt wurden, lagen allerdings zum Teil schon zwölf Wochen zurück. 1928 wurde eine Tonanlage eingebaut und in Betrieb genommen.

Wurde 1926 erbaut: die Genthiner Brücke. Sie verband die Ortsteile Altenplathow und Genthin. In den letzten Kriegstagen wurde die Brücke gesprengt und nach dem Krieg wieder aufgebaut.

Penningsdorfer Fabrik schließt

1927

Die Stilllegung der Sprengstoff-Fabrik wird am 1. April erfolgen, meldet mit Bedauern das Genthiner Wochenblatt am 9. März des Jahres 1927. Bereits im Vorjahr widmete das Blatt sich mehrfach diesem Thema.

Die Deutsche Sprengstoff AG habe sich mit den Farbentrust verschmolzen – dies gab der Berichterstatter als Grund der Betriebsschließung.

Die Generaldirektion, die es sich zum Prinzip gemacht habe, ihre Betriebe zusammenzulegen, hatte die Stilllegung der Fabrik in Penningsdorf schon zum 1. Januar 1927 beabsichtigt, hieß es. Die seinerzeit stattgefundenen Verhandlungen mit der Direktion hätten jedoch zur Folge gehabt, dass der Betrieb noch bis zum 1. April aufrechterhalten würde, war zu lesen.

Um die Stilllegung in der genannten Zeit durchzuführen, sei bereits ein Teil des Betriebes zum Stillstand gekommen. Von den etwa 30 Beamten und Angestellten des Werkes sei bereits ein größerer Teil in anderen Betrieben des Konzerns untergebracht. Mit der Entlassung der Arbeiter trete für die Gemeinden Güsen und Parey eine weitere Verschlechterung in der Arbeitsbeschaffung ein, bedauert das Genthiner Wochenblatt.

Nur wenige Tage später ruderte das „Genthiner Wochenblatt" allerdings heftig zurück. Denn nach Informationen der Deutschen Sprengstoff-Aktiengesellschaft sei die Ursache der Stilllegung der Sprengstoff-Fabrik darin zu suchen, dass der Firma große Aufträge entzogen worden seien. Außerdem benötige zum Beispiel die Kunstseidenindustrie nicht mehr wie früher erhebliche Mengen des Rohmaterials Nitrocellulose.

GENTHINER CHRONIK

Januar: Im Ortskernsprechnetz Genthin wird der Selbstanschlussbetrieb eingeführt.

April: Genthins Schützenhaus wird umgebaut. Es erhält einen größeren Saal und eine Doppelkegelbahn.

18. Mai: In Parey wird der neue Ortsgeistliche, Pfarrer Kraft, in sein Amt eingeführt.

22. Mai: In Redekin wird das 40-jährige Stiftungsfest des Männergesangvereins „Eintracht" gefeiert.

29. Mai: Tucheims Gemeindevertreter bewilligen den Bau einer Badeanstalt am alten Kolk; vorausgesetzt, es entstehen der Gemeinde keine Kosten.

17. Juni: Pareys Gemeindekirchenrat will zwei neue Glocken erwerben. Ein erster Kostenvoranschlag geht von 2800 Mark aus, von dem Betrag ist ein Teil bereits vorhanden. Am 3. Oktober werden sie festlich eingeweiht.

14. August: Ein Haus mit Schlaf- und Tagesräumen für Kinder eröffnet die Landheimgemeinde der Versuchsschule Magdeburg auf dem Mollberg in Mützel mit einem Volksfest.

26. August: Der Durchstich zwischen der Pareyer Schleuse und der Neu-Derbener Brücke ist soweit fertig gestellt, dass die Schifffahrt den neuen Kanal benutzen kann.

30. September: Die neue Eisenbahnbrücke in Güsen wird dem Verkehr übergeben. Die Strecke führt zum Bahnhof Zerben und zurück.

Oktober: Zwei neue Bronzeglocken für die Altenplathower Kirche treffen ein.

11. Oktober: Vom Signaldienst für Luftverkehr wird in Klietznick ein Blinkfeuerturm errichtet und in Betrieb genommen.

Vom Burger Sängerbund gestalteter Bannerwagen des Festumzuges. (Leihfoto von Klaus Schüler)

Elbe-Havel-Sängerbund kommt zum Fest nach Burg

154 Vereine mit 5000 Sängern sowie weiteren 5000 bis 6000 Gästen waren vom 9. bis 11. Juli 1927 dem Ruf des Elbe-Havel-Sängerbundes unter dem Motto „Den Sängern zum Gruß" gefolgt. Folgende Regionalverbände nahmen teil: Gau Magdeburg, Wolmirstedt, Saale-Elbe, Eilsleben, Burg, Neuhaldensleben, Dähre, Klötze, Großapenburg, Arendsee, Pretzien, Jübar, Havelberg, Stendal I, Stendal II. Der Gau Burg war mit folgenden Vereinen vertreten: Sängervereinigung „Arion" Burg – Bäckermeister Gesangverein Burg, Frohsinn-Liedertafel Burg, Männergesangverein Burg, Quartettvereinigung Burg, Männergesangverein Bergzow, Männergesangverein Grabow, Handwerker-Gesangverein Genthin, Männergesangverein Güsen, Männergesangverein Leitzkau, Männergesangverein Niegripp, Männergesangverein Parey.

Die Sänger waren also von Arendsee bis Calbe/Saale und von Salzwedel bis Wittenberge und Rathenow herbeigeeilt. Bezogen auf heutige Territorien waren die gesamte „Börde", Altmark, Magdeburg, das Jerichower Land, das Saale-Elbe-Dreieck sowie Teile des Landes Brandenburg in der Stadt Burg zu Gast.

Höhepunkte im Festablauf waren am Sonnabend, dem 9. Juli: Begrüßungskonzert durch die Vereine des Gaues Burg und andere Vereine mit 600 Sängern bei stürmischem Wetter. Am Sonntag, dem 10. Juli, wurden auf dem Festplatz am Bismarckturm das Konzert zur Fahnenweihe und das Hauptkonzert unter Mitwirkung von 5000 Sängern und dem Musikkorps des 3. Bataillons J.-R. 12 Magdeburg mit 50 Musikern veranstaltet.

Inhalt der Konzerte waren Werke des deutschen Liedgutes, Volkslieder, Werke von Beethoven, Wagner, R. Strauß, Grieg. Abschließender Höhepunkt des 10. Juli war der imposante Festumzug unter der Teilnahme von 5000 Sängern (Frauen durften damals nicht teilnehmen). Der Festzug bewegte sich von der Bahnhofstraße über die Frieden-, August-Bebel-Straße, Magdeburger-, Schartauer Straße, Markt, Breiter Weg, Berliner Straße, zum Festplatz am Bismarckturm.

Die Straßen säumten bis zu 6000 Zuschauer. Der Festumzug bestand aus acht Gruppen. Jede Gruppe wurde von einem Festwagen angeführt. Es gab folgende Festwagen: 1. Den Bannerwagen mit allen Bannern der Vereine, 2. Wagen des MGV Burg, hier wurde die Loreley dargestellt, 3. Wagen der Burger Bäckerinnung, 4. Wagen MGV Frohsinn-Liedertafel, unter dem Motto „Wein, Weib und Gesang", 5. Wagen der Fa. Tack, ein Schuh aus roten und weißen Nelken, 6. Wagen der Steinhausbrauerei, 7. Wagen Sängerverein Arion unter dem Motto „Sah ein Knab ein Rößlein stehen", 8. Wagen Burger Handwerkerverband, 9. Der Festwagen des Burger Bürgervereins führte den Burger Block mit allen Burger Männergesangvereinen an. Der Festwagen stellte das Burger Lokal-Couplet vom Uhrmacher Krause dar.

Das Lokal-Couplet stammte aus der Feder des Mitglieds des Festausschusses und langjährigen Sangesbruders Paul Herger, er lebte von 1877 bis 1952 in der Stadt Burg. Aus seiner Feder stammten die Lokal-Couplets „Vom Uhrmacher Krause", „Ich bin der Scherenschleifer Krauss", „Wenn ich der Bürgermeister wär", „Die Pflasterung des Kaiterling".

BURGER CHRONIK

11. Januar, Burg: Die Arbeiterin Josepha G. wird in den Bahnhofsanlagen in stark betrunkenem Zustand aufgefunden, wo sie für einen großen Menschenauflauf sorgt. Strafanzeige wegen groben Unfugs wird gestellt.

10. Feburar, Möckern: Der Heizer B. wird bei der Arbeit in der Nicolauschen Ziegelei von der Transmission erfasst und so schwer verletzt, dass der Tod auf der Stelle eintritt.

12. März, Burg: Die hiesigen Tuchfabrikarbeiter haben auf ihrer Versammlung in der Zentralhalle beschlossen zu streiken. Grund sind nicht bewilligte Lohnforderungen durch die Unternehmer.

11. April, Burg: 42 Knaben und 36 Mädchen erhalten im Konzerthaus die Jugendweihe. Musikvorträge und Rezitationen umrahmen die Feierstunde.

7. Mai, Biederitz: Die Sparkasse des Kreises Jerichow I eröffnet in der Breitenstraße 28 eine Zweigstelle.

21. August, Steglitz: 14 Männer des Ortes erklären sich nach einer Übung der Burger Feuerwehrkameraden bereit, eine eigene freiwillige Feuerwehr zu gründen.

17. September, Burg: In der Bethanienstraße wird ein Springbrunnen aufgestellt und der Platz wird mit Rasen besät. So ist das Denkmal des Schuhmacherpoeten Hans Sachs eine Zierde des Museumsplatzes. Heute um 11 Uhr wird der Brunnen erstmals seine Schleusen öffnen.

13. Oktober, Möckern: Täglich gehen viele Eisenbahngüterwagen mit je 300 Zentnern Kartoffeln in die westlichen Versorgungsgebiete ab. Auch die ersten Zuckerrüben werden schon verladen.

1928

GENTHINER CHRONIK

21. Januar: Einweihung der Hartsteinfabrik in Jerichow durch Bürgermeister Helling. Im Februar wird mit der Herstellung der ersten Steine begonnen. 12 000 Stück können täglich hergestellt werden.

27. Januar: Auf Beschluss der Gemeindevertretung erhält Güsen elektrische Straßenbeleuchtung. Zunächst werden entlang der Hauptstraße und dem Breiten Weg zwölf Lampen aufgestellt.

18. April: Die Zahl der Hauptunterstützungsempfänger beträgt an männlichen Personen 891, an weiblichen Personen 17, Zuschlagsempfänger 1286 und die schätzungsweise Gesamtzahl der Erwerbslosen im hiesigen Kreise 1100.

April: Genehmigt wird der chausseemäßige Ausbau der 8,7 Kilometer langen Strecke über Tucheim, Ringelsdorf, Pottmühle, die in die Kreisstraße Ziesar – Burg einmündet.

7. Juni: 30 Mitglieder des Roten Frontkämpferbundes Genthin beteiligen sich am dritten Reichstreffen des RFB in Berlin.

1. Juli: Der Kreisausschuss beschließt den Ankauf des Hauses Mützelstraße 22, um hier das Museum einzurichten.

Oktober: Bei Reparaturarbeiten am Tucheimer Kirchturm werden im Windrosenkasten in der Kugel eine Bleikapsel mit alten Dokumenten und eine Bleitafel aufgefunden. Daraus geht hervor, dass die Kirche 1716 von dem Schieferdeckermeister Karl Hildebrange aus Hannover eingedeckt wurde.

BURGER CHRONIK

28. Januar, Magdeburg: Ein Verwaltungssonderzug 4. Klasse fährt am 5. Februar zur „Grünen Woche" und zur Ausstellung „Deutscher Rhein – Deutscher Wein". Abfahrt des von Magdeburg kommenden Zuges ist um 8.24 Uhr.

14. Februar, Blumenthal: Das Gut Blumenthal 1 ist mit sämtlichem lebenden und toten Inventar käuflich in den Besitz des Herrn Franke, Frankenhof, übergegangen.

17. März, Möser: Der Inhaber des Gasthofes Mösershöhe, Ernst Northe, weiht seinen neu erbauten Gesellschaftssaal mit Bühne ein.

24. April, Burg: Die Bahnhofsuhr, die schon seit längerem an Altersschwäche leidet und infolgedessen oft streikt, wird durch eine neue ersetzt.

21. Mai, Dörnitz: Mit dem Bau des elektrischen Ortsnetzes wird durch das Überlandwerk Anhalt Dessau begonnen.

12. Juni, Magdeburgerforth: Bei der am 1. des Monats vorgenommenen Schweinezählung wurden 151 Schweine ermittelt, davon 68 Jungtiere.

3. August, Hohenziatz: Der 9-jährige Sohn eines Arbeiters von dem Gut Riesdorfer Mühle kommt beim Erklettern eines Hochspannungsmastes ums Leben. Das Kind blieb an der Leitung hängen und konnte erst später abgenommen werden.

11. September, Burg: Den Schuster-Heine-Weg bezeichnet jetzt eine Tafel im Jagen 17 des Stadtforstes. Der in der Rosenstraße 1 wohnende Schuhmacher begeht diesen Weg Sonntag für Sonntag in jedem Jahr.

17. November, Ziepel: Unter Anteilnahme der Bevölkerung sind die in der Schillingschen Glockengießerei Apolda gegossenen Glocken in den Kirchturm eingeführt worden. Am 1. Adventssonntag werden die neuen Glocken geweiht.

Synagoge wird im Oktober eingeweiht

Mit der Annahme des Statuts von 1873 vereinigten sich die beiden jüdischen Gemeinden Burg und Genthin. Der Grund lag in der geringen Mitgliederzahl der Gemeinden. Die Synagogengemeinde Genthin besaß bereits 1865 einen Tempel in der Brandenburger Straße 34, der 1924 nach einem Besitzerwechsel abgebrochen wurde. Die neue Synagoge wurde in der Schenkestraße 19 (heutige Dattelner Straße) errichtet und am 6. Oktober 1928 feierlich eingeweiht. Projektierung und Bauausführung lagen in den Händen von Baumeister Pomplun. 1932/33 löste sich die ständig kleiner werdende Gemeinde auf und verkaufte die Synagoge, die 1934 in ein Wohnhaus zurückgebaut wurde.

Genthiner Chöre fahren zum Deutschen Sängerfest nach Wien

Nach vielen Stunden anstrengender Vorbereitung und Proben traten 34 Mitglieder der beiden Genthiner Gesangvereine „Liedertafel Gesangsfreunde" und „Handwerker-Gesangverein" am 18. Juli die Reise zum Deutschen Sängerfest nach Wien an. 150 000 Sänger aus dem gesamten deutschsprachigen Raum hatten für das Ereignis in Wien ihr Kommen zugesagt. Das „Genthiner Wochenblatt" kündigte die Ereignisse des 18. Juli für die Bevölkerung an: Um 5.09 Uhr verlassen die Vereinsmitglieder mit dem Zug Genthin, um von Magdeburg aus zusammen mit anderen Sängern des Elbe-Havel-Sängerbundes im Sonderzug nach Wien weiter zu fahren. Der Abmarsch vom Genthiner Marktplatze zum Bahnhof erfolgt bereits um 4.45 Uhr mit Musik der Jäckelschen Kapelle. Schon am nächsten Tag erreichte Genthin ein Telegramm von den glücklichen Wienfahrern mit folgendem Wortlaut: „Liedertafel-Gesangsfreunde, Handwerkergesangverein soeben in Wien eingetroffen. Herzliche Grüße den Genthinern – die Vorstände. Wien, 19. Juli, 8.30 Uhr". Die Mehrzahl der Genthiner Sänger, berichtete das „Genthiner Wochenblatt", wollte nach dem Feste noch einige Ruhetage in den Alpen verleben und dann am 28. Juli von München aus im Sonderzug des Elbe-Havel-Sängerbundes die Heimreise antreten. Von der Ankunft in der Heimatstadt allerdings berichtete das „Genthiner Wochenblatt" später nicht mehr.

Am 29. Februar nehmen die Burger Arbeiter Abschied von Gustav Stollberg. (Repro: Archiv Jericho)

Burger SPD trauert um Stollberg

Im Alter von fast 62 Jahren starb am 25. Februar der Burger sozialdemokratische Arbeiterführer Gustav Stollberg in einer Magdeburger Klinik. Der „Rote vom Breiten Weg", wie der Tischler auch genannt wurde, zog 1924 in den Preußischen Landtag ein und trat nach dem Tode des Genossen Silberschmidt für einige Monate in den Reichstag über. Es war ihm nicht mehr vergönnt, auch hier der Partei die Erfahrungen langjähriger politischer Arbeit zur Verfügung zu stellen. Wie die Zeitung vom 28. Februar meldete, wollte die Burger Arbeiterschaft am Mittwoch, dem 29. Februar, auf der im Konzerthaus stattfindenden Trauerfeier Abschied von Stollberg nehmen. Der Burger Sozialdemokrat, schon zu Lebzeiten eine Legende, war Ende Januar ins Krankenhaus eingeliefert worden.

Gewaltige Kesselexplosion

Eine schreckliche Schiffskatastrophe ereignet sich am 12. Mai 1929, einem Sonntag, auf dem Plauer Kanal.

Vier Menschen kamen auf tragische Weise ums Leben, als sich auf dem Kanaldampfer „Harry" um vier Uhr in der Frühe eine gewaltige Kesselexplosion ereignete, die ein Sinken des Schiffes innerhalb von zwei Minuten zur Folge hatte. Augenzeugen vernahmen eine gewaltige Detonation mit einer riesigen Stichflamme. Im gleichen Augenblick sei der Kessel über den Kanal gesaust und dann auf das Ufer, etwa 50 Meter entfernt, in viele Stücke auseinandergerissen, niedergefallen.

Ein wüstes Bild bot sich nach der Explosion. Überall lagen Trümmer, berichten Zeitzeugen. Der Kanaldampfer „Harry" war besetzt mit dem 28-jährigen Schiffsführer Kaul und dessen Ehefrau, ferner dem 20-jährigen Bruder, dem Maschinisten Kaul, alle drei aus Bittkau, und dem 14-jährigen Schiffsjungen Willi Borgmann aus Derben, der erst am 1. April seine Lehre auf dem Dampfer angetreten hatte.

Während der Steuermann leblos bei den Kesselstücken aufgefunden wurde, fand man die Leiche des Jungen erst zwölf Stunden nach dem Unglück im Wasser, nachdem man mit Seilen und Netzen nach ihm gesucht hatte. Das Schicksal der anderen beiden Personen konnte erst beim Heben des Wracks am 24. Mai geklärt werden.

Als Ursache der Kesselexplosion wurde seinerzeit angenommen, dass der Kessel ohne Wasser war und es durch Zulassen kalten Wassers zur Explosion kam.

Nach einem harten, sehr kalten Winter tritt die Ihle über die Ufer

Bereits im Dezember des Vorjahres begann die extreme Kälte, und schon in der Vorweihnachtszeit kam die Elbe vereist zum Stehen, was noch ein Vierteljahr andauern sollte. Unaufhörlich fiel dichter Schnee und der ganze Verkehr kam zum Erliegen. Die Hoffnung, dass zum Jahreswechsel mit milder Luft das Wetter umschlagen könnte, sollte sich allerdings nicht erfüllen.

Der Januar, aber erst recht der Februar, brachten grimmige Kälte mit klirrendem Frost; ganz Europa lag im Banne des polaren Winters. Der Höhepunkt der arktischen Kälte war im Februar, also im Nachwinter, mit beinahe minus 30 Grad erreicht. Die sonst frostfreien Wasserleitungen waren in ganzen Straßenzügen eingefroren und unzählige Obst- und Ziergehölze fielen dem strengen Frost zum Opfer. Die Gewässer waren bis auf den Grund zugefroren und wochenlang war die Elbe mit Pferd und Wagen auf dem Eis zu passieren. Erst am 3. März schlug endlich das Wetter um. Die langen Kälteferien der Burger Schulen aus Kohlemangel waren beendet, und die Stadt lag im Kampf mit dem Matsch und unzähligen Wasserrohrbrüchen. Ihle und

Kinder bestaunen das Frühjahrshochwasser. (Repro: Archiv Mittendorf)

Beecke fanden in ihrem Bett keinen Platz. Die Ihle war randvoll. Das Foto entstand an der alten Damenbadeanstalt in der Burger Wasserstraße. Das Märzhochwasser ließ den Fluss in den tiefer liegenden Gebieten, besonders in der Deichstraße, über die Ufer treten. Erst am 18. März setzte sich bei Niegripp das Elbeeis in Bewegung.

Burg: Straßenverkehr nimmt zu

Auf eine bequeme Transportmöglichkeit innerhalb der Stadtgrenzen und zu einigen außerhalb liegenden Gaststätten wie „Waldhalle" und „Seeschlößchen" brauchten die Burger seit dem 5. April 1929 nicht mehr zu verzichten. Vor einigen Jahren hatte es zwar schon einmal einen Versuch gegeben, eine Omnibuslinie in Burg einzurichten, aber der sehr schlechte Zustand der Straßen und die Reparaturanfälligkeit der Fahrzeuge brachten für diese Unternehmung ein schnelles Aus. Am 6. April wurde der zweite Stadtomnibus in Dienst gestellt. Er fuhr auf der Linie Zerbster Tor–Markt–Kreiskrankenhaus. Später sollte er bis zur Roten Mühle durchgeführt werden. Der Omnibus, den ebenso wie den ersten Wagen Herr Sasse anschaffte, war gleichfalls ein Chevrolet.

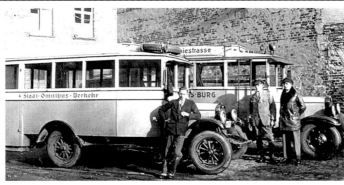

Burger Stadtomnibusse im Jahre 1929. (Repro: Archiv Nüchterlein)

Leider nahmen die Unfälle und andere Vorkommnisse im Straßenverkehr drastisch zu: Infolge der Glätte rasten im Januar bei Dunkelforth in wenigen Tagen zehn Autos gegen Bäume. Bei Ziesar zogen im Februar Autler (Autofahrer) einen Zeitungsjungen in das Auto, nahmen ihm einkassierte Zeitungsgelder ab und warfen den Jungen wieder aus dem Auto.

Am 2. Juli ereignete sich zwischen Reesen und Burg ein Motorradunglück, es gab zwei Schwerverletzte. Am 13. Juli ereigneten sich infolge Fehlens eines vorschriftsmäßigen Richtungsanzeigers auf dem Breiten Weg, Ecke Weinbergstraße, mehrere schwere Motorradunfälle. Am 16. Juli gab es ein schweres Autounglück auf der Magdeburger Chaussee: zwei Schwerverletzte. Am 29. Juni wurde in Leitzkau, damals im Kreis Jerichow I, ein sechs Jahre altes Kind von einem Auto totgefahren. Am 4. August brachte der starke Sonntagsverkehr schwere Auto- und Motorradunfälle mit sich. Am 1. September wurde auf dem Breiten Weg am Rathaus ein Burger Einwohner von einem Auto aufgespießt. Am 15. September ereignete sich durch falsches Fahren eines Motorradfahrers bei Hohenseeden ein schweres Autounglück. Am 4. Dezember wurde in der Berliner Straße ein Kind von einem Auto totgefahren. Am 20. Dezember verunglückte ein Burger Motorradfahrer auf der Magdeburger Chaussee bei Heyrothsberge tödlich. Das sind aber nur einige traurige Beispiele von 1929.

1929

GENTHINER CHRONIK

17. Januar: Der Norddeutsche Lloyd, Bremen, richtet zur Werbung von Auswanderern in Genthin eine Filiale bei Fischer & Wrede, Mühlenstraße 9, ein.

Januar: Zabakuck erhält elektrische Straßenbeleuchtung.

21. Januar: Im Gasthof Plaue gründen die Jerichower Kraftfahrer den Verein „Motorsportclub Jerichow". Vorsitzender wird Ofensetzermeister Döring, Schriftführer P. Köppe, als Kassierer wird R. Plaue gewählt.

22. Februar: Die Jerichower Kalksandsteinfabrik Berhold Becker stellt für kurze Zeit infolge der Kälte und des Schnees den Betrieb ein.

Mitte März: Arbeiter der Zuckerfabrik führen im Schützenhaus eine Versammlung durch und protestieren gegen Lohnkürzungen und Neufestsetzungen der Löhne durch die Betriebsleitung.

29. April: Das Richtfest des neuen Spritzenhauses in Parey feiern Feuerwehr und Gemeindemitglieder im Dauterschen Gasthof.

15. Mai: Gastwirt Wilhelm Möllwitz verkauft seine Gastwirtschaft „Fürst Bismarck" an den Landwirt und Schmiedemeister Fritz Thorau aus Grieben. W. Möllwitz war Inhaber der Gaststätte seit 1913.

12. August: Jerichows Stadtverordnete beschließen die Entwässerung der Bahnhofstraße. Die Arbeiten sollen durch Malermeister Walter Schumann ausgeführt werden.

BURGER CHRONIK

1. Januar, Burg: Gewitzigt (gewarnt) aus den Vorfällen vergangener Neujahrsnächte herrscht auf der Burger Polizei Alarmbereitschaft – aber es bleibt alles ruhig.

3. Februar, Burg/Kreis Jerichow I: Mit 23 Grad Kälte bringt der Winter die hier seit Jahren größte Kälte. Die dann einige Wochen andauernde Kälte verursacht in Burg viele Wasserrohrbrüche, es herrscht in einzelnen Straßenteilen Wassernot. Am 15. dieses Monats werden wegen der großen Kälte sämtliche Burger Schulen geschlossen, Kohlenmangel macht sich bemerkbar.

12. März, Burg: Die Ihle führt Hochwasser und setzt alle anliegenden Straßen unter Wasser. Die Feuerwehr muss am Vormittag die Anlieger vor Wassergefahren schützen und am Nachmittag ein Schadenfeuer am Bismarckplatz löschen. Am 13. wird die Ihle zu einem Strom, überall müssen Eissprengungen vorgenommen werden.

13. Mai, Parey: Im Kanal an der Preyer Schleuse explodiert ein Schleppdampfer, der sofort sinkt. Die ganze Besatzung kommt ums Leben.

8. Juni, Burg: Zur Erinnerung an die vor dreißig Jahren erfolgte Gründung des Altmärkischen Feldartillerie-Regiments 40 Burg findet ein großer Feldartillerietag statt.

1. August, Gütter/Burg: Das Burger Stadtparlament stimmt dem Eingemeindungsvertrag mit der Landgemeinde Gütter zu. Bis dahin gehörte Gütter zum Kreis Jerichow II.

25. August, Burg: Beim Treffen der Freidenker in Burg kommt es zu Zusammenstößen zwischen der Polizei und den Kommunisten.

6. November, Burg und Genthin: Die alte Kanalbrücke auf der Niegripper Chaussee wird abmontiert und nach Genthin transportiert.

1930

GENTHINER CHRONIK

4. Januar: Bei Arbeiten am Jerichower Burgberg durch den Verschönerungsverein wird eine Silbermünze aus dem Jahr 1556 gefunden. Das Geldstück, ein sogenannter „Berliner Dreier", wird Herrn Vogeler vom Museum übergeben.

17. Januar: Gründung einer Stierhaltungsgenossenschaft im Gasthaus Pfennighaus in Dretzel. Ihr Bestand: 120 Kühe und zwei Zuchtbullen.

14. Februar: Nach Fertigstellung des Weges zur Pareyer Schleuse und dessen Freigabe für die Öffentlichkeit wird dieser in die Verantwortung der Gemeinde übergeben.

19. März: Der Zirkus „Barum" gastiert in der Stadt. Das große, 600 Plätze fassende Vier-Masten-Zelt wurde auf dem Schützenplatz errichtet.

12./13. Juli: In Genthin-A findet das 24. Bezirksturnfest statt. Veranstalter ist der Turnverein Jahn aus Altenplathow, dessen Vorsitzender, der Kaufmann Otto Lucke, die Festivitäten eröffnet, die ein großer Erfolg werden.

8. September: Ein Flugzeug aus einem Verband von neun Maschinen, die sich auf einem Staffelflug von Berlin nach Braunschweig befinden, muss wegen Motorschadens in Güsen am Bergzower Weg notlanden. Nach der Reparatur kann die Maschine ihren Flug fortsetzen.

November: Ein unerfreuliches Ergebnis bringt eine ehrenamtliche zahnärztliche Schuluntersuchung im Kreis Jerichow II. 90 Prozent der Vorschulkinder sind zahnkrank. Man appelliert an die Eltern und Lehrer, mehr Einfluss auf die Zahnpflege zu nehmen.

BURGER CHRONIK

20. Januar, Burg/Kreis Jerichow I: Die Zahl der Unterstützungsempfänger (Arbeitslose) beträgt im Stadtkreis Burg 1125 Männer und 491 Frauen. Im Gesamtbezirk gibt es 2092 Männer und 611 Frauen, die keine Arbeit haben.

12. März, Stegelitz: Durch die milde Witterung begünstigt, sind die Feldarbeiten fast geschafft, die Sommersaaten kommen schon in den Boden.

26. April, Burg: Die ersten Schwalben sind aus ihren Winterquartieren auch hierher zurückgekehrt; beobachtet werden die Schwalben im Flickschupark.

10. Mai, Dörnitz: Heute findet hier eine Hochzeit nach altmärkischer Art statt, wie sie der Ort noch nicht gesehen hat. Herr Otto Niephagen, welcher vor kurzem erst von der Altmark hierher zog, feiert heute seine Vermählung mit Fräulein Martha Ahrends. 130 Personen sind als Gäste mit dabei.

3. Juni, Burg: „Vater Knobbe" wird 90 Jahre alt. Der Privatmann und Kriegerveteran Wilhelm Knobbe kam um 1860 nach Burg zum Militärdienst im 66er Infantrie-Bataillon. Er war Teilnehmer an den Kriegen 1866 (Deutschland – Österreich/Denkmal in der Bahnhofstraße) und 1870/71 (Deutschland – Frankreich/Denkmal auf dem Paradeplatz). Mit seinen angelegten Orden ist er in der Tageszeitung abgebildet.

5. Juli, Burg: An der Straßenecke Franzosen-/Grünstraße ziert ein blühender prächtiger Götterbaum (hat Ähnlichkeit mit Essigbaum) den idyllischen Winkel.

17. Oktober, Burg: Am Postgebäude befindet sich ein neuer Automat zur Hergabe von Postkarten und Briefmarken zu 8 und 15 Pfennigen. Dafür hatte sich der Bürgerverein schon länger eingesetzt, aber die Automatenfabrik konnte erst kürzlich liefern.

Zukunft für Gaswerk Genthin

Die Stadt Genthin schließt am 12. August 1930 mit der Gasversorgung Magdeburg (Gnamag) einen Liefervertrag mit einer Laufzeit von 40 Jahren zwecks Ferngasversorgung.

Die Lieferung begann knapp ein Jahr später, am 1. Juli 1931. Damit konnte dann das Gaswerk in der Gasanstaltstraße (heutige Straße der Freundschaft) geschlossen werden. Die Gasverteilung in der Stadt blieb jedoch in den Händen der Stadt.

Das Gaswerk der Gebrüder Hendriks hatte im Dezember 1865 den Betrieb aufgenommen und speiste mit seinem Gas die ersten 60 Straßenlaternen der Stadt. Schrittweise wurden die Petroleumlampen durch die Gasbeleuchtung ersetzt. Nach mehrmaligem Besitzerwechsel erwarb 1909 der Magistrat das Gaswerk. Es bildete den Grundstock für die späteren Stadtwerke.

Fritz Henkel jun. verstirbt am 4. Januar in Düsseldorf

In Düsseldorf verstarb Dr. h. c. Fritz Henkel jun. im Alter von 55 Jahren. Er war der Sohn des Firmengründers Fritz Henkel. Der Verstorbene war außerdem maßgeblich an der Betriebsgründung des Henkel-Werkes in Genthin beteiligt.

Dr. Fritz Henkel jun. (1875-1930).

Im Jahre 1928 wurde ihm von der Wirtschafts- und Sozialwissenschaftlichen Fakultät der Universität Köln die Ehrendoktorwürde verliehen.

Ehrung für Turnvater Jahn

Nachdem die alte Holländermühle am Koloniefeld nicht mehr vorhanden war, richteten sich die Sportfreundinnen und Sportfreunde vom MTV hier einen Sportplatz ein. Im Mai 1930 kam es hier zur Enthüllung eines kleinen Gedenksteines mit einer Portraitplakette des Turnvaters Jahn und einer Schrifttafel. Der Gedenkstein ohne Plakette ist im Juli 1999 in der Nähe auf dem Anwesen der Behindertenwerkstatt wieder aufgestellt worden.

Das Betriebsgebäude des städtischen Gaswerkes in der Genthiner Gasanstaltstraße. (Foto: Stadtarchiv Genthin)

Reizvolle Ausflugsziele rund um Burg

Woche für Woche freuten sich die Leute auf den freien Sonntag. Auch wenn es nicht selbstverständlich war, in dieser von Krisen geschüttelten Zeit in Lohn und Brot zu stehen, so tat für die, die noch schaffen durften, Erholung not. Die Umgebung Burgs hatte dafür einige schöne Flecken zu bieten. Und so war ein Ausflug mit Frau und Kindern zu dem im vorigen Jahr nach Burg eingemeindeten Dörfchen Gütter sicher ein Erlebnis. Dort erwarteten die Ausflügler die bekannten Ausflugslokale „Ihleschlößchen" und „Sennhütte". Der Wirt der „Sennhütte" erhob Gütter in den Rang eines herrlichen Ausflugsortes. Sicher nicht ganz uneigennützig, aber trotzdem war an seiner Wertung sehr viel Realistisches dran. Die Ihle schmiegt sich reizvoll an den neuen Burger Ortsteil und trennt eigentlich Kirchgütter von Obergütter. Das „Ihleschlößchen", das andere Gütter'sche Ausflugslokal, empfahl seinen Gästen, Freunden und Bekannten seine gut eingerichteten Lokalitäten. Eine gute Küche, süffige Biere, eine neue Veranda und eine Kegelbahn ließen keine Langeweile aufkommen. Und jeden Sonntag war Unterhaltungsmusik. Sollten nach intensivem Genuss von Bier und anderen, hochprozentigen Getränken die Beine schwer werden, kein Problem. Die Kleinbahn war dann Helfer in der Not und brachte die Ausflügler sicher nach den Haltepunkten der Stadt. In „rasanter Fahrt" ging es vorbei an der Brandruine der Gütterschen Stärkefabrik und den Häusern der Burger Wiesenstraße, die die ersten Gebäude eines zukünftigen Stadtviertels waren. Bald grüßten die Schornsteine Burger Fabriken. In vielen Betrieben drehte sich allerdings längst kein Rad mehr. Auch in den Jerichowschen Kreisen hatte die Weltwirtschaftskrise ihre Spuren hinterlassen.

Kieskahn sinkt in Genthin

Zwischen Amts- und Genthiner Brücke sank in der Nacht zum 6. April 1930 ein mit Kies beladener Kahn des Schiffseigners Block aus Rossau a. d. Oder. Trotz schnellen Eingreifens und der Hilfe der Genthiner Feuerwehr sank der Kahn „mit mächtigem Krach" und blockierte daraufhin die Fahrrinne.

Flugzeug streift Baum bei Burg

Flugzeugunfall bei Burg am 11. September. In der Nähe der Gasanstalt bekam das Flugzeug D 1435 eine Motorpanne und wollte notlanden. Der Boden eignete sich nicht, erkannte zum Glück der Pilot, so dass größerer Schaden verhindert werden konnte. Das Flugzeug ging nochmals in die Höhe, streifte einen Baum und ging jetzt senkrecht herunter. Die beiden Insassen kamen mit dem Schrecken davon.

Großbrand vernichtet zwei Scheunen

1931

Großeinsatz der Feuerwehren im Februar 1931. In Roßdorf brennen zwei Scheunen und zwei große Ställe vollständig ab.

Das Feuer war in der Scheune des Landwirts Karl Seger entstanden, im Nu war auch die angrenzende Scheune des Landwirts G. Giese ergriffen. Während die Roßdorfer Feuerwehr das Löschwasser mit ihrer Motorspritze auf die hinteren Fronten der Scheunen richtete, übernahm die Genthiner Wehr den Kampf gegen die brennenden Ställe. Sie brachte in beiden Fällen den Brand zum Stehen, bevor die Flammen auf die angrenzenden Wohnhäuser übergreifen konnten. Auf einmal ertönte der Ruf, dass noch Vieh in den Ställen des Landwirts Giese sei. Die Genthiner löschten deshalb den Vorbau vor dem Pferdestall, drangen mit Ortskundigen ein und retteten fünf Pferde. Kurz darauf fiel der Vorbau zusammen. Unter Beteiligung auch von anderen Kameraden auswärtiger Wehren gelang es, fünf große Schweine, sieben Ferkel und 30 Hühner (Letztere hatte man in Säcke gesteckt) lebend zu bergen. Beide Wehren (Genthin und Roßdorf) hatten zusammen 800 Meter Schlauch ausgelegt und spritzten aus je drei Strahlrohren ununterbrochen 4,5 Stunden lang. Das Löschwasser wurde aus der Stremme genommen.

Die Überreste der Scheune des Roßdorfer Landwirts Giese.

102 Familien in Baracken

In der fünften Sitzung der Burger Stadtverordnetenversammlung am 1. Juli beantragte Frau Klara Schwab (KPD) die unverzügliche Renovierung der Baracken. Sie berichtete, dass bisher die wiederholten Proteste der Bewohner ungehört geblieben seien, und schilderte die unzumutbaren Wohnverhältnisse dort. 102 Familien mussten sich in 50 Räumlichkeiten, als Wohnungen konnte man sie nicht bezeichnen, teilen. Die Wände waren derart beschaffen, dass man durch die Holzbretter sehen konnte. Von den Dächern lief bei Regen das Wasser die Innenwände herunter. Die Haustüren hatten keine Fensterscheiben und auch im Oberlicht der Gänge fehlte jedes Glas. Man hatte sich schon Holzställe als Wohnungen ausgebaut. Die Öfen waren derart schlecht beschaffen, dass Feuergefahr bestand. In der Waschküche waren von vier Kesseln zwei vollkommen durchgerostet und die Wasserleitung spottete jeder Beschreibung. Von den zwei Hydranten war nur einer intakt. Das Schlimmste waren die Klosettanlagen. Die Behälter wurden niemals entleert. Das viele Ungeziefer war überhaupt nicht mehr fortzubringen. Es musste dort unbedingt Abhilfe geschaffen werden.

Die Wohnbaracken an der Niegripper Chaussee.

Krise auch im Steinbruch

Die Steinbruchindustrie befand sich in der Krise. In einem Schreiben an die Provinzialverwaltung klagte der Vorstand der „Kleinbahn und Kraftwerk Pretzien GmbH" bitter über den schlechten Geschäftsgang. Wirtschaftskrise und Notverordnungen hätten die hiesige Steinindustrie total zerschlagen. Die Belegschaft der Steinbruchbahn sei auf sieben Mann (gegenüber 45 in früheren Jahren) abgebaut, von acht Lokomotiven stünden sieben kalt. Wurden 1927 78 481 Wagen nach Gommern und dem Steinhafen verfrachtet, so waren es 1931 nur 33 464.

Züge von nun an beleuchtet

Die Wagen und Lokomotiven der Station Ziesar der Kleinbahnen des Kreises Jerichow I wurden mit elektrischer Beleuchtung ausgestattet. „Die der Neuzeit entsprechenden Einrichtungen hatten bei den Benutzern der Kleinbahn lebhafte Befriedigung hervorgerufen", meldeten die Zeitungen im Frühjahr 1931.

Neu-Redekinern ging ein Licht auf

Am 16. Januar 1931 war die dunkle Zeit in Neu-Redekin endgültig zu Ende. Wie das „Genthiner Wochenblatt" unter der Rubrik „Provinzielles" seinerzeit froh verkündete, wurde durch den Jerichower Elektromeister Hermann Kater im Ort eine Straßenbeleuchtung installiert. Damit ging den Neu-Redekinern sprichwörtlich ein Licht auf.

Landrat Dr. Bleckwenn wird nur 48 Jahre alt

Wie ein Lauffeuer durcheilte den Kreis Jerichow II die traurige Nachricht, dass Landrat Dr. jur. Bleckwenn am 20. Februar 1931 im rüstigen Mannesalter – er wurde nur 48 Jahre alt – verschieden war. Der aus einer alten hannoverschen Bauernfamilie stammende Verstorbene führte die Verwaltung seit dem 5. August 1926 als Landrat. Bleckwenn, so meldete die Zeitung, hatte sich um den Kreis Jerichow II große Verdienste erworben, insbesondere durch sein tatkräftiges Eintreten für die Waldbrandgeschädigten (1925), für die Hochwassergeschädigten (1926/27) sowie nicht zuletzt für die Fienermelioration und die Bildung von Wassergenossenschaften. Am 25. Februar wurde Dr. Bleckwenn beigesetzt.

Dr. Bleckwenn: Vom März 1926 bis Februar 1931 Landrat des Kreises Jerichow II.

GENTHINER CHRONIK

1. Januar: Ein Einbruch wird zwischen 8 und 9 Uhr beim Tucheimer Stellmachermeister Leetz versucht. Der Dieb hat vom Nachbargrundstück eine Leiter herbeigeholt und ist anscheinend durch ein Giebelfenster in das Grundstück eingedrungen. Mit Streichhölzern leuchtet er sich seinen Weg durch das Haus bis zum Schreibtisch in der Wohnstube. Dort muss der Täter wohl gestört werden, denn er verschwindet, ohne einen Diebstahl verübt zu haben.

6. Januar: Der landwirtschaftliche Gehilfe Fritz Stille ist damit beschäftigt, Holz aus der Güsener Forst zu holen. Auf dem Rückweg rutscht er auf dem aufgeweichten Weg aus und stürzt. Ein Vorderrad des Wagens fährt Stille über den Knöchel seines Fußes. Der Verunglückte wird in das Genthiner Johanniter-Krankenhaus gebracht.

9. Januar: Die Pareyer Schifferfachschule wird eröffnet. Sechzehn Schüler sind erschienen, und zwar drei aus Neuderben, je einer aus Derben und Bergzow, die übrigen aus Parey. Bootsleute, die ihr Steuermannspatent erwerben wollen, müssen die Schule besuchen.

15. August: Dem Landwirt Henning wird von der Polizeiverwaltung Liebenau (Schlesien) ein Fahrrad zugestellt, das ihm im März 1930 in Parchen gestohlen worden ist. Der Spitzbube war ein Handwerksbursche, der in Liebenau festgenommen wurde und die Tat eingestanden hat. Das Fahrrad ist trotz der Vergnügungsfahrt durch Deutschland noch gut erhalten.

27. August: Die Ferchländer Fähre erhält einen Außenbordmotor, um den gestiegenen Ansprüchen, die ein stetig zunehmender Verkehr an der Fährstelle an sie stellt, genügen zu können. Bis dato ist sie von einem Motorbeiboot geschleppt worden.

24. Dezember: Anlässlich der Personenbestandsaufnahme von 1930 ergibt sich für Genthin eine Einwohnerzahl von genau 10 317 Personen.

BURGER CHRONIK

1. April, Burg/Genthin: Zu den Bahnhöfen, die jetzt der Reichsbahndirektion Berlin unterstellt sind, gehören auch Burg und Genthin – einschließlich 338 km Streckennetz.

4. Mai, Burg/Magdeburg: Die Postbenutzer von Burg und Umgebung können sofort Luftpostbriefe versenden. Der Sommerverkehr im Luftpostdienst ist eröffnet, vom Flughafen Magdeburg gehen die Luftpostlinien nach Hamburg, Halle, Leipzig, Nürnberg und München.

2. August, Burg: Der Musikverein „Fidelio" spielt im Radio, die Übertragung findet von 15 bis 15.30 Uhr direkt aus den National-Festsälen zu Magdeburg statt.

6. August, Stegelitz: In der Besserung der äußeren Schulverhältnisse ist wieder ein Schritt vorwärts getan. Die alten Bänke, die mehr als einem Menschenleben ihren Dienst getan hatten, können endlich ersetzt werden. Für die Oberklasse werden Tische und Stühle beschafft.

14. August, Hohenwarthe: Das Kreismissionsfest ist am Sonntagnachmittag im Elbschlößchen. Einen Bericht gibt Herr Missionar Oelke aus China.

21. Oktober, Kreis Jerichow I: In den kleinen Städten sammelt die Schupo für die Winterhilfe.

9. November, Burg: Auflösung des Lyzeums? Die Regierung schlägt diesbezüglich eine Verschmelzung mit dem Gymnasium vor.

1932

GENTHINER CHRONIK

13. Januar: „Frohe Kunde für Biertrinker" verkündet die Presse. Ab 1. Februar wird das Bier billiger. Der Reichskommissar für Preisüberwachung, Dr. Goerdeler, später Leipziger Oberbürgermeister und Hitler-Gegner, teilte das der Presse mit. Die Genthiner Gastwirte hoffen auf eine Belebung des Geschäftes.

23. Januar: Im Union Palast läuft der Tonfilm „Emil und die Detektive". Der Film, nach einer Erzählung von Erich Kästner, wird zum Kassenschlager. Davor laufen die UFA-Tonwoche und der Farbtonfilm „Bunte Tierwelt" aus dem Zoo Hagenbeck.

8. Februar: In Karow treffen vom Gestüt Halle zwei schwere belgische Deckhengste ein, und zwar „Uli von der Goldbeck" und „Rex". Dieselben stehen für die Deckperiode 1932 im Gasthof zum „Goldenen Stern" zum Decken bereit.

20. Februar: Im Lokal „Wilhelmsgarten" wird die „Eiserne Front" Genthin gegründet. In ihr sind vor allem republikanische Kräfte mit starkem nationalen Einschlag vertreten.

30. April: Der Arbeiter- und Sport-Verein Brettin weiht seinen Sportplatz am Zabakucker Weg ein. Vereine aus Magdeburg und Burg sind die Gäste.

8. Juni: Abschlussprüfung der Schupo-Bereitschaft (Schutzpolizei) aus Halle und Erfurt auf dem Gelände am Werder und im Birkenwäldchen. Inhalt der Übung: In Genthin sind große Unruhen ausgebrochen und die hiesige Polizei ist nicht in der Lage, die Ordnung aufrechtzuerhalten. Die „Anführer" haben sich in der Flockenfabrik und im Wald verschanzt.

20. Oktober: Tanzvergnügen im Stadtgarten des Herrn Otto Raasch. Es spielt die Reger-Jazzers-Rumba-Wumba-Kapelle aus Kamerun.

20. Dezember: In der Vorweihnachtszeit erstrahlt abends der Markt im Lichterglanz, die Stadtkapelle Jäckel und der Handwerker-Gesangverein spielen Weihnachtslieder.

BURGER CHRONIK

12. März, Schermen: Geistesgegenwärtig handelt die älteste Tochter des Bauunternehmers R.: Als die jüngere Schwester am glühenden Ofen ihre Kleider in Flammen setzt, löscht sie den Brand sofort mit einem Eimer Wasser aus der Küche.

17. Mai, Detershagen: Die Gemeindevertretung des Dorfes beschließt, die Schule endlich zu renovieren. Drei Kostenvoranschläge werden eingeholt, der Maler Schulz aus Schermen wird die Arbeiten ausführen.

6. August, Burg: Gurken-Invasion auf dem Wochenmarkt: Die Zahl der Stände auf dem Platz nimmt ständig zu. Gurken über Gurken, sie türmen sich zu Bergen auf und „Dill-Gerüche" überall. Angeboten werden auch viele Blumen.

5. Oktober, Hohenziatz: Nachdem die Bauern nun mitten in der Kartoffelernte stehen, können die Ergebnisse als gut bezeichnet werden. Die Landwirte verladen die dickknolligen Feldfrüchte auf dem Bahnhof als Fabrik- und Speisekartoffeln. Die Bauern hoffen in diesem Jahr auf einen guten Gewinn.

7. Dezember, Burg: Die Stadtverwaltung hat es übernommen, täglich 800 armen Kindern eine warme Mahlzeit in der Schule zu geben. Es wird die einzige warme Speise des Tages für die Kinder sein. Artig stehen die Knaben der Comeniusschule mit Essnäpfen und Löffel in einer Schlange vor den großen Töpfen.

Flugpionier Gustav Schulze ist tot

Gustav Schulze in einer seiner ersten selbst gebauten Flugmaschinen.

Der Burger Flugpionier Gustav Schulze stirbt im Alter von 41 Jahren am 3. Januar 1932.

Am 17. Februar 1891 wird in der Familie des Tapezierers Gustav Schulze der Sohn Gustav geboren. Das Interesse des Sohnes war immer auf schnelle Fahrzeuge gerichtet. Zuerst war es das Fahrradfahren, bei dem er mit schnellem Tempo über die Burger Radrennbahn an der Gaststätte „Herrenkrug" an der Berliner Chaussee sprintete. Und dann ging es in die Lüfte. Um bessere Flugapparate bauen zu können, ging Gustav Schulze jun. nach Bork-Brück zu dem renommierten Hans Grade (Flugzeugtechniker) und konnte in dieser Werkstatt Arbeit finden.

Im Sommer 1910 kam er mit einigem Grundwissen im Flugzeugbau nach Burg zurück und arbeitete an einem eigenen Motoreindecker, der alsbald im Konzerthaus zu bestaunen war. In den folgenden vier Jahren errichtete Schulze bei Madel auf einem kleinen Flugplatz die „Flugzeugwerke Gustav Schulze".

Ein weiteres Anliegen von ihm war die Ausbildung von Flugzeugführern. 1911 baute er die erste erfolgreiche Flugmaschine mit Motorantrieb. Dieser „Schulze-Aeroplan" ähnelte in seiner Bauweise den Konstruktionen Grades. Schulzes Leistungen fanden ein großes Echo. Und immer, wenn in Madel weitere Flugversuche anstanden, pilgerten hunderte Burger Schaulustige hinaus zum Flugplatz. Schon 1913 standen die Schulze-Flugzeuge in Bezug auf Stabilität und Sicherheit an der Weltspitze. Schulze-Eindecker erreichten eine Höhe von 1800 Metern. Es folgten Flüge im Nebel, über den Wolken, bei Dunkelheit und in ein Gewitter hinein. Die Geschwindigkeit der Apparate schwankte zwischen 80 bis 100 Kilometer pro Stunde. Mit dem Beginn des Weltkrieges wurde Schulze Einflieger der ersten deutschen Militär-Jagdmaschinen. Mit dem Kriegsende kam auch das Aus für den Flugzeugbau in Deutschland und somit auch in Burg. 1918 baute sich Schulze zur Existenzsicherung eine kleine Schlosserei in Burg auf. Der pfiffige Burger blieb weiter ein Erfinder und konnte zahlreiche Patente in Berlin anmelden. In seiner Motorradwerkstatt in der Bruchstraße baute er Leichtmotorräder.

An den Folgen einer Lungenentzündung starb Gustav Schulze am 3. Januar 1932 im Alter von nur 41 Jahren. Der Burger Flugpionier ist nicht nur in die regionale Heimatgeschichte eingegangen, neben Hans Grade ist er auch einer der Väter des modernen Flugzeugbaus.

Politisches Durcheinander nimmt nicht den Spaß am Vatertag

Eine Aufnahme, die am 6. Mai in der Zeitung erschien: Mit 40 PS und froher Stimmung, trotz wirtschaftlicher Probleme und des politischen Durcheinanders, wurde der Vatertag begangen. Die Forderung der lustigen Gesellschaft hießen bestimmt viele gut. Das „Genthiner Wochenblatt" meldete im Wortlaut:

„Der Himmelfahrts-Tag brachte wieder eine ganze Anzahl der traditionellen Herrenpartien. Ein freundliches Gesicht machte der Wettergott allerdings am Morgen nicht, ein leiser Regen rieselte hernieder, so dass dadurch wohl noch manche vorgesehene Partie ins Wasser fiel."
Auf dem Foto abgebildet ist die Vatertagstour des Genthiner Handwerker-Gesangvereins mit „vielen sangesfreudigen Kehlen".

Vatertagstour des Genthiner Handwerker-Gesangvereins.

Bernhard Wulsch eröffnet Kiesbaggerei

Bernhard Wulsch gründete in Ferchland seine Kiesbaggerei. Die Förderung von Kiessand erfolgte mit einem schwimmbaren Eimerkettenbagger, der den Kiessand nach der Förderung gleich wieder seitlich in den Kahn abgab. Der Standort des Eimerkettenbaggers war die Stromelbe im Bereich zwischen Derben und Ferchland. Die Baggerei bestand übrigens noch bis zum Jahr 1972.

Der Bagger der Firma B. Wulsch auf der Stromelbe.

Nationalsozialisten fassen Fuß

Die Nationalsozialistische Arbeiterpartei (NSDAP) fasst im Landkreis und in Burg mit Beginn des Jahres und der Machtübernahme Adolf Hitlers Fuß.

Am 8. April wurde Burgs Oberbürgermeister Dr. Liebert auf Veranlassung der Nationalsozialisten beurlaubt. Am 26. Juni wurden er und Stadtrat Kemmeter in Schutzhaft genommen. Der neue kommissarische Oberbürgermeister war ab 25. August der Rechtsanwalt Kurt Lebenstedt aus Aschersleben. Am 18. August löste sich die bürgerliche Fraktion des Stadtparlaments auf.
Am 2. Mai trat der neue Landrat, der Diplomlandwirt Herbert Lehmann aus Groß-Börnicke, von den Nationalsozialisten berufen, sein Amt für den Kreis Jerichow I an.
Anfang April erfolgte eine der neuen Zeit angepasste Umbenennung der Namen der Burger Hauptstraßen durch den neuen Magistrat.
Mit Beginn des Monats Mai wurde durchgesetzt die Gaststätte „Volkshaus" umzubenennen. Die Einrichtung in der Franzosenstraße 32 hieß jetzt „National-Festsäle".
Der Naturfreunde-Verein wurde als sozialdemokratisch nahe stehender Verein verboten. Begründung: Der Touristenverein „Die Naturfreunde" war als staatsfeindliche Organisation einzustufen. Das Vermögen der Organisation wurde eingezogen. Dieses Schicksal ereilte auch die Magdeburger Ortsgruppe der Naturfreunde. Ihr Biederitzer Grundstück mit dem Naturfreundehaus wurde der Gemeinde übereignet.
Der als Sozialdemokrat bekannte Gommerner Lehrer Fritz Heicke wurde im „Neuen Magdeburger Tageblatt" vom 18. und 19. März 1923 verunglimpft. Er soll amüsiert zugesehen haben, wie „schulpflichtige Lausejungen" eine Hakenkreuzfahne mit Dreck bewarfen, und abfällige Bemerkungen dazu gemacht haben. Am 15. April wurde Heicke in einer anonymen Postkarte öffentlicher kommunistischer Propaganda „im roten Gommern" bezichtigt und bedroht: „Wenn Sie nicht belehrbar sind, dann raus aus Deutschland". Unterschrift: „Heil Hitler".
Die dick gedruckte Überschrift am 6. März für Burg/Kreis Jerichow I vom Tageblatt Burg: „Wahlsieg der Regierung Hitler, 52 Prozent der Stimmen für die Nationale Front, 5,5 Millionen Stimmen gewinnt die NSDAP, 88,5 % Wahlbeteiligung." Die Einwohner des Kreises Jerichow I stimmten wie folgt: NSDAP 19 523 Stimmen, SPD 8604 Stimmen, KPD 2468 Stimmen, Zentrum 221 und Kampffront 4005 Stimmen.
Am 12. Mai suchten Magdeburger Nationalsozialisten den Ihlekanal bei Niegripp nach Waffen ab, da sie erfahren hatten, daß ein Kommunist dort Waffen und Munition versenkt hatte. Die Suche war erfolgreich.

Der Reichsminister für Volksaufklärung und Propaganda Dr. Goebbels erklärte den 1. Mai zum Feiertag der nationalen Arbeit. An diesem erstmals arbeitsfreien Tag finden auch in Burg organisierte Mai-Demonstrationen und Kundgebungen statt.

Am 14. März werden auf den Verwaltungsgebäuden der Stadt Genthin (Rathaus) und des Kreises die Fahnen der nationalen Erhebung gehisst.

1933

GENTHINER CHRONIK

4. Januar: Schon lange fahndet man nach den Dieben, die im vorigen Jahre hauptsächlich im Sommer das Vieh von den Koppeln der Kreise Jerichow I und II stahlen. Sie fuhren stets mit dem eigenen Lastauto auf Raub aus und nahmen das gestohlene Vieh darauf mit. Letztmalig am 3. Januar, wo sie vom Rittergut Wilhelmsthal, dem Herrn von Katte gehörig, aus einem Stall zwei Rinder stahlen. Diesmal kommt man den Tätern jedoch auf die Spur. Der Verdacht, dass das Vieh auf dem Viehmarkt Magdeburg verkauft wurde, erweist sich als richtig. Dort ertappt man die Täter, den Viehhändler Stöhr aus Hohenseeden und den Händler Hünecke aus Güsen. Sie gestehen die Diebstähle und landen hinter Schloss und Riegel.

7. Januar: Aus einer Statistik lässt sich ersehen, dass die Tätigkeit der Polizei äußerst rege war. In Genthin wurden 1932 allein 475 strafbare Handlungen zur Anzeige gebracht, darunter 270 Vergehen und Verbrechen sowie 205 Übertretungen. Außerdem wurden 120 Personen mündlich und 48 schriftlich verwarnt. Aufgeklärt sind 139 Vergehen, bei den nicht aufgeklärten handelt es sich meist um Fahrraddiebstähle, die von durchreisenden Wanderburschen begangen wurden.

21. Februar: Drillinge im Kuhstall: Auf dem Rittergut Altenplathow bringt eine Kuh drei Kälber zur Welt, zwei davon bleiben am Leben.

3. April: Maurermeister Walter Pomplun wird zum kommissarischen Bürgermeister Genthins ernannt.

11. Oktober: In Parey an der Neuderbener Brücke nimmt der Dampfbagger „Ihle" der Wasserbauverwaltung Genthin die letzten Baggerungen vor.

24. Oktober: Die Roßdorfer Handwerker laden zu einem Deutschen Abend im Paul Schmückerschen Lokal ein. Sie verschaffen ihren Gästen ein paar fröhliche Stunden.

BURGER CHRONIK

10. Januar, Burg: Nachdem das Demonstrationsverbot der KPD aufgehoben ist, hat die Ortsgruppe Burg ihre Mitglieder und Anhänger auf den Paradeplatz gerufen zu einer Kundgebung. Es spricht der Landtagsabgeordnete Kaßner.

15. Februar, Burg: Wahlkundgebung der NSDAP im großen Saal des Konzerthaus. Der Raum ist voll besetzt, auf der Bühne hat SS Aufstellung genommen.

1. April, Burg: Das Bismarckfeuer auf dem Turm lodert über Burg, ein Flaggenmeer weht in allen Straßen und ein Fackelzug, wie ihn Burg noch nicht gesehen hat, zieht durch die Stadt.

10. Juni, Burg: Flaggen heraus. Anlässlich des großen Aufmarsches der Standarte 40 wird die Einwohnerschaft gebeten, die Häuser zu beflaggen.

7. August, Burg: Es läuft eine große Aktion gegen eine kommunistische Zellenbildung in Burg. Es werden 40 Kommunisten verhaftet, der Organisator Weiß ist flüchtig.

13. Oktober, Burg: Die Vermietung der sogenannten Wagenhäuser 4 und 5 an das Arbeitsdienstlager zur Unterbringung des freiwilligen Arbeitsdienstes wird von der Stadt beschlossen.

11. November, Ziegelsdorf: Das Rittergut in Ziegelsdorf feiert Erntedankfest. Schon mittags wird die Arbeit eingestellt, damit sich alle auf das Fest vorbereiten können. Nachmittags um 5 Uhr beginnt das Ernteessen. Der Rittergutsbesitzer Herr Oeltze richtet Dankesworte an seine Arbeiter.

Bürgermeister Struß wählt den Freitod

Amtsgerichtsrat Dr. Zacher, später kommissarischer Landrat des Kreises Jerichow II, ließ am 30. März im Genthiner Wochenblatt vermelden: „Im Auftrag des Herrn Regierungspräsidenten in Magdeburg habe ich gestern das Disziplinarverfahren gegen Bürgermeister Struß eröffnet. Ich habe den Herrn Regierungspräsidenten davon in Kenntnis gesetzt, dass es zur ordnungsgemäßen Abwicklung dieses Verfahrens erforderlich sein würde, den Bürgermeister Struß, den Direktor des Überlandwerks, Greve, und den Geschäftsführer im städtischen Licht- und Kraftwerk, Dobberkau, in Schutzhaft zu nehmen. Dieses ist gestern abend geschehen. Bürgermeister Struß jedoch hat sich der Schutzhaft durch Selbstmord entzogen. Als die mit der Inhaftnahme beauftragten Beamten an der Haustüre seiner Wohnung klingelten, hat er sich in der oberen Etage seines Grundstücks durch einen Schuß aus einer Schrottflinte erschossen. Die Vorbereitung dieses Schrittes muß Struß schon lange Zeit vorher getroffen haben, denn aus der Art der Schußverletzung geht hervor, dass er den einen Lauf der Flinte wahrscheinlich mit Wasser gefüllt hat, so dass der Schuß die eine Kopfhälfte ganz zertrümmerte. Ich ersuche die Bevölkerung der Stadt Genthin, mir bei der Aufklärung der unerhörten Korruptionsfälle, die sich seit Jahren hier ereignet haben, behilflich zu sein."
Am 31. März wurde Dr. Zacher zum kommissarischen Landrat berufen. In seinem ersten Rechenschaftsbericht teilte er mit, dass im Zusammenhang mit den oben genannten Vorfällen mindestens 56 200 Reichsmark städtischer Gelder veruntreut wurden. Und weiter: „Struß hatte 1913 als Bürgermeister von Jerichow ebenfalls Unterschlagung begangen."

1934

GENTHINER CHRONIK

4. April: In Genthin wird eine Ortsgruppe des Reichsluftschutzbundes gegründet. Schon bald beginnt man, regelmäßig Übungen durchzuführen. Man will Vorsorge für den Ernstfall treffen. Als später die Flächenbombardierungen deutscher Städte beginnen, steht der Luftschutz dieser Entwicklung fast ohnmächtig gegenüber.

7./8. Juli: Nach neunjähriger Pause findet in Genthin wieder eine Kreistierschau statt. 1914 wurde die erste und 1925 die letzte Veranstaltung durchgeführt. Bürgermeister Dr. Netzband eröffnet die Schau, die 6000 Besucher zählt. Kreisbauernführer Krüger aus Karow nimmt den Festumzug ab.

4. August: Veröffentlichung der Ortssatzung für die öffentliche Entwässerungsanlage der Stadt Genthin. Der Grund: das zentrale Klärwerk geht in den nächsten Wochen in Betrieb.

31. August: Der Bahnübergang in der Karower Straße wird mit einer elektrischen Beleuchtung versehen. Durch den ständig steigenden Verkehr ist der Bahnübergang ein Unfallschwerpunkt.

10. September: „Einmal deutsch – ewig deutsch", unter dieser Losung tagt der Volksbund für das Deutschtum im Ausland in der Stadt.

6. Oktober: In der Spitze des Parchener Glockenturms bricht gegen 21 Uhr ein Feuer aus. Mehrere Wehren im Umfeld müssen zu Hilfe kommen. Die beiden Glocken der 102 Jahre alten Kirche werden in Mitleidenschaft gezogen. Bereits 1827 brannte die Kirche ab.

27. August: Die Hochseilartisten des Camillo Meyer geben auf dem Marktplatz in 20 und 40 Meter Höhe eine Modenschau. Das Textilhaus Foitzik lässt als Reklame vier Stoffballen von 50 Meter Länge aus der Höhe abrollen.

BURGER CHRONIK

3. Januar, Burg/Kreis Jerichow I: Auf Grund einer Verordnung des Landesbauernführers sind in der Provinz Sachsen und somit auch hier die landwirtschaftlichen Vereine aufzulösen.

9. Januar, Burg/Kreis Jerichow I: Die Einwohner von Burg und des Landkreises spenden 157 116 Reichsmark für das WHW – Winterhilfswerk.

5. März, Burg: Schlagzeilen im Tageblatt: Eingliederung der evangelischen Jugend Burgs in die Hitler-Jugend. Die gesamte Burger Jugend marschiert, Vorbeimarsch am Bannführer am Bismarckplatz, dazu mehrere Fotos. „Die ganze Jugend soll es sein."

20. Juni, Burg: „Kinder aufs Land", in den nächsten Tagen wird eine Sammelplakette für das Hilfswerk „Mutter und Kind" verkauft, die die Mittel für die Verschickung der Kinder aufs Land aufbringen soll.

2. August, Burg/Kreis Jerichow I: Die Deutsche Reichsbahn veranstaltet einen Wettbewerb zur Schmückung der Bahnhöfe und Blockwärterhäuser mit Blumen.

14. September, Burg: Kuban-Kosaken reiten in Burg. Reiterspiele finden auf dem Sportplatz am Flickschupark statt. Die Kosaken führen tollkühne Reiterspiele vor, der Rittmeister der Truppe ist ein russischer Weißgardist, der bereits ein wechselvolles Leben hinter sich hat.

21. November, Burg: Hühner, Enten, Fasane und Tauben stellen sich bei der großen Rassegeflügelschau der Kreisgruppe Jerichow im Konzerthaus vor.

Hundert Jahre Tuchfabrik A. Paasche

Mit dem 1. April 1834 liegt ein Datum fest, das für die Geschichte des Hauses von entscheidender Bedeutung ist. August Paasche, der Begründer der Firma, trat an diesem Tag in das Geschäft seines Vaters ein, heiratete am 22. Mai 1834 die Tochter eines der damals angesehensten Fabrikanten, Nikolas Huhns, dessen Fabrik am Breiten Weg an der Ihle lag. Die erste Inventur ist datiert auf den 12. April 1834. Die Fabrikation wurde mit zehn Schnellstühlen betrieben. In den letzten 100 Jahren gab es viele gute Zeiten für die Firma und ihre Arbeiter, aber auch mehrere Rückschläge durch Brände. Zum 100-jährigen Fest hat das Tageblatt einen Sonderdruck angefertigt. Berichtet wird über die Geschichte, und mit mehreren Fotos von Fritz Schmidt werden die derzeitigen Produktionsschritte verdeutlicht. Schließlich wurden alle Mitarbeiter auf einem Großfoto abgelichtet.

Dr. Netzband wird neuer Genthiner Bürgermeister

23. August: Zum Nachfolger des kommissarisch eingesetzten Bürgermeisters Pomplun wurde Dr. Netzband berufen. Netzband, der bereits seit dem 17. Januar das Amt bekleidete, war 34 Jahre alt und wurde in Mühlheim/Ruhr geboren. Die Schulausbildung erhielt er in Belzig und in der Kadettenanstalt Lichterfelde. Danach Studium der Rechts- und Volkswirtschaft mit Promotion und Einsatz als erster Bürgermeister von Salzwedel. 1932 war er schon einmal als Assessor beim Genthiner Magistrat tätig, wurde dann kommissarischer Bürgermeister in Hitlerberge (Thüringen).

Dr. Netzband

Zentrale Wasserversorgung

Das Bauvorhaben „Zentrale Wasser- und Abwasserentsorgung" wurde von der Reichsregierung gefördert und diente der Bekämpfung der Arbeitslosigkeit. Insgesamt wurden in Genthin 22 000 Meter Druckrohrleitung verlegt, ein Klärwerk, ein Wasserwerk und der Wasserturm errichtet. Schon damals wollten sich einige Einwohner nicht an das zentrale Netz anschließen lassen, diesen wurde mit Zwangsanschluss gedroht. Nach der Fertigstellung des Projektes verbesserte sich die Wasserversorgung in der Stadt ganz erheblich.

Bürgermeister Dr. Netzband beim ersten Spatenstich in der damaligen Hafenstraße (Geschwister-Scholl-Straße) am 30. Januar 1934.

Bevölkerung vertraut Demagoge Hitler blind

18. August: Vor der „Volksabstimmung", ob Hitler Reichskanzler und Führer des deutschen Volkes werden sollte, beschloss die Ortsgruppe der NSDAP die Rede Hitlers den Einwohnern Genthins über Lautsprecher auf dem Hindenburgplatz zugänglich zu machen. Das Motto der Veranstaltung war: „Genthin gehört dem Führer". Nach Abschluss der Rede wurden das Deutschland- und das Horst-Wessel-Lied gesungen. Die Wahlbeteiligung lag bei 95 Prozent. Danach wurde Hitler Reichskanzler und „Führer" aller Deutschen. Nun vertraute die Mehrheit der Bevölkerung dem Demagogen.

Große Meliorations-Aktion im Fiener-Bruch beginnt

Frühjahr 1934: Beginn einer unter NS-Führung stehenden groß angelegten Meliorations-Aktion im Fiener-Bruch sowie im Wuster/Schönhausener Trübengrabengebiet und Niegripper Elbvorland durch den 1933 umfunktionierten Arbeitsdienst in den staatlich gelenkten Reichsarbeitsdienst mit rund 1200 freiwilligen Arbeitsmännern. Bei dieser Maßnahme wurden in Fienerode und Gladau Arbeitslager errichtet und die bei Fienerode liegenden mesolithischen Siedlungs-/Flugsanddünen, darunter der Mühlenberg, zur Übersandung von Feuchtgebieten abgetragen, neue Vorfluter errichtet und umfangreiche Umbruch- und Dränagearbeiten durchgeführt. Insgesamt wurden etwa 1000 Hektar Umland in Wiesenland verwandelt.

Eröffnung der Arbeitsschlacht in Fienerode. Den ersten Spatenstich vollzog Reichsstatthalter Gauleiter Loeper, links daneben Gauarbeitsführer Major Prenzel. (Repro: Klaus Börner/Quelle: V.u.H. 1935)

Burg wird wieder Garnisonstadt

1935

Burg am 18. Oktober. In den Straßen der Stadt grüßen Fahnen und Girlanden. Burg soll wieder eine Garnison erhalten.

Auf dem Paradeplatz waren die Abordnungen der Verbände aufmarschiert, alle Schulen hatten für den feierlichen Einzug des 2. Bataillons des Infanterie-Regiments Nr. 66 geschlossen.

Die Schulkinder und die restliche Bevölkerung Burgs standen an der Einmarschstraße Spalier, warfen den Soldaten Blumengrüße zu. Oberbürgermeister Lebenstedt begrüßte die 66er-Militärs. Es sei für die Stadt Burg eine große Freude, führte er unter Beifall aus, dass sie, nachdem sie fast zweihundert Jahre Garnisonstadt gewesen sei, heute wieder Soldaten in ihren Mauern beherbergen könne. Der Redner entbot den Kommandeuren, Oberst Dr. Mundt und Major Bitrolff, den Willkommenstrunk der Stadt Burg, den diese herzlich erwiderten. Nach der feierlichen Kundgebung auf dem Paradeplatz marschierten die Soldaten durch die festlich geschmückten Straßen zur Kaserne. Am Abend trafen sich die Burger mit ihren Soldaten auf einem Festball. Das jetzt in Burg in der früheren Artilleriekaserne stationierte Bataillon war aus Angehörigen der im August aufgelösten Polizeischule der Landespolizei und aus zwei Kompanien des früheren Reichswehr-Regiments in Zerbst zusammengesetzt.

Burg am 31. Oktober: Nach der Einführung der allgemeinen Wehrpflicht ziehen die ersten Rekruten in die Burger Kaserne ein. Auch in Burg erfolgten im Juli die ersten Musterungen zum Wehrdienst.

Der Bubikopf ist 1935 gefragt

Die kleine Belegschaft des Pareyer Friseurgeschäfts Ernst Wernitz, zu der die Ehefrau des Inhabers, Hedwig Wernitz, und ein Lehrling gehörten, lebte 1935 vom Wunsch ihrer Kundschaft nach einem modischen Äußeren. Der Bubikopf war seinerzeit bei den Frauen gefragt. Auch die Männer verlangten einen guten Haarschnitt und ein glatt rasiertes Gesicht. Im Friseurgeschäft Wernitz konnte im Herrensalon zwischen Halblang, Fasson, Rundschnitt, kurzem Scheitelhaarschnitt, Kurzhaarschnitt, Rasierhaarschnitt und Bürstenhaarschnitt gewählt werden. Das Haar der Mädchen und Frauen erhielt durch eine Ondulation, eine Wasserwelle oder eine Spezial-Bubikopf-Behandlung seine Schönheit. Ende der 30er, Anfang der 40er Jahre erweiterte sich durch die Heißwelle das Angebot im Damensalon. Diese Dauerwelle hielt als Vorläufer der Kaltwelle ihren Einzug in die Friseurgeschäfte. Neben diesem Angebot fertigte der Friseurmeister Ernst Wernitz auf Bestellung noch Puppenperücken. Denn das Fertigen von Perücken und anderem Haarersatz war ein Bestandteil des Friseurhandwerks. Bis zum Ende des Zweiten Weltkrieges bildete Meister Wernitz nur männliche Lehrlinge aus. Da es sich fast ausschließlich um Auswärtige handelte, erhielten sie neben der Ausbildung bei dem Friseurehepaar Wernitz auch Kost und Unterkunft. Das Verhältnis zu den Lehrlingen nahm teilweise einen familiären Charakter an.

Genthin bekommt Wasserturm

1934/35 erhielt Genthin einen 48 Meter hohen Wasserturm. Der Turm wurde in Stahlbetonweise errichtet. Die Gefache wurden mit roten Klinkern ausgemauert. Der 7,8 m hohe Wasserbehälter konnte 400 qm Wasser aufnehmen. Darüber, in 42 Metern Höhe, befindet sich die Aussichtsplattform, die bis heute im Sommer zur Waldbrandüberwachung und als Aussichtsturm von der Bevölkerung genutzt wird. Die Bauausführung stand unter der Leitung des Stadtbaudirektors Tingelhoff. Mit 60 000

bis 80 000 Reichsmark wurde die Baudurchführung veranschlagt. Genthin bekam erst 1934/35 eine zentrale Wasserver- und Abwasserentsorgung. Am 20. April 1935 wurde der Genthiner Wasserturm der breiten Öffentlichkeit zur Besichtigung freigegeben. Viele nutzten seinerzeit die Chance und genossen die herrliche Aussicht.

GENTHINER CHRONIK

4. Januar: Gleich zu Beginn des Jahres tritt in der Führungsspitze der NSDAP-Kreisleitung eine personelle Veränderung ein. Kreisleiter Axmann wird auf eigenen Wunsch seines Postens enthoben. An seine Stelle tritt der Mittelschullehrer Reisener, der das Amt bis zum Untergang des Dritten Reiches innehat.

Mitte Januar: Wegen starker Ausbreitung der Grippe müssen die Genthiner Schulen – mit Ausnahme der Bismarck-Schule – für 14 Tage geschlossen werden.

1./2. Mai: In der Nacht vom 1. zum 2. Mai richtet ungewöhnlich starker Frost erhebliche Schäden an Feld- und Gartenfrüchten an, die die Natur in ihrer Entwicklung weit zurückwerfen.

13./14. Juli: Der Handwerker-Gesangverein blickt auf sein 75-jähriges Bestehen zurück und begeht an einem herrlichen Sommerwochenende sein Jubiläumsfest. Im Laufe des Jahres sollen sich die Genthiner und Altenplathower Chorvereinigungen vielfach Kulturveranstaltungen zur Verfügung stellen. Leider stoßen die Konzerte bei der hiesigen Einwohnerschaft auf nur geringes Interesse.

25. August: Die Genthiner feiern ihr erstes Kreis-Spiel- und Sportfest, das mit einem Reit- und Fahrturnier verbunden ist. Mit Kind und Kegel stürmt man hinaus ins Grüne und wohnt begeistert den Wettkämpfen bei. Besonders beliebt sind die Ruderregatten auf dem Plauer Kanal.

10. September: Der Regierungspräsident des Gaues Magdeburg ernennt Dr. Müller zum kommissarischen Bürgermeister Genthins. Er tritt die Nachfolge des von seinen Amtsgeschäften beurlaubten bisherigen Stadtoberhauptes Dr. Netzband an.

BURGER CHRONIK

13. März, Lostau: An 34 bedürftige Familien verteilt man im Rahmen der Aktion „Winterhilfe" 48 Zentner Kohlen, 26 Brote sowie die von der NS-Frauenschaft eingeweckten und noch vorrätigen Konserven mit Gemüse.

1. Mai, Burg: Es wird nochmals darauf hingewiesen, dass es die Pflicht der gesamten schaffenden Bevölkerung ist, am 1. Mai die Fahnen des neuen Deutschlands zu hissen, Girlanden zu ziehen, die Häuser mit frischem Grün zu schmücken. Der Maibaum steht auf dem Paradeplatz.

22. Juni, Altengrabow: Der Friseurmeister Hermann Schoeller vom Truppenübungsplatz Altengrabow-Gloine kann auf sein 30-jähriges Geschäftsjubiläum zurückblicken. Als im Jahre 1895 das Dorf Gloine mit den ersten Truppen belegt wurde, hatte sich Herr Schoeller gerade selbständig gemacht. Trotz seiner 68 Jahre steht er seinem Geschäft noch vor.

3. August, Burg: Ein Truppensportfest des Arbeitsdienstes (RAD) findet statt. Die Teilnehmer, zum Beispiel aus Genthin, treffen mit dem Fahrrad in Burg ein. Höhepunkte der Wettbewerbe sind ein 500-Meter-Lauf, Schwimmwettkämpfe usw. Den Abschluss des Tages bildet ein Vorbeimarsch am Paradeplatz.

9. Dezember, Burg/Kreis Jerichow I: Eine Lehrschau deutscher Frauenarbeit findet in Burg in den National-Festsälen statt. Die Ausstellung wird gestaltet von der NS Frauenschaft unter Mitwirkung des Handwerks. Gezeigt werden eine moderne Wohnungseinrichtung, Mädchen beim Spinnen von Schafwolle. Von Interesse sind auch Trachten aus dem Jerichower Kreis.

1936

GENTHINER CHRONIK

15. Januar: Der Ortsausschuss für Jugendpflege beschäftigt sich mit der Planung und Beratung für eine zeitgemäße Sportanlage.

17. Januar: 30 Jahre NAVERMA Handelskette. Sie wurde am 15. Januar 1906 gegründet und entwickelte sich zu einem führenden Lebensmittel-Markt. In Genthin gibt es zwei Filialen des Unternehmens, in der Post- und Mützelstraße, das rund 700 Beschäftigte hat.

1. Februar: Umsetzungen mehrerer Bauvorhaben in der Stadt Jerichow: die Hauptstraße wird verbreitert, die Kirche erhält eine Dampfheizung und die Arbeiten am Sportplatz beginnen.

25. März: Anlässlich der Wahlen zum Reichstag veranstaltet die SA einen Marsch durch Genthin. Das Ergebnis der Wahl: 99 von 100 Leuten stimmen für Hitler. Wen soll man auch sonst wählen? Die anderen Parteien sind aus- bzw. gleichgeschaltet und eine andere Meinung zu vertreten, bedeutet Gegnerschaft.

2. Juli: Die Neulandgewinnung im Fiener durch Melioration macht Fortschritte. Bisher wurden 448 Hektar Neuland gewonnen, davon in Gladau 33 Hektar, Dretzel 37, Parchen 15 und Hohenseeden 23 Hektar. Um die Arbeiten voranzutreiben, wird in Ziesar ein RAD-Lager eingerichtet.

3. Juli: In Steckelsdorf wird um 18 Uhr das HJ Sommerlager eröffnet.

29. Juli: Auf dem Genthiner Flugplatz am Mützeler Weg landen 20 Flugzeuge, die am Deutschen Sternflug teilnehmen. Der Flugplatz wird vom Ing. Kliewer geleitet. Auch zwei Genthiner Piloten, Herr Pomplun und Herr Schlüter, beteiligen sich an dem Flug zu der Insel Föhr/Nordsee.

18. August: Freigabe der Autobahn Berlin – Magdeburg. Für Genthin besteht Anschluss über den Knoten Brandenburg.

BURGER CHRONIK

8. Januar, Kreis Jerichow I: Eine totale Mondfinsternis ist heute Abend in der Zeit von 18.58 Uhr bis 19.21 Uhr zu beobachten. Sind die Sichtverhältnisse günstig, sieht man den Mond in einem eigenartigen kupferroten Licht.

19. Mai, Burg: Der Rundfunkwagen der Reichsrundfunkkammer Berlin besucht unsere Stadt. Die Aufgabe des Großlautsprecherwagens ist es, für die Idee des Rundfunks zu werben. Es wartet ein reichhaltiges Programm mit Musik, Filmen und lustigen Darbietungen.

9./10. Juli, Kreis Jerichow I: Bei einer Verkehrskontrolle werden 316 Kraftfahrzeuge, 12 Pferdefuhrwerke und 65 Radfahrer kontrolliert. 23 Kraftfahrzeuge, zwei Pferdefuhrwerke und ein Fahrrad weisen erhebliche Mängel auf.

9. August, Burg: Die Artilleriekameradschaft Burg hat ihren Schießstand an der Waldhalle geweiht und offiziell übergeben.

25. Oktober, Parchau: Ein Konzert veranstaltet das Musikkorps der Landeserziehungsanstalt Gut Lüben zu Gunsten des Winterhilfswerkes.

12. November, Burg: Die bekannte Schauspielerin Henny Porten gibt auf ihrer Deutschlandtournee im Konzerthaus ein Gastspiel.

4. Dezember, Hohenwarthe: Auf acht Tage wird die Schule geschlossen, da die Grippe im Ort grassiert und schon viele Erwachsene und Kinder erkrankt sind.

Burg schnuppert Olympialuft

Im Januar passiert die im Ruhrgebiet gegossene große Glocke für das Olympia-Stadion auf dem Wege nach Berlin die Stadt Burg.

Auf den Durchfahrtsstraßen bildete die Schuljugend – aber auch die Bevölkerung – Spalier, um die auf einem speziellen Tieflader aufgestellte Glocke mit der Inschrift: „Ich grüße die Jugend der Welt – XI. Olympische Spiele Berlin 1936" zu grüßen.

Häuser und Straßen der Stadt hatten im Sommer Olympia-Schmuck angelegt. Zahlreiche Häuserfassaden wurden mit öffentlichen Zuschüssen neu herausgeputzt, so auch das älteste Burger Fachwerkhaus Berliner Straße 38. Fahnen, vor allem mit den olympischen Ringen, und Girlanden bestimmten die Durchfahrtsstraßen der ausländischen Sportler und Gäste Berlins. Das Gastgewerbe und die Tankstellen konnten gute Geschäfte verbuchen, während die Jugend auf Jagd nach Autogrammen Prominenter war. Während die Anfahrt mit dem Auto zur Olympiade noch über die Reichsstraße 1 erfolgen musste, konnte nach Abschluss der Spiele die Rückfahrt in westliche Richtung schon über die am 17. August freigegebene Reichsautobahn Werder – Ziesar – Schermen durch unseren Kreis führen. Der frühere Termin der Fertigstellung zum 1. August konnte aus technischen Gründen nicht eingehalten werden. Auch war die Elbebrücke bei Hohenwarthe zwar im Rohbau fertig gestellt, aber noch nicht für

Handarbeiten am Projekt Autobahn-Bau vor Schermen

den Verkehr freigegeben. Dennoch stellte die kurze Bauzeit bis zur Fertigstellung des Streckenabschnitts der Autobahn von eineinhalb Jahren eine organisatorische und technische Meisterleistung dar. Nachdem Anfang 1934 die Strecke Werder – Ziesar in Angriff genommen wurde, konnte nach umfangreichen Planungsarbeiten und Verhandlungen mit Grundeigentümern am 1. September 1934 die Bauleitung Burg für den Abschnitt Ziesar – Schermen – Hohenwarthe den Betrieb aufnehmen.

Waren schon bei Winterbeginn über 1500 vor allem erwerbslose Arbeiter für Rodungs- und Schachtarbeiten im Einsatz, so hatte vor allem die Kleinbahn die Aufgabe, das notwendige Baumaterial heranzuschaffen.

Abriss der Neuderbener Brücke

Postkartengrüße aus Neuderben zeigten 1936 neben der Materialwarenhandlung von Ernst Meyer, dem Gasthof (Fleischerei) von Ernst Bartels und der Strommeisterei auch die alte Neuderbener Brücke. Erbaut wurde Letztere 1892/93 und bestand aus gelblichen Ziegelsteinen. Sie war aus Sicherheitsgründen mit Hochwasser-Schutztoren versehen, da der neu erbaute Sanddeich (1890/91) noch nicht als so sicher anzusehen war. Diese Schutztore kamen jedoch nur einige Male zum Einsatz. Die gesamte Brücke wurde 1936 abgerissen und anschließend durch eine moderne Stahlbrücke ersetzt.

Die alte Neuderbener Brücke.

Ausbau des Kanalsystems

In den Jahren 1936 bis 1938 wurde der alte Ihlekanal zum Elbe-Havel-Kanal aus- und umgebaut. Der Kanal wurde breiter und tiefer, einige Kanalabschnitte wurden verlegt, die Niegripper Schleuse neu gebaut.

Auch die Brücken wurden abgebaut und durch neue in einer Stahlkonstruktion ersetzt. Die Brücke „Burg", Blumenthaler Landstraße, wurde abgebaut. Ein Arbeitsschiff fuhr unter die alte Brückenkonstruktion, hob diese an und transportierte sie in einem Stück ab. Arbeiter trugen mit einer Feldbahn das alte Fundamente ab. Das nördliche Kanalufer war schon begradigt. Die neue Brücke, so wie wir diese noch heute vorfinden, war schon in Benutzung.

Mit einem Schiff wird die alte Brücke abtransportiert.

Kreissippenamt wird eingerichtet

Im Kreisheimatmuseum Genthin wurde ein Kreissippenamt mit Fotokopieranstalt eingerichtet, dem ein Kirchenbuchamt angegliedert war. Es hatte die Aufgabe, den von der NS-Führung geforderten arischen Nachweis von Bürgern des Kreises zu erforschen und zu bestätigen.

Gleichzeitig wurde dem Museum das Kreisarchiv mit seinen umfangreichen Stadt- und Kreisakten zur Nutzung für die Sippenforschung und Regionalgeschichte unterstellt. Das Kreissippenamt wurde unter dem damaligen Leiter des Museums, Dr. M. Bathe, 1950/51 aufgelöst und die Kirchenbuchbestände mit den zahlreichen Fotokopien und der umfangreichen Sippenkartei wurden an die Aufsichtsbehörde des evangelischen Kirchenkreises Genthin sowie die kirchlichen Filialgemeinden zurückgegeben.

Die Fotokopierabteilung mit ihrem umfangreichen Film- und Fotobestand blieb bis 1993 erhalten und wurde bis dato für die praktische Museumsarbeit genutzt.

Burger Industrie im Aufwind

Die seit längerem leer stehende Pinnersche Schuhfabrik in der Hauptmann-Loeper-Straße 14 (Bahnhofstraße) wurde 1936 von der Nähmaschinenfabrik Mundlos AG übernommen.

Am 29. Juli gab es Grund zum Feiern. Der eingeschossige Neubau, der an das vorhandene Farbikgebäude in der Kaiser-Friedrich-Straße (Friedenstraße) angeführt worden war, wurde gerichtet. Dieser Neubau war mit der Gründung des Burger Zweigwerkes der Mundlos AG notwendig geworden. Auf dem Fabrikhof fanden sich der Betriebsführer und die am Bau beteiligten Handwerker und die Ehrengäste ein. Der verantwortliche Magdeburger Architekt sprach Worte der Begrüßung. Er grüßte insbesondere die Vertreter der Partei und Behörden. Sein Dank galt der Firma Mundlos AG, die durch dieses Bauvorhaben mit dazu beigetragen hatte, Arbeit zu beschaffen und vielen Handwerkern Beschäftigung zu geben. Nach der Ansprache des Poliers und des Betriebsführers formierten sich Handwerker und Gäste, um mit der Werkskapelle zur Stadtschänke zu marschieren. Mit Richtschmaus, fröhlichem Umtrunk, Kameradschaftsliedern und Solovorträgen endete der Tag.

Dieser Fabrik-Eckbau ist ab sofort ein Wahrzeichen für Burg

Geschäftiges Treiben in der Genthiner Mühlenstraße. Das Hotel Mansfeld, benannt nach seinem Besitzer, war eine bevorzugte Adresse bei Einheimischen und Gästen. Rechts an der Ecke das Textilhaus Foitzek, dessen Besitzer nach dem Konkurs 1935 den Freitod gewählt hatte. Links gut zu erkennen die verbreiterte Amtsstraße. Die Mühlenstraße erhielt ihren Namen nach der Amtsmühle, die von der Gottesstiege an die Stremme, damals außerhalb der Stadt gelegen, verlegt wurde. Hier befand sich das vierte Tor der Stadt. Im Rahmen des Kanalausbaus 1925/26 wurden die Wassermühle und Teile des Mühlgrabens, der parallel zum Kanal verlief, beseitigt.

NSV im Kreis Jerichow II gegründet

Die im Herbst 1933 im Kreis Jerichow II gegründete NSV hatte sich bis 1938 mit 38 Gruppen, die in 121 Zellen und 535 Blocks aufgegliedert waren, zu einer führenden NS-Organisation im Gau Magdeburg-Anhalt entwickelt. Zu den Aufgaben der NSV gehörten unter anderem die Betreuung hilfsbedürftiger Menschen, insbesondere Familien mit Kleinkindern, die Sozial- und Wohnungsfürsorge, Jugendhilfeleistungen, Heil- und Heimverschickung, Durchführung von Schulungskursen für Mütter und Mädchen u. a. Der NSV waren das Rote Kreuz mit zahlreichen Rot-Kreuz-Schwestern sowie das Hilfswerk „Mutter und Kind" angegliedert. Im Kreis hatte die NSV bis 1938 fünf NS-Säuglingsberatungsstellen sowie sechs Nähstuben geschaffen. Ferner wurde die Schaffung von Kindergärten unterstützt.

Verstärkter Bahnverkehr

Durch den Bau der Rüstungsbetriebe an der Bahnstrecke Jerichow – Genthin (die Silva-Werke in Genthin Wald), an der Strecke Jerichow – Güsen (das Tanklager der WIFO in Derben), an der Strecke Jerichow–Sandau (das Sprengstoffwerk Klietz) und an der Strecke Güsen – Ziesar (das Werk Buko/Bramsdorf) verstärkte sich der Güterverkehr zusehends. 1936/37 wurden der Lokschuppen in Jerichow vergrößert, das dritte Gleis an der Schmiede gelegt und mit dem Bau der Triebwagen begonnen. Bedingt durch die Tatsache, dass in den 30er Jahren die meisten Transporte auf dem Schienenweg erfolgten, herrschte auf dem Jerichower Güterbahnhof und im Gepäck- und Expressgutverkehr des Bahnhofs stets ein reger Betrieb. Die Kaufleute bekamen ihre Waren mit der Bahn angeliefert, die Kohlenhändler mussten ihre Brennstoffe an der Ladestraße entladen und sogar die Filme für das Kino wurden über den Expressgutverkehr des Bahnhofs ausgetauscht.

1937

GENTHINER CHRONIK

Januar-Dezember: Bau der Gasleitung von Salzgitter nach Berlin (1936 bis 1938). Bei den Vermessungsarbeiten ist der Parchener Fritz Kühne dabei. Im Flurstück „Hahn" wird ein Gashäuschen gebaut, von dort der Abzweig über Mühlenberg nach Parey, Jerichow und Tangermünde. Die Parchener Dorfväter wollen keinen Gasanschluss für den Ort.

Oktober: Die per Gesetz eingeführte Reichsarbeitsdienstpflicht (26. Juni 1935) ist auch für das weibliche Geschlecht bestimmt. Als Schulungsobjekt bzw. Arbeitslager für die jungen Mädchen aus den verschiedensten Gauen Deutschlands (Hamburg, Frankfurt/M., Hessen, Thüringen, Trier, Altmark etc.) erwirbt der Landkreis Jerichow II das Villengebäude „Lindenhof" in Milow/Havel, wo die jungen Frauen nach einer dreiwöchigen Ausbildung nicht nur politisch im Sinne des Nationalsozialismus geschult, sondern auch für ihren praktischen Dienst in der Familie und als Helferinnen in Kindergärten sowie landwirtschaftlichen Betrieben vorbereitet werden. Gleichzeitig wird in Genthin die erste ländliche Hauswirtschaftsschule für Mädchen eröffnet.

November: In Kade wird für das neue Schulhaus Richtfest gefeiert. Bei herrlichstem Herbstwetter findet dieses Ereignis unter großer Anteilnahme der Bevölkerung statt.

1937: Die Synagoge, die bis dato in der Genthiner Schenkestraße stand, wird abgerissen.

BURGER CHRONIK

30. Januar, Möser: Der Reichsluftschutzbund wird demnächst bei Schmidt in Möser und im Endertschen Saale in Detershagen Luftschutzschulungen durchführen. Von der Einwohnerschaft wird erwartet, dass sie an den Kursen lebhaftes Interesse zeigt.

3. März, Drewitz: Der Reichsmütterdienst hält hier zur Zeit unter Leitung einer Wanderlehrerin einen 10-tägigen Kochkurs ab.

9. April, Hohenziatz: Rege Tätigkeit herrscht auf Feldern und in Gärten. Infolge des unbeständigen Wetters sind die Arbeiten zurückgeblieben. Die Saatkartoffeln werden ausgesucht und zum Versand gebracht. Das Sommergetreide wird gesät, die Spargelbeete zurechtgemacht, die Wintersaaten stehen im Kreis gut.

21. Mai, Kreis Jerichow I: Ein schweres Unwetter, begleitet von Wolkenbrüchen und Hagelschlag, richtet Schäden an Dächern an, knickt Bäume ab und richtet an den Autobahndämmen starke Verwüstungen an. Das Unwetter hat zwischen Möser und Lostau am fürchterlichsten gewütet.

14. August, Magdeburg: Das Amtsblatt des Regierungsbezirkes teilt mit, dass die alte Weide auf der Ihleinsel in der ehemaligen Frauenbadeanstalt Wasserstraße und die 650 m lange Hecke an der Zerbster Chaussee unter Naturschutz gestellt sind.

1. Oktober, Möser: Zwei Tippelbrüder bitten bei einem an der Provinzialchaussee wohnenden Gärtner um Arbeit. Während der eine verhandelt, dringt der andere in die Wohnung ein und entwendet eine Geldbörse mit 6,50 RM. Die Landstreicher werden inhaftiert.

18. November, Möckern: Die Bahnhofstraße, die unter Dunkelheit zu leiden hat, wird mit hell leuchtenden Bogenlampen versehen.

15. Dezember, Hohenwarthe: Bei einem Schiffszusammenstoß kommt ein Schiffer ums Leben.

1938

GENTHINER CHRONIK

3. Januar: Die Deutsche Arbeits-Front eröffnet in Genthin-A eine Schifferschule mit dem Ziel, die Ausbildung und Qualifikation der Beschäftigten in der Binnenschifffahrt zu verbessern. Dafür werden die kleineren Schulen in den Gemeinden geschlossen. Die Leitung der Schule übernimmt Herr Zeitner.

10. Januar: Rückwirkend zum 6. Januar des Jahres beschließt der Gemeinderat Parey folgende Straßenumbenennung: Kaiserstraße in Hauptstraße, Nuyorkstraße in Lindenstraße, Kronprinzenstraße in Schlüterstraße.

24. Januar: Tagung der Bürgermeister des Kreises Jerichow II im Genthiner Hotel „Deutsches Haus". Landrat Dr. Knust weist darauf hin, dass der Deutsche Schulzenverein, der seit 50 Jahren besteht, aufgelöst wird. Die Aufgaben werden vom deutschen Gemeindetag übernommen.

23. Februar: „Genthin soll schöner werden." Die Stadtverwaltung hat sich die Aufgabe gestellt, mehr Grünflächen anzulegen. Schwerpunkt ist die Gestaltung der Zeppelinstraße und des Umfeldes am Wasserturm. „Unsere Radwege, die alles andere als schön sind, werden in Ordnung gebracht."

25. Februar: Mitteilung an alle Eltern: Die HJ-Dienstbekleidung kann zur Konfirmation getragen werden. Dagegen bestehen keine Bedenken.

26. März: Im Gasthof zur „Eisenbahn" werden durch den Kreisbauernführer Mosow die ersten italienischen Landarbeiter begrüßt. Sie kommen auf den Gütern und Wirtschaften im Kreis Jerichow II zum Einsatz.

1. April: Ab heute sind die Erntekindergärten wieder geöffnet. Daneben gibt es in folgenden Gemeinden Dauerkindergärten: Genthin, Sandau, Neue Schleuse und Derben. Ein weiterer wurde in Schollene eröffnet.

BURGER CHRONIK

20. Januar, Niegripp: Das Hochwasser der Elbe unterspült im Ort einen Damm. Die Technische Nothilfe wird eingesetzt, um die Schäden zu beheben.

27. Februar, Reesdorf: Im Trockenraum der Pappenfabrik W. Vieritz bricht ein Feuer aus. Die Wehren von Reesdorf, Drewitz, Dörnitz und Schopsdorf nehmen die Brandbekämpfung auf. Der Trockenraum brennt aus.

25. März, Ziepel: Nahe des Stationsgebäudes ist ein Güterzug entgleist. Drei Güterwagen sprangen aus den Schienen und schoben sich über das Gleisbett. Die Strecke muss gesperrt werden.

7. Mai, Rietzel: Der Bürgermeister weist die Bauern an, sich freiwillig am Bau der Chaussee nach Theeßen zu beteiligen. Nur so wird man in der Gemeinde im Wegebau ein Stück vorankommen.

2. Juli, Kreis Jerichow I: Das Amt für Volkswohlfahrt sucht Freiquartiere für Ferienkinder aus der Ostmark (Österreich), die in unserem Kreis vier Wochen fröhliche Ferien verleben wollen.

7. Oktober, Kreis Jerichow I: Das Tageblatt veröffentlicht einen Aufruf des Reichsarbeitsdienstes: „Freiwillige meldet euch! Die Dienstbelohnung beträgt bei einer Dienstzeit von weniger als 1 Jahr 100 RM, bei einer Dienstzeit von mindestens 1 Jahr 150 RM, und bei einer Dienstzeit von mindestens 1 ½ Jahren 200 RM."

26. Dezember, Niegripp: Die Elbe ist durch den starken Frost zum Stehen gekommen.

Jerichower Land ist Bismarckland

Nach einer öffentlichen Bekanntmachung führt der Kreis Jerichow II ein neues Kreiswappen, das nach einem Gutachten des Staatsarchivs Magdeburg vom preußischen Staatsministerium am 21. April genehmigt wurde.

Das Wappen war geviertelt und zeigte in seinem ersten und vierten Feld, von Rot und Silber geteilt, die Farben des alten Erzstifts Magdeburg, im zweiten und dritten Feld in Blau ein goldenes dreiblättriges Kleeblatt, bewinkelt von silbernen Eichenblättern (Wappenbild der Familie von Bismarck). Mit der Wahl der Farben und des Wappenbildes sollte die historische Verbundenheit mit dem alten Erzstift Magdeburgs sowie mit der Familie von Bismarck-Schönhausen und dem größten Sohn (Politiker) des Jerichower Landes zum Ausdruck gebracht werden. So entstand auch die Doppelbezeichnung Jerichower Land/Bismarck-Land. Der Kreis Jerichow II (Genthin), der im Zuge von Kreisreformen in seinen alten politischen Grenzen von 1952 zerschlagen und 1994 aufgelöst wurde, umfasste am 11. Oktober 1937 exakt 1377 Quadratkilometer, hatte drei Städte, 89 Gemeinden und 75 091 Einwohner. Mit der letzten Gebietsreform – der Angliederung der Restgebiete des Altkreises Jerichow II (Genthin) an den Altkreis Burg (Restgebiet Jerichow I) im Jahre 1994 wurde das Schicksal eines über 100 Jahre bestandenen, historisch gewachsenen Altkreises mit seiner alten Kreisstadt Genthin im Zentrum des Elbe-Havel-Gebietes besiegelt.

Das neue Wappen des Kreises Jerichow II sollte die historische Verbundenheit mit dem alten Erzstift Magdeburgs sowie mit der Familie von Bismarck wiedergeben.

Zwangsarbeitspflicht wird eingeführt

Am 22. Juni 1938 wurde die Zwangsarbeitspflicht aller Deutschen bis zum 60. Lebensjahr in der Rüstungsindustrie eingeführt. Von dieser Verordnung profitierte in Genthin hauptsächlich der Rüstungsunternehmer Polte, Magdeburg, der 1935 nord-westlich der B 107 ab Höhe des Forsthauses „Faule Meierei" auf einem zirka 1 qkm großen Waldstück, im sogenannten Liesenwald, unter der Bezeichnung „Silva-Metallwerke GmbH Magdeburg-Neustadt, Genthin" ein Zweigwerk zur Herstellung bzw. Endfertigung von Infanterie-, Bord- und Flakmunition errichtet hatte. Im Betrieb waren zunächst nur einheimische ehemalige arbeitslose Männer und Frauen beschäftigt, die hier Lohn und Brot fanden. Nach der neuen Anordnung wurden insbesondere Frauen zur Rüstungsarbeit dienstverpflichtet. Zur Unterbringung der Frauen, die jetzt auch aus anderen Reichsgebieten für das Silva-Werk angefordert wurden, wurde im nordöstlichen Teil des Lagergeländes ein aus Baracken bestehendes Arbeitslager errichtet.

Nach einem Bericht der AOK waren 1939 im Silva-Werk Genthin über 600 dienstverpflichtete Frauen, insbesondere junge Mädchen aus über 40 verschiedenen Orten des Reiches, darunter auch solche aus Österreich, in den Wohnbaracken untergebracht und im Betrieb tätig.

14 Tote bei Kleinbahn-Unglück

Ein Stück vom Schützenhaus entfernt kreuzte das Gleis der Kleinbahnstrecke Genthin – Jerichow die Bismarckstraße. Am 30. Oktober, gegen 4 Uhr, kollidierte ein mit 32 Mitgliedern der SA-Standarte 67 aus den Stürmen 2 und 5 (Kreis Jerichow II) besetzter Bus aus Richtung Rathenow kommend am Bahnübergang in der Nähe der Einfahrt des heutigen Toom-Baumarktes mit einem aus Jerichow kommenden Kleinbahn-Zug mit 150 SA-Männern. Von den 32 Businsassen (die SA-Mitglieder kamen aus Garz, Warnau, Rehberg, Schollene, Kuhlhausen, Neue Schleuse und Rathenow) waren acht sofort tot, von den 26 in das Genthiner Krankenhaus eingelieferten SA-Männern erlagen sechs später ihren Verletzungen. Die SA-Männer aus dem Nordwesten des Kreises befanden sich auf der Fahrt zur Einweihung des Mittellandkanals bei Magdeburg. Die Trauerfeier für die Toten erfolgte in Genthin im Rahmen einer von der NS-Führung groß angelegten Gedenkveranstaltung. Um diesen Unfallschwerpunkt zu beseitigen, war bereits in den 30er Jahren das Projekt eines Straßentunnels in die Stadtplanung aufgenommen worden. Der Zweite Weltkrieg hatte jedoch die Realisierung verhindert. Ende der 40er Jahre wurde das Vorhaben wieder aktuell. Fehlende Finanzen und Materialengpässe sorgten jedoch dafür, dass das Projekt zu den Akten gelegt wurde.

Das Kleinbahnunglück am 30. Oktober forderte 14 Todesopfer. (Foto: Stadtarchiv/Repr. Slg. D. Rohr)

Schwerstes Eisenbahnunglück

1939

Auf einen außer Plan zum Halten gebrachten D-Zug fährt am 22. Dezember ein nachfolgender D-Zug mit 100 km/h auf. Das schwerste Unglück der deutschen Eisenbahngeschichte ist geschehen. (Foto: Stadtarchiv Genthin)

In den frühen Morgenstunden des 22. Dezember, 0.55 Uhr, fährt der aus Berlin kommende D-Zug D 180 mit einer Geschwindigkeit von etwa 100 km/h auf einen außer Plan in Genthin zum Halten gebrachten, überbesetzten D 10 auf.

Der Aufprall, der am alten Bahnübergang Mützelstraße erfolgte, war durch die hohe Geschwindigkeit des D 180 so stark, dass sich Trümmer beider Züge so ineinander schoben, dass sie sich bis auf die Höhe des Eisenbahnerwohnhauses August-Bebel-Straße 1 auftürmten und das Bahnhofsgelände in ein Trümmerfeld verwandelten. Unfallursache war das Überfahren des D 180 von Halte- und Warnsignalen. Das Unglück forderte nach dem Verhandlungsprotokoll vom 7. Juni 1940 am Unfalltag 187 Tote und 106 Verletzte, davon 50 Schwerverletzte, von denen 20 keine Überlebenschance eingeräumt wurde. Über die Gesamtzahl der Unfallopfer gab es bei den zahlreichen Berichten widersprüchliche Angaben. Neben der hohen Zahl der Menschenopfer waren fast alle Eisenbahnwagen zerstört oder beschädigt. Wie durch ein Wunder entstand an der Lok 01158 des D 180 nur Teilschaden. Sie wurde im ehemaligen RAW Braunschweig 1941 wieder instand gesetzt und war danach bis Ende 1945 im BW Magdeburg Hbf und danach an zahlreichen anderen Einsatzorten (zuletzt im BW Saalfeld 1978) im Einsatz. Die Todeslok von 1939 schnaufte im April 1994 als Zugmaschine von rund 500 Eisenbahnfans aus ganz Deutschland zum letzten Mal durch den Bahnhof Genthin.

Bittere Wahrheit: Krieg beginnt

Schon in der Woche vor Beginn des Krieges mit dem deutschen Angriff auf Polen am 1. September bekam die Bevölkerung im Kreis Jerichow I den Ernst der Lage zu spüren. Verstärkt erfolgten Einberufungen Wehrpflichtiger und Dienstverpflichtungen in kriegswichtigen Stellen. Vorgesehene Veranstaltungen wurden bereits „aus technischen Gründen" abgesagt. Ohne Vorankündigung wurden am Vormittag des 27. August, einem Sonntag, durch Boten Lebensmittelkarten an die Bevölkerung ausgeteilt. Bereits am folgenden Montag begann die Kriegsbewirtschaftung mit der Rationierung der Lebensmittel, aber auch von Seife, Hausbrand, Textilien und Schuhen. Anträge für Bezugsscheine waren an das Ernährungs- und Wirtschaftsamt für Burg im Hause Breiter Weg 38 zu stellen. Ebenfalls wurde die Bezugsscheinpflicht und die Ausgabe von Tankscheinen für Diesel- und Vergaserkraftstoff sowie für Bereifung aller Art eingeführt. Schließlich wurde die Beschlagnahme und Ablieferung von Kraftfahrzeugen und Bereifung für den Kriegseinsatz mit sofortiger Wirkung angeordnet. Nur etwa 15 Prozent der Kraftfahrzeuge, die wichtigen dienstlichen und wirtschaftlichen Zwecken dienten, erhielten von der Behörde den begehrten roten Winkel auf dem Nummernschild, waren damit für dringende Fahrten weiter zugelassen.

Mit Kriegsbeginn setzten die Maßnahmen des oft geprobten Luftschutzes mit der allgemeinen ständigen Verdunkelung und der Herrichtung der Schutzräume und deren Kennzeichnung im Stadtgebiet ein.

Zum Schutz der Jugend wurde ein Ausgehverbot für Jugendliche mit Einbruch der Dunkelheit erlassen. Zuwiderhandelnde wurden vom HJ-Streifendienst dem Jugendkarzer oder Wochenendarrest zugeführt. Das Abhören ausländischer Sender und das Verbreiten nicht offizieller Meldungen zogen schwere Strafen nach sich. Mit Kriegsbeginn wurden alle Tanzlustbarkeiten untersagt. Am 7. September erschien die erste Gefallenenanzeige im Burger Tageblatt.

Am 18. September kamen die ersten Evakuierten aus dem Saargebiet, dem Kampfgebiet an der französichen Grenze, nach Burg, um bei Familien untergebracht zu werden. Etwa 1300 blieben in Burg, 1000 wurden auf die umliegenden Gemeinden verteilt.

Wichtige Lebensmittel und Verbrauchsgüter rationiert

Die seit 1933 in Deutschland betriebene Aufrüstung hatte zwar die Zahl der Arbeitslosen verringert, die Verschuldung des Reiches jedoch erhöht. Der Lebensstandard vieler Arbeiter- und Angestelltenfamilien hatte sich gegenüber der Weltwirtschaftskrise (1929-33) nur unwesentlich verbessert. Mit den wachsenden Rüstungskosten, insbesondere für den Aufbau und die Versorgung der Armee, ging der NS-Staat zur Rationierung von Verbrauchsgütern wie Lebensmitteln, Seife, Hausbrandkohle, Stoffe und Schuhe über. Für solche Artikel wurden Bezugsscheine bzw. Lebensmittelkarten eingeführt (27. August 1939), die von den Stadtverwaltungen an die Bürger ausgegeben wurden.

Nach Einführung des Kartensystems erhielt ein Genthiner Normalverbraucher Ende September 1939: 2400 g Brot, 500 g Fleisch, 80 g Fett, 100 g Marmelade, 25 g Nährmittel, 25 g Kartoffelstärke und 125 g Kaffee-Ersatz. Damit musste er eine Woche auskommen.

GENTHINER CHRONIK

1939: Der erste Kies wird in der Grube Zabakuck gefördert. Er wird in Waggons verladen und nach Brandenburg gebracht. Das hierdurch entstandene Loch füllt sich sehr schnell mit Wasser und lädt zum Baden ein.

1939: Verbesserung der Straßenverhältnisse im Kreis und in der Stadt Genthin. Nach einem Plan der Kreisverwaltung sind bis 1939 folgende Kreisstraßen erneuert bzw. instand gesetzt: die Chaussee Bergzow – Parchen, Güsen – Zerben, Zabakuck – Klitsche, Genthin – Tucheim, Neue Schleuse – Göttlin, Rehberg – Warnau und Genthin – Parey. In Genthin werden von 1936-1939 u. a. folgende Straßen um- bzw. neu gepflastert: 1938: Schillerstraße, Zeppelinstraße, Altenplathower Straße, Prälaten- und Querstraße, 1939: Straße der Silva-Siedlung, Fabrik- und Saarlandstraße, Bethooven-, Lessing-, Jahn-, Friedhofstraße und Wilhelm-Busch-Straße.

1934-1939: Aufschwung im Wohnungsbau: In den ersten Jahren der NS-Regierung ist ein allgemeiner wirtschaftlicher Aufschwung zu verzeichnen, der sich auch in der Intensivierung des Wohnungsbaues zeigt. So werden nach einem Bericht des Landrates Dr. Knust bis 1939 in den Landorten Milow, Güsen, Neue Schleuse, Derben, Jerichow und Sandau 46 kreiseigene und in Kirchmöser, Bergzow und Parey 14 gemeindeeigene Wohnungen gebaut. Ferner sind in Genthin, Jerichow und Neue Schleuse insgesamt 70 sogenannte Volkswohnungen entstanden, die in der Trägerschaft der Mitteldeutschen Wohnungsfürsorgegesellschaft stehen.

BURGER CHRONIK

4. Januar, Lostau: Die Stadt Magdeburg erwirbt das Gelände und die Gebäude der Lungenheilstätte. Der Trägerwechsel erfolgt im April.

7. Februar, Möckern: Auf dem Dach des Rathauses ist jetzt eine Feuerwehrsirene installiert. Damit wird für die Feuerwehr eine wesentliche Erleichterung der Arbeit erreicht.

12. April, Drewitz: Auf den Spargelplantagen hat die Frühjahrsarbeit eingesetzt. Die Spargelkrautreste und die alte Ernte müssen wegen der Vermehrung der Spargelfliege vernichtet werden.

21. Juli, Loburg: Beim Abbrühen von Schweinen kommt der Fleischermeister Fritz M. zu Fall und stürzt dabei in einen Bottich mit siedendem Wasser. Er trägt schwerste Verbrühungen davon und muss sich sofort in ärztliche Behandlung begeben.

17. August, Burg: Tausende Burger bereiten 220 Jungfaschisten aus Verona, die von ebenso vielen Hitlerjungen aus dem Reich begleitet werden, einen herzlichen Empfang.

18. Oktober, Burg: Der Besitzer des Konzerthauses Paul Basigkow stirbt im Alter von 80 Jahren an Herzschwäche. Er hätte bald sein 50-jähriges Geschäftsjubiläum begangen.

14. November, Kreis Jerichow I: Pakete, Postgüter und Päckchen für die Wehrmacht werden gebührenfrei befördert, wenn das Paket mit der Aufschrift „Liebesgaben für die Wehrmacht" versehen ist.

7. Dezember, Burg: Die Bedeutung der Kaninchenzucht ist gestiegen. So führt der „Älteste Kaninchenzuchtverein" in der Zentralhalle einen Filmabend durch. Gezeigt werden Filme zum Thema Kaninchenzucht.

1940

Landser am Jerusalemberg

GENTHINER CHRONIK

20. Januar: Kreisleiter Reisener eröffnet im Union-Theater eine Sonderaktion des Kriegswinter-Hilfswerks, die unter der Losung steht „Kriegszeit ist die Zeit der Bewährung", was in der Opferbereitschaft jedes Einzelnen zum Ausdruck kommt. Die Spender erhalten Opferurkunden.

6. Februar: Im „Deutschen Haus" finden Musterungen für den Dienst in der Waffen-SS und der Polizei statt. Diese werden von der Wehrmacht argwöhnisch beobachtet, behält sie sich doch vor, der SS die Musterungsquoten vorzugeben. Im Laufe des Krieges muss sie jedoch feststellen, dass der Machteinfluss der SS und damit verbunden ihr Führungsanspruch auch im militärischen Bereich immer mehr zunimmt.

7. Februar: Große Pläne hat man mit der Gemeinde Güsen. In der Nähe des Bahnhofes sollen 700 Siedlungshäuser errichtet werden. Sie sind bestimmt für die Beschäftigten des Sprengstoffwerkes Pennigsdorf, das durch die gestiegenen Kreisaufgaben umfassend ausgebaut werden soll.

17. Februar: Hinweis an alle Kfz-Besitzer: Ab 1. Oktober müssen alle zivilen Fahrzeuge mit dem Wehrmachts-Tarnscheinwerfer ausgestattet sein.

26. Februar: Bürgermeister Dr. Werner besucht die Verletzten des Bahnunglücks vom Dezember 1939 im Johanniter-Krankenhaus. Er wünscht ihnen baldige Genesung und im Namen der Stadt alles Gute.

5. Juli: Der stellvertretende Kreisführer und Feldführer Dr. Overlack erstattet Meldung der zur Begrüßung angetretenen DRK-Gruppenführer vor dem Altenheim in der Forststraße.

17. Juli: Oberpräsident von Ulrich und Regierungspräsident von Jagow sind zu Besuch im II. Jerichower Kreis.

BURGER CHRONIK

13. Januar, Burg: Der der Polizei bekannte Gustav M. aus der Hermann-Göring-Straße 59 (Franzosenstr.) wird wieder einmal in der Bruchstraße volltrunken aufgelesen. Aus diesem Grunde wird er von der Polizei angeprangert und öffentlich zum Trunkenbold erklärt. Sein Foto wird im Verkehrssünderkasten ausgehängt.

6. Februar, Burg: Das Regierungspräsidium erlässt eine Verordnung über die Ladenöffnungszeiten. Im Rahmen dieser Verordnung weist der Oberbürgermeister folgende Öffnungszeiten an. Somit dürfen Lebensmittelgeschäfte bei einer 1 1/2stündigen Mittagspause von 7 bis 19 Uhr öffnen, andere Läden von 8 bis 18 Uhr. An Sonntagen dürfen Blumen, Zeitungen und Konditorwaren von 11 bis 13 Uhr verkauft werden. Milchläden verkaufen am Sonntag von 7 bis 9 Uhr und von 11 bis 13 Uhr.

24. Juni, Grabow: Im Lokal von Karpenkiel wird der Film „Spiel im Sommerwind" gezeigt. Es läuft außerdem ein Kulturfilm und die neueste Kriegswochenschau.

28. September, Kreis Jerichow I: Um 14 Tage sind die Herbstferien vorgezogen worden. Die Schuljugend wird bei der Kartoffelernte gebraucht.

3. Oktober, Hohenziatz: Die Meldungen von Riesenkartoffeln reißen nicht ab. So kann dieser Tage Fleischbeschauer Peine eine Knolle von 1250 Gramm ernten.

6. Oktober, Kreis Jerichow I: Ab heute wird die Sommerzeit wieder auf Normalzeit umgestellt.

Der in der Kaiserzeit angelegte Truppenübungsplatz in Altengrabow ist inzwischen mit hunderten Wehrmachtssoldaten gefüllt. Nach der militärischen Ausbildung und Ausrüstung werden die Soldaten und Mannschaften an die Fronten verbracht. Vielleicht haben sich die uniformierten Männer auf dem Bild zu einem Abschiedsgruppenfoto unterhalb des Beobachtungsturmes am Jerusalemberg zusammengesetzt. In den folgenden Jahren wird der Aussichtsturm mit einer Holzumbauung als „Wartburg"-Imitation verkleidet.

Niels Herms und sein Orchester sind zu Gast

Am 16. März war Niels Herms mit seinem Orchester zu Gast in Genthin. Im Schützenhaus gab er unter anderem ein Heimatlied – das dem Bismarckland gewidmet war – zum Besten.
Niels Herms, sein bürgerlicher Name war Hermann Nielebock, wurde am 17. April 1888 in Nielebock geboren. Mit sieben Jahren zog er nach Genthin-A, wo er seine Kindheit verbrachte. Von 1902-1906 Ausbildung zum Musiker in der Stadtkapelle Büchner. Danach Dienst im 1. Garde-Regiment zu Fuß in Potsdam und Teilnahme am Ersten Weltkrieg. In Potsdam leitete er unter anderem zwei Orchester. Seit 1934 leitete er den Reichsmusikzug des RAD und auf den Nürnberger Reichsparteitagen hatte er die Oberleitung über die gesamten RAD-Orchester. Von ihm stammen bekannte Lieder wie „Erika" und andere. Er war mit seinem Orchester oft in den Wunschkonzerten des Rundfunks zu hören. Am 6. Februar 1940 heiratete der Obermusikzugführer seine Frau Leni Laferski, geborene Günther. 1954 starb er in Berlin.

General der Flak von Schröder weilt in Genthin

Der Präsident des Reichsluftschutzbundes, General der Flak von Schröder, besuchte die Luftschutzschule Genthin.
Nach der Auszeichnung von Amtsträgern setzte er seine Reise fort. Das „Genthiner Wochenblatt" veröffentlichte dazu das nebenstehende Gruppenfoto.

Burger Knäcke als Frontverpflegung

Unmengen von Knäckebrot wurden zunehmend für die Soldaten der Wehrmacht hergestellt. Kriegsteilnehmer berichteten darüber, dass Knäckebrot mit Schmalz oft wochenlang die Grundverpflegung darstellte. Die baulichen Ausmaße der Burger Knäckebrotfabrik zeigen diese „Luftaufnahme" des Werkes II, vom Silo III aus gesehen.

Fremdarbeiter und Kriegsgefangene

1941

Fremdarbeiter und Kriegsgefangene schließen Lücken für eingezogene Männer.

Mit dem Beginn des Krieges gegen die UdSSR am 22. Juni und der Ausweitung des Krieges zum Weltkrieg (Kriegserklärung an die USA am 11.12.1941) wurden immer mehr Betriebe in die Rüstungswirtschaft einbezogen und dem Oberkommando der Wehrmacht (Okw) unterstellt, so auch das Henkel-Werk Genthin GmbH, das mit seiner Mersolverarbeitung zum „Okw-Spezialbetrieb" erklärt wurde.

Auch die Zahl der eingezogenen wehrpflichtigen Männer nahm zu und riss Lücken in das Arbeitskräftepotential der Betriebe, die mit Frauen und vor allem mit zwangsverpflichteten Ausländern sowie Kriegsgefangenen aus den okkupierten Gebieten geschlossen wurden.

Während bei Henkel zunächst ein großer Teil der Arbeitnehmer von einer Einberufung zum Wehrdienst verschont blieb, waren nach einem Bericht der Firma Henkel 1943 im Genthiner Werk insgesamt 455 ausländische Zivilarbeiter, darunter auch Frauen und Kinder (6-14 Jahre), sowie Kriegsgefangene tätig.

Während die Zivilarbeiter in einem Barackenlager wohnten, waren die Kriegsgefangenen-Arbeiter im Saal der Gaststätte Pfeiffer (Stadtgarten) untergebracht und wurden durch Landesschützen aus Altengrabow bewacht.

Im Rüstungsbetrieb „Silva-Metallwerke" waren nach einem Bericht vom 02.03.1944 insgesamt 596 Fremdarbeiter/Kriegsgefangene, davon 206 polnische, 127 kroatische, 46 tschechische, drei belgische sowie 102 französische dienstverpflichtete Bürger und 112 Kriegsgefangene aus Frankreich, beschäftigt.

Auch in anderen Betrieben der Stadt und der Kreise kamen dienstverpflichtete Fremdarbeiter und Kriegsgefangene zum Einsatz. Ihre Zahl wurde mit über 10 000 Personen angegeben (Jerichow II).

Der Elbdeich bricht

Der Winter 1940/41 zeigte sich von seiner unerbittlichen Seite, hielt Mensch und Natur fest in seinem Griff. Seit 20. Dezember 1940 herrschte starker Frost, der Flüsse und Seen allmählich gefrieren ließ. Auch die Elbe blieb nicht verschont. Nach nur kurzer Zeit trieben auf ihr die ersten Schollen, immer dichter und mächtiger werdend. Krachend und knirschend zog der Eispanzer dahin. Fast schien es, als stöhnte, ächzte der Fluss unter seiner schweren Last. In der Nacht zum 19. Februar 1941 trafen die Eisbrecher „Wal", „Walross", „Elbe" und „Seeadler" in Tangermünde ein. Mit ihrer Hilfe sollten die bereits entstandenen Staustufen aufgebrochen werden. Noch in der gleichen Nacht begannen die Arbeiten. Doch nur langsam fraßen sich die Brecher voran. Bald würde ihnen die Übermacht des Eises Einhalt

Dem Kräftespiel unterlegene Elbdampfer zwischen Derben und Parey.

gebieten. Doch die Naturkräfte sollten an anderer Stelle zu irreparablen Schäden führen. Bei Bittkau und Parey sackten unter dem Druck des Eises Teile des Deiches zusammen. In kürzester Zeit wurden die flussnahen Ortschaften vom einströmenden Wasser umschlossen.

Ihle überrascht im Februar die Burger über Nacht mit Hochwasser

Nach einem recht kalten und schneereichen Winter 1940/1941, der auch anhaltend war, schlug am 8. Februar das Wetter um. Es trat plötzlich Tauwetter ein. Kaum jemand erwartete in Burg noch am Sonntag das Anschwellen der Ihle. Aber Montag früh wurden die Bewohner der tiefer gelegenen Straßenzüge durch das Rauschen des in die Keller und teilweise in die Stuben eindringenden Wassers geweckt. Die Ihle war beängstigend angestiegen und an den bekannten und gefährdeten Stellen Deich-, Brücken- und Hermann-Görig-Straße (Franzosenstraße) über die Ufer getreten. Auf Höfen, in Gärten und sogar in den Wohnungen stieg unaufhörlich der Wasserstand und ließ den Bewohnern kaum Zeit zum Bergen ihrer Habe.

Hier kam kaum einer trockenen Fußes aus den Häusern. Schleunigst aufgestapelte Sandsäcke konnten die Fluten nicht abhalten. Durch die Kanalisation drang das Nass in die Häuser und stand teilweise 40 cm hoch im Erdgeschoss. Am 10. Februar hatte das Flüsschen wie auch die Beeke im Westteil der Stadt ihren Höchststand erreicht. In der Deichstraße wurden die Bürger mit Kähnen versorgt, während Technische Nothilfe und Soldaten der Wehrmacht in den anderen Straßen, so auch Unterm Hagen, eiligst hölzerne Stege für die Fußgänger auf den überschwemmten Bürgersteigen errichteten. Um den Abfluss des Ihlewassers zu erleichtern, wurden Eissprengungen unter den Brücken vorgenommen.

Am anderen Morgen war das Hochwasser plötzlich verschwunden. Die Ihle floss wie gewohnt ruhig in ihrem Bett. Allgemeine Erleichterung machte sich breit.

Die eigentliche Deichstraße ist nicht mehr zu sehen.

Zur weiteren Abwehr eines künftigen Hochwassers im Burger Stadtgebiet ließ die Stadtverwaltung durch die Technische Nothilfe als zusätzlichen Abfluss einen Ihleentlaster von der Biegung des Flusses hinter den Bahngleisen direkt zum Kanal schachten. Dabei kam es durch Sprengungen bei der Einmündung in den Kanal zu einer Durchtrennung eines für die Kriegsführung hochwichtigen Kabels, von dessen Existenz die örtlichen Stellen keine Kenntnis hatten.

GENTHINER CHRONIK

1940/41: Das Rittergut Belicke wird durch die Familie Lehmann an den Diplomlandwirt Schaeper verkauft. Damit geht das Patronat über die Kirche Kade an den Erwerber über. Grund: Das kleine Restgut Kade ist nicht in der Lage, den Verpflichtungen gegenüber der Kirche nachzukommen.

1941: Im Kegelbahn-Gebäudeteil des alten Gesellschaftshauses in der ehemaligen Rathenaustraße 1 (heute Friedensstraße) wird für Kinder von Berufstätigen ein Kindergarten eingerichtet. Die Nutzung des Lokalteiles als Kindergarten erfolgt offensichtlich aus wirtschaftlichen Gründen, denn an einen Neubau ist in dieser angespannten Kriegszeit nicht zu denken. Auch während des Krieges gilt Frauen mit Kindern die größte Fürsorge, um ihre Rolle in der Familie („Vermehrung und Erhalt der Art und Rasse") zu stärken.

Februar: Der Deichbruch bei Parey zerstört auch das Roßdorfer Lokal „Inselpark". Die Eheleute Winter-Günther, die das bekannte Ausflugslokal 1931 zunächst pachteten und es 1935 kauften, haben weder die finanzielle noch die körperliche Kraft, das Zerstörte wieder aufzubauen, und geben auf.

29./30. März: An diesem Wochenende werden zur Unterstützung des Winterhilfswerkes „Nagelungen" organisiert. Für 1 RM bis 3 RM können Nägel gekauft werden, womit Holzgemälde zu benageln sind.

April: Der Schuljahresbeginn wird von Ostern auf die Zeit nach den Sommerferien verlegt.

26. August: Anlässlich der 100. Wiederkehr des Tages, da Hoffmann von Fallersleben auf Helgoland das Lied „Deutschland, Deutschland über alles" niederschrieb, werden vielerorts kleine Buchausstellungen organisiert.

BURGER CHRONIK

20. Januar, Burg: Im Konzerthaus findet für Soldaten eine Kleinkunstschau statt. Diese Veranstaltung steht unter dem Motto „Lachen ist Trumpf".

9. März, Burg: Auf der Blumenthaler-Landstraße werden zwei Männer gesehen, die mit Weidenkätzchen überladen und im Begriff waren, zur Stadt zurückzukehren. Die Männer haben sich strafbar gemacht, denn Weidenkätzchen stehen unter Naturschutz.

11. Mai, Kreis Jerichow I: Die Sportgemeinschaft „Magdeburger Radsportverein" ruft zum 3. Lauf der Stadtbezirksmeisterschaft von Magdeburg auf. Der Meisterschaftslauf geht durchs Jerichower Land. Es geht von Königsborn über Möckern, Loburg, Großlübars, Magdeburgerforth nach Ziesar und zurück nach Königsborn.

27. Mai, Lostau: Mit einem Anschwimmen beginnt die sportbegeisterte Jugend das Baden im Freien. Die noch vom Hochwasser überschwemmten Wiesen geben dazu besonderen Anreiz.

10. Juli, Möckern: Beim Holzhändler und Schneidemühlenbesitzer Otto Tietz bricht nachts ein Großfeuer aus. Die Schneidemühle sowie die angrenzenden Schuppen werden ein Opfer der Flammen.

9. September, Gommern: Der Fuchsberg, eine der größten Wanderdünen Mitteldeutschlands, wird jetzt abgebaut. Vor einigen Jahren wurde der Wert des Sandes als Baumaterial erkannt.

14. Oktober, Burg: Über den Südteil der Stadt fliegen Kraniche in großer Höhe in südliche Richtung.

1942

GENTHINER CHRONIK

4. Juli: Bedingt durch die Rüstungsindustrie ist die Einwohnerzahl Genthins auf über 14 500 gestiegen. Innerhalb von fünf Jahren, vom 11.10.1937 bis 30.06.1942, ist dies ein drastischer Anstieg, der mit Problemen behaftet ist.

4. Juli: Freude und Ablenkung in der Kriegszeit: Auf dem Hindenburgplatz (Marktplatz) wird der diesjährige Vergnügungspark aufgebaut.

9. Juli: Im Henkel-Werk spielt in der Mittagspause ein Musikkorps eines Fliegerhorstes für die Belegschaft. Das Dargebotene wird mit großem Beifall honoriert.

14. Juli: Erlebnisreiche Ferien gehen für Kinder aus Mecklenburg und Berlin im Kreis Jerichow II zu Ende. Sie treten ihre Rückreise in die Heimatorte an. Die Kinderlandverschickung verschafft auch den Genthiner Kindern Ferien in anderen Gegenden.

15. Juli: In den Gemeinden Kabelitz und Wulkau werden zwei neue Erntekindergärten eingerichtet, damit die Mütter voll und unbeschwert in der Ernte arbeiten können.

29. Juli: Eine Waggonladung Stroh gerät auf der Kleinbahnstrecke am Schwarzen Weg in Brand. Die Genthiner Wehr kann den ausrangierten Waggon löschen.

13. September: Der Reichsverkehrsminister ordnet an, dass aus Versuchsgründen Motorräder ohne vorderes Kennzeichen fahren dürfen.

BURGER CHRONIK

12 Januar, Kreis Jerichow I: Die Woll- und Wintersachensammlung für die Soldaten erbringt 50 449 Stücke. Darunter sind 6497 Paar Socken, 4901 Schals, 1706 Unterhosen, 424 Pelzwesten, 85 Überschuhe und 35 Pelzstiefel. Das Gesamtergebnis liegt etwas über dem Reichsdurchschnitt.

21. Februar, Stresow: Eine hochwertige Kuh des Bauern Walter Ferchland bringt zum zweiten Mal gesunde Zwillingskälber zur Welt. Somit hat diese Kuh einen Beitrag zur Erzeugerschlacht geleistet.

25. April, Hohenwarthe: Die beiden Magdeburger Reedereien von Stahlberg und Krietsch haben die Dampferfahrten von Magdeburg und Hohenwarthe aus wieder aufgenommen. Sonntags werden zwei Fahrten, wochentags eine Fahrt veranstaltet.

8. Juni, Burg: In der Sixt-von-Armin-Straße (Oberstraße) hat eine Untermieterin ihre Handtasche auf dem Tisch liegen lassen. Während ihrer Abwesenheit dringt ein Dieb durch das offene Fenster ein und stiehlt aus der Handtasche sämtliche Lebensmittelkarten.

29. Juli, Gehrden: Der Reichsführer SS und Chef der Deutschen Polizei teilt mit, dass die Arbeiterin Elli F. für längere Zeit in ein Konzentrationslager eingewiesen wird. Sie hat sich mit einem Polen eingelassen.

25. Oktober, Parchau: Im Parchauer See fängt der Magdeburger Bäckermeister Ehricke einen Hecht von 15 Pfund.

1. Dezember, Kreis Jerichow I: Auf Erlass des Reichsernährungsministers kann auf die mit einem Kreuz versehenen Abschnitte der Brotkarten an Kindern an Stelle von Stärkemehl auch Speisereis abgegeben werden.

6. Dezember, Burg: Das Spielzeugwerk der Hitlerjugend stellt in der Aula der Luisenschule Spielzeuge aus.

Verstärkte Luftschutz-Maßnahmen

Bei der zielgerichteten Bombardierung deutscher Großstädte, darunter Berlin und Magdeburg, sowie in dieser Region liegender Rüstungsobjekte überfliegen laufend alliierte Bomberverbände das Territorium des Jerichower Landes.

Dabei kam es in den Gemarkungen Genthin und anderen Orten des Kreises (Jerichow II) vereinzelt zum Abwurf von Bomben, die jedoch vorwiegend Flurschäden und vereinzelt Hausschäden verursachten. Auch die Zahl der Menschenopfer (außer bei dem Luftangriff auf Derben/Ferchland mit 31 Toten) blieb im Vergleich zu bombardierten Großstädten gering. Im Kreis Jerichow II wurden von den NS-Beauftragten/Meldenden bis Ende des Krieges insgesamt 7626 (einschließlich Derben/Ferchland mit 2613) Bombenabwürfe registriert, darunter befanden sich 14 Luftminen, 4894 Sprengbomben und 2718 Brandbomben. Durch die Bombenabwürfe wurden einschließlich Derben/Ferchland insgesamt 690 Wohnhäuser zerstört bzw. beschädigt. Ferner waren 45 Menschenopfer, davon allein 31 in Derben/Ferchland, zu beklagen. Auch 145 Tiere wurden Opfer von Bombenabwürfen.

Mit Beginn von Flächenbombardements auf deutsche Großstädte (März/Mai 1942) wurden durch die NS-Führung umfangreiche Maßnahmen zum Luftschutz getroffen. Die Bevölkerung wurde im Rahmen von Schulungen und in der Presse verstärkt über luftschutzmäßiges Verhalten informiert. Ferner wurde die Einrichtung von Luftschutzräumen in den Häusern gefordert. Es kam zur Ausgabe von sogenannten Volksgasmasken. Der Genthiner Marktplatz wurde unterbunkert. Ferner entstanden unterirdische Luftschutzbunker gegenüber dem Landratsamt am Westrand des alten Friedhofgeländes (Ecke Karower Straße/Mützelstraße) sowie auf dem Gelände des Eckgrundstückes Dürerstraße/Friedensstraße (heute Ärzte-Gemeinschaftshaus, Dürerstr. 16 a). Auch in öffentlichen Einrichtungen wurden Vorkehrungen für

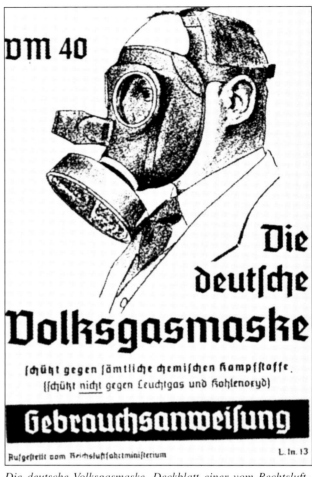

Die deutsche Volksgasmaske. Deckblatt einer vom Rechtsluftfahrministerium 1942 herausgegebenen Gebrauchsanweisung zur Handhabung der Volksgasmaske. (Repro: K. Börner)

eventuelle Bombardements getroffen. So wurde u. a. im Kreisheimatmuseum besonders wertvolles Kulturgut im Kellergeschoss deponiert und ein ausgewählter Kellerraum durch den zusätzlichen Einbau von Eisenträgern bombensicher gemacht. Ein Teil der Exponate, darunter auch Bücher/Schriftgut, wurde für eine Auslagerung nach Gardelegen vorbereitet. Diese Maßnahme wurde später auch umgesetzt.

Spendenaktionen laufen auf Hochtouren

Schon zu Beginn des NS-Regimes wurde das Spenden zur deutschen Pflicht und zum Teil gesetzlich geregelt. So mussten Lohn- und Gehaltsempfänger bereits seit September 1935 nach einer gesetzlichen Festlegung monatlich 10 Prozent von ihrer Lohnsteuer abgeben.

Der Betrag wurde vom Arbeitgeber einbehalten und an den NS-Staat abgeführt. Auch die NS-Volkswohlfahrt mit ihren Wohlfahrtsverbänden rief in der Genthiner Lokalpresse ständig zu Geld- und Sachspenden für Hilfsbedürftige und die Soldaten an der Front auf und führte dazu laufend Haus- und Straßensammlungen durch.

Besondere Ausmaße nahm die Sammelei an den Schulen an, so dass der NS-Staat durch einen Erlass vom Jahre 1935 eine Neuregelung des Sammelns an Schulen treffen musste.

Auch einzelne Berufsgruppen und ihre Unternehmer wurden mehr oder weniger zu Spenden verpflichtet. So führte die Firma Henkel im Genthiner Werk im Geschäftsjahr 1943 eine Kriegsspendensumme von insgesamt 25 587,23 RM ab. Diese setzte sich wie folgt zusammen: WHW = 14 046,80 RM, Adolf-Hitler-Spende = 7118,25 RM, sonstige Spenden: 4422,18 RM.

Trotz der Beschlagnahme von Kraftfahrzeugen aus privatem Besitz und der Zuteilung von Kraftstoff per Bezugsschein sind in der Burger Innenstadt einige Autos zu sehen; Foto vom Breiten Weg. Benutzt werden die Lkw nur für wichtige wirtschaftliche Transporte. Die Pkw sind jetzt vor allem Dienstfahrzeuge der Verwaltungen.

KZ-Häftlinge in der Rüstungsindustrie 1943

Frauen-Häftlinge des KZ-Ravensbrück arbeiten für die Luftrüstungsindustrie.

Nach einer Verordnung der NS-Führung vom 10.01.1942 zur verstärkten Einbeziehung der Konzentrationslager in die Kriegswirtschaft wurde am 18.06.1943 die Festlegung getroffen, im Silva-Werk Genthin zur Versorgung des Betriebes mit zusätzlichen Arbeitskräften ein Außenlager einzurichten, das später (29.10.1944) dem KZ-Sachsenhausen angegliedert wurde. Geplant war der Einsatz von 600 KZ-Häftlingen, für die auf dem Territorium des bestehenden Zwangsarbeitslagers an der südöstlichen Randzone (nordwestlich des heutigen Ehrenmals) auf einer Fläche von 4500 qm ein mit Baracken ausgestattetes Unterkunftslager errichtet wurde. Das Lager war durch eine 3 bis 4 Meter hohe Bretterwand von den zivilen Lagern der deutschen und ausländischen Fremdarbeiter abgegrenzt. Ende August wurde das neu errichtete Lager mit 596 Frauen aus dem KZ-Ravensbrück belegt. Nach einem Bericht des Gewerbeaufsichtsamtes Magdeburg konnten am 02.03.44 nur noch 418 Häftlinge gemeldet werden.

In die Rüstungsindustrie eingesetzte Häftlinge des Frauen-KZ-Ravensbrück beim Sortieren hergestellter Infanterie- und Bordmunition. (Repro: Klaus Börner nach einem alten Foto in: Frauen-KZ-Ravensbrück, Berlin 1977)

Die Ravensbrücker Frauen waren bis Januar 1944 an der Produktion von 2 410 700 Stück Infanterie- und Bordmunition beteiligt und hatten dabei 154 224 Arbeitsstunden unter der Aufsicht der SS geleistet.

Kriegsschlaglichter aus Burg

Parkbänke für Verwundete, Sturmgeschütz-Ausbildung, keine Familienausflüge, Ausweichquartier für den Gauleiter.

Im Sommer 1943 wurden die Ersatzabteilungen des in Burg seit 1935 stationierten Infanterie-Regiments, des jetzigen Panzer-Grenadier-Regiments Nr. 66, nach Magdeburg und Stendal verlegt. In die beiden Burger Kasernen zogen ab dem 8. August die Einheiten der Infanterie-Sturmgeschützschule und der Lehrabteilung aus dem brandenburgischen Jüterbog ein.

Die zehn hier im Lehreinsatz befindlichen Sturmgeschütze, flachgebaute Kettenfahrzeuge mit einem feststehenden Geschützrohr, hatten jeweils vier Mann Besatzung. Sie waren zu Übungsfahrten ständig auch in den engen Straßen der Stadt unterwegs und machten dem Pflaster und den Bordsteinen ziemlich zu schaffen. Kommandeur der Burger Einheit war Major Müller. Im Juni/Juli kamen ungarische Offiziere, die sich mit der neuen Waffengattung vertraut machen sollten, in die Burger Kasernen.

Die in den städtischen Grünanlagen aufgestellten weiß gestrichenen Ruhebänke waren vor allem für die Verwundeten aus dem Burger Lazarett gedacht. Allerdings wurde verschiedentlich beobachtet, dass die Bänke von Unbekannten entweder beschmiert oder gar mutwillig beschädigt wurden. Die Stadtverwaltung wies darauf hin, dass die Verursacher mit strengen Strafen zu rechnen hatten.

Die Fotohändler waren angewiesen, die kriegsbedingt knappen Fotofilme vorrangig an Fronturlauber und Verwundete abzugeben.

Die Deutsche Reichsbahn gab bekannt, dass im Zuge des totalen Krieges zum Osterfest keine Urlaubsreisen und Familienfahrten gestattet waren. Kriegs- und lebensnotwendige Transporte hatten in dieser Zeit Vorrang.

Alle noch nicht abgegebenen brauchbaren und unbrauchbaren Batterien aus Kraftfahrzeugen waren in der Zeit vom 1. bis 8. April in den besonders genannten Sammelstellen abzuliefern. Ausgenommen waren die Batterien der Kraftfahrzeuge, die zur Zeit in Benutzung durch die zuständige Zulassungsstelle freigegeben und mit einem roten Winkel auf dem Nummernschild versehen waren.

Im Herbst erging vom Kreisleiter der NSDAP an die Stadtverwaltung die Anweisung, die bisher als Heimatmuseum genutzte repräsentative Villa in der Hauptmann-Loeper-Straße (Bahnhofstraße) 27 schnellstens zu räumen und der Kreisleitung, die vorher in dem benachbarten Haus Nr. 28 ihren Sitz hatte, als neue Dienststelle zur Verfügung zu stellen. In Wahrheit ging es allerdings um ein Ausweichquartier für den Gauleiter aus dem von Luftangriffen bedrohten Dessau.

GENTHINER CHRONIK

Die illegal kämpfenden KPD-Genossen der Stadt Genthin nehmen mit Hilfe eines illegalen Senders Verbindung zur Saefkow-Jacob-Bästlein-Gruppe auf. Ein genaues Datum des Beginns der Kontaktaufnahme ist nicht bekannt.

März: Anfragen wegen der Stalingradkämpfer sind an die Wehrmeldeämter zu richten. Die Anfragen werden von der Deutschen Reichspost gebührenfrei befördert, sofern auf der Anschriftenseite „Stalingradanfrage" steht.

1. Mai: Im Saal des Offiziersheims in Altengrabow bereitet Marika Röck, die mit ihrem Mann, dem bekannten Spielleiter Gustav Jacoby, im Ort weilt, den Anwesenden ein paar genüssliche Stunden.

Juni: Die in der Landwirtschaft zum Einsatz kommenden Hilfskräfte erhalten auf ihre Lebensmittelkarten folgende Rationen zugeteilt: Brot je Arbeitstag 150 g, Butter bzw. Margarine 15 g (12 g Speiseöl), Fleisch für 1 Arbeitstag null, für 2 Arbeitstage 50 g, für 3 Arbeitstage 100 g, für 4 Arbeitstage 150 g usw.

Dezember: Die Reichsbahn hat für die Evakuierung Personen- und Güterwagen bereitzustellen. Im Kreis Jerichow II gibt es über 10 000, davon in Genthin rund 4000, bombengeschädigte Familien aus Großstädten und Flüchtlinge aus Gebieten Polens und der Tschechoslowakei; die Zahl wächst bis 1945 weiter an.

Unter dem Genthiner Marktplatz, unter anderem als Appell-Platz vom Jungvolk genutzt, wird ein Bunker angelegt.

30. Dezember, Kreis Jerichow I und II: „Der Mitteldeutsche", die Heimatzeitung der Bewohner der Kreise Jerichow I und II, klärt über Maßnahmen zur Energieeinsparung auf. Im vierten Kriegsjahr wird in allen Lebensbereichen gespart.

BURGER CHRONIK

9. Januar, Burg: Die durch den Rundfunk als „Frau Schnack" bekannt gewordene Gisela Schlüter gibt ein Gastspiel. Die Sprecherin, Humoristin und Komikerin erfreut ihr Publikum mit grotesken Szenen, Chansons und sprudelnden Witzen.

8. April, Niegripp: Für alle in der Landwirtschaft beschäftigten Frauen hat der Erntekindergarten wieder geöffnet. Ab heute 8 Uhr können die Kinder in die Obhut von Tante Lotte gegeben werden.

Die Sturmgeschützschule wurde aus Jüterbog nach Burg verlegt. Die Aufstellung der Sturmartillerie-Schule erfolgte im November in der sogenannten neuen Kaserne an der Zerbster Chaussee. Der Schule waren zugeordnet: die Sturmgeschütz-Lehr-Batterie 901, die Sturmgeschütz-Lehr-Brigaden I bis III. Die Sturmgeschützabteilung bildete einen 180 Mann starken Feldtruppenteil. Übungen dieser Einheiten wurden auch auf dem Truppenübungsplatz Altengrabow durchgeführt. Ende Juli 1944 erfolgte die Verlegung in den Kampfraum Augustow.

1944

GENTHINER CHRONIK

16. Januar: Die Deutsche Post führt die Postleitzahlen ein. Das Reichsgebiet wird in 24 Leitgebiete unterteilt, Städte ab 25 000 Einwohner erhalten eigene Leitzahlen. Ständig verbessert und erweitert, ist dieses System bis in die Gegenwart im Gebrauch.

25. Januar: Im Zweiten Weltkrieg wird die ideologische Kriegsführung mit all ihren Möglichkeiten von allen kriegsführenden Staaten verstärkt angewendet. Die englische Luftwaffe wirft über dem Kreisgebiet gefälschte Reisekarten ab. Es wird gewarnt, „wer diese in Verkehr bringt, wird bestraft, in schweren Fällen mit dem Tod".

27. Januar: Im Rahmen der „wehrgeistigen Erziehung" der Jugend spricht in der Gaststätte Böse in Parey Ritterkreuzträger Oberleutnant Tadje, Angehöriger einer Sturmgeschützabteilung, über seine Fronteinsätze.

18. Februar: Das NS-Fliegerkorps, Sturm 10/51, stellt in der Magdeburger Straße/Mühlenstraße Modelle von feindlichen Flugzeugen aus. Der Flugzeugerkennungsdienst gewinnt auch in der Zivilbevölkerung immer mehr an Bedeutung.

19. Februar: Der „Kuckucksstuhl" ist nicht mehr. Der in der Schlageterstraße stehende Kuckucksstuhl, eine fünfstämmige Kiefer, die unter Naturschutz stand, ist der Axt zum Opfer gefallen. Damit ist ein Stück Geschichte aus dem Stadtbild verschwunden.

BURGER CHRONIK

18. Januar, Burg: Auf dem Kleinbahnhof wird ein Güterwagen aufgebrochen und ein Lebensmittelpaket entfernt. Wahrscheinlich kommt als Täter ein Ausländer in Frage.

10. Februar, Kreis Jerichow I: Die herrliche Witterung ist dazu angetan, die Legetätigkeit der Hühner in Gang kommen zu lassen. Der Anfall von Eiern dient vorzugsweise der Belieferung von Lazaretten und Krankenhäusern. Der Normalverbraucher erhält seine Eier aus den Lagerbeständen der Kühlhäuser.

6. Mai, Möckern: Im Gasthof „Schwarzer Adler" findet ein vom Frauenchor, der HJ und dem BDM organisierter Kulturabend statt. Es wird der Vortrag „Bismarck in Schönhausen" gehalten. Die gesamte Einwohnerschaft ist herzlich eingeladen.

2. Juli, Burg: In den Abendstunden werden aus dem neu angelegten Feuerlöschteich in der Moltkestraße (Gorkistraße) sechs badende Personen herausgeholt. Es wird dringend darauf hingewiesen, dass das Baden in diesen Teichen aus Sicherheitsgründen verboten ist.

3. September, Kreis Jerichow I: Der Pilzschein berechtigt nicht zum Beerensammeln. Es muss in den Oberförstereien daher ein gesonderter Beerenschein erworben werden.

24. Oktober, Kreis Jerichow I: Der Zivilverkehr in den Westen ist in Frontnähe nur noch mit besonderen Durchlassscheinen gestattet. Diese werden nur in dringenden Fällen von der Kreispolizeibehörde ausgestellt.

23. Dezember, Gerwisch: Im Saale von Lentge findet heute eine Weihnachtsfeier statt, zu der die HJ schöne Märchenspiele, Tänze und Lieder einstudiert hat. Mütter mit ihren Kindern, besonders die Umquartierten, sind herzlich eingeladen. Im Anschluss werden selbst gebastelte Spielsachen verkauft.

Das letzte Aufgebot formiert sich

Nach einem Erlass von Adolf Hitler sind alle waffenfähigen Männer im Alter von 16-60 Jahren zu erfassen und zum Volkssturm einzuberufen, um – wie es in dem Erlass heißt – „den Heimatboden" zu verteidigen.

Schon wenige Tage danach organisierte die NS-Führung der Stadt und des Kreises Genthin die Erfassung aller Jugendlichen und älteren Männer, die bisher vom Wehrdienst verschont waren. In Genthin und Altenplathow wurden Erfassungs- bzw. Meldestellen eingerichtet. Das Genthiner Wochenblatt unterstützte die Werbekampagne für den Volkssturm und berichtete ausführlich über die Erfassung der ersten Volkssturmmänner und zeigte mit ihren Pressebildern insbesondere die jüngsten und ältesten Bürger, die zur Anmeldung kamen. Die in Gruppen aufgestellten Volkssturmmänner erlernten hauptsächlich den Umgang mit der Panzerfaust und wurden u. a. mit dem Bau von Panzersperren beauftragt.

Vom 26. bis 28. Oktober mussten sich auch in Burg die männlichen Einwohner im Alter von 16 bis 60 Jahren für den Volkssturm erfassen und einschreiben lassen. Am 1. November abends hielt Kreisschulrat Biallas vor den etwa 2000 in den Volkssturm befohlenen Männern eine anfeuernde Ansprache. Die Vereidigung fand am Sonntag, dem 12. November, nachmittags um 15 Uhr ebenfalls auf dem Paradeplatz mit anschließendem Vorbeimarsch vor dem Kreisleiter der Partei statt.

Eingeteilt war der Burger Volkssturm in vier Bataillone, die jeden Sonntagvormittag Ausbildung im Gelände und im Schießen, auch mit der Panzerfaust, zu absolvieren hatten. Eigene Waffen besaß der Burger Volkssturm allerdings nicht, sie wurden von der Clausewitzkaserne ausgeliehen. In Burg bekam der Kaufmann Deutsch den Auftrag, die Leitung des Volkssturms für den damaligen Kreis Jerichow I zu übernehmen. Er war Major der Reserve und am 30. November wegen eines Herzfehlers aus der Wehrmacht entlassen worden. Er brachte große Sympathien für die Offiziere auf, die nach dem Attentat auf Hitler hingerichtet wurden. Auf Grund seiner militärischen Kenntnisse hielt er den Krieg für verloren. Mit großen Hemmungen nahm er diesen Posten an. Er ließ sich davon leiten, alle unnötigen Opfer zu vermeiden. Daher ging es in der Ausbildung der Volkssturmeinheiten sehr langsam voran. Wurden Waffen und Kriegsausrüstungen geliefert, so leitete er diese Dinge sofort an die Wehrmacht in den Burger Kasernen weiter. So blieb im Wesentlichen der Volkssturm bis Kriegsende unbewaffnet. Am 4. Dezember fand auf dem Schützenplatz ein Appell des Volkssturms statt. Kreisleiter der Nazipartei Lange hielt eine „zündende" Ansprache. Als in den letzten

Vereidigung des Volkssturmes in Burg am 12. November

„Männer und Frauen fanden sich in Genthin-A. zur Eintragung in die Listen des Volkssturms ein. Wo der Volkssturmmann durch Arbeit verhindert war, übernahm die Frau die Meldung", heißt es zu dem Bild am 24. Oktober in den Genthiner Nachrichten. (Quelle: Kreismuseum Genthin)

Kriegstagen Fanatiker von Herrn Deutsch verlangten, er möge Einsatzbefehle erteilen, konnte er sich mit guten Gründen weigern, weil unbewaffnete Männer nicht in Krieg eingesetzt werden konnten.

Widerstand gefährlich

Widerstand gegen den Nationalsozialismus regte sich auch im Kreis Jerichow I. Der Hitler-Staat reagierte hart. Der Burger Walter Bohne wurde am 5. Januar von der Gestapo erschossen. Der 1903 in Burg geborene Bohne war Mitglied des kommunistischen Jugendverbandes und später der KPD. Auf sportlichem Gebiet widmete er sich vor allem dem Langstreckenlauf. Nach 1933 gehörte Walter Bohne zu den aktiven illegalen Kämpfern im Bezirk Wasserkante. Während des Zweiten Weltkrieges leitete er die „Industriegruppe Werften" der Widerstandsgruppe Bästlein-Jacob.

Am 1. November fand vor dem 1. Senat des Volksgerichtshofs unter Vorsitz des Landgerichtsdirektors Stier die Hauptverhandlung gegen den kaufmännischen Angestellten Martin Schwantes (Gommern) und die Magdeburger Arbeiter Johann Schellheimer, Friedrich Rödel und Hermann Danz wegen Vorbereitung zum Hochverrat statt. Der Senat stellte u.a. fest: „Die Angeklagten haben sich im fünften Kriegsjahr in Magdeburg um den Aufbau einer kommunistischen Umsturzorganisation bemüht. Sie haben sich damit für immer ehrlos gemacht und werden sämtlich zum Tode verurteilt." Der Gommerner Lehrer Fritz Heicke wurde am 11. Dezember 1944 durch die Gestapo aus dem Unterricht heraus verhaftet. Er wurde im Polizeigefängnis Magdeburg inhaftiert. Ihm wurden staatsfeindliche Aktivitäten vorgeworfen, so sollte er in Martin Schwantes' Auftrag die Organisation des demokratischen Schulwesens nach dem Zusammenbruch der Naziherrschaft vorbereitet haben. Er wurde wochenlang verhört. Dank des beherzten Eingreifens eines Mithäftlings verschwand der Überstellungsbefehl nach dem Zuchthaus Brandenburg, wo Heicke am 24. April 1945 abgeurteilt wurde.

Der Zweite Weltkrieg ist zu Ende

1945

Burg kampflos der Roten Armee übergeben – Sieg der Vernunft

Um den 15. April erreichten amerikanische Truppen Rogätz, Heinrichsberge und Kehnert. Die Elbe wurde zur Frontlinie. Vom 16. bis 25. April wurde Parchen von amerikanischer Artillerie beschossen. Allmählich wurde es zur Gewissheit, dass mit dem Einmarsch der Roten Armee zu rechnen war. Es gab nun bei den Soldaten und bei den Bewohnern große Ängste. In Burg hatte Herr Deutsch eine illegale Zusammenkunft in der Brüderstraße 28/29 organisiert. Es waren dort Vertreter von bürgerlichen Parteien, Sozialdemokraten und Kommunisten anwesend. Alle waren sich einig, dass Burg kampflos übergeben werden müsse. Dazu plante man: 1. Absetzung des Nazibürgermeisters. Der Kaufmann Gebhardt war bereit, diese Funktion zu übernehmen. 2. Beseitigung der Panzersperren in Burg. 3. Alle Truppenteile der Wehrmacht sollten zum Abzug aufgefordert werden. 4. Auflösung des Volkssturms und des Werwolfs. 5. Verbindung mit der Roten Armee aufnehmen. Die letzte Aufgabe war besonders schwierig. Es lag auf der Hand, dass damit W. Steiger und A. Heisinger beauftragt wurden. (Beide bis 1933 Mitglieder der KPD). Außerdem hatten sie zwei sowjetische Kriegsgefangene versteckt gehalten,

Bau von Verteidigungsanlagen in Burg. In Bahnhofsnähe, am Landratsamt, werden Gräben für die Verteidigung Burgs ausgehoben. Hemdsärmelig: der 1. Burger Bürgermeister nach 1945, Siegfried Stöckel.

die sie jetzt als Dolmetscher gut gebrauchen konnten. In der Nacht zum 5. Mai und in den frühen Morgenstunden erfolgte kampflos der Einmarsch der Roten Armee in Burg. Hier hatte sich die Vernunft durchgesetzt. Man musste ja bis zum Schluss mit Fanatikern rechnen: Um Genthin und Güsen kam es noch zu Kämpfen. Selbst in Parchau wollte ein Offizier den Pfarrer Schreier, E. Wustrau und A. Hartmann erschießen lassen, weil sie am Kirchenturm eine weiße Fahne angebracht hatten. Auch die Sprengung der Kanalbrücken zwischen Ihleburg und Güsen und zwischen Parchau und Burg und der Krielbrücke konnten nicht verhindert werden.

Luftangriff amerikanischer Bomber

In den Mittagstunden (12.25-14 Uhr) des 14. Januar überflog ein amerikanisches Bombengeschwader mit Jagdschutz das Kreisgebiet und bombardierte gegen 13 Uhr mit 2000 bis 3000 Sprengbomben das bei Derben liegende unterirdische Treibstofflager der „Wirtschaftlichen Forschungsgesellschaft (Wifo) GmbH, Berlin, Außenstelle Derben, bei dem auch Wohnhäuser in Derben und Ferchland getroffen wurden. Bei dem Luftangriff wurden insgesamt drei leere am Werk auf der Elbe liegende Tankschiffe und sieben eingelagerte Benzintanks getroffen (drei davon gingen in Flammen auf), die Kleinbahnstrecke Derben – Ferchland beschädigt und 30 Gebäude total zerstört sowie 250 Häuser beschädigt. Ferner waren 31 Todesopfer zu beklagen, 32 Menschen kamen mit Verletzungen davon.

Zur gleichen Zeit warf das amerikanische Bombengeschwader Sprengbomben bei Jerichow, Parey, Tucheim und Seedorf ab, die jedoch nur Flurschäden anrichteten.

Nach dem Luftangriff am 14. Januar: Zerstörtes Gasthaus mit Tanzsaal in Derben. (Foto: Kreismuseum Genthin)

Sowjetische Truppen besetzen Genthin

6./7. Mai: Besetzung der Stadt Genthin durch russische Truppen, verbunden mit einem sinnlosen Widerstand von Angehörigen des Volkssturms und der deutschen Wehrmacht, bei dem noch 599 russische und 239 deutsche Soldaten im Raum um Genthin getötet wurden.

8. Mai: Mit den letzten Endkämpfen im Raum Parey/Ferchland und der Kapitulation der deutschen Wehrmacht war der Krieg auch für die Bevölkerung in der Region Genthin vorbei, der mit einer katastrophalen Lage und Folgen endete. Im Kreis Jerichow II waren 94 Brücken und 2594 Gebäude zerstört/beschädigt. Die Trinkwasser- und Energieversorgung in der Stadt war zusammengebrochen. Unter der Bevölkerung gab es 408 Ruhr- und 1125 Typhuserkrankungen, ferner waren 1833 Soldaten im Krieg gefallen.

9./10. Mai: Der Antifaschist Paul Albrecht wurde von den Genthiner Kommandanten mit der Bildung einer sogenannten „städtischen Selbstverwaltung" beauftragt und zum neuen Bürgermeister für die Stadt Genthin ernannt, sein Stellvertreter wurde Gustav Dittmann.

16. August: Paul Albrecht (KPD) wurde durch die hiesige sowjetische Militärbehörde zum Landrat berufen, und Gustav Dittmann (SPD) wurde zum Bürgermeister ernannt. Dittmann verstarb am 03.02.1946, sein Nachfolger wurde Fritz Müller (SPD) aus Kirchmöser.

Paul Albrecht blieb bis zu seinem Weggang von Genthin bis 1949 im Amt, er war ein überzeugter Kommunist, der seine Entscheidungen überlegt und mit viel Sachverstand traf, hieß es. Albrecht war ein ausgezeichneter Redner mit Überzeugungskraft. Er hatte einen entscheidenden Anteil an der Überwindung der schwierigen wirtschaftlichen Lage im Kreis.

Paul Albrecht (KPD)

GENTHINER CHRONIK

3. Mai: Nach einem Aufruf in einer der letzten Nummern der „Genthiner Nachrichten" werden durch den Reichsstadthalter Hamburg alle zwischen Havelberg und Rathenow sowie Genthin und Niegripp/Parey liegenden Transportschiffe aufgefordert, in Richtung Hamburg – in den durch die Alliierten besetzten westlichen Teil Deutschlands – zu fahren. Die ehemalige NS-Volksbücherei wird in eine Stadtbibliothek umgebildet und neu strukturiert. Dabei wird die NS-Literatur aus dem Bestand der Bücherei entfernt und durch neue, insbesondere sowjetische Literatur ersetzt. Neues Domizil der Bücherei werden Räume im ehemaligen Konzerthaus, Prälatenstraße (heute Pfarrer-Schneider-Straße), später in der Brandenburger Straße 20 (ehem. Einhorn-Apotheke).

Mitte Juni: Nach einem Bericht des Landrates P. Albrecht vom 23. Juni arbeiten in Genthin alle Betriebe wieder, allerdings mit einer geringeren Belegschaft. 83 Lebensmittel und 44 andere sowie Hotels/Gaststätten sind wieder geöffnet. Im Schützenhaus wird sonntags wieder getanzt. Die Pfarrer erhalten die von der Besatzungsbehörde beschlagnahmten Schlüssel ihrer Kirchen wieder zurück und dürften den Kirchenbetrieb wieder aufnehmen, jedoch nur unter Aufsicht der russischen Verwaltungsbehörde. Auch das Museum hat nach einer beginnenden Entfernung des NS-Gedankengutes aus den Ausstellungen und der Beschlagnahme einzelner historischer Waffen wieder geöffnet.

Juli: Im Rahmen der Reparationszahlungen an die UdSSR, die mit der Demontage von Großbetrieben verbunden sind, soll nach einer Festlegung der SMAD-Karlshorst das Genthiner Henkel-Persilwerk demontiert werden. Die Gesamtdemontage des Werkes wird durch Landrat P. Albrecht im Einvernehmen mit der Genthiner Kommandantur verhindert. Eine nach den Verhandlungen in Aussicht genommene Teildemontage (Fettsäurespaltanlage) bleibt bestehen.

BURGER CHRONIK

Januar/Februar, Burg: Zur Verteidigung der Stadt werden verschiedene Schanzarbeiten durchgeführt. Errichtet werden Panzersperren usw.

10. April, Burg: Angriffe eines amerikanischen Bombengeschwaders zerstörten die Rollbahn des Fliegerhorstes in der Feldmark Obergütter. Der Pilot einer Mustang P 51 „Josephin" fertigt um 12.30 Uhr einige Luftfotos von Burg an; dieses Flugzeug wird abgeschossen, der Pilot überlebt. Vor einigen Jahren wurden die Reste der „Josephin" an der Absturzstelle ausgegraben.

14./15. April, Burg: Beschuss durch die Amerikaner, Einschläge in der Mauerstraße, am Schützenplatz, am Kanal usw. Dabei gibt es mehrere Tote.

26. April, Burg: Auf dem städtischen Friedhof hat ein 10-jähriger Junge einen frisch aufgestellten Tulpenstrauß aus einer Erbbegräbnisstelle genommen. Gleich an Ort und Stelle erhält er seine gerechte Strafe.

28. April, Burg: Beim Überschreiten des Fahrdammes in den Abendstunden wird eine Frau an der „Scharfen Ecke" von einem Auto angefahren und verletzt.

1. Mai, Burg: Der Fabrikant Stöckel wird neuer Oberbürgermeister der Stadt Burg.

4. Mai, Burg: Am Vormittag erscheint als Notausgabe ein Doppelblatt der Zeitung „Burger Tagesblatt" – dies ist die letzte Ausgabe dieser traditionsreichen Zeitung. Von 5. Mai bis Ende 1945 gibt es keine Zeitung.

1946 — Enteignung und Reparationsleistungen

GENTHINER CHRONIK

28. Februar: „Jugend marschiert" – unter dieser Losung wird im Rundfunk vom Magdeburger Sender über die Genthiner Jugend berichtet. Jugendleiter Kaufmann vom Jugendausschuss berichtet über die Fortschritte beim Einsatz der Jugend in der Landwirtschaft. Zum Abschluss wird das Jugendlied „Wenn wir schreiten Seit an Seite ..." gesendet. Solche Meldungen geben jedoch nicht das ganze Bild jener Zeit wieder. Ein Großteil der Jugend verhält sich abwartend und ablehnend den neuen gesellschaftlichen Verhältnissen gegenüber.

13. März: Bildung von Transportkolonnen mit Schweißgeräten zur Bergung von Panzerwracks und anderem Kriegsmaterial für die Wirtschaft, mit Genehmigung der sowjetischen Beutestelle.

18. März: Im gesamten Kreis Jerichow II finden Versammlungen von Jugendlichen der Antifa-Bewegung statt. Sie verabschieden eine Resolution an die Jugendlichen im Kreis, in der sie zur Arbeit in der Landwirtschaft aufrufen. Die Absicherung der Ernährung ist vorrangige Aufgabe in dieser Zeit.

29. März: Im Schützenhaus referiert die Kreisreferentin L. Kroll vor rund 1000 Frauen zur Geschichte des Frauentages.

9. April: „Unter dem Protektorat des Landrates und des Bürgermeisters" versammeln sich rund 100 Mitglieder zur Gründung einer Ortsgruppe des Kulturbundes. Geleitet wird die Gruppe von der Vorsitzenden des Volksbildungsamtes des Kreises und der Chefärztin des Krankenhauses.

21. April: Im Jugendheim in Jerichow erhalten vier Mädchen und zehn Jungen die Jugendweihe.

26. April: Man regelt den Rundfunkempfang. Ehemalige NSDAP-Mitglieder dürfen nur einen Rundfunkempfänger mit drei Röhren besitzen. Empfänger mit vier und mehr Röhren dürfen nur Personen in leitenden Positionen besitzen.

BURGER CHRONIK

Januar 1946, Kreis Jerichow I: Eine Gebietsreform ordnet die Kreisgrenzen in der SBZ (Sowjetischen Besatzungszone). Dabei muss der ehemalige große Kreis Jerichow I zehn Orte an den Kreis Zerbst abgeben (u.a. Loburg, Hobeck). Burg gehört jetzt zum Land Sachsen-Anhalt.

23. März, Burg: Nachdem vor etwa drei Wochen in Berlin die FDJ gegründet wurde, erfolgt dies auch in Burg. Die FDJ erhält für ihre Nutzung eine Villa in der Bahnhofstraße.

Mai 1946: Gegründet wird der Kulturbund zur demokratischen Erneuerung Deutschlands. Interessierte Bürger betätigen sich in künstlerischen und kulturellen Gruppen.

Mai 1946, Burg: Die FDJ organisiert ein Kinderfest; Kinobesuche sind eintrittsfrei, daran nehmen über 2000 Kinder teil. Es ist das größte Burger Kinderfest in der Nachkriegszeit.

1946, Gerwisch: In diesem Jahr bildet sich im Zuge der Festigung der „antifaschistisch-demokratischen Ordnung" der DFD. Die wichtigste Aufgabe sieht man darin, die Gleichberechtigung der Frauen durchzusetzen. Der DFD organisiert auch Einsätze in der Landwirtschaft und der Ogema. Beim Konservieren der landwirtschaftlichen Produkte ist auch Hausarbeit angesagt, d.h. in privaten Haushalten wird für den Betrieb eingekocht.

Neubauern im Kreis Jerichow I bestellen ihr zugewiesenes Bodenreformland aus Mangel an geeigneten Zugtieren mit Hilfe von Kühen. Hier im Koloniefeld Burg 1946.

Enteignungen in der Industrie – Demontage und Transport in die UdSSR – Bodenreform

Auf der Grundlage der SMAD-Befehle (SMAD: Sowjetische Militäradministration) 124 und 126 wurden mit der Begründung, für die Rüstung gearbeitet, kriegswichtige Aufgaben ausgeführt zu haben, oder auch aktives Mitglied der NSDAP gewesen zu sein, im Juli folgende Betriebe in Burg entschädigungslos enteignet:
Commerz- und Privatbank, Erste Deutsche Knäckebrot-Werke, Druckerei und Verlag August Hopfer, Schmierfettfabrik Ermisch, Färberei Walter Schröder, Hotel Roland, Stärkefabrik Boye, Kleiderfabrik Karstadt AG, Küchenmöbelfabrik Aßmann, Frankenhof Blumenthal, Lederfabrik Meinke, die Kaufhäuser Alpert und Karstadt, Metallwarenfabrik Linden & Funke, Feinmechanische Werke Lehmann & Co., die Schuhfabriken Conrad Tack & Cie., August Voigt, Guiard & Co., das Trierer Walzwerk, Heizungsbau Ernst Kloß und andere. Die Tuchfabrik A. Paasche als Betrieb mit ausländischem Kapital kam unter staatliche Zwangsverwaltung. In der Folgezeit erfolgte als Reparationsleistung für die Sowjetunion die totale Demontage und Ausräumung der Betriebseinrichtung der Firmen Trierer Walzwerk, Conrad Tack & Cie. und Feinmechanische Werke Lehmann & Co. Auch die Zuckerfabrik Gommern, eine der größten und vielleicht sogar bis zu diesem Zeitpunkt die modernste Rübenzuckerfabrik ganz Deutschlands und der größte Industriebetrieb der kleinen Stadt an der Ehle, wurde als Reparationsgut für die Sowjetunion demontiert. Auch das zweite Gleis und andere Verkehrseinrichtungen der Reichsbahn wurden abgebaut und in Richtung Osten fortgeschafft.
Nachdem am 18. Dezember 1945 sich wieder ein Konsumverein gegründet hatte (in der NS-Zeit aufgehoben), konnte nun die Neugründung der Konsumgenossenschaft Burg erfolgen. Im Februar 1946 erfolgte dann die Wiedergründung der Konsumgenossenschaft in Burg und bald darauf auch im Kreisgebiet mit vorerst zehn Verkaufsstellen.

Triebwagen fahren wieder

Im Rahmen des Herbstverkehrs wurde auf den Strecken Genthin – Schönhausen, Fischbeck – Elbbrücke/Tangermünde und Jerichow – Neuderben der Triebwagenverkehr wieder aufgenommen. Ferner teilte die Genthiner Eisenbahn AG in einer Presseinformation vom 18. November mit, dass sie sämtliche Bahnangehörige weiterbeschäftigen und auch Weihnachtsgeld in Höhe von 30 bis 100 Mark an alle Arbeiter/Angestellten auszahlen würde. Die Genthiner Eisenbahn AG beschäftigte zu dieser Zeit etwa 200 Betriebsangehörige und beförderte jeden Monat 90 000 bis 100 000 Personen.

Ehemaliges Herrenhaus von Pieschel wird Ausbildungsstätte für Neulehrer

Das Foto zeigt das ehemalige Herrenhaus v. Pieschel in Altenplathow, Fabrikstraße, in dem am 7. Januar eine Ausbildungsstätte unter der Bezeichnung „Friedrich-Engels-Seminar" eröffnet wurde. Ende August 1946 beendeten hier 187 Neulehrer ihre Ausbildung. Durch die Entlassung von aktiven NS-Lehrern und den Ausbau der Grundschule fehlten im Kreis Jerichow II rund 300 Lehrer. Ende 1945 gab es im Kreis 13 986 Schulkinder, die von 192 Lehrern unterrichtet wurden. Danach entfielen auf eine Lehrkraft 73 Schüler.

KPD und SPD werden zur SED

Vom 10. bis 21. März fanden die Kreisparteitage von KPD und SPD statt. Nach den getrennten Sitzungen von KPD und SPD fand eine gemeinsame Sitzung beider Parteien statt. Am 30. und 31. März fanden die Bezirksparteitage in Halle-Merseburg, Magdeburg und Dessau statt. Diesen folgte am 6. und 7. April der Provinzparteitag. Am 12. März wurde in der sowjetischen Besatzungszone die FDJ zugelassen. Am 28. März erlebte Genthin den „Tag der Einheit" – beide Parteien vereinigten sich zur SED im Schützenhaus. Hauptredner war Landrat Albrecht (SEPD, das P = Partei, wurde später weggelassen).

Die Ausbildungsstätte für Neulehrer. (Foto: Kreismuseum Genthin)

Lehrermangel und hohe Schülerzahlen

1947

Dieses Foto entstand auf der Treppe zum Eingang der Pestalozzischule in Burg. Damals war diese Schule eine Mädchenschule. Das Foto zeigt eine 5. Klasse mit dem Klassenlehrer Matthes und dem Schulleiter Kersten. Beide waren damals schon im Rentenalter und konnten gleich nach 1945 im Schuldienst bleiben, weil sie keine Nazivergangenheit hatten. Besonders hervorzuheben ist, dass Rektor Kersten, wie die Bezeichnung bis Kriegsende war, als Schulleiter bestätigt wurde und durch seinen Einsatz dazu beitrug, dass ab 1. Oktober 1945 mit dem ordnungsgemäßen Schulunterricht begonnen werden konnte. Außerdem war er in Burg sehr bekannt, weil er Jahre vorher verschiedene Themen aus der Heimatgeschichte im Burger Tageblatt veröffentlicht hatte. In den Jahren nach Kriegsende herrschte noch bittere Not. Die Schülerzahl in den Klassen war sehr groß, weil die Diesterwegschule als Krankenhaus genutzt wurde und außerdem sehr viele Schüler eingeschult werden mussten, die aus Gebieten kamen, die nicht mehr zu Deutschland gehörten. Die Schulräume waren so knapp, dass am Vor- und Nachmittag unterrichtet werden musste.

Extra-Karten für Zuckertüten

Das Versorgungsamt Genthin hatte im September, einem Befehl des sowjetischen Stadtkommandanten entsprechend, die Abc-Schützen zusätzlich zur Lebensmittel-Karte mit 125 g Süßwaren und 275 g Dauergebäck für die Schultüten zu versorgen.
Die Bäckereien der Stadt mussten für alle Schüler Roggen-Mehl-Brötchen backen und liefern. So zum Beispiel erhielten die Schüler der Altenplathower Schule die Brötchen von der Bäckerei des Herrn Walter Zelmanski, Friedenstraße 2. Konnten einmal wegen Stromsperre oder aus anderen Gründen keine Brötchen gebacken werden, so erhielten die Kinder eine doppelte Scheibe Knäckebrot. Diese Brötchen-Aktion war der Beginn einer Schulspeisung, der Verabreichung eines warmen Mittagessens von der Wertigkeit einer Hauptmahlzeit an Schul- und Kindergartenkinder, mit beträchtlichen Zuschüssen aus öffentlichen Mitteln seit April 1950. Für dieses Essen zahlten die Kinder 2,75 Mark pro Woche. Das Versorgungsamt befand sich im ehemaligen Hotel „Deutsches Haus" gegenüber dem Marktplatz (heute befindet sich dort der Haushaltsgeräteservice Jürgen Ehlert).

„Schaffendes Genthin" – Ausstellung im Schützenhaus

An der Ausstellung, die vom 11. bis 19. Oktober im Schützenhaus durchgeführt wurde, beteiligten sich 53 Handwerksbetriebe, Kleinproduzenten und Großbetriebe des Kreises Jerichow II, die ihre Produkte zeigten und Dienstleistungen anboten. Es war die erste und einzige Leistungsschau der Betriebe in der Nachkriegszeit, an der sich alle gesellschaftlichen Kräfte, Organisationen und Parteien beteiligten. Sie dokumentierte den Leistungsstand nach „2 1/2 Jahren schwerer Arbeit", die beim Ingangbringen der Wirtschaft von den Bürgern geleistet wurde. Die Ausstellung wurde von einem umfangreichen kulturellen Programm über die gesamte Ausstellungszeit begleitet und gab auch dem kulturellen Leben in der Stadt einen Aufschwung. Die Ausstellung wurde am 18./19. Oktober mit einem großen Abschlussball auf den Tanzsälen Konzerthaus, Deutsches Haus, Gasthof zur Eisenbahn und Lindenhof beendet.

Ausstellungsstand der Kleiderfabrik Paul Glaw, Am Markt 7, auf der Ausstellung „Schaffendes Genthin". Die Erzeugnisse von P. Glaw und der Kleiderfabrik Pruski waren bei der Bevölkerung gefragt und halfen Versorgungslücken zu schließen. (Foto: Kreismuseum Genthin)

GENTHINER CHRONIK

Anfang März: In Genthin wird die Kreisorganisation „Vereinigung der Verfolgten des Naziregimes" (VVN) in der Gaststätte Nevi-Altenplathow gegründet, die alle antifaschistischen Widerstandskämpfer in sich vereint. Vorsitzender wird BM Müller, Genthin.

Ende März/Anfang Mai: Nach der zentralen Gründung des „Demokratischen Frauenausschusses Deutschlands" (DFD) am 07.03. kommt es Ende März in Genthin zur Bildung eines DFD-Kreisausschusses, der aus dem Antifa-Ausschuss hervorgeht. Vorsitzende wird Luise Kroll (SED). Der DFD-Ortsausschuss Genthin formierte sich danach Anfang Mai unter der Leitung von Ella Jörgen und Käthe Siegel. In den Gemeinden entstehen bis 1948 72 Ortsausschüsse mit einer nicht bekannten Mitgliederzahl.

4. August: Die SED-Kreisleitung beginnt mit einer zielgerichteten ideologischen Ausrichtung ihrer Mitglieder und richtet dazu im ehemaligen Pieschelschen Herrenhaus neben dem Lehrerseminar eine Partei-Kreisschule ein, die mit ihren Lehrgängen am 4. August beginnt. Zur Teilnahme an den politischen Schulungen werden SED-Mitglieder aus den verschiedensten Bereichen verpflichtet und erhalten für ihre Teilnahme eine Bestätigung.

30. September: Die neue, politisch umstrukturierte Volkshochschule nimmt ihre Arbeit auf. Die Eröffnungsfeier, auf der auch das neue Lehrprogramm vorgestellt wird, findet in der Aula des Bismarckgymnasiums statt.

BURGER CHRONIK

8. Januar, Burg: Schwerer Start für die Fußballer: Polizei Magdeburg I gegen Burg I. Trotz ungünstiger Platzverhältnisse gibt es ein temporeiches und aufregendes Spiel. Mitte der ersten Halbzeit geht Burg in Führung und schlägt am Ende die Magdeburger mit 5:1.

15. März, Burg: Hühner für Landwirte und private Züchter: Wem ein kleiner Winkel im Hof verfügbar ist, hält sich neben anderem Kleingetier auch Hühner. Unterstützt werden die Bürger durch die Großbrüterei und Geflügelzucht Burg, Nachtweide 17. Hier arbeitet ein Elektrobrüter für 30 000 Eier und bietet Küken ab dem 31. März auch in Lohnbrut ab 50 Hühnereier an.

17. Mai, Gommern: Die Schuhindustrie hat trotz großer Rohmaterialverluste die Produktion erweitert, die Erzeugnisse finden auf der Leipziger Messe Anerkennung und Achtung. Monatlich werden 20 000 Paar Schuhe, auch aus brauchbarem Stoff bestehend, geschaffen.

7. Juli, Schartau: Es ist doch sicher nicht zu viel verlangt, dass nach Aufruf der Lebensmittelkarten die Kaufleute die zustehenden Rationen sofort verkaufen. Weiter soll dafür gesorgt werden, dass die Magermilch der Molkerei Glander gleichmäßig und nicht nach Gunst verteilt wird.

23. September, Rietzel: Die freiwillige Feuerwehr soll ein neues Haus bekommen. Der Neubau wird von den Gemeindevertretern in Rietzel als dringend erforderlich betrachtet.

24. November, Loburg: Einst gehörte auch das Städtchen Loburg zum Kreis Jerichow I. Wozu braucht man hier einen Marktplatz, wenn doch kein Markt abgehalten wird? So denken die Stadtväter des Örtchens. Auf dem Markt werden jetzt einige Gräben ausgehoben, dann rollen Wagen mit Kartoffeln an. Hier entsteht eine große Kartoffelmiete.

1948

GENTHINER CHRONIK

Januar: Der Kreistag befürwortet die Gründung der Torfausbeutungs-GmbH, Schollene, als zweiten selbständigen Betrieb im Kreis. Die Schollener Torfabbaustelle ist schon seit 1947 in Betrieb und wird bisher von der Genthiner Torfgewinnungs-GmbH betreut. Die Gründung wird durch den anhaltenden Mangel an festen Brennstoffen notwendig. Nach einem Pressebericht gibt es zu dieser Zeit in 24 Gemeinden des Kreises ernsthafte Probleme bei der Versorgung der Einwohner mit Kohle.

25. April: Otto Grothewohl, von Veranstaltungen aus Magdeburg und Schönebeck kommend, spricht im Schützenhaus Genthin zu etwa 400 Bürgern, die eigens für diese Veranstaltung aus dem gesamten Kreis durch die SED zusammengerufen wurden. Anlass für den Besuch sind nach einem Pressebericht Briefe (Klagebriefe) von verschiedenen Bürgern aus Magdeburg und die Ermunterung der Bevölkerung, für das von den Parteien entwickelte „Volksbegehren für Einheit und Frieden" zu stimmen.

Mitte Oktober: In Karow beginnen zwischen Kreisschulamt und Gemeinderat Diskussionen um den Innenausbau des Schlosses zur Gewinnung von drei fehlenden Klassenräumen. Bei dem Ausbau, der aus finanziellen Gründen erst später erfolgt, wird die historisch wertvolle Innenarchitektur der Räume, darunter der Kachelsaal, zerstört.

Ende November: Der Direktor des VEB Zuckerraffinerie Genthin, Walter Rauch, mit Wohnsitz in Plaue/Havel, wird nach seiner Hochzeitsfeier verhaftet. Rauch wird vorgeworfen, Weißzucker in den West-Sektor von Berlin verschoben zu haben. Außerdem ist den Einwohnern von Plaue die aufwendige Hochzeitsfeier mit Westprodukten aufgefallen.

BURGER CHRONIK

8. Januar, Wahlitz/Umsiedler-Altersheim: Das bereits im April 1947 eingerichtete Heim soll so gemütlich und wohnlich ausgestaltet werden, dass sich die Bewohner wie zu Hause fühlen. Das Kreissozialamt hat sich dieser lobenswerten Aufgabe angenommen.

20. Januar, Gommern: Brennholz für die OdF. Hier erhalten anerkannte Opfer des Faschismus zwei Meter Brennholz, das gegen ein mäßiges Entgelt zur Verteilung gebracht wird.

April, Burg: Die Burger Volkshochschule, die am 22. April mit dem ersten Lehrabschnitt beginnt, wirbt um Hörer. Alle Tätigen haben das Recht, am Aufbau der Institution mitzuwirken. Mit der Leitung wird Herr Dr. Stephan betraut.

8. Mai, Ziepel und Kreis Jerichow I: Saatschäden durch Unwetter. Das am Himmelfahrtstage plötzlich auftretende Gewitter bringt den lang ersehnten Regen. Aber gleichzeitige Hagelschauer in den Fluren um Ziepel und Nedlitz vernichten die bis dahin prächtig gediehenen Erbsenfelder.

26. Juli, Burg und Kreis Jerichow I: Der Stadtkreis Burg und der Landkreis Jerichow I haben zusammen 43 Kindergärten. Wenn die Muttis arbeiten, wissen sie ihre Kinder wohl behütet.

4. September, Schermen: Obwohl die Kartoffelfelder abgeerntet sind, verbietet der Bauer S. aus Schermen das Stoppeln und verjagt nach seiner Meinung „ungebetene Gäste" von seinem Acker.

Bürger feiern „1000 Jahre Burg"

Mit einer erweiterten Stadtverordnetenversammlung in Anwesenheit des Ministerpräsidenten des Landes Sachsen-Anhalt, Prof. Dr. Hübener, und anderen Ehrengästen im vollbesetzten Konzerthaus wird die Festwoche vom 11. bis 19. September feierlich eröffnet.

In fünf großen Sälen der ehemaligen Schuhfabrik Tack gestalteten 126 Aussteller der Stadt – volkseigene und private Betriebe, Handwerker, Kulturschaffende, Schulen und andere Organisationen – mit viel Mühe und erstaunlichem Verständnis die viel beachtete und gelungene Ausstellung „Schaffendes Burg". Der Erfolg dieses einmaligen Unternehmens wurde durch den Zustrom von 25 000 Besuchern bestätigt.

Zu einem kulturellen Höhepunkt gestaltete sich die Festaufführung des Haydnschen Oratoriums „Die Jahreszeiten" unter der Stabführung des in Burg tätigen Kirchenmusikers Hans Kühnemund mit den Musikern des städtischen Orchesters Zerbst, dem Mittun vieler sangesbegabter Burger Frauen, Mädchen und Männer sowie Solisten der Städtischen Oper Berlin und der Berliner Staatsoper.

Der Ort der Aufführung, die schon bei der Generalprobe vollbesetzte Burger Oberkirche, war der Beweis für den Erfolg dieses erstmals in der Stadt gebotenen Festkonzerts. Neben zahlreichen anderen kulturellen Veranstaltungen bildete den Abschluss der Tausendjahrfeier der am Sonntag dem 19. September von Burger Betrieben, Handwerkern und Trachtengruppen mit Schauwagen gestaltete Festumzug durch die Straßen der Ihlestadt.

Das Nachrichtenamt Burg gibt das amtliche Mitteilungsblatt heraus. In der Nr. 37 vom 17. September 1948 werden die Burger nochmals aufgerufen, sich auf den verschiedensten Veranstaltungen in der Festwoche „1000 Jahre Burg" recht gut umzusehen. Mitgeteilt wird, daß schon 10 000 Besucher die Ausstellung „3 Jahre Selbstverwaltung" gesehen haben. Der hiesige Plakatmaler Menz hat die Erfolge auf riesigen Bildtafeln einzigartig dargestellt. Alle Burger Betriebe haben sich an dieser Schau beteiligt.

Schrotturm-Abriss: Steine für ersten Schulneubau

Die Diskussion und die ersten Maßnahmen für den Abriss des Schrotturmes auf dem ehemaligen Pieschelschen Grundstück begannen. Der Abriss des Baudenkmals aus der Industriegeschichte der Stadt erfolgte entgegen einer Empfehlung des Denkmalamtes in Halle. Bei den öffentlich geführten Auseinandersetzungen in der Presse widersetzte sich Bürgermeister Müller dem Veto der Hallenser Fachleute und begründete den Abriss mit wirtschaftlich-politischen Aspekten. Die beim Abriss gewonnenen Ziegelsteine fanden zum Teil beim Bau der neuen Grundschule in der Jahnstraße (1949-1951) Verwendung. Dies war der erste Schulneubau nach Kriegsende in der Region.

Hennecke-Methode scheitert

Der Versuch der SED-Kreisleitung, Anfang Dezember die sogenannte Adolf-Hennecke-Methode zur Steigerung der Arbeitsproduktivität auf alle Großbetriebe zu übertragen und zu einer Massenbewegung zu entwickeln, scheiterte. Nach Berichten der Volksstimme führte der VEB Zuckerraffinerie am 9. Dezember als erster Betrieb einen „Hennecke-Tag" in drei Schichten durch Allerdings erreichten die Zuckerfabrik-Arbeiter an diesem Tag nur eine Leistungssteigerung von 139 Prozent (Adolf Hennecke hatte 380 Prozent geschafft).

Im VEB Sapotex-Persilwerk arbeiteten Anfang Dezember neun und im VEB Stärkefabrik drei Kollektive nach der Hennecke-Methode, von der man später nichts mehr hörte.

Bei Arbeitern in Kleinbetrieben fand die nach sowjetischem Muster (Stachanow-Bewegung) entwickelte Arbeitsmethode keine Resonanz.

Die erste selbst entwickelte Maschine verlässt am 10. Januar das Burger Industriewerk. Die Butterform- und Einwickelmaschine war schönster Lohn der Konstrukteure, Dreher und Schlosser. Betriebsleiter Väth freute sich am meisten darüber, dass die Maschine auf Anhieb fehlerfrei arbeitete.

Oberschüler im Kampf für Demokratie

1949

In den frühen Nachkriegsjahren mit all den erlittenen Enttäuschungen und Niederlagen keimt bei der überwiegenden Mehrzahl der Jugendlichen auch die Hoffnung auf einen demokratischen Neubeginn.

An der Genthiner Oberschule gründete man eine Schülervertretung mit dem Ziel, „die Vertretung der Interessen der Schülerschaft, die vertrauensvolle Verständigung mit dem Lehrkörper und die Erziehung der Schülerschaft zum demokratischen Denken und Handeln" zu fördern. Die Vertretung war überparteilich und hatte das Wohl der Schüler im Auge.

Sie musste jedoch schon bald feststellen, dass ihr Handeln im Widerspruch zur praktizierten „sozialistischen Demokratie" der sowjetischen Besatzungsmacht und der SED stand. Durch die Bildung einer FDJ-Gruppe und durch die Anwesenheit sowjetischer Offiziere bei den Versammlungen versuchte man die Vertretung einzuschüchtern bzw. Druck auszuüben. Unter Druck wurde auch Schulleiter Jänicke gesetzt, der für eine pluralistische Meinungsvielfalt eintrat und der dadurch in die Missgunst seiner Vorgesetzten geriet. Als H. Kochheim Kontakte zu Jugendgruppen der LPD knüpfte, die sich deutlich vom gleichgeschalteten Kurs ihres LPD-Vorsitzenden Külz unterschied, ging schließlich die politische Polizei der VP, Abt. K 5, gegen die Gruppe vor. Kochheim, der 1948 die Schule mit guten Abiturergebnissen verlassen hatte und jüngster Kandidat der LPD zum 3. Volkskongress war, wurde untersagt, auf diesem zu sprechen. Neben einer gezielten Verleumdung in der Presse, die der Gruppe Morde unterstellte, wurde die Schülervertretung aufgelöst, der Schulleiter erhielt einen Verweis und wurde abgelöst und die gesamte Schule einer Revision unterzogen. Am 27. Januar 1950 verurteilte das Sowjetische Militärgericht in Halle H. Kochheim, W. Niemeyer, J. Würdig, F. Freitag, G. Nühs, F. Dammasch und H. Meusel wegen angeblicher Spionage und antisowjetischer Hetze zu insgesamt 170 Jahren Haft.
(Quelle: „Widerstand junger Liberaler an der Oberschule Genthin 1947 bis 1949", Beitrag des Bismarck-Gymnasiums im Wettbewerb der Körber-Stiftung 1999)

GENTHINER CHRONIK

2. Januar: Eine in der Zuckerfabrik von der SED organisierte und durchgeführte Belegschaftsversammlung, auf der 22 Aktivisten ausgezeichnet werden, wird von der SED als Propagandaveranstaltung für den Beginn des Zweijahresplanes genutzt.

15. Januar: Leitungswechsel im Kreismuseum Genthin. Neuer Leiter wird Dr. Max Bathe, Lehrer aus Derben, der den langjährigen Leiter Otto Vogeler ablöst. Vogeler begibt sich in die Obhut seiner Tochter in Tucheim, wo er nach schwerer Krankheit 1950 verstirbt.

Anfang Februar: Die Genthiner Volksbühne, die sich nach dem Krieg zu einem Hauptträger von Genthiner Kulturveranstaltungen entwickelt hat, besitzt zu dieser Zeit etwa 150 Mitglieder.

15. Februar: Auf einer öffentlichen Veranstaltung der Wohnungsbauarbeitergesellschaft (WOBAG) in Genthin wird in Ermangelung von Ziegelsteinen der Bau von Wohnhäusern in Lehmbauweise vorgestellt und diskutiert.

1. Mai: Der ehemalige Bauhof des Wasserstraßenamtes Genthin wird VEB Wasserstraßenwerkstatt der Generaldirektion Schifffahrt und später in den VEB Schiffsreparaturwerft Genthin umgebildet.

1. Juli: Gründung eines Kreisbetriebes der Vereinigung volkseigener Erfassungs- und Aufkaufbetriebe für pflanzliche und tierische Erzeugnisse (VVEAB) in Genthin, Werderstraße, zum zusätzlichen Aufkauf von landwirtschaftlichen und tierischen Produkten. Die Gründung der VVEAB hilft Versorgungslücken bei der Bevölkerung zu schließen.

5. Oktober: In einem ehemaligen Verwaltungsgebäude des Silva-Werkes wird ein Altenheim mit dem Namen „Clara-Zetkin" eingerichtet.

Noch rechtzeitig zur Frühjahrsbestellung trafen 1000 Traktoren, 540 Lastkraftwagen und 10 000 Tonnen Walzstahl in der Ostzone ein. Dies war eine fühlbare Hilfeleistung für die Erfüllung des Zweijahresplanes der Landwirtschaft in der sowjetischen Besatzungszone. In den Kreis Jerichow I kamen 40 Traktoren aus dem sowjetischen Bestand. Hier ein Bild vom Burger Bahnhof, wo am 17. März sowjetische Traktoren eintrafen. Dazu wurden bewährte Fahrer in Stresow auf die sowjetischen Treckertypen umgeschult. Die Maschinen-Ausleih-Station (MAS) Möckern erhielt fünf Raupen- und fünf Radschlepper, Groß-Lübars zehn Radschlepper, Schermen fünf Raupen- und fünf Radschlepper und Ziesar zehn Radschlepper. Außerdem erhielt jede MAS einen Lastkraftwagen. Viele MAS-Landwirte drückten die Schulbank, denn „Bauer lerne", so eine Zeitungsüberschrift, „denn nur selten hat der dumme die dicksten Kartoffeln".

BURGER CHRONIK

3. März, Nedlitz: Mehr Schweine, mehr Fett. Die Anzahl der Zuchtsauen, die bisher acht bis zwölf betrug, wird durch die neue Ackerverordnung auf 25 Zuchtsauen erhöht.

17. Mai, Burg: Die frühere Postangestellte E. K. hat sich des Diebstahls an Postsendungen schuldig gemacht. Bei einer Hausdurchsuchung findet man mehrere Päckchen. Das Gericht erteilt der Angeklagten 6 Monate Gefängnis, eine zu milde Strafe für Postmarder?

11. Juni, Burg: Alte Lok neu aufgebaut. Die Lok Nr. 11 der Kleinbahnen des Kreises wurde in Babelsberg generalüberholt und kehrt nach Burg zurück. Die strahlende Lok wird per Foto vorgestellt.

8. Juli, Leitzkau: Aus der Schlossruine des Renaissancebaus werden erneut zahlreiche bemalte Wand- und Deckentäfelungen sowie wertvolle Schnitzereien von Dieben geraubt. Die Kunstgegenstände werden mit roher Gewalt herausgebrochen, da diese fest eingebaut sind.

6. September, Biederitz/Lostau: Wasser marsch! Wer löscht zuerst das Feuer? Die freiwilligen Feuerwehren treffen sich zu einem friedlichen Wettbewerb. Mustergültig ist das Feuerwehrhaus in Gerwisch.

21. Dezember, Burg-Moskau: Telegramm an Stalin: „An den Vorsitzenden des Ministerrats der UdSSR Generalissimus Stalin, Anlässlich Ihres 70. Geburtstages entbieten wir Ihnen, dem Freund des deutschen Volkes, in Dankbarkeit und Ehrerbietung die besten Wünsche und Grüße".

Essenrationen steigen

Die Bevölkerung der Region hatte im Jahr 1949 wieder mehr zu essen:
Die täglichen Lebensmittelrationen stiegen für Nichtberufstätige in diesem Jahr gegenüber 1945 bei Brot von 200 auf 400 Gramm, bei Nährmitteln von 10 auf 35 Gramm, bei Fleisch von 10 auf 30 Gramm, bei Fett von 5 auf 15 Gramm und bei Zucker von 15 auf 25 Gramm. Für die Arbeiter erhöhten sich die täglichen Lebensmittelrationen bei Brot von 350 auf 475 Gramm, bei Nährmitteln von 20 auf 68 Gramm, bei Fleisch von 25 auf 40 Gramm, bei Fett von 10 auf 18,3 Gramm und bei Zucker von 20 auf 35 Gramm.

*Die Handelsorganisation (HO) Sachsen-Anhalt bietet per Anzeige im Juni 1949 in der Volksstimme das im Persilwerk Genthin hergestellte Produkt „Milwa" zu einem reduzierten Preis von nunmehr einer Mark an.
(Repro: Klaus Börner)*

1950

GENTHINER CHRONIK

Januar/Februar: Gründung der Nationalen Front im Kreis mit Ortsausschüssen und einem Kreisausschuss, Sitz Genthin. Die Nationale Front ist neben dem FDGB die größte Massenorganisation des SED-Staates.

5. April: Der bisherige Bürgermeister der Stadt Genthin, Fritz Müller, räumt seinen Amtsstuhl und übernimmt nach dem Besuch der Verwaltungsakademie in Forst-Zinna eine Funktion im Innenministerium des Landes Sachsen-Anhalt.

18. April: Die SED macht auf einer Kreiskulturtagung gegenüber Lehrern, Erziehern und Vertretern kultureller Einrichtungen Front gegen die „dekadenten Kultureinflüsse" aus der BRD, muss sich aber auch die Sorgen und Probleme der Lehrer anhören. Die Tagung setzt sich auseinander mit einer Ministerratsverordnung über die Entwicklung der Kultur und die Verbesserung der Arbeits- und Lebensbedingungen der Lehrer.

25. Mai: Verabschiedung von 2000 Jugendlichen des Kreises auf dem Wasserturmplatz durch die Polit-Spitzen der Stadt zum ersten Deutschlandtreffen in Berlin.

20. Juni: Neuordnung der Kreise, Städte und Gemeinden im Land Sachsen-Anhalt. Der Kreis Jerichow II wird in Kreis Genthin umbenannt und gibt die Gemeinde Reesen an den Landkreis Burg ab. Ferner werden kleinere Orte größeren Gemeinden als Ortsteile zugeordnet.

1. Oktober: Gründung der Betriebssportgemeinschaft (BSG) „Chemie".

BURGER CHRONIK

7. Januar, Burg: Die Walzwerker schaffen Wohnraum für ihre Arbeiter und Angestellten. Das volkseigene Burger Walzwerk wird im Jahr 1950 weitere 30 Wohnungen erstellen, nachdem bereits im Vorjahr 50 Wohnungen renoviert und hergerichtet wurden.

5. März, Burg: In der Stadtverwaltung Burg werden an sächlichen Verwaltungskosten 40 000 Mark eingespart, das sind fast 20 Prozent. Dabei helfen besonders Verbesserungsvorschläge.

4. April, Stresow: Die erste Betriebsberufsschule auf den Volksgütern unseres Kreises wird ihrer Bestimmung übergeben. 27 Schüler aus Theeßen, Kähnert und Stresow finden sich zum Unterrichtsbeginn und zur Eröffnung ein.

8. Juni, Burg: Polen liefert Steinkohle. Im Zuge eines Handelsabkommens mit der VR Polen trifft im Burger Hafen ein weiterer Kahn mit 360 Tonnen Steinkohle ein.

10. Juli, Burg: 100 Jahre Konsum-Genossenschaft in Deutschland, dieses Fest begeht auch die KG in Burg in würdiger Form mit einer Kulturveranstaltung im Konzerthaus. Den Höhepunkt der Feier gestalten das Kulturorchester Eichele, die Laienspielgruppe Wendgräben und der Konsum-Chor.

7. November, Burg: Warum findet in Burg der Milchverkauf in der Zeit von 9 bis 13 Uhr statt? Wie sollen zu der Zeit die beruflichen Mütter Milch einkaufen können. Der „Verbesserungsvorschlag" geht in die Richtung, die Milchläden von 16 bis 17 Uhr zu öffnen. Es ist unverständlich, dass die Milchgeschäfte nicht Verkaufszeiten wie andere Lebensmittelgeschäfte haben.

12. Dezember, Schermen: Es wird eine Ortsgruppe des Kulturbundes gebildet, die Ausgestaltung der Veranstaltung liegt in den Händen der MAS.

„Sport frei" der Burger Jugend

Die Burger Jugend findet sich nun wieder regelmäßig beim Sport zusammen. Aktivitäten kann man in fast allen Bereichen des Sports finden. Im September sind bei einem Umzug auch junge Sportlerinnen in ihrem weißen Turnzeug und mit schwarz-rot-goldenen Fahnen, aus der Stalinstraße (Schartauer Str.) in Richtung Markt kommend, dabei.

Feierlichkeiten zur Brückeneinweihung in Genthin

Das Jahr 1950 beginnt mit der Einweihung der wiederhergestellten Kanalbrücke, die den Namen „Brücke der Aktivisten" erhält. Teil der Feierlichkeiten ist ein Umzug der Bauarbeiter (unser Bild) durch die Stadt. Die Übergabe der Brücke erfolgt durch den Landesverkehrsminister.

Rauher Wind gegen Abweichler

Eine SED-Kreisdelegiertenkonferenz am 17. und 18. Juni im Union-Theater, die in Vorbereitung auf den II. SED-Parteitag (20. bis 24. Juni) stattfand, stellte die Weichen sowohl für die politische Zukunft als auch für viele persönliche Schicksale, die sich in nächster Zeit abspielen sollten. Die Genossen debattierten mit einzelnen Parteigruppen zur neuen Linie „Partei neuen Typus" und setzten sich heftig mit Abweichlern auseinander. Sie bekamen die angekündigte Linie sofort zu spüren. Ausschlüsse und die Ankündigung der Überprüfung aller Mitglieder, die schließlich durch den II. Parteitag besiegelt wurden, folgten. Es kam so zur Abberufung von einzelnen Direktoren an Schulen und anderen Einrichtungen. Die Entschließung der Kreisdelegiertenkonferenz in Genthin ging so radikal mit Kritikern und Andersdenkenden in den eigenen Reihen um. „Sozialdemokratismus" wurde einem Genossen aus Jerichow unterstellt, der „die Behauptung aufstellte, dass es solange keine echte Freundschaft mit der Sowjetunion gäbe, bis die Angehörigen der nach 1945 Inhaftierten nicht wüssten, wo dieselben geblieben wären". Objektivismus, wetterten die Genossen auf der Kreisdelegiertenkonferenz, „trete auch bei Genossen auf, die meinen, den RIAS hören zu müssen, um sich selbst ein objektives Urteil bilden zu können."

Großes Richtfest für Berliner Brücke

1951

1951 wird das Richtfest an der Berliner Brücke (an der Zuckerfabrik) gefeiert.

In Tag- und Nachtschichten stellten die Stahlbauer vom ABUS Leipzig die 64 m lange und 12,60 m breite Brücke fertig. Die vorhandene Notbrücke aus Holz hatte gerade sechs Tonnen Tragfähigkeit und gewährte der Schifffahrt einen Durchlass von 13,80 m. Es bestand ständig die Gefahr des Rammens. Ursprünglich sollte die Niegripp-Hohenwarther Brücke eingebaut werden, diese hatte jedoch nur 24 Tonnen Tragfähigkeit. Die DWK, in deren Zuständigkeit das Projekt lag, das bereits 1950 realisiert sein sollte, entschied, dass eine Stahlbetonbrücke gebaut werden sollte. Der Mangel an Zement in der DDR war der Grund, dass eine Stahlfachwerkbrücke errichtet wurde. Sie erhielt den Namen „Friedensbrücke".

Die neue Berliner Brücke an der Zuckerfabrik (Foto: Stadtarchiv Genthin)

Genthiner Druckerei Donath stellt den Geschäftsbetrieb ein

Gegründet im Jahre 1852 gehörte die Buchdruckerei Donath zu den alteingesessenen Firmen der Stadt. Der angeschlossene Verlag gab das „Genthiner Wochenblatt", das zuletzt als „Genthiner Tageblatt" erschien, heraus. Drei Generationen hatten das Unternehmen erfolgreich geführt, bis im Juli 1951 – kurz vor dem 100. Firmenjubiläum – die politische Entwicklung einen endgültigen Schlussstrich unter die Existenz der traditionsreichen Firma zog.

Einen ersten Versuch der Zerschlagung hatte bereits das NS-System unternommen, als man im März 1943 die Zeitung schloss und dem Verleger Eugen Donath Berufsverbot erteilte, denn dieser hatte sich seit Machtergreifung Hitlers gegen eine Vereinnahmung seines Blattes durch die NSDAP gewehrt. Intensive Verhandlungen mit der Reichspressekammer brachten jedoch die Erlaubnis, das 90 Jahre alte Geschäft als Akzidenz-Druckerei aufrecht zu erhalten.

Mit Untergang des Dritten Reiches keimten neue Hoffnungen. Vergebens. Am 13. Mai 1945, nur wenige Tage nach Kriegsende, wurde Eugen Donath durch die sowjetische Besatzungsmacht ohne Angabe von Gründen verhaftet. Sein Leidensweg führte über mehrere Zwischenlager in das NKWD-Lager Buchenwald, in dem er im April 1947 an den Folgen monatelanger Unterernährung verstarb.

Mit der Verhaftung nahm man der Firma das Herz. Trotz allem führte die Familie den Betrieb fort und schaffte es, auch in der veränderten wirtschaftlichen Nachkriegsordnung Fuß zu fassen. Doch mit Gründung der DDR sollten die Repressalien in unerträglicher Weise zunehmen. Eine durch das Finanzamt konstruierte Steuernachzahlung bedeutete schließlich das Ende der Druckerei.

Die Summe, deren Zustandekommen unerklärlich schien, war aus dem vorhandenen Barvermögen nicht aufzubringen. Eine Stundung wurde abgelehnt. Der Fiskus drohte mit Pfändung. In ihrer Verzweiflung veräußerte die Witwe Eugen Donaths am 1. Juli 1951 die gesamte Druckereieinrichtung an den Kaufmann Kurt Thal aus Neuruppin und verpachtete an ihn sämtliche Betriebsräume, um aus dem Erlös vorgenannte Steuerschuld zu begleichen.

Nach nur kurzer Zeit gab der neue Betreiber auf und floh in den westlichen Teil Deutschlands. In den Vertrag Thal-Donath stieg der VEB Kreisdruckerei ein, der bald auch an Grund und Boden Interesse zeigte. Die Erben des Eugen Donath, seine Ehefrau und deren Tochter, lehnten eine Übertragung ab. Ein langer, zermürbender Kampf begann, der im Juni 1967 sein Ende fand. Die Kreisdruckerei plante bauliche Veränderungen, musste dazu aber Eigentümer des Grundstückes werden.

Völlig überraschend wurde ein Kredit, den die Erbengemeinschaft für Instandsetzungsarbeiten aufgenommen hatte, wegen mangelnder dringlicher Sicherung gekündigt. Derart unter Druck gesetzt stimmte man schließlich einem Verkauf des Anwesens zum Einheitswert an den Staat, vertreten durch die Kreisdruckerei, zu.

Seit 25 Jahren: frisch gelockt oder kurz geschnitten

Der Friseurmeister Albert Müller hatte am 1. Juli 1926 sein Geschäft in der Schartauer Straße 30 in Burg eingerichtet. In diesem Geschäft waren stets viele Kunden, um sich frische Locken oder einen Kurzhaarschnitt anfertigen zu lassen. Im Jahre 1951 waren in diesem privaten Geschäft immerhin elf Figaros tätig. Anlässlich des 25-jährigen Geschäftsjubiläums lichtete der Fotograf Herr Ernst Jäger die Haarschneider am 1. Juli 1951 inmitten der Blumenpräsente ab.

GENTHINER CHRONIK

2. Januar: Die 1949 gegründete Kreispoliklinik bezieht Räumlichkeiten in der ehemaligen Villa Schnabel in der K.-Marx-Straße 11 (Berliner Chaussee). Bauarbeiten waren nötig, um den ehemaligen Sitz der sowjetischen Kommandantur für medizinische Belange herzurichten.

3. Januar: Nachdem die Volksbücherei der Stadt vor acht Wochen Räume in der Brandenburger/Bahnhofstraße bezogen hat, wird ein spezieller Jugendleseraum eingerichtet, der täglich von 25 Kindern genutzt wird.

6. Januar: Die ersten zwei Frauen erobern den Rat der Stadt Genthin. Nachdem Herbert Schulz wieder in das Bürgermeisteramt gewählt wurde (5. April 1950 bis 18. Mai 1953), werden auch Frau Bierbach (NDPD) und Ella Jürgen (DFD) zu ehrenamtlichen Stadträten gewählt.

17. Februar: Scharfe Kritik wird an der „mangelhaften und schlampigen" Betreuung der Patienten in der Heilstätte Jerichow geübt. „Sämtliche Patienten haben schon einmal das Mittagessen verweigert." Die Zeitung führt aus: „In der Heilstätte Jerichow denkt man wahrscheinlich, dass ein erwachsener Mensch von einem Teller Nudelsuppe satt wird."

19. Juni: Zur Förderung des Sports erhält Genthin ein „Haus des Sports" in der ehemaligen KWU Gaststätte „Germania" in der Thälmann-Straße (Brandenburger Straße). Dem VEAB Genthin wird geraten, sich andere Räumlichkeiten zu suchen, damit das Bootshaus wieder dem Sport zur Verfügung steht.

14. November: Die Stadtverwaltung ist dabei, die „Kümmelburg" in Genthin-A zu räumen. Die Unterbringung in ausrangierten Bahnwaggons ist menschenunwürdig und nicht mehr zeitgemäß. Das Gleiche hat man mit den Baracken des alten und neuen „Waldfriedens" vor.

BURGER CHRONIK

17. Januar, Burg: Moniert werden in den neuen Walzwerkerwohnungen die „Puppenküchen", in der G.-Stollberg-Straße sind die Küchen nur drei Quadratmeter „klein".

3. Februar, Burg: Der Vorschlag des Rates der Stadt, den Bismarckturm in Flämingturm umzubenennen, findet die Zustimmung der Gemeindevertreter von Burg.

17. Juli, Burg: Kollektivverträge im BBW. Mit 60 Verpflichtungen in den Kollektivverträgen im Burger Bekleidungswerk wird erwartet, dass der Plan des Betriebes bis zum 21. Dezember erfüllt ist.

11. August: Zu Ehren der III. Weltfestspiele der Jugend und Studenten in Berlin findet auf dem Stalinplatz eine gewaltige Friedenskundgebung statt. 26 704 Unterschriften trägt eine Botschaft an Stalin.

5. September, Burg/Drewitz: Ernteeinsatz der Bierbrauer. Schon lange hatten sich die Werktätigen der Feldschlößchenbrauerei vorgenommen, bei der Einbringung der Ernte zu helfen. An diesem Sonntag geht es per Lkw hinaus zum Volksgut Drewitz.

12. November, Lübars: Siedlungshäuser endlich fertig. Endlich nach einem Jahr sind die drei Siedlungshäuser fertig gestellt. Doch nun spricht der Energiebezirk West das entscheidende Wort: Es soll nicht möglich sein, einen Anschluss an das Lichtnetz vorzunehmen, obwohl die Entfernung nur gering ist.

18. Dezember, Burg: Radiohören für Blinde. Rundfunkgeräte für unsere Blinden, der Kreisausschuss der Volkssolidarität ruft zur Mithilfe auf.

1952

GENTHINER CHRONIK

1. Januar: Die bisherige VEB Wasserstraßenwerft Genthin wird in VEB Schiffsreparaturwerft umbenannt.

Frühjahr: Die SED organisiert einen Aufruf an die Bevölkerung zum Aufbau von Berlin (Stalinallee) im Rahmen des NAW und verpflichtet insbesondere Jugendliche zum Arbeitseinsatz in die Hauptstadt der DDR. Betriebe müssen Baumaterial und Transportmaschinen stellen.

Frühjahr: Umbildung der MTS (Maschinen-Traktoren-Station) in juristisch selbständige volkseigene Betriebe (VEB).

28. Juli: Gründung der LPG „Freiheit" in Zerben. Mit der LPG-Gründung in Zerben wird die Kollektivierung der Landwirtschaft im Kreis eingeleitet.

Juli/August: SED-Werbekampagne zur Gewinnung von Jugendlichen für die neu gegründete kasernierte Volkspolizei.

7. August: Gründung der Gesellschaft für Sport und Technik.

Sommer: Bildung der Kreisstelle für Bibliothekswesen, die 1954 mit der Stadtbibliothek zusammengelegt wird. Es entsteht eine selbständige Kinderbibliothek.

2. Halbjahr: Im Zuge der 2. Verwaltungsreform wird der alte Kreis Jerichow II abgeschafft und muss den gesamten Elbe-Havel-Winkel an die Kreise Havelberg und Rathenow abtreten. Damit verliert der Kreis ein bedeutendes historisches Traditionsgebiet, das einst zum Kerngebiet des Jerichower Landes gehörte und Ursprungsgebiet (Namensträger) für die Altkreise Jerichow I und II war.

Herbst: Die Lebenslage der Bürger verschlechtert sich durch Versorgungsschwierigkeiten.

Herbst: Die Schulklassen gleicher Jahrgangsstufen werden in Seedorf und Nielebock zusammengelegt. Die jüngeren Jahrgänge gehen in Nielebock, die oberen Altersstufen in Seedorf zur Schule.

BURGER CHRONIK

8. Januar, Lostau: Ein ganzes Dorf baut einen neuen Schulraum. Den Schülerinnen und Schülern des 7. und 8. Schuljahres ist die Freude anzusehen, denn sie erhalten einen eigenen neuen Schulraum. Viele Handwerker und Eltern haben dabei mitgeholfen, leider die Bauern weniger.

2. Mai, Kreis Burg: Frischeierzuteilung. Das Ministerium gibt bekannt, dass auch Teilselbstversorgern auf den Sonderabschnitt „2" der Grundkarte für TSV des Monatsscheines eine Sonderzuweisung von drei Eiern zusteht.

2. Juni, Dörnitz: Im Gasthof „Zur Eisenbahn" ist am 1. Pfingstfeiertag ab 20 Uhr ein großer Pfingsttanz, es spielt die Kapelle Timme.

3. September, Burg: Die „Stahl-Boxer" aus Burg schlagen ihre Sportfreunde aus Bitterfeld mit 14:8 Punkten. Mit einigen Verbesserungen erreichen die Burger bei ihrem zweiten Start diesen Erfolg.

1. Oktober, Ihleburg: Das seltene Fest der diamantenen Hochzeit begehen die hochbetagten, aber dennoch rüstigen Eheleute Luise und August Krüger. Das Paar hat 6 Kinder, zahlreiche Enkel und Urenkel.

22. November: Das Burger Bekleidungswerk (BBW) erfüllt an diesem Tag bereits seinen Jahresplan, dies wird erreicht durch die Anwendung von Neuerer-Methoden und den Wettbewerb in den Abteilungen des BBW.

Viele Bürger flüchten in den Westen

Verschiedene Umstände führen im Verlauf des Jahres 1952 dazu, dass immer mehr Bürger in den Westen flüchten.

Zum einen zeichnete sich in der DDR eine Verschlechterung der Versorgungslage ab, der eingeschlagene Weg der SED nach der II. Parteikonferenz sorgte für weiteren Unmut. Das verschärfte Vorgehen gegen sogenannte „Saboteure veranlasste Kaufleute, Händler, Ärzte, Lehrer, Ingenieure, aber auch Angestellte, Funktionäre und Betriebsleiter ihre Heimat zu verlassen.

Allein im März verließen 58 000 Bürger, darunter auch Genthiner, die DDR. So kam die SED-Kreisleitung nicht umhin, in Zeitungsbeiträgen zu der Fluchtwelle Stellung zu nehmen. Darin wurden die Übersiedler nicht nur als Feinde der DDR, sondern sogar als „Faschisten und Militaristen" abgestempelt. So erging es dem BHG-Sekretär V. aus Kade, dem Buchhalter L. aus Genthin oder auch der ehemals aktiven FDJ-Charlotte R. aus Ferchland.

Den Flüchtenden wurde sogar Sabotage angelastet, und die „Imperialisten der BRD" traf der Vorwurf, „intensive Abwerbung" – so der Wortschatz jener Zeit – zu betreiben. Die SED zeigte sich gegen diese Fluchtwelle machtlos und konnte sie auch mit solchen „Kampfmitteln" wie eine erhöhte Wachsamkeit, Aufklärung oder Rias-Verbot nicht stoppen.

Landwirtschaft-Krise braucht Ernte-Helfer

Die DDR war (siehe oben) in eine Versorgungskrise geraten. Die Stimmung unter den Bürgern war schlecht. Daran änderte sich auch nichts, obwohl die SED-Regierung im Vergleich zu 1950 einen verbesserten Lebensstandard (zum Beispiel durch gesunkene Lebenshaltungskosten der mittleren Einkommensgruppe um 78,4 Prozent/Erhöhung des Durchschnittsverdienstes für Arbeiter/Angestellte von 279 auf 300 Mark) propagierte.

Die Lage verschärfte sich im Frühjahr insbesondere durch unpopuläre Maßnahmen, wie Preiserhöhung für Fleisch- und Wurstwaren, Backwaren und Marmelade. Im Mai wurden die Arbeitsnormen erhöht. Dramatisch spitzte sich die Lage in der Landwirtschaft zu, weil eine Reihe von Bauern die Kollektivierung der Landwirtschaft nicht mitmachten, ihre Höfe verließen. Auch Neubauern gaben ihre Wirtschaft auf. So zeichnete sich im Herbst eine reguläre Krise in der Landwirtschaft ab. Deshalb rief die SED die Bürger zu Arbeitseinsätzen auf, um die Kartoffelernte einzubringen.

Die gesamte Bevölkerung wird zum Einsatz bei der Kartoffelernte aufgerufen, um die schwierige Versorgungslage zu entschärfen. Zahlreiche Angestellte aus den Verwaltungen müssen beim Auflesen von Kartoffeln helfen. Das Foto zeigt Angestellte der Kreisverwaltung, die zum Ernteeinsatz abtransportiert werden. (Foto: Museum)

Burger Mandolinenklänge mit den „Alpensternen"

Zu den Vereinen, die immer noch aktiv sind, gehört auch der Mandolinenclub „Alpenstern". Opa Deich, der Hausmeister der Comeniusschule, ermöglicht die Übungsstunden in der Aula dieser Schule. Das Gruppenbild vom 9. März 1952 zeigt die zahlenmäßig gut besetzte Musikgruppe. Durch ihre vielen Auftritte ist die Musik in Burg gut bekannt. Etwas später kam die Gruppe zur Deutschen Post. Es ist üblich, dass Betriebe und Einrichtungen das kulturelle Leben der Stadt fördern (sollen).

Wege übers Land mit der Fähre

Geduldig warten die Fahrradreisenden an der Anlegestelle der Fähre Rogätz an der Elbe. Es scheint sich aber hierbei nicht um einen Sonntagsausflug zu handeln. Vielmehr sind die Radfahrer im Landkreis unterwegs, um sich direkt bei den Bauern mit zusätzlichen Nahrungsmitteln zu versorgen. Besonders auch die „Großstädter" aus Magdeburg unternehmen solche nützlichen Touren.

Kriegsrecht über Genthin und Burg

1953

Das Jahr 1953 steht ganz im Zeichen der Umsetzung der politischen und wirtschaftlichen Beschlüsse der 2. Parteikonferenz der SED.

Schwerpunkte waren die Entwicklung der Schwerindustrie zu Lasten der Konsumgüterindustrie, Normerhöhungen bis zu 10 Prozent bei gleichem Lohn und restriktive Maßnahmen gegen den Mittelstand und die Bauernschaft. Als Folge dieser Maßnahmen verließen viele die DDR. Der Staat war nicht in der Lage, diese Ausfälle zu ersetzen, die durch die „Abstimmung mit den Füßen" entstanden war. 1953 verließen 331 390 Personen die DDR. Am 17. Juni 1953 erschien eine Abordnung vom Walzwerk Kirchmöser und forderte die Belegschaft des Persil-Werkes zum Streik auf. Die Ansammlung wurde von der gerufenen VP aufgelöst. Gegen 17.15 Uhr verhängte der sowjetische Kriegskommandant das Kriegsrecht über den Kreis. Erst nachdem eine Versammlung auf dem Marktplatz von den „Freunden" aufgelöst wurde, traten die Mitarbeiter des Persil-Werkes in den Streik. Bestreikt wurden fast alle wichtigen Betriebe im Kreis, außer der Zuckerfabrik. Neben sozialen wurden jetzt zunehmend politische Forderungen gestellt: Abzug der sowjetischen Besatzung, Freilassung der deutschen Kriegsgefangenen in der SU u.a. In Kade löste sich die LPG auf, und Einwohner entfernten das Pionierzimmer samt Literatur. Im Kreis Genthin wurden insgesamt zwölf Personen verhaftet. Nach DDR-Quellen forderte der Aufstand 21 Tote, 187 Verletzte und 18 Erschießungen durch die Rote Armee; drei Todesurteile wurden durch die DDR-Justiz vollstreckt. Die DDR veröffentlichte nie konkrete Zahlen. 1964 sollen die letzten Inhaftierten entlassen worden sein.

Demonstration der Stärke: Kasernierte Volkspolizei der nahen Kaserne in den Krähenbergen marschiert durch Burg, wie hier durch die Otto-Nuschke-Straße, heutige Zerbster Straße.

Tumulte, Streiks und Proteste

Die auf Grund der zugespitzen politischen/ökonomischen Lage ausgebrochenen Tumulte und Arbeitsniederlegungen in zahlreichen Betrieben/Verwaltungen der Stadt und des Kreises wurden von der SED nach einem Pressebericht (27.06.) heruntergespielt, „weil sich die Arbeiter über die berechtigte Unzufriedenheit (nur) einmal gründlich Luft machen wollten". Demgegenüber bereitete der Protestmarsch einer Schlagenthiner Gruppe mit ihrem Schrei vor der Genthiner U.-Haftanstalt der SED offensichtlich Bauchschmerzen und Nachdenken. Denn dieser laute Ruf nach Freilassung inhaftierter Jugendlicher und anderer Menschen war mit Protestrufen gegen das SED-Regime und seine Justiz verbunden, er ging über die ökonomischen Forderungen der Arbeitnehmer in den Betrieben hinaus und ist als ein politisches Willensbekenntnis zu werten. In der Tat hatte die Inhaftierung von sogenannten Saboteuren, Brandstiftern und Regimegegnern seit Ende 1952/Anfang 1953 zugenommen. Die SED-Kreisleitung kam deshalb nicht umhin, die Gründe, die zur Inhaftierung führten, „durch die zuständigen Staatsorgane" überprüfen und Freilassungen vornehmen zu lassen. Nach einem Eigenbericht der SED sollen „noch mehr Freilassungen" veranlasst worden sein.

1953 erhalten einige Bauern als Reaktion auf den 17. Juni ihre Höfe wieder. Hier eine Aufnahme aus Hohenseeden.

Repressalien der Staatsmacht

Die von der Partei und Staatsmacht angestrebte sozialistische Gesellschaftsordnung mit den damit verbundenen Repressalien gegen Betriebsleiter und Inhaber von Privatbetrieben, Geschäften und selbständigen Bauern führte zu einer bis dahin unerreichten Flüchtlingswelle, von der auch der Kreis Burg betroffen war.
In der Industrie und im Bauwesen wurden ab dem 28. Mai die Löhne um zehn Prozent gemindert.
Besonders gegen die Kirche richtete sich der ideologische Kampf des Regimes. Am 28. April erklärte das Ministerium des Inneren die „Junge Gemeinde" zu einer illegalen Organisation. Bereits am 18. April setzten sich die FDJler der Burger Oberschule in einer sehr lebhaften Diskussion mit „den wahren Absichten der illegalen Organisation der Jungen Gemeinde, die dem Verbrechen dient", auseinander. Selbst der Bezirksvorsitzende der CDU, Broßmann, setzte sich in einem Kommentar dafür ein, die Bestrebungen der kirchlichen Jugendarbeit im Keime zu ersticken.
Durch die Ankündigung des „Neuen Kurses" der Partei und Staatsführung, die die getroffenen Maßnahmen als Fehler bezeichnete und deren Rücknahme in Aussicht stellte, wurden Hoffnungen geweckt, das Vertrauen in die Regierung aber blieb bei weiten Teilen der Bevölkerung gebrochen. Am 17. Juni, dem Tag des Volksaufstandes in der DDR, blieb es, abgesehen von Arbeitsniederlegungen und einigen Zwischenfällen, im Kreisgebiet ruhig. Der Befehlshaber des sowjetischen Militärkommandos für den Bezirk Magdeburg verhängte den Ausnahmezustand mit einer nächtlichen Ausgangssperre und einem Versammlungsverbot über drei Personen. Verstöße wurden nach dem Kriegsgesetz bestraft. In den Burger Straßen zogen bewaffnete Posten der Kasernierten Volkspolizei und der Sowjetarmee auf.

GENTHINER CHRONIK

20. Januar: Der Stahlbau Parey wird selbständiger VEB. Bisher war der Betrieb dem Stahlbau Magdeburg angeschlossen. „Für die Belegschaft ein Grund mehr, den Plan überzuerfüllen."

27. Januar: Im „Volkshaus" führt die Nationale Front eine Veranstaltung durch, der Eintritt ist frei: „Wer Rias hört, wird zum Verbrecher!"

31. Januar: Gründung der Volksmusikschule Genthin. In den ersten zwei Jahren ihres Bestehens steigt die Schülerzahl auf 200 Eleven an.

7. März: Die Presse wird beherrscht vom Tode Stalins. Die Magdeburger werden aufgerufen, einen Trauermarsch für den „Führer aller Völker" zu veranstalten. Eine FDJ-Gruppe aus Genthin schreibt „unser bester Freund und über alles geliebter Stalin". In der Führung der DDR dagegen ist die Verunsicherung groß, welchen Kurs die UdSSR einschlagen wird.

13. August: Die am 5. Mai eröffnete Ausstellung über Karl Marx besuchten bisher 7000 Genthiner, also 34 Prozent der damaligen Bevölkerung. Die Ausstellung ist noch vier Wochen geöffnet und sollte von jedem Bürger besucht werden.

15. August: Als man noch von Ost nach West reisen darf – Interzonenreiseverkehr. Am 8. August wird der Angestellten Charlotte Ruschka aus Genthin-A im VP-Kreisamt der 1000. Interzonenpass ausgestellt. Neben dem obligatorischen Glückwunsch gibt es Blumen.

21. August: Das Persilwerk errichtet in der Karower Straße ein Sechsfamilienhaus, das 1954 bezugsfertig sein soll. Betriebsdirektor Schröder nimmt den ersten Spatenstich vor.

1. September: 2000 Bürger kommen zum Festplatz am Wasserturm, um den Auftritt des sowjetischen Militärensembles zu erleben.

BURGER CHRONIK

13. April, Burg: Erfolge bei den Flugmodellbauern. Die Modelle gehen am 2. Ostertag wieder an den Start. Durch das verhältnismäßig gute Wetter sind Flüge von über drei Minuten Dauer keine Seltenheit.

2. Mai, Burg: Die Belegschaft der Burger Schuhfabrik erklärt: Wir leisten Aufbaustunden für unsere Kinderkrippe. Dazu kommen dann noch die 250 000 Mark an Investitionsmitteln. In der Krippe sollen 44 Kinder aufgenommen werden.

6. August, Wahlitz: Die Picasso-Friedenstaube krönt den Ortseingang. Wahlitz wird zum Dorf des Friedens erklärt. Über dem gelben Ortseingangsschild wird ein entsprechender Hinweis angebracht, darüber die weiße Friedenstaube.

5. September, Hohenwarte: Die Konsum-Verkaufsstelle mit dem Leiter und vier Kolleginnen ist jetzt von 8 bis 19 Uhr durchgehend geöffnet. Durch die Einführung des Schichtdienstes kann auch in den Mittagsstunden eingekauft werden.

1. Oktober, Burg: Das Bauen der Wohnungen in der Kanalstraße und Ludwig-Jahn-Straße geht zügig voran, denn das Richtfest ist für den 7. Oktober geplant.

11. November, Stegelitz: Neubauten in der LPG „Helmut Just". Nachdem die LPG neue Schweineställe errichtet hat, wird jetzt mit dem Bau eines modernen Futterhauses begonnen. 600 Schweine und 200 Kühe können somit besser versorgt werden.

13. Dezember, Burg: In Burg wird der 5. Jahrestag der Gründung der Pionierorganisation „Ernst Thälmann" begangen.

1954

Zusätzliche Massengüterproduktion

GENTHINER CHRONIK

Anfang des Jahres: Die Konsumgenossenschaft richtet in Genthin eine Großfleischerei zur Herstellung von Fleisch- und Wurstwaren für die Stadt- und Kreisbevölkerung ein (Fertigstellung 1955).

Januar: Zur Schließung von Versorgungslücken beginnen oder setzen die Betriebe die zusätzliche Produktion von Massen (Gebrauchs)-Gütern fort.

12. März: Auflösung der Dorfschule in Fienerode nach dem Tode des langjährigen Lehrers Rogge. Das Schulgebäude wird danach Konsumverkaufsstelle.

27. März: Beginn einer Konzertreihe im Union-Theater mit bedeutenden in- und ausländischen Chören und Dirigenten, darunter Kurt Masur. Die Reihe mit jährlich einem Konzert wird 1960 eingestellt.

26. Juli: Gründung der Arbeiterwohnungsgenossenschaft (AWG) „Frohe Zukunft" mit Sitz im VEB Persil-Werk und 23 Mitgliedern (1971: 500 Mitglieder).

August: Starker Regen, der zur Rettung der gefährdeten Ernte Sondermaßnahmen erfordert.

Sommer: Die Arbeiter der Stärkefabrik werden im Wettbewerb mit den Stärkefabriken der DDR Sieger.

20. September: Einführung der Konzertreihe „Stunde der Musik" in der Aula der Erweiterten Oberschule (EOS), heute Bismarck-Gymnasium, mit durchschnittlich 150-200 Abonnenten (1970/71 Ende der Konzertreihe).

Dezember: Gründung des Kreisausschusses für die sozialistische Jugendweihe und Durchführung von Jugendstunden in Stadt und Kreis. Am 8. Mai 1955 erhalten die ersten 159 Mädchen und Jungen des Kreises im Union-Theater die erste sozialistische Jugendweihe.

BURGER CHRONIK

2. Januar, Burg: Wartehalle Gummibahnhof. Nun steht sie fertig da, die Wartehalle an der zentralen Autobus-Haltestelle am Platz des Friedens in Burg. Man ist dabei, die Inneneinrichtung so schnell wie möglich fertig zu stellen.

5. März, Wahlitz: Die Bauern sind wieder auf den Feldern. Kaum sind die letzten Spuren von Eis und Schnee verschwunden, beginnt die Arbeit auf den Äckern. Heute ist in der LPG „Thomas Müntzer" der Beginn der Frühjahrsaussaat. Im Stützpunkt Menz werden zudem die ersten Mohrrüben gedrillt.

15. Mai, Kreis Burg: Durch Lotto keine Millionäre. Bekannt gegeben werden in der Tagespresse wie üblich die Gewinnquoten von den Wetten Sporttoto und Zahlenlotto. Im gesamten Kreis Burg gibt es im dritten Rang 18 Gewinner, je 35 Mark werden dafür ausgezahlt. Im Zahlenlotto gibt es fünf mal 65 Mark und in der vierten Gewinngruppe 150 Gewinner mit je 3,50 Mark.

8. Juli, Biederitz: Anerkennung für 34 Jahre Schulhausdienst. Der Hausmeister der Martin-Schwantes-Schule ist in den verdienten Ruhestand getreten. 34 Jahre lang hat er für die Kinder verantwortungsbewusst gearbeitet.

10. Oktober, Burg: In der Kindergrippe des VEB „Roter Stern" werden 50 Kleinstkinder liebevoll versorgt. Bei voller Verpflegung brauchen die Mütter nur einen Tagessatz von 0,30 Mark bezahlen.

15. November, Burg: Die Rumpelmännchenlotterie. Der Schrott-Martin dankt! Bekannt gegeben werden die Gewinnnummern aus der Verlosung der Schrottlotterie. Die Gewinne können bei der Firma W. Dannies in der Oberstraße abgeholt werden.

Das nach dem 17. Juni 1953 angeschlagene Image der DDR bringt die Führung dazu, den SED-Staat durch eine Reihe von Maßnahmen wiederherzustellen.

Auf ökonomischem Gebiet wurde zunächst der gemäßigte „neue Kurs" beibehalten. Auch auf kulturellem Gebiet gab es zur Ablenkung der Bevölkerung von ihren Alltagssorgen Neuerungen.

Schon im Dezember 1953 hatte der Ministerrat eine Verordnung über die weitere Verbesserung der Arbeits- und Lebensbedingungen der Arbeiter beschlossen (verstärkte Konsumgüterproduktion, Bildung von Arbeiter-Wohnungsbau-Genossenschaften – AWG –, Aufbau des betrieblichen Erholungswesens u.a.). So waren die ersten Ausgaben der Tagespresse mit solchen Schlagzeilen wie „Dem Volke mehr, bessere und billigere Konsumgüter" und Betriebsverpflichtungen bzw. Auflagen gefüllt.

Am 28. August erfolgt der Einsatz eines der ersten Mähdrescher vom Typ „Stalinez S 4" in Großwulkow. Der Mähdrescher war trotz drohenden Regens im Einsatz.

Neue Wohnungen fertig gestellt

Der Neubau von Wohnhäusern, der nach dem Krieg noch lange auf sich warten ließ (bis 1953), zeigte die ersten Ergebnisse. Bebauungsgebiete waren: die Hasenholztrift in Altenplathow, die Schillerstraße und Brandenburger Straße in Genthin. Während die staatlich geförderten Siedlungskomplexe Hasenholztrift mit 70 WE und Schillerstraße mit 45 WE im Laufe des Jahres fertig gestellt und bezogen wurden, konnten von den 1953 geplanten AWG-Wohnblocks zunächst nur zwei Blocks und sechs WE fertig gestellt werden, ihre endgültige Fertigstellung erfolgte erst im Oktober 1955.

Am 29. April 1954 wurde die Arbeiterwohnungsbaugenossenschaft Burg als erste AWG der DDR im Register eingetragen. Schon zwei Tage später wurde der Grundstein für die ersten Wohnungen in der Gustav-Stollberg-Straße gelegt. Unser Foto (unten) zeigt das Setzen der Richtkrone an eben diesem Haus. Viele Schaulustige, vielleicht die zukünftigen Mieter in dieser Straße, sind gekommen, um die Fertigstellung dieses wichtigen Bauabschnittes mitzuerleben. Die bezugsfertigen Wohnungen wurden am 7. Oktober der Bevölkerung vorgestellt.

Wohnungsbesichtigung der AWG.

Der VEB Stahl- und Apparatebau begann neben der Herstellung von Kohlenschütter sowie Kohlenkästen und Badeöfen mit der Produktion von Stanznägeln (aus 5 mm starkem Schwarzblech) als Ersatz für die herkömmlichen Kopf-Drahtstift-Nägel. Auch der Staatliche Forstwirtschaftsbetrieb musste in seinen Plan die zusätzliche Produktion von Gebrauchsgütern aufnehmen (Herstellung von Zaunmaterial, Kellertüren, Baududen u.a.). Hinzu kamen Auflagen zur Putenproduktion (jährlich etwa 30 t), Eierproduktion (jährlich etwa 1,7 Mill. Stück) und zum Spargelausbau.

Für den VEB Stahlbau Parey war die Produktion von „Kartoffeldämpfern" für die Landwirtschaft festgelegt. Zur Erfüllung der Planaufgaben wurde von der SED der „Wettbewerb von Mann zu Mann" und „Kollektiv zu Kollektiv" propagiert. Das Jahr 1954 sollte nach dem am 16. Januar veröffentlichten Plan der SED-Bezirksleitung „ein Jahr der großen Initiative" werden.

Ein Sommertag am Elbe-Havel-Kanal

Es ist ein heißer Hochsommertag. Wer die paar Groschen für das städtische Freibad am Rande des Flickschuparkes sparen will, den zieht es hinaus zum Elbe-Havel-Kanal. Dort, wo die Ihle in den Kanal mündet, versammeln sich die Sonnenanbeter.

Die Wege an den Ufern sind in einem guten Zustand. Die Brücke, die die Ihle an deren Mündung überspannt, weist keine Mängel auf. Ein idealer Platz zum Schwimmen und Sonnenbaden. Die Burger Jugend nutzt ihn ausgiebig. Man schwimmt hinaus, hängt sich an die Beiboote der Frachtschiffe und lässt sich ein Stück mitziehen. Hat das fröhliche Treiben ein Ende, finden sich die Petrijünger ein, die, bis der Tag zur Neige geht, so manchen Fisch aus dem Wasser ziehen. Sie schätzen die Stellen, wo das Ihlewasser in den Kanal fließt, als hervorragenden Angelstandort ein. Auch die Brücke des Ihleentlasters, nahe des Burger Hafens, wird von vielen Anglern frequentiert.

Wenn die Sonne am Horizont verschwindet, machen die Schleppverbände an den Ufern des Kanals fest. Eine Weiterfahrt bei Dunkelheit ist noch unmöglich. Radar ist zwar schon erfunden, aber die alten Dampfschlepper sind damit lange noch nicht ausgerüstet. Ein Erlebnis für die Kinder ist die Brückendurchfahrt der Kanaldampfer. Musste doch der Schornstein gezogen werden, wenn eine Kollision mit der Kanalbrücke verhindert werden soll. Es ist dunkel. Irgendwo beenden die Melodien, gespielt auf einem Schifferklavier, das harte Tagewerk der Schifferfamilien.

Bekleidet als erste Frau in der Zeit von 1953 bis 1957 das Amt des Genthiner Bürgermeisters: Ella Jörgen (l.), hier mit Fahrer und Sekretärin. (Repro: Museum)

Ein neues Kreiskrankenhaus für Burg

1955

Das nach Auflösung des Reservelazaretts 1945 in der Diesterwegschule untergebrachte internistische Stadtkrankenhaus bietet nicht gerade günstige Arbeitsbedingungen.

Im Jahre 1955 erfüllt sich endlich der Wunsch nach einem neuen Kreiskrankenhaus, hier im Rohbau.

Außerdem wurde es wegen der steigenden Schülerzahl dringend wieder für Schulzwecke benötigt. Aus diesen Gründen war beabsichtigt, auf dem Gelände des 1913 errichteten Kreiskrankenhauses, des ersten im Bezirk Magdeburg nach dem Kriege, Krankenhausneubauten zu errichten und den bestehenden Gebäudekomplex an der August-Bebel-Straße wesentlich zu erweitern. Am 7. Juli erfolgte unter Anteilnahme der Bevölkerung die feierliche Grundsteinlegung (Bild rechts) durch den stellvertretenden Landrat Hubert Meurer.
Der Rohbau (Bild oben) sollte bis zum Jahresende fertig gestellt sein. Doch die Investitionen in die medizinische Versorgung der Bevölkerung beschränkten sich nicht nur auf den öffentlichen Bereich. Im gleichen Jahr wurden in elf mittleren Betrieben Gesundheitsstuben und im Kies- und Betonwerk Gerwisch eine Schwesternsanitätsstelle eingerichtet. Durch einen Neubau wurde die Arztsanitätsstelle im VEB Walzwerk erheblich verbessert. Besonders Arbeiter hatten dadurch kurze Wege zum Arzt. Das System der betrieblichen Gesundheitsfürsorge wurde bis zum Ende des Staates beibehalten, oft noch ausgebaut.

Landrat Hubert Meurer zur Grundsteinlegung des Kreiskrankenhauses.

Die Genthiner Werft entwickelt den Z-Antrieb

In der Werft wurde der Z-Antrieb entwickelt. Durch diese Entwicklung wurde es möglich, einen Großteil der antriebslosen Schleppkähne zu motorisieren und die Leistungsfähigkeit der Binnenschifffahrt zu steigern.
Die Motoren wurden am Heck des Kahns montiert, der Antrieb wurde über eine z-förmige Welle auf die Schrauben übertragen, durch die auch die Steuerung des Hahnes erfolgte.
Dieses System war nur eine Übergangslösung bis zum Bau der Motorgüterschiffe und der Schubschiffe. Beim Bau der Kanalschubschiffe auf der Roßlauer Werft wurde das Genthiner System mit Erfolg übernommen.

Die auf der Genthiner Werft im Jahr 1955 entwickelte Z-Antriebsanlage. (Foto: Stadtarchiv Genthin)

Internat wird eingerichtet

Es erfolgte eine verstärkte Ausbildung von Jugendlichen für die Landwirtschaft. Zu diesem Zweck wurde im Volksgut Jerichow im Februar für weibliche Lehrlinge ein Internat eingerichtet. Bereits in jenen Jahren war die Mehrzahl der Schulabgänger bestrebt, einen Lehrberuf in der Industrie zu ergreifen. Die Arbeit in der Landwirtschaft war schwer, von der Witterung abhängig und ging vielfach über die geregelte Arbeitszeit hinaus.

Kritik an SED-Kreisleitung

Am 19. März fand eine Kreiskulturkonferenz im HO-Volkshaus statt. Dabei wurde scharfe Kritik an die Adresse der SED-Kreisleitung gerichtet.
Von 280 geladenen Kulturschaffenden erschienen nur 90. Teilnehmer konnten nur von Teilerfolgen berichten.

Märchen aufgeführt

Der dramatische Zirkel des Persil-Werkes brachte am 22. Januar das Märchen „Die Bremer Stadtmusikanten" zur Aufführung.

Im August erfolgte die Instandsetzung des Genthiner Wasserturms durch die Bau-Union. Zu diesem Zweck wurde ein Gerüst mit 13 Etagen errichtet. Gleichzeitig wurde die Wohnung eingebaut, in der heute der Kunstverein sein Domizil hat. (Repro: Museum Genthin)

GENTHINER CHRONIK

8. Januar: Abschluss der „Festtage des Buches". Kreisbibliothekar Conrad kann 123 richtige Lösungen registrieren. Der erste Preis ist ein Radio, der zweite ein Fotoapparat und der dritte eine Armbanduhr. In jener Zeit wird viel gelesen und Radio gehört und die menschlichen Kontakte untereinander sind enger, sowohl in Ost wie in West.

11. Januar: Dem Korbweidenanbau im Kreis muss mehr Beachtung geschenkt werden, ist in der Zeitung zu lesen. Der Hintergrund: Der Rohstoffbedarf für die verarbeitende Industrie kann nicht gedeckt werden. Für die Fiener-Gemeinden werden deshalb Pläne ausgearbeitet.

20. Januar: Richtfest an den ersten zwei Wohnblöcken mit je sechs Wohneinheiten der Arbeiterwohnungsbaugenossenschaft (AWG) „Frohe Zukunft" des Persil-Werkes am VPKA in der damaligen Dimitroffstraße (Magdeburger Straße), die im Oktober bezogen werden.

1. Juni: Feierlichkeiten zum Tag der Volkspolizei. Der Leiter des VPKA, Genosse Bührs, beglückwünscht seine Mitarbeiter zur Beförderung. Der Tag wird öffentlich gefeiert, um das Ansehen der VP, das durch den 17. Juni 1953 gelitten hat, in der Bevölkerung zu heben.

19. Juli: „Unser Stadtpark ist keine Schönheit", schreibt die Presse. Unter dieser Schlagzeile wird der Zustand des „Genthiner Volksparks geschildert. „Die Wege schlammig, die Gräben modrig, der Teich verschilft, auf dem Rasen meckern Ziegen und eine zerstörte Brücke" ziert den Park.

BURGER CHRONIK

10. Februar, Möser: Jahr für Jahr werden Geldmittel ausgegeben, um den Sportplatz in Ordnung zu halten. Benutzt wird er aber nicht, weil er so weit ab liegt. Die Kinder spielen verbotenerweise auf dem Holzplatz und deshalb weiden jetzt Kühe auf dem Sportplatz.

5. März, Parchau: Wer da meint, die Parchauer hätten keinen Humor, der kennt ihren Karneval nicht. Die ganze Narrengemeinde hat sich zum frohen Treiben auf dem Dorfplatz versammelt.

12. Mai, Rietzel: Als sich am 4. April 1953 sieben Bauern zu einer LPG zusammenschlossen, hatten sie nur wenige Tiere. Heute besitzen sie 176 Schweine und 16 Sauen, 37 Kühe, 59 Rinder und 225 Legehühner.

10. Juni, Burg: Arbeitskräfte gesucht. Der Konsumkreisverband stellt mehrere Bäcker und Fleischer für seine Produktionsvertriebe ein.

Kreis Burg: Die Zahl der Plätze in Kinderkrippen wird von 175 auf 228 erhöht.

3. September, Burg: In den Räumen der Stadtschänke (heute Logenhaus) in der Zerbster Straße wird die erste „Fernsehstube" eröffnet. Nun haben die Burger auch die Möglichkeit, täglich von 20 bis 22 Uhr das Programm aus Adlershof zu sehen. Vorher stand ein spielender Fernseher im Schaufenster der HO in der Schartauer Straße, es kam zu Verkehrsbehinderungen.

8. Oktober, Burg: In Vorbereitung auf die Jugendweihe 1955/56 treffen sich im Festsaal des Heimatmuseums 300 Schülerinnen und Schüler mit ihren Eltern.

20. Dezember, Gübs: Frischer Spargel zum Weihnachtsfest. Friedrich Sanftenberg erntet von einigen Spargelpflanzen zwei Kilogramm frische Stangen von guter Qualität. „Kann hieraus eine Mitschurinmethode entwickelt werden?", fragt der pfiffige Landmann.

1956

GENTHINER CHRONIK

Januar: Zu Wilhelm Piecks 80. Geburtstag wird an die Adresse der Genthiner Bevölkerung ein Appell gerichtet. „Das schönste Geburtstagsgeschenk, das wir unseren Präsidenten übermitteln können, ist der Einsatz aller Kräfte zur Erfüllung und Übererfüllung der Pläne beim Aufbau des Sozialismus und zur Stärkung der DDR", appelliert das Bezirksorgan der Partei.

25. Februar: Die Röntgen-Reihenuntersuchung beginnt in Genthin. Sie wird Pflicht für jeden Einwohner ab dem 6. Lebensjahr. Wer sich der Untersuchung entzieht, wird zu einem anderen Termin in einen anderen Ort zur Nachbehandlung vorgeladen.

März: 3. Bezirksdelegiertenkonferenz der SED. Im Mittelpunkt steht die Erhöhung der Arbeitsproduktivität.

10. April: die Molkereigenossenschaft Redekin wird Bezirkssieger im Wettbewerb der Molkereigenossenschaften.

17. April: Tucheim ist die Gemeinde im Kreis, so meldet die Volksstimme, in der es die meisten Fernsehapparate gibt. Bisher, so heißt es, sind 18 Einwohner der Gemeinde Besitzer eines Fernsehapparates.

16. Juni: Anlässlich des 10. Jahrestages des Bestehens volkseigener Betriebe verpflichtet sich der VEB Stahlbau Parey, noch im laufenden Jahr 1956 das Gütezeichen „S" im Brückenbau zu erreichen.

August: Chemie-Kegler nehmen an den DDR-Meisterschaften im Bohle-Kegeln teil.

1. September: Eine Mittelschule nimmt in Parey ihre Arbeit auf.

4. Oktober: Die Feuerwehr Bergzow feiert ihr 50-jähriges Bestehen mit einem großen Festprogramm.

BURGER CHRONIK

6. Januar, Burg: Die Wartehalle für den Omnibusverkehr am Platz des Friedens wird durch einen Anbau erweitert. Der Mangel, dass bisher die Toilettenräume fehlten, wird durch diesen Anbau beseitigt. Die Mittel für das stille Örtchen werden vom VEB Zahlenlotto gestellt.

26. März, Gommern: Neue Einkaufsmöglichkeiten. In der Nordhauser Straße (Siedlung) in Gommern gibt es eine Neueröffnung einer Verkaufsstelle für Textilien und Haushaltswaren. Dieser HO-Industriewarenladen ist durchgehend von 8 bis 18 Uhr geöffnet.

2. Mai, Biederitz: Viele Pioniere. 85 Prozent tragen das blaue Halstuch. In der Martin-Schwantes-Schule tragen 22 neue junge Pioniere ihr blaues Halstuch, jetzt sind 85 Prozent der Schüler Pioniere.

7. Juli, Friedensau: Das Eiersoll ist erfüllt, die landwirtschaftlichen Betriebe in Friedensau haben bereits vor etwa sechs Wochen ihr Eiersoll 100-prozentig erfüllt.

17. Juli, Schermen: Unsere Rapsflächen sind gemäht, von insgesamt 1,75 ha ist der Raps geerntet. Anschließend wird gleich die Schälfurche gezogen, auch bis in die Nacht hinein, denn schon bald soll die Zwischenfrucht in den Boden.

23. Oktober, Burg: Kollege R. Bamberg, der beim Großhandelskontor für Kurzwaren in Burg arbeitet, ist seit 50 Jahren Mitglied in der Gewerkschaft. Neben der Ehrennadel erhält er eine Prämie von 100 Mark.

7. Dezember, Möser: An zwei Tagen haben freiwillige Helferinnen eine große Verkaufsmesse gestaltet. Diese erbrachte einen Umsatz von 15 000 Mark.

Patienten dankbar für Versorgung

Für den Aufbau des angestrebten sozialistischen Gesundheitswesens werden auch im Kreis Burg beträchtliche Mittel gebraucht.

Zur Verbesserung des Gesundheits- und Sozialwesens des Kreises Burg wurden allein 1956 Investitionsmittel von insgesamt 2 871 600 Mark (Ost) zur Verfügung gestellt. Davon entfielen 1 871 500 Mark für den Neubau des Kreiskrankenhauses, von dem das Infektionshaus bereits fertig gestellt worden war. Bis zur endgültigen Fertigstellung in den nächsten Jahren bestand daneben noch das im Schulgebäude in der Karl-Marx-Straße untergebrachte Stadtkrankenhaus mit der inneren Abteilung. Die Chirurgische Abteilung unter Leitung des ärztlichen Direktors Dr. Röse zeichnete sich durch eine klare Linie und feste Zielsetzung in der Arbeit aus. Die reichen Erfahrungen des Chefarztes strahlten auf seine ärztlichen Mitarbeiter ebenso aus wie auf das Pflege- und Heilhilfspersonal.

In der Medizinischen Klinik entwickelten der Chefarzt Dr. Häcker und der Oberarzt Dr. Jäger eine sehr beachtliche Initiative. Die Anwendung neuer, moderner Methoden in der Diagnostik wirkte sich erfolgreich aus. Die Patienten äußerten sich übereinstimmend sehr positiv sowohl über die ärztliche Versorgung als auch über die Verpflegung.

Telegrafenamt neben der Post

In dieser Zeit gibt es nur wenige private Telefonanschlüsse, das Telefonnetz wird besonders für Behörden und soziale Betriebe erweitert, so dass der Platz im alten Postamt Burg sehr beengt wird. Gleich neben dem Postamt in der Kammacherstraße wird gebaut. Die Veränderungen und die Automatisierung des Fern- und Ortsgesprächnetzes erfordern einen Kostenaufwand von 1,7 Millionen Mark.

Bus mit „Schaukel"

Der sogenannte Burger „Gummibahnhof" war der Ausgangspunkt mehrerer Omnibuslinien in den Kreis Burg. Um mehr Fahrgästen eine Mitfahrt zu ermöglichen, wurde an die Busse ein Busanhänger gekoppelt. Besonders die damaligen Schulkinder können sich noch gut an diese „Schaukel" erinnern, denn der Zustand der Straßen verlangte mitunter von den Fahrgästen einen guten Magen, um nicht „seekrank" zu werden.

Der Burger „Gummibahnhof"

Jugendheim in Redekin wird übergeben

In Redekin wurde zum 1. Mai ein lang ersehntes Versprechen eingelöst: Das Jugendheim im Ort wurde endlich übergeben. Eigentlich sollte der Bau bereits zwei Jahre zuvor fertig gestellt sein.

Siegfried Lefanczik wird „Meister des Sports"

Siegfried Lefanczik aus Tucheim erhielt in Berlin am 2. Februar den Titel „Meister des Sports".

Er konnte seinerzeit auf beachtliche sportliche Erfolge verweisen. So wurde er im Jahr 1955 DDR-Meister im 10 000-Meter-Bahngehen mit 46 Minuten und 18 Sekunden. Seine Jahresbestzeit für die gleiche Strecke lag bei 44 Minuten und 49,2 Sekunden. Seine beste Zeit für die 20-Kilometer-Strecke betrug 1 Stunde, 36 Minuten und vier Sekunden.

Siegfried Lefanczik sportliche Leistungen wurden stets ausführlich in der Zeitung gewürdigt.

Grundsteinlegung für das HdW

Im April erfolgte im VEB Persil-Werk die Grundsteinlegung für das spätere „Haus der Werktätigen".

In das Fundament wurde eine Kassette eingemauert, die eine Vielzahl von Dokumenten enthielt: eine Urkunde, je ein Exemplar des „Neuen Deutschland", der „Volksstimme" und der „Tribüne" vom 5. April 1956, die Betriebszeitung „Fanfare", die seinerzeitigen Münzen zu 1, 5, 10 Mark und 50 Pfennig, die Mai-Plakette mit Mai-Nelke, die Erinnerungs-Plakette zum 10-jährigen Bestehen der FDJ, je ein Sportleistungsabzeichen in Bronze und Silber und eine Festplakette zum Turn- und Sportfest in Leipzig.

Vor Wohnungsbau steht Ziegelklopfen

1957

Die Burger Arbeiter-Wohnungsbau-Genossenschaft errichtet Mehrfamilienhäuser im Neubaugebiet zwischen der August-Bebel-Straße und der Gustav-Stollberg-Straße, wo nach der Planung neue Straßenzüge – bisher noch ohne Namen – entstehen.

In diesem Jahr wurden mit Hilfe der Bevölkerung und der Mitglieder der Trägerbetriebe von der Genossenschaft 57 Wohneinheiten bezugsfertig. Die vorgesehenen Bauaufgaben mussten unter sparsamster Verwendung von Baustoffen erfüllt werden. Auch dabei war das Hauptaugenmerk auf die Gewinnung örtlicher Reserven zu lenken. So wurden die noch vorhandenen Betonbrocken vom ehemaligen Flughafen Waldfrieden und die Fundamente des früheren Berlin-Burger Eisenwerkes an der Kanalstraße der Bauwirtschaft zur Verwendung zugeführt. Auch in Gommern sollten die baulichen Reste der ehemaligen Zuckerfabrik für den Aus- und Neubau von Wohnungen Verwendung finden. Der im Kalksandsteinwerk anfallende Bruch sollte wie auch die an den Ackerwegen liegenden Feldsteine zur Verbesserung der Straßenverhältnisse dienen.

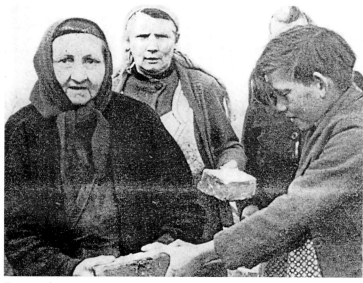
Trümmerfrauen in Gommern. Die Ziegel der demontierten und abgerissenen Zuckerfabrik werden für den Wohnungsbau gebraucht.

Am 25. Januar wurde Richtfest am Haus der Werktätigen in Genthin, HdW, des Waschmittelwerkes gefeiert. (Hier eine Aufnahme, die den Neubau kurz nach dem Richtfest zeigt.) Kurz danach wurde mit dem Innenausbau begonnen. Es wurde jedoch nicht garantiert, dass der Bau noch in diesem Jahr fertig gestellt würde, da der Wohnungsbau in Genthin Vorrang hatte.
(Foto: Stadtarchiv Genthin)

Zapfsäulen am Berliner Turm

Im Verlaufe der letzten Jahrzehnte hat sich das Burger Stadtbild nicht verändert, nur kleine Details zeigen dem Betrachter, aus welcher Zeitperiode die Fotos oder Ansichtskarten sind. Auf dieser Ansichtskarte von 1957 stehen vor dem Berliner Turm zwei Tanksäulen von MINOL.

Fast vergessen ist die Zeit der Straßentankstellen. Minolsäulen standen 1957 noch am Berliner Tor in Burg.

Aus dem Persil-Werk wird der VEB Waschmittelwerk

Durch den Minister für chemische Industrie wurde das Persil-Werk am 31. Oktober in VEB Waschmittelwerk umbenannt. Eine Meldung aus jenen Tagen, die typisch werden sollte für die Produktionsdurchführung im Werk bis zur Wende; „Angestellte helfen in der Produktion". Ein Alptraum für alle Abteilungsleiter, wenn es darum ging, Arbeitskräfte abzustellen.

Brauerei Genthin wird „70"

Die Genthiner Brauerei beging in dem Jahr ihren 70. Gründungstag. Seit dem 1. Juli 1956 arbeitete sie mit staatlicher Beteiligung. Die hier produzierten Biere und Limonaden hatten eine gute Qualität.

Genossenschaft in Tucheim

Am 14. Januar erfolgte die Gründung einer Meliorationsgenossenschaft in Tucheim. Ihr gehörten 140 Mitglieder an, auch die abgabepflichtigen Betriebe sollten ihr beitreten.

GENTHINER CHRONIK

1. Januar: Die als Ortsteil zu Genthin gehörenden Gemeinden Brettin, Mützel und Roßdorf werden wieder selbständige Gemeinden.

12. Januar: Einführung der 45-Stunden-Woche auf sechs Tage durch einen Beschluss des Ministerrates. Ab 1. Februar sollen alle Betriebe des Schwermaschinenbaus damit beginnen, auch der Stahlbau Parey.

22. März: Freiwilliger Arbeitseinsatz zur Errichtung eines Schießplatzes hinter dem Genthiner Friedhof als Beitrag zur Erfüllung des Jugendplanes. „Leider schickten die FDJ und die GST keine Mitglieder", so die enttäuschten Verantwortlichen.

11. April: In Genthin wird den Hausfrauen der Schnellkochtopf praktisch vorgeführt. Ein Essen mit drei Gängen kann innerhalb weniger Minuten serviert werden.

1. Mai: Der Pareyer Bürgermeister Otto Böhm übergibt den fertig gestellten Kultursaal an die Nutzer. Die Bauleistungen werden von Fachleuten auf 360 000 Mark geschätzt.

3. Juni: Alkohol am Arbeitsplatz ist verbreiteter als man bisher annahm. Unter Alkohol fährt ein Traktorist aus Fienerode den Traktor der MTS Dretzel in ein großes Loch. Der Sachschaden: 1000 Mark.

9. Juni: 45 Abgeordnete und 24 Nachfolgekandidaten nehmen im neugewählten Genthiner Stadtparlament ihre Arbeit auf. Neuer Bürgermeister wird Fritz Stompe.

18. Oktober: In Parey kann der Schlosser und Mechaniker Wilhelm Schüssler auf das 100-jährige Bestehen seines Betriebes zurückblicken.

BURGER CHRONIK

6. Februar, Gerwisch/Theeßen: Die richtige Wohnraumlenkung ist nicht leicht. Keine Angelegenheit wird so stark diskutiert wie das Vergeben von Wohnungen. Eine helfende Wirkung in dieser Angelegenheit verspricht man sich von den Wohnungskommissionen.

20. März, Küsel/Theeßen: Die kürzlich in Theeßen gegründete Meliorationsgenossenschaft wird jetzt auf Küsel erweitert.

12. Mai, Burg: „Von einst und jetzt" – wieder einmal hat das Schul- und Heimatmuseum zu einer Ausstellung eingeladen. Besonders die Schüler der 5. Klassen bestaunen die Produktionsgeräte unserer Vorfahren.

14. Juni, Burg: Drei „Billige-Ware-Läden" (Bi-Wa-Läden) werden in Burg eröffnet. Die HO und der Konsum verkaufen Industriewaren zu stark herabgesetzten Preisen. Die ersten Tage zeigen, dass mit der Einrichtung dieser Läden etwas Richtiges getan wurde.

3. September, Wörmlitz: Im alten Gemeindehaus wurde im NAW ein neuer Kindergarten mit fünf Räumen geschaffen. Die Kinder sind hier gut aufgehoben.

4. November, Lühe: Auch der Ortsteil Lühe hat jetzt wieder eine Gaststätte. Die bislang ungenutzte Gaststätte wurde vom Konsum wieder hergerichtet, hier gibt es Speisen und Getränke, auch gutes Feldschlößchen Bier. Der Saal soll auch eingerichtet werden.

17. November, Burg: Aufgrund der Baufälligkeit wird der Turmaufsatz der Pestalozzischule abgenommen. Beim Absturz bleibt dieses Bauteil mit der Spitze im Boden stecken, was einige Schaulustige anzieht.

12. Dezember, Vehlitz: Die Werktätigen der Ziegelei haben 100 000 Ziegelsteine über den Plan hergestellt. Auch der Plan Dränagerohre wird übererfüllt.

1958

GENTHINER CHRONIK

3. Januar: Berufswahl 1958: „Ziegler – ein guter Beruf". Es wird darauf verwiesen, dass in Parey die Tonvorkommen für mindestens 100 Jahre reichen und die Ziegeleien erweitert werden.

15. Januar: Der Zentralrat der FDJ ruft alle Verbände auf, sich an der Bewegung zum Strom sparen „Blitz kontra Wattfraß", zu beteiligen. Hier geht es um das Abschalten von E-Geräten in den Spitzenzeiten.

20. Januar: Gründung der PGH „Orthoban" mit sieben Mitgliedern. Sie produziert orthopädische Erzeugnisse.

13. Februar: Diskussion um die Gestaltung der Grünanlagen vor dem Bahnhof durch eine Leipziger Gartenbaufirma. Diese Entwürfe können von der Gestaltung als gelungen bezeichnet werden, kommen jedoch nie zur Ausführung. (Sie befinden sich heute im Stadtarchiv.) Ein weiterer Schwerpunkt ist die Pflege der Grünanlagen am Stalinplatz (Platz des Friedens).

21. März: Das 33. Plenum des ZK der SED legt für die Landwirtschaft den verstärkten Bau von Rinderoffenställen fest. Dieser Stalltyp ist unter den Bauern von Anfang an umstritten und setzt sich nie richtig durch. Mit den Vorarbeiten wird sofort in folgenden LPG begonnen: Seedorf, Genthin-A, Parey, Demsin, Güsen, Großwulkow, Kade und Karow.

20. Mai: Der Schriftsteller Martin Selber liest vor etwa 200 Genthinern aus seinen Werken.

23. September: Nach zweieinhalbjähriger Bauzeit wird das HdW des Waschmittelwerkes seiner Bestimmung übergeben. In dem 1,2 Millionen Mark teuren Bau werden von nun an alle größeren Kulturveranstaltungen der Stadt durchgeführt.

BURGER CHRONIK

9. Januar, Burg: Nach Umstellungen im Produktionsablauf des Hauptbetriebes wird das als „Bierkeller" bekannte Ausflugslokal Produktionsstätte der Burger Bekleidungswerke.

7. Februar, Pabsdorf: Für die Bewohner des Ortes finden Landfilmvorstellungen statt. Die Kinder beklagen sich, dass sich das Filmangebot zu oft wiederholt.

5. März, Kreis Burg: 14 Offenställe werden heute gerichtet, an fünf weiteren ist mit den Bauarbeiten begonnen worden.

24. März, Burg: Bei einem legendären Ausbruch aus dem Burger Gerichtsgefängnis kommt der im 59. Lebensjahr stehende Wachtmeister Josef S. ums Leben.

7. September, Burg: Sonntagmorgen werden auf dem alten Friedhof und am Nachmittag auf dem neuen Friedhof Mahnmale für die Burger Widerstandskämpfer geweiht.

7. Oktober, Gommern: In der Stadt wird die erste sozialistische Namensgebung durchgeführt.

10. Dezember, Stresow: Nun muss nur noch die in Fachwerk ausgeführte Buswartehalle ausgemauert werden. Beim Bau des Wartehäuschens wurden bisher 238 Arbeitsstunden von 46 Bürgern erbracht. 83 Stunden leisteten 12 Jugendliche des Lehrlingswohnheimes des Volksgutes.

17. Dezember, Niegripp: Zehn Säcke Kienzapfen sammeln die Pioniere des Ortes für alle Einwohner der Gemeinde.

23. Dezember, Burg: Der wegen der eigenwilligen Farbgestaltung der Balkone im Volksmund als Tuschkasten bekannte Neubau in der August-Bebel-Straße ist vor Weihnachten fertig gestellt worden.

Das Bildungswesen wird umgestaltet

In diesem Prozess entstehen die zehnklassigen allgemein bildenden polytechnischen Oberschulen als neuer Schultyp.

Der Umbildungsprozess der Grund- und Mittelschulen wurde in der Stadt und im Kreis Genthin bis zum 1. September 1963 vollzogen. Kernstück der neuen Schulform ist die Teilnahmepflicht der Schüler (7. bis 12. Klasse) an praktischen Arbeitseinsätzen in der „sozialistischen Landwirtschaft und Industrie".

Schon 1956 war im Kreis der Werkunterricht als Vorstufe der polytechnischen Bildung und Erziehung eingeführt worden. Mit der Umwandlung der Grund- und Mittelschulen in die zehnklassige allgemein bildende polytechnische Oberschule wurde auch das Netz der Oberschulen erweitert. Bis zum 1. September 1961 entstanden im Kreis acht Oberschulen mit je einer 9. Klasse, in denen 234 Schüler unterrichtet wurden. Mit dieser Regelung hatten Schüler der 8. Klasse mit Beginn des neuen Schuljahres die Möglichkeit zum Besuch der EOS.

Neue Technik in der Kommunalwirtschaft

Neue Technik hält am 1. März Einzug in die Kommunalwirtschaft. Genthin erhält ein neues Müllfahrzeug vom Typ Skoda – links im Bild. (Foto: Stadtarchiv Genthin)

Poliklinik wird in der Kreisstadt Burg eingerichtet

Burg. Die seit 1949 in der Villa Berliner Straße stationierte Poliklinik hatte nach erfolgreichen Jahren des Bestehens räumliche Schwierigkeiten. Die gewachsenen Aufgaben in der Heilbehandlung erforderten für die kommenden Jahre eine großzügigere Unterbringung. Der Rat des Kreises hatte der Einrichtung das schon im vergangenen Jahr von der Abteilung Finanzen geräumte ehemalige Finanzamt in der Straße der III. Weltfestspiele 23 (Bahnhofstr.) zur Verfügung gestellt. In diesem Gebäude konnten alle poliklinischen Außenstellen mit Ausnahme der Zahnabteilung untergebracht werden. Die Tbc-Beratungsstelle (Bethanienstraße) war in den Räumen der Ärzteberatungskommission (Hintergebäude der SVK) stationiert, so dass auch hier eine räumliche Zusammenlegung und technische Verbesserung erfolgte. Nach dem Auszug der Abteilung Gesund-

In dieses Gebäude der Bahnhofstraße in Burg, damals Straße der III. Weltfestspiele, zieht 1958 die Kreispoliklinik.

heitswesen aus dem Gebäude in der Bethanienstraße konnte jetzt das Haus für die Erweiterung des schon bestehenden Feierabendheimes genutzt werden.

Lebensmittelkarten abgeschafft

Die Volkskammer beschloss am 28. Mai die Abschaffung der Lebensmittelkarten und die Herstellung eines einheitlichen Preisniveaus.

Für eine Reihe von Lebensmitteln und Industriewaren wurden die Preise gesenkt. Gleichzeitig wurden Lohn- und Gehaltserhöhungen, vor allem für die unteren Einkommensklassen, vorgenommen. Zum einen waren die Maßnahmen Ausdruck einer Aufwärtsentwicklung der Industrie und der damit verbundenen Leistungen, zum anderen setzte in der BRD das Wirtschaftswunder ein – mit einer rasanten Entwicklung, die alle Teile des gesellschaftlichen Lebens berührte.

Bereits in jener Zeit wurde erkennbar, darin sind sich heute die Wirtschaftshistoriker einig, dass die DDR in der wirtschaftlichen Entwicklung gegenüber der BRD zurückblieb.

Lebensmittel-Grundkarte (Repro: Herbert Westphal)

Ausstellung „10 Jahre DDR"   1959

Zur Propagierung der politischen Entwicklung und Leistungsstärke der DDR fordert die SED-Führung von den Kreisen die Durchführung von Ausstellungen/Leistungsschauen.

Auch das Kreisheimatmuseum Genthin blieb von dieser Forderung nicht verschont und musste nach einem vorgelegten Plan in seinen Räumen eine Ausstellung „10 Jahre DDR" an Hand der regionalen Entwicklung durchführen. Auch die Betriebe waren aufgerufen, sich mit ihren Entwicklungen und ihren Produkten in der Ausstellung zu präsentieren. Weil der Platz für diese Form der Präsentation nicht ausreichte, wurde die Leninstraße (heute Dattelner Straße) in eine Schaustraße umfunktioniert, wo die Betriebe der Landwirtschaft und Industrie ihre Produkte zeigten.

Auch die Deutsche Reichsbahn (DRB) hatte ihren Anteil zu leisten und brachte auf den Kleinbahngleisen umgebaute und neu entwickelte Eisenbahnwagen zur Aufstellung. Der Aufbau der Ausstellung dauerte bis in die frühen Morgenstunden des 6. Oktober, um sie termingerecht an den Eröffner (Vertreter der SED KL) übergeben zu können. Als Anerkennung für die erbrachten Leistungen beim Aufbau der Ausstellung (2. Platz im Bevölkerungsmaßstab) erhielt das Museum Genthin vom Rat des Bezirkes 100 Mark, die allerdings nicht für die Mitarbeiter, sondern für die Anschaffung von Fachliteratur gedacht waren.

In der Leninstraße (heute Dattelner Straße) stellten Betriebe aus – hier landwirtschaftliche Gefährte.

Das untere Foto zeigt Damenmode, die in der Kleiderfabrik Thomas Pruski, Genthin, hergestellt und u.a. in der Ausstellung „10 Jahre DDR" gezeigt wurde. Pruski, der 1945 aus Berlin nach Genthin übergesiedelt war, fertigte hauptsächlich Mäntel, Kostüme und Damenhosen an. Im Januar wurde der Betrieb halbstaatliches KG-Unternehmen und war neben der KG Kleiderfabrik Paul Glaw (Mädchenkleidung) und der KG-Kleiderfabrik Karl Dunker (Knaben-Oberbekleidung) ein wichtiger Kleinbetrieb, der half, Versorgungslücken zu schließen. (2 Fotos: Kreismuseum)

Leistungsfähigkeit der Landwirtschaft gefördert

Die Hauptaufgabe der Landwirtschaft auch im Kreis Burg war die Versorgung der Bevölkerung mit Lebensmitteln. Vorangetrieben wurde die Spezialisierung in der Landwirtschaft auch im züchterischen Bereich – zum Beispiel in der Schweinezucht. Zuchtsauen präsentierten Ursula Stöckly und Adolf Meinke in der LPG „Erich Weinert" in Wallwitz.

Um in der landwirtschaftlichen Produktion höhere und stabilere Erträge einbringen zu können, war ein umfangreicher Maschinenpark notwendig. Hierbei spielten Zugmaschinen eine wichtige Rolle. In der MTS Königsborn wurden mehrere IFA-Schlepper von Landwirten begutachtet.

Der trockene Sommer machte der Landwirtschaft des Kreises sehr zu schaffen. Im ganzen Jahr fielen nur 373 mm Niederschlag (die schon geringe Jahresdurchschnittsmenge unserer Gegend beträgt 500 mm).

Ursula Stöckly und Adolf Meinke in der LPG Wallwitz.

IFA-Raupenschlepper in der MTS Königsborn.

GENTHINER CHRONIK

5. Januar: Unzufriedenheit mit der Leistung des Betonschwellenwerkes in Güsen. Statt der geplanten 2200 Schwellen pro Tag erreicht es nur 500 Schwellen.

8. Januar: Ankündigung in der Presse für den 23. bis 29. Januar: Im Union-Theater wird der Film „Das Lied der Matrosen" gezeigt. Ein Film über die Novemberrevolution.

19. Januar: „Mehr Kultur auf die Dörfer", zu diesem Zweck soll der Landfilm verstärkt eingesetzt werden. Der Film „Jahrgang 21", ein Antikriegsfilm, wird gerade auf der Tour 3 gezeigt. Über die Zuschauerresonanz wird nichts gesagt.

21. April: Ein Jahr städtische Müllabfuhr in Genthin. Diese nützliche und notwendige Einrichtung fuhr in einem Jahr 3720 Kubikmeter Müll ab.

3. Mai: Magdeburg ist erstmals Etappenziel während der Internationalen Friedensfahrt. Erwachsene und Kinder säumen die Straßen bis hin zum Ernst-Grube-Stadion, wo die Radrennfahrer von mehr als 50 000 Zuschauern erwartet werden. Überall ist der Ruf „Täve! Täve!" zu hören. Gustav Adolf Schur – „Täve" – kommt als 4. ins Ziel. Etappensieger wird der Belgier René Vanderveken.

19. Mai: Die Deutsche Post appelliert an die Hausbesitzer von Mehrfamilienhäusern, Hausbriefkästen zu schaffen, um die Arbeit der Zustellerin zu erleichtern. Vorerst ist dies eine freiwillige Aufgabe.

26. Mai: Für den weiteren Aufbau und die Entwicklung der Stadt Genthin wird der Siebenjahrplan beschlossen. Es sind zwar weitreichende Ziele, die da gestellt werden, ihre praktische Realisierung ist die andere Seite.

BURGER CHRONIK

29. Januar, Burg: Im Konzerthaus findet ein großes Solidaritätskonzert zu Gunsten der Altmärkischen Wische statt. Es spielt das Standortmusikkorps Burg der Nationalen Volksarmee.

9. Februar, Biederitz: Ein Getreidediemen mit 500 Zentnern Stroh der LPG „Edwin Hoernle" wird durch Brandstiftung vernichtet. Der Brandstifter, der bald ermittelt wird, ist der aus Heyrothsberge stammende 22-jährige Horst B. Das Urteil fällt in einer von Agenten- und Sabotagehysterie geprägten Zeit außergewöhnlich hart aus. Der geständige Täter wird zu drei Jahren und zehn Monaten Zuchthaus verurteilt. Nach Verbüßung der Haftstrafe wird er in eine Heil- und Pflegeanstalt eingewiesen.

28. März, Magdeburgerforth: Im Ort ist mit Hilfe des NAW ein Schweinepilz (primitiver Schweinestall) errichtet worden. In ihm werden 20 Läuferschweine gemästet, deren Fleisch der Bevölkerung zusätzlich zur Verfügung gestellt wird.

23. April, Gommern: Der volkseigene und der genossenschaftliche Handel sind bestrebt, die bestmögliche Versorgung der Bevölkerung zu garantieren. Aus diesem Grunde hat die Konsumgenossenschaft die Freihauslieferung von frischen Brötchen eingeführt.

28. Oktober, Pabsdorf: Das Feierabendheim „Clara Zetkin" hat Besuch aus der Kreisstadt. Die Herren Hartmann und Lumpe erfreuen die Senioren mit musikalischen Darbietungen und humoristischen Einlagen.

2. November, Kreis Burg: Schlagzeile in der Volksstimme: „Natürlich ist der 7-Jahrplan Gesetz". In der Unterzeile ist zu lesen: „Der Eintritt in der LPG ist nach wie vor freiwillig".

1960

„Sozialistischer Frühling" im Dorf

Ein Höhepunkt des Jahres, der teilweise ganze Dörfer in Unruhe versetzt, ist eine breit angelegte Aktion zur vollständigen Einbeziehung (Kollektivierung) der privaten Einzelbauern in die LPG.

Polytechnischer Unterricht in der Landwirtschaft.

GENTHINER CHRONIK

12. Januar: Lob für das neu entwickelte Waschmittel „Milwok" des Waschmittelwerkes. Das schaumgebremste Waschmittel eignet sich besonders für Waschmaschinen mit verzinkter Trommel.

1. März: Gründung der PGH „Motor" Genthin mit 13 Handwerksmeistern und späterer Angliederung einer Trabant-Reparaturwerkstatt (1965).

18. März: Die Stadtverordnetenversammlung beschließt die Errichtung eines volkseigenen (VE) Reparatur- und Dienstleistungsbetriebes mit Wäscherei, aus der 1973 die Großwäscherei hervorgeht.

24. März: Abschluss der Kollektivierung der Landwirtschaft im Kreis. Der Umbildungsprozess wird am 16./17. April mit Veranstaltungen beendet.

1. April: Gründung der PGH des Orthopädie-Schuhmacherhandwerks „Jacob Böhme" mit zehn Mitgliedern.

18. Juli: „In Genthin halten oder nicht?" Diese Frage bewegt viele Genthiner, als sie den neuen Sommerfahrplan der Reichsbahn studieren. Die Strecke sei durch den Interzonenverkehr überlastet, so dass in Genthin bestimmte Züge nicht halten können.

14. November: Die Forderung der SED zur Schaffung von Kollektiven der sozialistischen Arbeit wird unter anderem im VEB Waschmittelwerk mit der Bildung von 119 Brigaden durchgesetzt und die Brigade Wondzak als erste und beste Brigade ermittelt.

1. Dezember: Gründung der GPG „Einigkeit" mit neun privaten Gartenbaubetrieben. Die GPG entwickelt sich zu einem anerkannten Spezialbetrieb für Baumschulenproduktion und Zierpflanzen sowie Blumenzwiebeln und Knollen.

BURGER CHRONIK

13. Januar, Burg: In der Volksstimme zieht der AWG Bilanz. Seit Bestehen der Genossenschaft sind 239 Wohnungen bezogen worden. Von den im vorigen Jahr geplanten 274 Wohnungen konnten nur 189 Wohnungen übergeben werden. Als Gründe für das Planungsdefizit gibt man an, die Takt- und Fließmethode noch nicht zu beherrschen.

10. März, Menz: Im Wettbewerb „Das schöne sozialistische Dorf" will die Gemeinde nicht nachstehen. Schon jetzt liegen Verpflichtungen über 48 000 Eier, 7000 kg Milch, eine Gans und 15 Schweine vor. Zwei Schweine sind bereits abgeliefert worden.

28. März, Kreis Burg: Im staatlichen Aufkommen von Rind und Schwein hat der Kreis einen Rückstand von 156 Tonnen.

24. April, Kreis Burg: Es findet im Rahmen des NAW ein Aufbausonntag statt. Schwerpunkt ist der Um- und Ausbau landwirtschaftlicher Gebäude sowie die Erweiterung von Stallkapazitäten.

20. September, Niegripp: Der unweit des alten Kanals liegende Bagger des VEB Kies- und Betonwerks Gerwisch fördert pro Schicht 650 Tonnen Kies. Das Fördergut wird zu den Baustellen nach Berlin und Brandenburg sowie nach Westberlin transportiert.

29. September, Burg: Auf dem Messeplatz gastiert die Aeros-Eisrevue. Das Unternehmen benötigt heute 25 Hilfskräfte bei guter Bezahlung. Betriebe, MTS LPG und Schulen sollen ihre Eintrittskarten bestellen.

13. Oktober, Parchau: Die LPG „Elbaue" und „Frohe Zukunft" werden in den nächsten Tagen mit der Kartoffelernte fertig. Zu bemerken ist, dass alle Kartoffeln mit Pferden ausgepflügt wurden.

Dabei waren zahlreiche öffentliche Bauernversammlungen organisiert, Instrukteure und Arbeitsgruppen in die Gemeinden und zu den Bauern beordert worden, um Überzeugungsarbeit zu leisten. In Schwerpunktregionen, wie zum Beispiel Tucheim, trat das Oberhaupt der SED-Bezirksleitung Alois Pisnik in Großveranstaltungen auf und versuchte den Bauern klar zu machen, dass „der Schritt vom ich zum wir" für sie die einzige Alternative sei.

Auf einer wenige Tage vor dem 23. März abgehaltenen Bauernversammlung in Paplitz erklärten 70 Bauern ihren Beitritt zur LPG. Acht Tage zuvor gab es in Paplitz noch über 90 private Einzelbauern.

Die teilweise kontroversen Auseinandersetzungen der Bauern mit den SED-Beauftragten endeten nicht immer mit Beitrittserklärungen, sondern veranlassten einzelne Bauern, in die Bundesrepublik überzusiedeln. Obwohl nicht alle Bauern den Umgestaltungsprozess mittrugen, propagierte am 24. März die Lokalpresse den „Sieg der sozialistischen Produktionsverhältnisse auf dem Lande". Am Tag der Vollgenossenschaftlichkeit bestanden im Kreis 90 Landwirtschaftliche Produktionsgenossenschaften (Typ I = 57, Typ II = 32), die 85,65 Prozent der landwirtschaftlichen Nutzfläche bewirtschafteten. Ferner gab es vier Volkseigene Güter mit 5,2 Prozent der landwirtschaftlichen Nutzfläche des Kreises. Offiziell war der Beitritt zu den LPG freiwillig und die Bauern blieben nach dem Gesetz Eigentümer des Bodens. Tatsächlich verloren die Bauern jedoch ihr individuelles Nutzungsrecht und wurden mehr oder weniger zur Kollektivierung gezwungen. Den Aufruf des FDJ-Zentralrates, „10 000 unserer Besten gehen in das vollgenossenschaftliche Dorf" (5. April), befolgten im Kreis nur 37 Jugendliche.

Kollektivierung der Landwirtschaft stößt nicht überall auf Zustimmung der Bauern

Sechs bäuerliche Betriebe aus Burg schlossen sich Anfang des Jahres zur LPG „Glück auf" zusammen. Sie bewirtschafteten zusammen 55,57 ha Acker. Aus Parchau wurde zu Jahresbeginn gemeldet, dass die LPG „Deutsch-Sowjetische-Freundschaft" auf 10 Prozent ihrer Anbaufläche Mais anbaute, das entspricht 42 ha.

Mit Beginn des Jahres verstärkte sich der Druck der Partei- und Staatsorgane auf die noch selbständig wirtschaftenden Einzelbauern, um sie zur Kollektivierung und zum Eintritt in die schon zum Teil seit 1952/53 bestehenden oder zum Zusammenschluss neu zu gründender LPG zu bewegen. Besonders bei rentabel wirtschaftenden Mittelbauern traf die Überzeugungsarbeit der Funktionäre auf Ablehnung und auch Widerstand. Es wurde von den Werbern, den Beauftragten der Staatsmacht, kein Mittel gescheut, vor allem seit Generationen bestehende Familienbetriebe zur Aufgabe ihrer Selbständigkeit und „freiwillig" zum Eintritt in die kollektiven Tierhaltungs- und Feldbaubrigaden zu bewegen.

Wieder setzte eine Fluchtbewegung vom Lande über die noch offene Grenze nach Westberlin ein. Ende März konnte die Landwirtschaft des Kreises Burg als vollgenossenschaftlich gemeldet werden. Durch die Kollektivierung entstandene Ausfälle in der Frühjahrsbestellung sollten durch die Maßnahme „Industriearbeiter aufs Land" bewältigt werden. Das aus den Ställen der Einzelbauern herausgeholte Vieh musste zum Teil in Offenställen oder Schweinehütten der Genossenschaften untergebracht werden. Im Juli wurde der Beschluss vom 8. April, in dem von Haupt- und Nebengemeinden der LPG-Zentren gesprochen wurde, aufgehoben. Ende des Jahres 1960 bestanden in der nun sozialistischen Landwirtschaft des Kreises Burg 88 Landwirtschaftliche Produktions-Genossenschaften mit 5157 Mitgliedern.

Instrukteur des Rates des Kreises während eines „operativen Einsatzes". (Foto Kreismuseum Genthin)

S. Lefanczik startet in Rom

Neben dem traditionellen Umzug fand in Genthin am 1. Mai ein Geher-Wettbewerb mit Gästen aus Dänemark, der BRD und Polen statt. Es wurden zwei Disziplinen ausgetragen: 20 Kilometer Straßengehen und 10 Kilometer Bahngehen.

Siegfried Lefanczik belegte in der ersten Disziplin den zweiten Platz.

August: XVII. Olympische Sommerspiele in Rom, an denen der Meister des Sports Siegfried Lefanczik (Tucheim/Genthin) teilnahm und sich am 20-Kilometer Gehen beteiligte. Lefanczik wurde bei Kilometer 17 disqualifiziert.

Ein Kreuz mit der Kultur

Gründung von Dorfklubs in Nielebock, Bergzow, Redekin, Derben, Zabakuck und Güsen. Im Kreis bestanden von 25 Gemeinden in zehn Orten Dorfklubs. Die Klubs sollten als Dachorganisation das kulturelle Leben, einschließlich Sport, in den Gemeinden organisieren und durchführen. Ihre Wirkungsweise war unterschiedlich. In Güsen (Gründung am 23. Januar 1960) beklagte der Vorsitzende in einem Bericht von 1961: „Gewiss, man freut sich, wenn auf dem Dorf etwas los ist, viele Menschen sind aber nicht bereit, auch eine Stunde im Monat mitzuarbeiten."

Foto links: Verabschiedung Siegfried Lefanczik durch den damaligen technischen Direktors des Waschmittelwerkes Heinicke zur Olympiade nach Rom.

1961

Erstmalig Plattenbau in Burg

In der Feldmark Unterm Hagen, wo sich vor Jahren noch Ackerland und Viehweide ausbreiteten und im Spätsommer die Jugend ihre Drachen steigen ließ, ist jetzt ein neues Stadtviertel entstanden.

Elf große mehrgeschossige Wohnblöcke wurden von den Bauarbeitern hochgezogen, nachdem vor drei Jahren der Grundstein zum komplexen Bau des neuen Stadtteils gelegt worden war. Erstmalig für Burg wandte man hier die Plattenbauweise mit Großblöcken aus dem Betonwerk Gerwisch an, ein Verfahren, das auch künftig bei Großbauten in unserer Stadt Verwendung finden sollte.

Weitere große Wohnbauten entstanden jedoch im Bereich zwischen der Holz- und der Wilhelm-Kuhr-Straße in herkömmlicher Bauweise – Stein auf Stein. So waren hier bis zum Jahr 1961 384 Zwei-Zimmer-Wohneinheiten, 268 Zweieinhalb-Zimmer und 64 2 2/2 Zimmer-Wohneinheiten, vor allem für junge Familien entstanden. Damit war aber im Norden der Stadt zwischen der hochgelegenen Oberstadt und dem Koloniefeld die umfangreiche Bebauung noch nicht abgeschlossen.

Hinter der Wilhelm-Kuhr-Straße begannen die Bauarbeiter mit dem Aushub für die Fundamente weiterer mehrgeschossiger Wohnblocks, die in den nächsten Jahren fertig gestellt und von den neuen Bewohnern bezogen werden konnten.

Und in der unteren Gorkistraße errichtete die Arbeiter-Wohnungsbaugenossenschaft Burg acht neue Garagen. Um den kommenden Strom der Pkw Trabant mit Sicherheit abzufangen, wurden seitens des AWG-Vorstandes weitere 20 Garagen aus Beton-Fertigteilen bestellt, um sie ihm kommenden Frühjahr hauptsächlich im Komplex Holzstraße aufstellen zu können.

Ulbricht: „Niemand hat die Absicht, eine Mauer zu errichten"

15. Juni: Der DDR Staats- und Parteichef Walter Ulbricht erklärt in einer internationalen Pressekonferenz zu innerdeutschen Absperrmaßnahmen: „Niemand hat die Absicht, eine Mauer zu errichten."

1. August: Die Regierung der DDR kündigt Beschränkungen im innerdeutschen Reiseverkehr an.

3. bis 5. August: Die Ersten Sekretäre der kommunistischen- und Arbeiterparteien der Mitgliedstaaten des Warschauer Paktes beraten in Moskau über Maßnahmen zur Sicherung des Friedens. Sie geben ihre Zustimmung zur Abriegelung der Fluchtwege nach West-Berlin.

9. August: In Ost-Berlin werden die Grenzgänger, die im Westteil der Stadt arbeiten, registriert.

11. August: Die Volkskammer beauftragt den Ministerrat, die auf der Tagung der Warschauerpakt-Staaten beschlossenen Maßnahmen zur Grenzsicherung in und um Berlin vorzubereiten und durchzuführen.

13. August: Bewaffnete Volkspolizisten der DDR riegeln Ost-Berlin gegen West-Berlin ab. Der Mauerbau beginnt.

14. August: Die Hausgemeinschaft Wilhelm-Pieck-Allee 23 hat eine Hausversammlung durchgeführt und erklärt öffentlich, dass keiner von ihnen „bis zum Abschluss eines Friedensvertrages in die Bundesrepublik reisen" wird.

16. August: Für alle Bewohner der DDR und Ost-Berlins wird die Grenze zur Bundesrepublik Deutschland gesperrt.

16. August: Jugendliche nehmen ihren „Ehrendienst in den bewaffneten Organen" auf und folgen damit der Kampflosung des Zentralrates der FDJ „Das Vaterland ruft – schützt die sozialistische Republik". An dem Tag sind es insgesamt 30 Genthiner.

28. August: Zwei Hundertschaften der Magdeburger Kampfgruppen werden zur westlichen Staatsgrenze verabschiedet.

Krise in Betrieben und Landwirtschaft

Mit Schließung der West- Grenze wurde auch die Rohstoff- und Warenlieferung aus der BRD unterbrochen und verursachte eine Krise.

Die neue Lage zwang die SED-Wirtschaftsfunktionäre des Kreises unter der Losung: „Die Bonner Militaristen gefährden den Frieden – Stärkung der DDR" zu einer Notstandsbesatzung. Sie legte Maßnahmen fest und forderte von Arbeitnehmern in den Betrieben die Erschließung von Reserven. Es wurde das sogenannte „Produktionsaufgebot" propagiert, das den Arbeitnehmern Höchstleistungen und Verpflichtungen abverlangt. „Meine Hand für mein Produkt" war die Losung des Tages.

Auch in der Landwirtschaft traten nach ihrer Kollektivierung Probleme auf. Es mangelte insbesondere an Arbeitskräften. So mussten u.a. im Herbst rund 4000 Erntehelfer (davon 800 aus Genthin) für die Kartoffelernte mobilisiert und in die Dörfer beordert werden. Trotz der eingeleiteten Maßnahmen blieb die Lage im Kreis angespannt und verursachte weitere Probleme.

Burger Nachtleben in der City

Die in Burg beliebte Speisegaststätte mit Café und Eis-Conditorei „§ 11" präsentierte sich im Dunkeln der Nacht mit moderner Leuchtreklame. Dies passte zwar nicht zum Stadtbild, aber erhellte die sonst in vielen Teilen dunkle Schartauer Straße. Aber von einem Nachtleben konnte beileibe nicht gesprochen werden. Im „§ 11" wurde das kühle Steinhaus-Bier von der Brauerei direkt gegenüber ausgeschänkt. Viele Burger nutzten auch den Außer-Haus-Verkauf der Konditorei des Hauses.

GENTHINER CHRONIK

1. Januar: Die „Station Junge Techniker" erweitert ihre Aufgaben durch den Arbeitsbereich „Junge Naturforscher" und wird in „Station Junge Naturforscher und Techniker" umbenannt.

Januar: Eine neue Kreiszeitung, die „Genthiner Rundschau", entsteht, die (wie die Volksstimme) der Kontrolle der SED untersteht. Die SED tritt zugleich als Herausgeber auf. Die Zeitung wird 1967 als „Heimatzeitung" wieder eingestellt.

6. April: Modenschau vom „Verlag der Frau" im Haus der Werktätigen. Die Schau bleibt eine Vorzeigeveranstaltung von Modesachen, die sich viele Bürger nicht leisten können.

29. April: Großer Film- und Presseball mit prominenten Filmstars aus dem Film „Senta auf Abwegen".

20. Mai: Kreisausscheid der „Jungen Talente" des Kreises im Haus der Werktätigen, Genthin.

17. September: Wahlen zu den Kreistagen und Stadtverordneten-Versammlungen mit fragwürdigen Wahlergebnissen (nur zwei beziehungsweise drei Gegenstimmen). Bei der Kreistagswahl wird der bisherige Landrat, W. Brüning (SED), nicht wieder gewählt, sondern wird Vorsitzender des neu gebildeten Landwirtschaftsrates.

Herbst: Die GPG „Einigkeit" eröffnet in der Brandenburger Straße 16 das erste Blumen- und Gemüsegeschäft. Nach seinem Ausbau 1964 gilt das Geschäft als das größte und modernste Blumengeschäft der Stadt.

Beginn mit dem Bau der größten Treibhausgemüse-Anlage des Kreises in Genthin (Ecke Jerichower Straße/Brettiner Straße) durch die damalige LPG-Traktor. Die Anlage umfasst eine Fläche von 14 250 000 m².

BURGER CHRONIK

31. Januar, Gübs: Aus dem Kino Gommern erhält die Gemeinde 80 Klappstühle. Damit ist vorerst die Sitzplatzfrage geklärt. Zuvor wurden die Stühle zu den Landfilmvorstellungen aus dem Kulturraum geholt. Im Frühjahr ist ein Landfilmfesttag geplant.

14. Februar, Gerwisch: Jetzt, wo wieder mildes Wetter herrscht, gehen die Arbeiten am zweiten Neubaublock zügig voran. Nach Fertigstellung werden 18 Familien eine Wohnung erhalten.

7. Mai, Hohenwarthe: In der Gaststätte Bethge findet ein Sängertreffen statt. Chöre aus dem Kreisgebiet geben sich ein Stelldichein. Das Treffen ist eine Veranstaltung im Rahmen der Vorbereitung der 3. Arbeiterfestspiele.

8. Mai, Biederitz: Ein Gedenkstein wird im Biederitzer Busch enthüllt. Er erinnert an die 1925 gefällte Muttereiche. Bei der Zeremonie sind Parteiveteranen, Pioniere, Schüler, Genossenschaftsbauern und Industriearbeiter zugegen.

15. August, Grabow: Die Ortsteile Kähnert und Grünthal, die bisher zur Gemeinde Stresow gehörten, sind heute nach Grabow eingemeindet worden.

4. Oktober, Burg: Die Kommissionshändler Gebr. Haacke haben ihr Geschäft von der oberen Stalinstraße (Schartauer Straße) in die Räume des ehemaligen Textilgeschäftes von Karl Müller verlegt. Die Schaufensterauslagen mit dem Sortiment der 1000 kleinen Dinge sind am Eröffnungstag dicht belagert.

7. November, Burg: Der Parkplatz auf dem Platz der Weltjugend (Markt) wird in Zukunft tatsächlich wieder Parkplatz werden. Die Treffs der JAWA-Fahrer werden dann dort für immer verschwinden.

1962

Die Wirtschaft soll angekurbelt werden

GENTHINER CHRONIK

Januar: Bei einer Analyse der Planergebnisse durch die SED-Kreisleitung wird festgestellt, dass neben den Waschmittelwerken die halbstaatlichen Betriebe am besten arbeiten. So haben die Frauen der KG-Kleiderfabrik P. Glaw im Januar ihren Plan mit 121 Prozent übererfüllt und wollen zusätzlich einen ökonomischen Nutzen von 40 000 Mark erarbeiten.

Januar: Der traditionsreiche Familienbetrieb „Färberei Krüger" mit seiner chemischen Reinigung (Inh. Trauschel), Genthin, wird KG-Betrieb.

1. Februar: Nach zweijähriger Bauzeit wird die erste neue „Minol-Großtankstelle" mit Waschanlage an der Berliner Chaussee eröffnet. Sie ist eine der modernsten Tankstellen im Kreis. Die 1960/61 begonnenen Tiefbauarbeiten waren von zahlreichen Notbergungen jungbronzezeitlicher Gräber (1000 bis 700 v. Chr.) begleitet.

März: Das Konsum-Textilkaufhaus, Mühlenstraße 6, in Genthin bereinigt sein Sortimentsangebot und spezialisiert sich auf Herrenoberbekleidung und andere Textilwaren.

10./11. Juni: Volksfest in Parchen mit zahlreichen Volkskunstgruppen des Kreises. Das Pfingstfest wird zu einem traditionellen Volkskunstfest, das auch viele Besucher des Kreises anlockt.

Anfang Juli: Der ehemalige Besitzer der „Gaststätte Lindenhof" gibt auf und übereignet seinen Gaststättenbetrieb mit Tanzlokal der Stadt Genthin zur Einrichtung eines Jugendklubhauses. Das Objekt wird 1964 Kreiskulturhaus, 1969 Stadtkulturhaus und ist heute Begegnungsstätte sowie Sitz der Volkssolidarität e.V. Kreis-Geschäftsstelle.

BURGER CHRONIK

9. Januar, Burg: Die Redaktion der Aktuellen Kamera des Deutschen Fersehfunks besucht die Brigade Raimonde Dien im Burger Bekleidungswerk. Der Besuch des Teams ist Anerkennung für vorfristige Planerfüllung.

8. März, Karith: Der Frauentag wird in diesem Jahr mit einem Frauennachmittag in der Konsumgaststätte begangen. Die männlichen Mitglieder des Vorstandes der LPG „Einigkeit" haben sich vorgenommen, die Frauen und Mädchen des Ortes an diesem Tage in weißen Schürzen zu bedienen.

17. April, Gommern: Auf Vorschlag der AWG wird die ehemalige Straße B in Albert-Schweitzer-Straße umbenannt, sofern die Zustimmung des großen Humanisten vorliegt.

16. Mai, Ihleburg: Alle Rübenflächen der Genossenschaft der Gemeinde, es sind 55 ha, sollen in persönliche Pflege gegeben werden.

20. Juni, Biederitz: Die heißen Sonnenstrahlen der vergangenen Tage haben viele Einwohner der Gemeinde und der Stadt Magdeburg zum Ehlestrand gelockt. Links und rechts des Flusses kann man viele Campingfreunde sehen, die hier den Urlaub verbringen.

1. August, Dreibachen: Der VEB Werkzeugmaschinenbau Magdeburg hat sich im Ort für seine Betriebsangehörigen ein Urlaubsheim geschaffen. In jedem Durchgang können 15 Werktätige mit Kindern untergebracht werden.

7. November, Kreis Burg: Im letzten Monat ereigneten sich in unserem Kreis 33 Verkehrsunfälle. Dabei wurden drei Personen tödlich und 23 Personen zum Teil schwer verletzt.

Mit Beginn des Jahres versucht die SED-Führung, die wirtschaftliche Lage (Planrückstände, ausbleibende Warenlieferungen u.a.) durch erneuten Ansporn der Werktätigen mittels neuer Leistungsmethoden und hochgesteckten Planauflagen in den Griff zu bekommen.

So sollten die Arbeiter in den Betrieben u.a. für 1 Million Mark (1961 waren es 1,8 Millionen Mark) Massengüter zusätzlich herstellen. Das Produktionsaufgebot unter der Losung „In der gleichen Zeit für das gleiche Geld mehr produzieren" blieb weiterhin Programm. Ferner propagierte die SED den technisch-wissenschaftlichen Fortschritt, der in Westdeutschland bereits Einzug gehalten hatte und von dort zunächst importiert werden musste. Ein Beispiel dafür waren die 1963 importierten Verpackungsautomaten für den VEB Waschmittelwerk Genthin. Auch die Modernisierung (Rekonstruktion) mit Produktionserweiterungen von Schwerpunktbetrieben im Kreis bereitete den SED-Wirtschaftsfunktionären Kopf-

Aus der Bundesrepublik importierter Verpackungsautomat, der 1963 im Waschmittelwerk in Betrieb genommen wurde und den wissenschaftlich-technischen Fortschritts dokumentierte.

schmerzen. Dennoch gab es bei der Entwicklung der Industrie Erfolge. Ideologisch machte die SED den Menschen klar, dass sie nach dem Mauerbau keine andere Alternative hätten, als für den „Sozialismus" zu arbeiten.

Ideologische SED-Offensive

Im Juni leitete die SED-Führung unter der Bezeichnung „Volksaussprache" über „Die geschichtlichen Aufgaben der DDR und die Zukunft Deutschlands" eine umfassende Kampagne ein, in deren Mittelpunkt das so genannte „nationale Dokument" stand, mit dem der Bevölkerung klar gemacht wurde, „dass es jetzt (nach dem Mauerbau – der Autor) zwischen der sozialistischen DDR und der imperialistischen BRD nichts Gemeinsames gibt." Über das Dokument sollte in Versammlungen und Veranstaltungen aller Parteien und Massenorganisationen gesprochen werden.

So organisierte die SED nach einem Pressebericht etwa 3000 Veranstaltungen im Kreis, auf denen die Bürger an Hand des Dokumentes darüber belehrt wurden, „dass durch die Ereignisse des Jahres 1961 (Mauerbau) der Sozialismus in der DDR unwiderruflich Realität ist" und die Bürger Zeit zum Nachdenken hätten „über ihren Platz, ihre Pflicht und soweit sie bis dahin mit zwei Perspektiven gelebt haben, (jetzt) ihren Platz und ihre Zukunft im Sozialismus (DDR) finden müssen". Dass es bei solchen Darlegungen und Erkenntnissen in den organisierten Aussprachen über das Dokument zu Auseinandersetzungen und Nachdenken kam, liegt auf der Hand.

Einweihung des Burger Krankenhauses zum Jahresende

Anlässlich des Tages des Gesundheitswesens im Dezember erfolgte die Einweihung des neuen Kreiskrankenhauses in Burg. Inzwischen waren die medizinischen Abteilungen aus dem ehemaligen Stadtkrankenhaus, die seit 1945 im Gebäude der Diesterwegschule untergebracht gewesen waren, in die fertig gestellten Neubauten in der August-Bebel-Straße umgezogen.

Zu den bereits vorhandenen Chirurgischen und HNO-Kliniken, die mit erheblichem Kostenaufwand modernisiert worden waren, kamen an Neubauten die Infektionsabteilung, die Medizinische Klinik, die Gynäkologisch-geburtshilfliche Klinik, die Wäscherei, das Kesselhaus, das Werkstattgebäude, die Garagen, das Schwesternhaus sowie das Küchengebäude, die Kläranlage und das Pförtnerhaus hinzu. Besonders hervorgehoben werden muss die Verbindung durch unterirdische Kellergänge.

Modernste medizinische Apparate und Einrichtungen sowie Röntgen, Elektrocardiograph, Labor, Operationssaal und Bäderabteilung ermöglichten eine bessere Diagnostik und Behandlung. „Die Behandlung der Kranken liegt in Händen qualifizierter Chefärzte und ihrer ärztlichen Mitarbeiter. Um die bestmögliche Pflege bemühen sich unsere Schwestern, Pfleger und das Hilfspersonal", hieß es bei der Eröffnung. Das Gebäude für die Innere sowie für die geburtshilfliche-gynäkologische Abteilung wurde bis 1963 fertig gestellt und bezogen.

Meliorationsstart bei Möckern

Mit den Techniken der Melioration sollten große Teile der landwirtschaftlichen Nutzflächen bewässert oder andere entwässert werden. Diese Vorhaben wurden oft als Jugendobjekte der FDJ vorangetrieben. Den ersten Spatenstich bei Möckern unternahm der Genosse Jentsch.

Kanalschub- und Lotsenboote

Der VEB Schiffsreparaturwerft Genthin begann nach der Fertigstellung der neuen Werkhalle mit dem Bau von Kanalschubprähmen und Lotsenversetzbooten bis 200 PS. Das erste Schubboot, bei dem auch der im Betrieb entwickelte Z-Antrieb zur Anwendung kam, wurde Anfang November begonnen und im Mai 1963 fertig gestellt.

Nach einer anschließenden Probefahrt ging der Bau von Schubprähmen in Serie.

Stapellauf eines Lotsenversetzbootes.

Fernseher und Waschpulver

1963

Die Burger Stadtverordneten entscheiden: Fernseher gehen an das Walzwerk

Die ständige Kommission für Handel und Versorgung der Stadtverordnetenversammlung Burg hatte die Entscheidungsbefugnis über die Verteilung von Fernsehgeräten durch die Organe des staatlichen und genossenschaftlichen Einzelhandels auf der Grundlage der Richtlinien über den Verkauf hochwertiger Industrieerzeugnisse. Die Kommission wurde ermächtigt, mit der Verlagerung der Verteilungsbefugnis von Fernsehgeräten auf die Handelsorgane für den Bürgermeister Ausnahmegenehmigungen im Einzelfall (bei staatlichen Auszeichnungen, aktiver gesellschaftspolitischer Arbeit und guten Leistungen in der Produktion) zu beschließen.

1963 kamen in der Stadt Burg 866 Fernsehgeräte zur Verteilung, 70 davon zweckgebunden für das Walzwerk Burg.

Von den 75 verkauften Pkw waren fünf für die Belegschaftsmitglieder des Walzwerkes vorgesehen.

Und noch eine Meldung aus dem Handelsbereich: Der Verkauf von Kleinstmengen an Baustoffen für die Bevölkerung erfolgte durch die VdgB (BHG). Eine volle Bedarfsdeckung konnte auch in diesem Jahr nicht erreicht werden. Eine unzureichende Befriedigung der Bedürfnisse der Werktätigen bei der Versorgung mit Massenbedarfsartikeln, Reparaturen und Dienstleistungen musste festgestellt werden.

Milwa für die Sowjetunion

Das Waschmittelwerk Genthin produzierte bereits in den 60er Jahren für die Sowjetunion. Hier präsentiert eine Packerin das auch in unserer Region bekannte Milwa. (Repro: Museum)

Zwei neue Tiefbrunnen im Genthiner Wasserwerk

Auf dem Brunnenfeld der Genthiner Wasserwerke wurden durch Mitarbeiter des VEB Spezialbau Magdeburg neben den bereits fünf vorhandenen zwei neue Tiefbrunnen gebaut, die anschließend mit Elektrokreiselpumpen von 60x90 cbm bestückt wurden. Mit dieser Maßnahme sollten die Stundenleistung auf 510 cbm erhöht und die Verbraucher mit mehr als 10 000 cbm Trinkwasser pro Tag versorgt werden. Der tägliche Normalverbrauch aller Abnehmer lag damals zwischen 30 000 und 40 000 cbm. In den Hitzeperioden erreichte der Tagesverbrauch 6000 cbm und mehr (Tagesverbrauch 1934=1200 cbm).

Grund für den Bau der Tiefbrunnen war der angestiegene Wasserverbrauch und die Tatsache, dass in Zeiten der Bedarfsspitzen (12-17 Uhr) an den höchsten Entnahmestellen der 3-4-stöckigen Wohnhäuser der Wasserstrom fast oder kurzzeitig völlig versiegte und das Wasserleitungssystem mit seinen schwachen Rohrleitungen noch aus dem Jahre 1934 stammte. Mit dem Bau der Tiefbrunnen wurde zeitgleich die Ringleitung um das gesamte Stadtgebiet erneuert. Dennoch wurde die Bevölkerung in dem Pressebericht ausführlich zum sparsamen Umgang mit Trinkwasser, insbesondere in den Spitzenzeiten, angehalten.

„Drei Linden" immer in der Kritik

Wie oft wurde schon über den Saal der HO-Gaststätte „Drei Linden" Magdeburgerforth geschrieben? Heute muss das wieder geschehen. Keine Betriebsfeier, keine öffentliche Veranstaltung, keine Dorfklubabende mit gemütlichem Beisammensein lassen sich mit einem Tänzchen verbinden, weil das jetzige Parkett jeden feinen Schuh misshandelt. Ob sich die zentrale HO-Gaststättenverwaltung dafür nicht verantwortlich fühlt? Wer nimmt denn die Sache mal in die Hand und schafft in dieser Gemeinde den letzten „Stein des Anstoßes" aus der Welt?

Ladenzeile entsteht in Burg-Nord

In dem sich entwickelnden Burger Neubaugebiet Holzstraße/Wilhelm-Kuhr-Straße wurde eine moderne Verkaufseinrichtung gebaut.

Genannt wurde sie „Einkaufszentrum im Neubauviertel Wohnstraße", die Burger sagten kurz und bündig „Ladenzeile".

In diesem Neubau waren verschiedene kleine Läden nebeneinander angeordnet. Später wurde hieraus eine Kaufhalle. Nach der Wende wurde dieses Gebäude abgerissen und durch eine moderne Verkaufshalle ersetzt.

GENTHINER CHRONIK

Januar/Februar: Starkes Frostwetter und anhaltender Schneefall verursachen Transportschwierigkeiten im gesamten Bezirk Magdeburg. Es werden Kreiskatastrophenkommissionen gebildet. Der Frost hindert einen Schleppzug an der Weiterfahrt von Genthin nach Berlin. Der Schleppzug friert ein.

Mai: Der Wohnungsbau in der Gemeinde Güsen geht voran. Der erste AWG-Wohnblock wird bezogen.

Anfang Juni: Zwei indische Journalisten (Prathakar Mennon und Satish Kumar) verweilen auf ihrem Fußmarsch von Indien bis in die USA für kurze Zeit in Genthin. Beide Inder haben ihren Marsch 1962 begonnen und wollen noch Ende des Jahres 1963 ihr Endziel in Washington erreichen.

Juli: Das Fischauto kommt wieder. Nach einer zeitlich begrenzten Versorgungslücke beim Fischangebot kommt das Fischauto der HO wieder zum Einsatz.

1. Halbjahr: Die Stadtverwaltung erhält von Bürgern 84 Eingaben, davon 26 zu Versorgungsfragen.

Sommer: Die Trinkwasser-Ringleitung um das Stadtgebiet wird erneuert. Gleichzeitig werden im Brunnenfeld des Genthiner Wasserwerkes zwei neue Tiefbrunnen gebaut. Grund: Trinkwasser kommt in Spitzenzeiten in zwei- bis dreigeschossigen Wohnungen nicht mehr an.

August: Unter der Bezeichnung „Innenmechanisierung" werden in der LPG „Empor" Karow drei Zentralrohrsilos aufgestellt, die die Lagerkapazität von Getreide verbessern sollen.

Mitte Oktober: Schlechte Versorgung mit Hausbrandkohle in Parey. Es fehlen 200 Tonnen. Die BHG Güsen liefert nicht.

BURGER CHRONIK

3. Januar, Parchau: Zehn Pioniere der hiesigen Schule arbeiten in der AG Seidenraupenanbau. Mit 15 Gramm Brut wird begonnen. Das hört sich wenig an, trotzdem kann sich das Ergebnis sehen lassen. Die AG, die noch die einzige ihrer Art im Kreis ist, würde sich über Nachahmer freuen.

29. März, Friedensau: Auch in diesem Jahr kommen die Blumensträuße, die den Teilnehmern in den Feierstunden zur Jugendweihe in Theeßen, Lübars und Möser überreicht werden, aus den Gewächshäusern der Gemeinde.

18. April, Möckern: Mehr als 1200 Erwachsene und Schulkinder haben die Ausstellung „150 Jahre Schlacht bei Möckern", die vom Kreis- und Heimatmuseum Burg erarbeitet wurde, besucht. Die Stadt Möckern spricht den Museumsmitarbeitern ihren Dank aus.

6. Mai, Wahlitz: Bisher wurden zur Gemüseversorgung der Bevölkerung 10 ha Erbsen, 0,3 ha Zwiebeln und 0,3 ha Möhren angebaut.

28. Mai, Schermen: Der populäre Rundfunkreporter Heinz Florian Oertel bezeichnet mit vollem Recht das Dorf als am schönsten geschmückte Gemeinde anlässlich der Friedensfahrt im Kreis Burg.

18. Oktober, Magdeburgerforth: Im Ort helfen täglich acht bis zehn Bürger, die kein festes Arbeitsverhältnis haben, in der Kartoffelernte.

12. November, Schartau: Heute lesen im Kulturraum der LPG „Hermann Matern" Mitglieder des Zirkels schreibender Arbeiter des Maschinenbaus Burg aus ihren Werken.

1964

GENTHINER CHRONIK

Januar: Die Schiffswerft Genthin wird dem VEB Schiffsreparaturwerft Berlin als Teilbetrieb unterstellt. Fertigstellung und Übergabe eines 150-PS-Lotsenversetzbootes (Forelle) an den Auftraggeber in Warnemünde.

8. Februar: Bei Erschließungsarbeiten zur Großbäckerei in Genthin-A werden hochexplosive 8,8 cm Flakgranaten gefunden.

15. März: Gründung der Turn- und Sportgemeinschaft in der Gaststätte Steinbrück (Stammlokal), Vorsitzender der Sportgemeinschaft wird der Sportfreund Heinz Kubern.

17. April: Zu Ehren des 70. Geburtstages von N.S. Chruschtschow findet auf dem Ernst-Thälmann-Platz ein Platzkonzert statt, es spielt ein sowjetisches Armeeorchester.

25. Mai: Das Magdeburger Dienstleistungskombinat bietet ab sofort eine elektrische Ofenreinigung an. Der Ofen wird dabei mit Hilfe von Industriestaubsaugern von Ruß befreit, wodurch eine Verschmutzung der Wohnung verhindert wird.

1. Juni: Der VEB Waschmittel Genthin bringt das neue Scheuermittel „Quasi" auf den Markt.

4. bis 5. Juni: Das 10. Pressefest, zu dem Fips Fleischer nach der Textvorlage von Heinz Quermann den Pressefestschlager „Dufte, genau" komponierte, findet in Magdeburg statt.

1. November: Auf dem Grundstück des ehemaligen Sägewerkes „Georgi" Genthin, Jerichower Str. 16, gründet die PGH „Verkehrstechnik" einen Betrieb zur Herstellung von Kfz-Kennzeichen und Verkehrsschildern.

BURGER CHRONIK

16. Januar, Zeddenick: In 205 freiwilligen Arbeitsstunden haben 18 Kameraden der freiwilligen Feuerwehr den Brunnen für den Kindergarten gebaut.

10. März, Kreis Burg: Ab sofort werden Fernsehgeräte ohne Vorbestellung verkauft.

8. April, Wörmlitz: Bei Ausschachtungsarbeiten vor der Konsumverkaufsstelle der Gemeinde wird eine 7,5 cm Granate gefunden. Es handelt sich um einen Sprengkörper aus dem Zweiten Weltkrieg.

12. August, Ziepel: Durch Funkenflug einer Güterlok werden an der Bahnlinie Ziepel-Büden 3 ha Weizen in Brand gesetzt. Der Schaden für das Volksgut Kampf beträgt 2750 Mark.

16. Oktober, Hohenziatz: Seit einigen Tagen zeigt die Kirchturmuhr des Ortes wieder die Zeit an. Viele Jahre ruhte ihr Glockenschlag. Uhrmachermeister Göhring aus Burg führt nun die Reparaturen aus. Das Zifferblatt war vollständig durchgerostet. Heute leuchtet es weit ins Land und weithin ist auch der Glockenschlag zu hören.

14. November, Burg: Um 20.02 Uhr wird im Klubhaus der Werktätigen die Karnevalsaison eröffnet. Das Programm wird von zwei Kapellen begleitet, umrahmt von einer Bühnenschau. Ende der Veranstaltung ist 3 Uhr früh.

14. Dezember, Möser: Was in diesem Jahr von der Konsumverkaufsstelle an Weihnachtsbäumen verkauft wird, spottet jeder Beschreibung. Die Bäume, die zwischen 1 und 2 Mark kosten, wurden mit vertrockneten Ästen und fehlenden Spitzen ausgeliefert. Es ist den Bürgern unverständlich, wie der Großhandel solchen Schund zur Auslieferung bringen konnte.

8. Februar: „Rimo-Rimo-Jenteng"

Am 8. Februar findet im Haus der Werktätigen (HdW) in Genthin eine große „Karnevalsveranstaltung" statt.

Sie wurde nach einem Pressebericht „nach langer Zeit" und mit einem „bewundernswerten Elan" von der damaligen Klubleitung des Hauses unter Hilde Kolbinger vorbereitet und organisiert. An der Veranstaltung nahmen rund 400 Närrinnen und Narren der Stadt und des Kreises teil. Präsident des Elferrates war Wolfgang Warm, der die Veranstaltung eröffnete und den Narrenruf „Rimo-Rimo-Jenteng" verkündete. Eine Besonderheit der Veranstaltung war der Auftritt der sogenannten „Funkengarde" mit einem eigens für die Veranstaltung eingeübten „Funkentanz", der, wie es in dem Pressebericht hieß, „das Publikum begeisterte".

Prima Stimmung beim Genthiner Karneval.

Auch der für die Karnevalsfeier von Franz Metz geschriebene und von Otto Wolf vertonte Schunkel-Walzer kam bei den Gästen an. „Die ausgelassene Stimmung an diesem Abend", so schrieb der Berichterstatter, „gipfelte in einer Mammutpolonaise, die alle Anwesenden buchstäblich von den Stühlen riss". Die Karnevalsveranstaltung war ein Höhepunkt im kulturellen Leben der Stadt Genthin zu Beginn der 60er Jahre. Ihre Bedeutung bestand darin, dass sie den Karneval in Genthin wieder aufleben ließ. Sie dokumentiert das leidenschaftliche Engagement einzelner Kulturschaffender, wie Hilde Kolbinger, die sich schon Jahre zuvor um den Erhalt kultureller Traditionen und Veranstaltungen bemühten, um das kulturelle Leben in der Stadt zu verbessern. Die Veranstaltung zeigte aber auch, dass die arbeitenden DDR-Bürger der Stadt Genthin das Bedürfnis zum Feiern und zur Ausgelassenheit hatten.

Waldbad Jerichow feierlich eingeweiht

Das Jerichower Waldbad, die modernste Badeanstalt im Kreis, wurde am 16. Mai eingeweiht. Ein großes Ereignis für die kleine Elbestadt. Bürgermeister Willi Heringshausen hielt die Festansprache und würdigte gemeinsam mit dem Vorsitzenden der Nationalen Front, Werner Fritze, die Verdienste der Jerichower beim Bau dieser Badeanstalt. Die aktivsten Aufbauhelfer wurden ausgezeichnet. Die Aufbaunadel in Gold erhielten: die LPG „Frieden" Klietznick, die Oberschule Jerichow, das BW, die Sparte Angeln, die Burger Fritz Lehmann, Werner Wedekind, Bruno Köppen, Bernhard Warczynski, Otto Schmidt und Wilhelm Gravenstein. Die Aufbaunadel in Silber erhielten: Dieter

Rethfeld, Dieter Lehmann, Heinz Latzel. Eine Urkunde erhielt Adolf Tromm.
Am Eröffnungstag, 16. Mai, und den beiden folgenden Pfingstfeiertagen werden 3500 Gäste gezählt.

Parkgaststätte „Zum Fläming" eröffnet – nicht immer Bier gezapft

In der Burger Gemarkung Neuenzinnen, am Fuße des Flämingturmes und am Hang des sich vom Erkenthierweg aus in 50 Meter Höhe ostwärts bis zum Burger Wald hinziehenden Flämings, lag inmitten eines aus über hundertjährigen Bäumen bestehenden herrlichen Parkes Burgs früher schönstes Ausflugslokal – das Parkrestaurant „Bierkeller".
Lange wurde diese Gaststätte nicht als solche genutzt, sondern in ihren Räumen befand sich eine Außenstelle des Jugendwerkhofes „August Bebel". In der jüngsten Zeit hatte der VEB Burger Bekleidungswerke seine Produktionsstätte Fläming hier eingerichtet.
Von dem Gaststättenehepaar Leskin aus Burg war zu erfahren, dass sie dieses Parkrestaurant in Eigenregie übernehmen und es ganz neu einrichten würden. Klar war auch, dass der alte Park wieder in seiner weit und breit bekannten Naturgartenanlage entstehen sollte. Die Kinder erhielten darin einen idyllischen Spielplatz, auf dem

Ein Postkartengruß aus der Parkgaststätte „Zum Fläming". (Sie wurde vor wenigen Jahren abgerissen.)

sie sich nach Herzenslust tummeln konnten. Auch ein Kleintierzoo war vorgesehen. Die Parkgaststätte sollte wieder zu einer vorbildlichen, modernen und gemütlichen Erholungsstätte für jung und alt werden.

DDR-Familienrecht beschlossen

1965

Am 20. Dezember verabschiedet die Volkskammer das DDR-Familiengesetzbuch, das am 1. April 1966 in Kraft tritt.

Mit dem neuen Gesetz wurde das Familienrecht aus dem Zivilrecht ausgeklammert und zu einem eigenständigen Rechtsgebiet, das die vermögensrechtlichen und persönlichen Verhältnisse zwischen Mann und Frau einerseits und Kindern andererseits regelte.
Das Gesetz regelte aber auch das eheliche Zusammenleben (die Gleichberechtigung) von Mann und Frau sowie die Erziehung und Betreuung der Kinder (von der Kinderkrippe bis zur Berufsausbildung), auf die man großen Wert legte. Dennoch verliefen die ersten Jahre nach Einführung des neuen Familiengesetzbuches nicht problemlos. Den Haushalt zu führen und die Kinder zu betreuen, blieb weitgehend Sache der Frau. Auch die vom DDR-Staat gewollte Qualifizierung der berufstätigen Frau gestaltete sich schwierig und verursachte oft Familienkonflikte.
Das Bestreben der Frauen, zur Teilzeitbeschäftigung überzugehen, verstärkte sich. Es zeigten sich zunächst auch Tendenzen des Geburtenrückgangs.

Im Familiengesetz der DDR wird die Erziehung und Betreuung der Kinder festgeschrieben. Hier ein Bild von einer „Sitzung" der Mädchen und Jungen in einem Kindergarten des Kreises Genthin.

Schmalspurbahn Burg hat ausgedampft

Für die seit 70 Jahren zwischen Burg und den Gemeinden der Umgebung verkehrende Kleinbahn des früheren Kreises Jerichow I kam in diesem Jahr das endgültige Aus.
Unbekannt sind die im Laufe der Jahrzehnte transportierten Güter, die die Bahn über die schmalen Fahrgleise geschafft hat. Vor 16 Jahren verstaatlicht und von der Deutschen Reichsbahn übernommen, erschwerten trotz des unermüdlichen Einsatzes der Mitarbeiter die im Laufe der Zeit aufgetretenen Unzulänglichkeiten, vor allem die Schäden am Unterbau der Schienengleise und des alten Wagenparks, den Weiterbetrieb.
An einen Umbau der 75 cm breiten Schmalspur auf Vollspur war unter den gegebenen Umständen nicht mehr zu denken. Entgleisungen waren trotz des gemächlichen Tempos nicht selten. Fuhr das Bähnle vor Jahren noch 30 km in der Stunde, mussten die Loks in letzter Zeit aus Sicherheitsgründen mit einer Höchstgeschwindigkeit von 15 km/h durch das Jerichower Land zuckeln. Nachdem die Strecke Burg-Lübars bereits am 1. Juli 1965 ihren Betrieb eingestellt hatte und mit dem Abbau der Gleise begonnen wurde, inzwischen der VEB Kraftverkehr die Strecke Burg-Ziesar mit Busverkehr versorgt hatte, sollte nun auch für den Personenverkehr der Kleinbahn die letzte Stunde schlagen.
Der Antritt zur letzten Reise ging ohne jede Feierlichkeit nicht einmal von Burg, dem früheren Abfahrtsbahnhof,

Die letzte Fahrt der Kleinbahn am 25. September 1965, hier bei ihrem planmäßigen Halt in Theeßen. Auf dem Wassertender ist zu lesen: „Ich würde noch gerne weiter laufen, doch ihr wollt heute Abend mein Fell versaufen."

sondern vom Haltepunkt Theeßen mit etwa einem Dutzend Fahrgästen in dem einzigen angehängten Personenwagen am Freitag, dem 25. September, vonstatten.
An dem sonnigen Frühherbstnachmittag hatten sich Schmalfilmer und Amateurfotografen eingefunden, um die denkwürdige letzte Fahrt durch das schöne Jerichower Land nach Magdeburgerforth für die Nachwelt aufzunehmen.
Die Bahnverwaltung selbst hatte auf das Fahrgeld verzichtet und ließ jedem Fahrgast ein Foto der von der Bevölkerung liebevoll „Kaffeebrenner" genannten Kleinbahn zukommen.

Krumme Rücken

Auch bei schwerer körperlicher Arbeit standen die Frauen in den Dörfern nicht abseits. Helfer aus den Betrieben kamen oftmals nur für einen Tag und waren „geschafft". Die Frauen in der LPG „Hermann Matern" in Schartau waren wochenlang beim Bergen der Kartoffeln tätig, das ständige Bücken und Abtragen der Kartoffelkörbe war kein Zuckerschlecken. Das Foto zeigt einige der 40 Frauen der Feldbaubrigade.

GENTHINER CHRONIK

Januar: Gründung des VEB (K) Baureparaturen Genthin in der Geschwister-Scholl-Straße, der aus dem ehemaligen KWU-Bauunternehmen hervorgeht. Der Betrieb führt hauptsächlich Bau-Reparaturleistungen für gesellschaftliche Bedarfsträger durch und hat mit erheblichen Materialschwierigkeiten zu kämpfen. Das Leistungsspektrum umfasst alle Gewerke.

8. Januar: Der Nationale Verteidigungsrat der DDR erlässt die Anordnung über die Musterung und Einberufung der Wehrpflichtigen. Danach wird in Genthin, Leninstaße (heute Dattelner Straße), das Wehrkreiskommando eingerichtet.

20. Februar: Prinz Karneval schwingt wieder das Zepter im Haus der Werktätigen in Genthin. Das Karnevalsfest wird wieder zu einem kulturellen Höhepunkt der Stadt, „denn der Zuspruch, den diese Veranstaltung (seit 1964 – der Autor) gefunden hat, ist enorm".

22. Februar: Kleinbahnunfall am Bahnübergang Berliner Chaussee in Genthin. Ein Bus und eine Diesellok mit Kleinbahnanhänger stoßen zusammen.

8. März: Im VEB Industriebeton Güsen wird die 4000. Schwelle produziert. Der Betrieb hatte Ende der 50er Jahre seine Produktion aufgenommen.

31. März: Das Lichtspieltheater „Neue Welt" in Altenplathow wird auf Beschluss des Rates des Bezirkes geschlossen und danach als Mehrzweckgebäude (u. a. für Tanzveranstaltungen) genutzt.

Mitte August: Eine 34-köpfige Mähdrescherkolonne des Kreises leistet mit ihren 17 Mähdreschern in Mecklenburg „sozialistische Hilfe".

BURGER CHRONIK

1. Januar, Waldrogäsen: Das Erholungsheim „Rudolf Gerngroß" wird in ein Diätsanatorium umgewandelt und ist jetzt eine Abteilung des großen Sanatoriums in Lindau, Kreis Zerbst. Hier werden jetzt vorbeugende Behandlungen von Magen-, Gallen- und Lebererkrankungen durchgeführt.

25. Mai, Möckern: Der Wirt des Sportlerheims lädt herzlich zum Himmelfahrtstanz ein. Ab 16 Uhr spielt das „Modern-Quartett".

22. Juni, Königsborn: Beim letzten starken Gewitter wird ein 21-jähriger Sowjetsoldat vom Blitz getroffen und tödlich verletzt. Im Beisein seiner Mutter wird er fern der Heimat beigesetzt.

12. August, Friedensau: Heute brennt nach einem Kurzschluss eine Feldscheune ab. Das Feuer vernichtet neben dem eingelagerten Stroh auch landwirtschaftliche Geräte. Der Kurzschluss entstand durch einen Stich mit der Forke in ein Kabel.

18. Oktober, Drewitz: 45 Frauen und Männer haben sich dieser Tage in die Mitgliederlisten zur Gründung eines Chores eingetragen, dessen Leitung Lehrer Franz Fischer übernimmt.

23. November, Lostau: Unbekannte Täter entwenden bei einem Einbruch im hiesigen Landwarenhaus 44 kg Bohnenkaffee, 30 kg Apfelsinen, 20 kg Butter sowie Tabakwaren und Spirituosen im Wert von 5000 Mark.

23. Dezember, Möckern: Ein Geschenk der Volkssolidarität, überreicht durch den Bürgermeister, für die Bewohner des Feierabendheimes ist ein Fernsehgerät mit 59er Bildröhre im Wert von 2050 Mark. Außerdem erhält jeder Heimbewohner ein persönliches Weihnachtsgeschenk.

1966

GENTHINER CHRONIK

1. Januar: Auf dem Gelände der ehemaligen Schiffswerft „Habedank" am Seedorfer Weg wird nach der Aufgabe des Betriebes (13. 12. 1965) ein Ausbildungsstützpunkt der GST mit den Ausbildungsbereichen Segel-, Kutter- und Motorsport eingerichtet.

Mitte Januar: Die ehemalige Usbecksche Villa, Hagenstr. 1, wird Tageskinderkrippe für 25 Kleinkinder. Die Einrichtung erfolgt durch Betriebsangehörige des VEB Waschmittelwerkes Genthin im Rahmen von NAW-Leistungen.

19. März: Kreiskulturaktivtagung der Kulturschaffenden. Die Funktionäre beraten über Aufgaben der Kultur in der veränderten Situation nach der Einführung des freien Sonnabends.

16. Juni: Michael Meier (49) wird auf Vorschlag der SED-Bezirksleitung in die SED-Kreisleitung Genthin kooptiert.

21. Juli: Fünf Studenten aus Utrecht (Holland), die sich mit einem Traktor und einem angehängten alten Plan-Handelswagen auf dem Weg nach Leningrad befinden, passieren Genthin.

14. November: Der Schriftsteller Heinz Kruschel führt eine Buchlesung vor einer Frauenbrigade im VEB Waschmittelwerk durch und erfüllt die durch den „Bitterfelder Weg" vorgegebene Kulturrichtung.

13. Dezember: Das Haus Bahnhofstraße 8 wird in ein Bildungszentrum der Stadt Genthin umfunktioniert. Es wird Sitz des Kulturbundes und Arbeitshaus des Klubs der Intelligenz. 1968 erneuter Umbau mit Einrichtung einer Klubgaststätte.

BURGER CHRONIK

12. Januar, Burg: Der Roheisverkauf erfolgt täglich im VEB Fleisch- und Wurstwaren (Schlachthof). Auf diese Weise können zu Hause Lebensmittel gekühlt werden.

8. Februar, Möckern: In Vorbereitung der 5-Tage-Woche in der jeweils zweiten Woche wurde eine Vorbereitungskommission gebildet. Spezielle Aufgaben werden in den Arbeitsgruppen Handel, Volksbildung und örtliche Versorgungswirtschaft behandelt.

15. April, Parchau: Zur Zeit ist der VE Spezialbaukombinat Verkehrsbau Magdeburg damit beschäftigt, die alte, 1946 gebaute Behelfsbrücke durch eine Stahlverbundbrücke zu ersetzen.

28. Mai, Biederitz: Der 14-jährige Schüler Alfred B. aus Magdeburg, der Nichtschwimmer ist, ertrinkt, als er die Ehle durchqueren will. Alle Rettungsversuche sind vergebens.

12. Juli, Drewitz: Während der Erntezeit ist der Kindergarten von 7 bis 17 Uhr geöffnet. Eine Maßnahme, die zum Ernteablaufplan gehört.

6. September, Theeßen: Seit Beginn des neuen Schuljahres werden die Schüler und Schülerinnen aus den Orten Rietzel, Krüssau und Stresow der Klassen 1 bis 3 in der Schule des Ortes unterrichtet. Die Schülerzahl stieg auf 270. Sie werden von 17 Lehrkräften unterrichtet.

26. Dezember, Hohenziatz: Mit einem Tanzabend am zweiten Weihnachtsfeiertag eröffnet Artur Geue seinen Saal. Die Gaststätte, die bereits vorher eröffnete, und der Saal wurden von Grund auf renoviert. Nun haben die Bewohner des Dorfes wieder einen Anlaufpunkt.

Proteste gegen Vietnam-Krieg

Außenpolitisch ist der Krieg der USA in Vietnam das Thema Nr. 1. Mit der Verschärfung der Lage in Vietnam beginnt die DDR ihre Protestaktionen zu intensivieren.

Auch in der BRD hatte sich seit 1964 eine Protestbewegung gegen den USA-Krieg in Vietnam entwickelt, die mit Beginn des Jahres zugenommen hatte. Ursache war die Verabschiedung einer Regierungserklärung am 7. Januar, mit der sie den Krieg der USA in Vietnam unterstützte. Hinzu kam die Tatsache, dass westdeutsche Firmen chemische Stoffe und elektronische Anlagen an die amerikanische Armee lieferten. Der Protest der westdeutschen Gruppen richtete sich politisch deshalb auch gegen die BRD-Regierung. Während sich in Westdeutschland reguläre Vietnam-Komitees mit Vertretern der verschiedensten Gruppierungen formierten, wurden die Vietnam-Aktionen in der DDR von der Partei- und Staatsführung organisiert und z. T. angeordnet. Mit Unterstützung der Massenorganisation ließ die SED von den Brigaden in den Betrieben und Institutionen Protestresolutionen verfassen, richtete Vietnam-Spenden-Konten ein. Auch Sachspenden wurden organisiert. Außerdem wurde im Juli eine Protestwoche veranstaltet und eine Unterschriftensammlung durchgeführt, bei der sich von 16 500 Einwohnern der Stadt 3000 in die Liste gegen den Vietnam-Krieg eintrugen.

Proteststand auf dem Marktplatz Genthin, wo im Sommer 1966 von Genthinern Unterschriften gegen den Vietnam-Krieg geleistet werden.

Technischer Fortschritt

Im VEB Dauermilchwerk Genthin lief ab Januar die Produktion von Kälberaufzuchtmitteln (Trockenmilch) auf Hochtouren. Täglich wurden 100 Liter Magermilch zu Trockenmilch für die Kälberaufzucht verarbeitet. Das Werk, das mit dänischer Hilfe und Technik der Firma Niro Atomizer rekonstruiert wurde, demonstrierte in Genthin den wissenschaftlich-technischen Fortschritt und wurde in einem Pressebericht „als das modernste in Europa" eingeschätzt (heute Ruine).

Fettspeicheranlage im VEB Dauermilchwerk Genthin.

Konzentration der Wirtschaftsbereiche erreicht Burg: Brauerei produziert auf Schmalspur

Mit dem Übergang zur Konzentration der einzelnen Wirtschaftszweige wurde ab dem 1. Januar die seit 1890 bestehende Feldschlößchen-Brauerei in das Kombinat der VEB Vereinigte Brauerei Magdeburg als Betriebsteil V übernommen. Der Zusammenschluss der Betriebe ermöglichte es, eine Spezialisierung im Produktionsprogramm und eine Verbesserung in der Versorgung der Bevölkerung mit Getränken zu erreichen.
Die Neuregelung sah vor, dass die Feldschlößchenbrauerei ihr eigenes Bier „Einfach Hell" weiter brauen und die gesamte Menge in Flaschen abfüllen sollte. Die darüber hinaus benötigten Spezialbiere wurden von den Magdeburger Betriebsteilen geliefert.
Gleichzeitig wurde in der Steinhausbrauerei an einer Spezialisierung gearbeitet. Es war vorgesehen, die Bierproduktion hier einzustellen. Dafür sollten alkoholfreie Getränke in diesem Betriebsteil produziert werden.
Und noch eine wichtige Wirtschaftsnachricht aus der Kreisstadt: Ende des Jahres konnte die neue Industriebäckerei des VEB Knäcke-Werke an der Niegripper Chaussee mit der Backwarenproduktion beginnen. Vorgesehen war eine tägliche Auslieferungsmenge, auch an private Bäckereien, von 13 Tonnen Roggenbrot, 1,26 Tonnen Weizenbrot und 3,8 Tonnen Brötchen.

Schaufensterbummel durch Burg

Die Auslagen in den Schaufenstern der größten Burger Verkaufseinrichtung, des Kaufhauses am Platz der Weltjugend (Markt), lenkten die Blicke der Passanten auf das Angebot.

Kreis Burg beklagt Zugunglücks-Opfer

Entsetzen und Betroffenheit in der ganzen DDR. Bei der Kollision eines Personenzuges mit einem Tanklastzug in Langenweddingen sterben über achtzig Menschen.

Unter den Opfern waren auch Ferienkinder des VEB Wohnungsbaukombinates Magdeburg, die im Harz frohe und glückliche Ferientage verbringen wollten. In der Traueranzeige vom 10. Juli gedachte der Betrieb seiner 38 Opfer, zu denen auch die Kinder der im Betriebsteil Gerwisch arbeitenden Elternteile gehörten. Die zwölf aus unserem Kreis ums Leben gekommenen Kinder stammten aus Möser, Lostau und Gerwisch. Auch der aus Burg stammende Mitarbeiter der Genthiner Rundschau, eines Wochenblattes der Nationalen Front, Günter Engelmann, kam bei dem schwersten Zugunglück der Deutschen Reichsbahn nach dem Zweiten Weltkrieg ums Leben.

Der Personenzug Magdeburg-Thale passierte am 6. Juli um 7.57 Uhr den Bahnübergang der Bördegemeinde. Als die Schranke zuvor geschlossen werden sollte, verheddertte sie sich in einer Fernsprechleitung. Um sie freizubekommen, bewegte der Schrankenwärter den Schrankenbaum auf und ab. Ein Tankwagenfahrer verstand das als Freizeichen und fuhr los.
Beim Zusammenprall explodierten 15 000 Liter Benzin und ergossen sich brennend auf den Zug. 77 Menschen, unter ihnen 44 Kinder auf dem Weg ins Ferienlager, verbrannten, 17 starben an den Folgen ihrer Verletzungen. Der Schrankenwärter und sein Dienstvorsteher wurden zu je fünf Jahren Gefängnis verurteilt.
In Magdeburg wehten am 11. Juli die Fahnen auf Halbmast. Im Rahmen eines Staatsbegräbnisses wurde Abschied von den Opfern des Zugunglücks genommen. Um 11 Uhr ruhte der Verkehr, Maschinen standen still.

1967

SED: Senkung der Selbstkosten

Bei der Aufstellung und Realisierung der Jahrespläne in den Betrieben forderte die SED-Führung von den Werktätigen im Rahmen des „sozialistischen Wettbewerbs" erneut zusätzliche bzw. Höchstleistungen, diesmal zu Ehren des VII. Parteitages der SED (17.-22.04.), zu den Volkskammer- und Bezirkstagswahlen (02.06.) und zum 50. Jahrestag der Großen Sozialistischen Oktoberrevolution (7.10.).
So sollten zum Beispiel die Waschmittelwerker bei der Herstellung ihrer Produkte die Selbstkosten um 250 000 Mark senken. Auch in anderen Betrieben wurden höhere Leistungen von den Werktätigen verlangt. Als Auszeichnung für Bestleistungen stellte das ZK der SED ein ZK-Banner zur Verfügung.
Höhere bzw. Best-Leistungen erreichten in erster Linie die Betriebe, die mit moderner Technik ausgerüstet waren, wie zum Beispiel der VEB Dauermilchwerk Genthin, der von allen Betrieben des Kreises im 1. Quartal Wettbewerbssieger wurde. Als Auszeichnung nahmen Vertreter des Betriebes am 3. April aus den Händen Walter Ulbrichts das Ehrenbanner des ZK der SED in Empfang.

Pfingstfest in Parchen

Auf den Dörfern stellten Festlichkeiten immer einen Höhepunkt dar. Zu Pfingsten war in Parchen das Programm der Konzert- und Gastspieldirektion ein solcher. Dabei waren u.a. die „vier Brummers" und Susi Schuster. Auf solchen Veranstaltungen wurden auch schon mal Probleme der Versorgung von der humoristischen Seite angesprochen und ernteten generell den Beifall der Zuhörer.

Die „vier Brummers" in Parchen.

Waldbad Genthin eröffnet

Genthin bekam eine neue Badeanstalt. Rund 1500 Genthiner waren anwesend, als Arno Dan, Vorsitzender des Rates des Kreises, den Badebetrieb freigab. Das Waldbad entsprach durchaus den Vorstellungen der Besucher, und es wurde gern genutzt.
Der Vorsitzende des Kreises führte den akademischen Grad eines Dr. Es soll einen Kreisleitungsbeschluss der SED gegeben haben, der auf Michel Meier zurückging, wonach der Dr. in Anreden und Berichten nicht genannt werden sollte.

Vorsitzender Dr. Dan eröffnet das Genthiner Waldbad.

Viel Grün und ein Springbrunnen

Eine Säulenuhr mit Persilwerbung verlieh dem kleinen Platz in Burg im Volksmund die Bezeichnung „Persiluhr". Dieser Platz wurde mehrfach umgestaltet, und im Jahre 1967 bildeten eine kleine Rasenfläche, Blumenbeete und ein kleiner Brunnen mit Wasserbecken einen hübschen Blickfang. Gerne wurden die Bänke am O.d.F.-Platz (heute Magdalenenplatz) von Ruhesuchenden genutzt.

GENTHINER CHRONIK

28. Januar: Erschließung des Baulandes für das Wohngebiet A.-Gröbler-Straße. Das Gelände wurde bisher von der GPG als Anbaufläche genutzt.

21. Februar: Die Deutsche Reichsbahn reagiert auf die anhaltende Kritik aus der Bevölkerung und beginnt mit der Umgestaltung der Genthiner Bahnhofshalle. Die Arbeiten sollen am 1. Mai des Jahres abgeschlossen und ein würdiger Beitrag zum VII. Parteitag sein.

3. Juli: Im VEB Schiffsreparaturwerft wird ein neuer Eisbrecher-Typ fertig gestellt und bei strömendem Regen von der Slip-Anlage ins Wasser befördert.

24. August: Bürgermeisterwechsel im Rathaus Genthin, Adolf Degen (35) wird neuer Bürgermeister.

24. September: Aus ökonomischen Gründen wird der Kleinbahnverkehr, Strecke Genthin-Milow, eingestellt und durch Linien-Busverkehr ersetzt.

6. Oktober: Geschäftseröffnung HO-Kinderbekleidung „Flax und Krümel" in der Brandenburger Straße 63, ehemaliges Textilgeschäft Scheel. Der frühere Besitzer Scheel gibt sein Geschäft auf und siedelt später in die Bundesrepublik über.

14. Oktober: Kulturveranstaltung im Haus der Werktätigen mit Eberhard Cohrs und den Caros.

November: Beginn umfangreicher Rekonstruktionsmaßnahmen im VEB Stahl- und Apparatebau Genthin, die mit dem Bau einer Produktionshalle von 75 m Länge und 16 m Breite beginnt, in der eine Verzinkerei eingerichtet wird (Kosten: 3,3 Millionen Mark). Im VEB Schiffsreparaturwerft Genthin wird die Slip-Anlage erneuert. Die neue Anlage gestattet die Reparatur von nahezu allen größeren Binnenschiffen.

BURGER CHRONIK

9. Januar, Burg: In der ehemaligen Fleischerei Mosenhauer, Schartauer Straße 29, eröffnet die HO einen Menü-Laden. Das Angebot besteht unter anderem aus fertigen Rouladen, Schweinebraten oder Schnitzel. Man kann sich auch kalte Platten und Salate zusammenstellen lassen.

14. März, Friedensau: Für den Gemüse- und Obstanbau werden 1,10 ha Freilandfläche, 200 Quadratmeter Frühbeetfläche und 600 Quadratmeter Gewächshausfläche vorbereitet. Zur Jungpflanzenaufzucht sind auf dem Freiland 2000 Quadratmeter vorgesehen.

1. Mai, Burg: Die Geschäftsräume der Volkssolidarität befindet sich ab heute in der Karl-Marx-Straße 38 (ehemals Papierwarenhandlung Goetschke).

8. Juli, Stegelitz: In nur einer Stunde verwandelt ein wolkenbruchartiger Regen die Straßen des Dorfes in eine Seenlandschaft. Die Niederschlagsmenge beträgt 27,1 mm. In den letzten vier Jahren fielen im Monat Juli durchschnittlich 56,7 mm Regen.

30. September, Schartau: Die von Schartau nach Rogätz führende Straße erhält eine neue Betondecke. Dieser Auftrag wird von der PGH Tiefbau Burg ausgeführt.

24. Oktober, Burg: Im Kreiskulturhaus liest um 15 Uhr für Schüler und um 19.30 Uhr für Erwachsene Brigitte Reimann aus ihrem bisher unveröffentlichten Roman mit dem Arbeitstitel „Franziska Linkerhand".

14. Dezember, Gerwisch: Zur weiteren Vermehrung des Fasanenbestandes hat die Jagdgesellschaft zwischen Gommern und Ziepel 100 Fasane ausgesetzt. Es sind 34 Fasanenhähne und 66 Fasanenhennen. Sie vertilgen Unkrautsamen und Kartoffelkäfer.

1968

GENTHINER CHRONIK

Baubeginn einer Legehennen-Großanlage der LPG „Fortschritt" Parey, Baukosten 2,5 Mill., 36 000 Stück Legehennen, Jahresproduktion 8,5 Mill. Stück Eier (1967/68). Die Anlage ist die größte industriemäßig produzierende Legehennenanlage des Kreises.

2. Januar: „Der Herr am Herd" – eine Umfrage wurde unter Verkäuferinnen nach der Einführung der Fünf-Tage-Woche durchgeführt. Die Mehrzahl der Befragten äußerte sich dahingehend, „wenn sie nach Hause kommen, wartet die Hausarbeit auf sie". Lediglich zwei Ehemänner aus Genthin und Mützel wurden positiv genannt.

31. Januar: Gesunde Kost wird in der Gaststätte „Zum schwarzen Bär" verabreicht – Pellkartoffeln mit loser Wurst, auf Wunsch einiger Gäste. „Es soll nicht unerwähnt bleiben, dass Pellkartoffeln gesünder sind als geschälte Kartoffeln." Na denn, guten Appetit!

15. März: Nachdem der Konrad-Wolf-Film „Ich war neunzehn" in Berlin seine Uraufführung hatte, läuft er bis zum 28. März im Genthiner Kino. Es wird erwähnt, „alles ist dokumentarisch belegt und basiert auf eigenem Erleben".

2. April: Die Schiffswerft nimmt ihre neue Slipanlage in Betrieb, das erste Schiff, das auf Land geholt wird, ist die „Cecilienhof" der Weißen Flotte Potsdam. Neben Fahrgastschiffen werden in der Werft Eisbrecher und Stromschubschiffe überholt.

30. Juli: Montage der Bandanlagenbrücke in der Kiesgrube Zerben durch den Stahlbau Parey. Dadurch kann der Feldbahnbetrieb, Transport des Kieses zur Elbe, eingestellt werden. Im gleichen Jahr wird im Industriebeton Güsen der Hafenkran errichtet, die Umschlagstelle wurde bereits 1967 fertiggestellt.

BURGER CHRONIK

3. Januar, Wüstenjerichow: Mit dem Omnibus geht die Fahrt von Burg aus über 20 km nach Wüstenjerichow. Die Gaststätte „Zur Forelle" war seit 1965 geschlossen, sie wurde renoviert und lädt jetzt wieder zum Verweilen ein. Das war nicht so einfach, so der Bürgermeister Zeuchnen, denn 20 000 Mark mussten bereitgestellt werden. Der Wirt kann wieder Forellen aus dem Zuchtteich bei Wüstenjerichow anbieten.

14. April, Büden: Durch die freiwillige Mitarbeit der Bürger können im I. Quartal bei der Instandhaltung von Straßen und Wegen zwischen Büden und Kampf, Büden und Woltersdorf und in der Ortslage insgesamt 4,5 km Wege durch Aufschüttung von Bauschutt und Backasche ausgebessert werden.

6. August, Ziepel: Gegen 10.45 Uhr bricht im VEG Kampf, Betriebsteil Zeddenick, ein Brand aus. Dadurch werden ein Häckselstrohdiemen und vier Hektar Weizen vernichtet. Ein metallener Gegenstand im Strohgebläse hat durch Überhitzung das Stroh entzündet.

6. September, Parchau: Entsprechend dem Gesetz über das einheitliche sozialistische Bildungssystem soll die Polytechnische Oberschule in Parchau, die bisher nur Schüler bis zur 8. Klasse unterrichtete, bis 1970 zur zehnklassigen Oberschule ausgebaut werden. Dazu ist bis 1969 ein Schulneubau zu errichten.

18. Oktober, Drewitz: In der Zeitung wird die Aktion „Unsere Heimat ist schön" mit Fotos unterstützt. Im Wettbewerb „Schöner unsere Städte und Gemeinden – mach mit!" haben auch die Einwohner von Drewitz eine schöne Grünanlage geschaffen.

Spee bleibt „Bückware"

Da in der DDR bis zu diesem Zeitpunkt kein Vollwaschmittel existiert, erhält das Waschmittelwerk Genthin als größter Produzent von Waschmitteln in der DDR vom Ministerium für chemische Industrie den Auftrag, ein solches zu entwickeln.

Dabei musste die Rohstofflage berücksichtigt werden. Das Projekt lief im Betrieb unter dem Namen „Spezialentwicklung". Da eine solche Bezeichnung schlecht beim Konsumenten angekommen wäre, kürzte man die Bezeichnung auf „Spee". Ein neuer Markenname war geboren.

Dieses Vollwaschmittel, zunächst noch in Pulverform, eroberte schnell die „Herzen" der Hausfrauen. Die abgebildeten Entwürfe der Verpackung (Foto) standen bei der Auswahl zur Diskussion. Die Qualität der gelieferten Verpackung war für den Betrieb ein Problem bis zur Wende. Der Bedarf in der DDR war so groß, dass das Produkt in einigen Gegenden „Bückware" war.

Roland, du musst wandern

Nach der Schließung des HO-Hotels „Roland" war eine Renovierung und ein Umbau unter Einbeziehung des ehemaligen Rolandkinos vorgesehen. Auf höhere Weisung begann aber im Sommer der Abriss, zuerst der Garagen auf dem Hof und schließlich der gesamten Vorderfront. Die dort bisher angebrachte historische Rolandbüste war zur Sicherung in das Heimatmuseum geschafft worden. Trotzdem wurde in der Tagespresse ein Abriss des Gebäudes in Abrede gestellt, es sollte ja nur ein Umbau des traditionsreichen Gebäudes erfolgen. In Wirklichkeit war ein vollständiger Neubau geplant, da für Gäste der benachbarten Bezirkshauptstadt Hotelbetten benötigt wurden. Mit dem neuen Namen „Stadt Burg" rückte man offiziell erst nach der Fertigstellung des Hotelbaus im Herbst 1969 heraus. Dem Namen „Roland" haftete eine reaktionäre oder feudale Vergangenheit an, auch verkehrten hier früher vor allem gut betuchte Gäste. Die Zukunft der gastlichen Stätte sollte von dem sozialistischen kulturellen Zentrum der Innenstadt und der kämpferischen Arbeiterklasse geprägt werden. Da passte dann auch die historische Rolandbüste nicht mehr hin.

Mit dem Abriss des Roland-Hotels hatte auch der Rolandkopf seinen vieljährigen Standort verloren. Von der Fassade des Gasthauses blickte er in westliche Richtung. Wo nun hin mit dem riesigen Steinmonstrum? Das erste Domizil wurde der grüne Rasen auf dem Gelände des Burger Schul- und Heimatmuseums. Aber nur wenige Jahre durfte der Roland hier die Blumen besehen, denn auch das Ende dieser Einrichtung war bald eingeläutet. Der Kopf wurde zur ehemaligen Pieschelschen Erziehungsanstalt gebracht. Dort stand er fast unbeachtet, bis er schließlich auf einem Betonsockel vor dem Burger Rathaus aufgestellt wurde. Die Ihlestadt war seit 1521 eine Rolandstadt.

Die traurige Abrißruine des Roland-Hotels

Verstoßener Roland (rechts)

Zabakuck wird Vorzeigeobjekt

Das Projekt „Naherholungsgebiet Nr. 1" im Kreis, in der Gemeinde Zabakuck, wurde vorgestellt.
Es würde nicht nur das größte seiner Art im Kreis sein, seine Bedeutung würde darüber hinaus reichen. Die 83 000 Quadratmeter Wasserfläche boten Ruhe und Entspannung.
Zuvor musste das Projekt durch die Interessenten realisiert werden.

Neuer Schultyp entsteht in Genthin-A

Der neue Schulbau in Genthin-A wurde vorgestellt. Das Typprojekt wurde in traditioneller Ziegelbauweise ausgeführt.
Im Frühjahr sollte der erste Spatenstich erfolgen, die Fertigstellung war für den 1. September 1969 geplant.

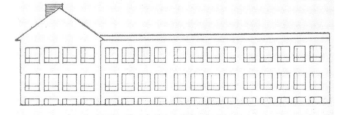

Der neue Schultyp – hier eine Skizze – wird in Altenplathow gebaut. Im Frühjahr erfolgt der erste Spatenstich.

Winter hat Region fest im Griff

1969

18. Februar: Der Winter hat Genthin fest im Griff. Die ergiebigen Schneefälle erforderten den Einsatz vieler Freiwilliger und umfangreicher Technik. Besonders für die Schüler der oberen Klassen war so ein Einsatz eine Abwechslung zum Schulalltag.

16./17. März: Neuerlicher Kälteeinbruch mit Schneefall und Schneeverwehungen. Der Straßenverkehr kam in einzelnen Orten des Kreises zum Erliegen, das Energienetz war zum Teil beschädigt bzw. unterbrochen.
In Tag- und Nachteinsätzen versuchten die Mitarbeiter des Winterdienstes, der Deutschen Reichsbahn, der Post und des Fernmeldewesens sowie der Energieversorgung mit freiwilligen Helfern der Bevölkerung und aus den Betrieben, die Versorgungsleitungen wieder instand zu setzen und die Straßen passierbar zu machen. Zur Beräumung der schneeverwehten Straßen kam auch ein Räumfahrzeug der NVA zum Einsatz.

Am 21. Februar veröffentlicht die Genthiner Volksstimme dieses Foto. Bildtext: Auch, oder besonders der Winter hat seine besonderen Reize.

Per Wartburg und Trabant ins Grüne

Diese Fotoansichtskarte von 1969 zeigt, dass es viele hinaus ins Grüne zog, aber jetzt oftmals nicht mehr per Pedes oder per Bahn, sondern mit dem eigenen schnittigen Auto „Made in GDR". Das Foto sollte für die beliebte Gaststätte „Tannengrund" in Möser werben, war aber gleichzeitig ein anschauliches Beispiel der allmählichen Automobilisierung der Bevölkerung.

Genthiner Bahnhofsvorplatz neu

Versuch einer Umgestaltung des Genthiner Bahnhofsvorplatzes mit der Schaffung eines Busbahnhofes sowie Pkw-Parkplätzen. Die Umgestaltungsarbeiten blieben in der Tat ein Provisorium. „Eine weitere Rose für die Perle am Kanal", so die Zeitungsüberschrift zur Einweihung des neuen Busbahnhofes am Bahnhof. Bürgermeister Degen und SED-Sekretär Maier zerschnitten das Band und gaben den Platz frei.

Ministerrat ehrt Genthin

26. September: Die Stadt Genthin wurde vom Ministerrat, dem Staatsrat und dem Nationalrat der Nationalen Front für gute Leistungen der Bevölkerung und Betriebe im Rahmen des Wettbewerbs „Schöner unsere Städte und Gemeinden – mach mit" mit einer DDR-Urkunde und einer Geldprämie (10 000 Mark) ausgezeichnet. Der geschaffene Wert betrug 11,9 Millionen Mark. Das bedeutete einen Leistungsdurchschnitt je Einwohner von 1025 Mark.
Die Leistungen bezogen sich hauptsächlich auf Gestaltungsarbeiten im Volkspark, Instandsetzungsarbeiten an Sportplätzen, Springbrunnenbau, Bau des Busbahnhofes, Instandsetzungsarbeiten an Häusern u.a.

Schwimmbad wechselt das Wasser

Da das Schwimmbad Burgs vom baulichen und hygienischen Standpunkt nicht mehr den Anforderungen entsprach, war es notwenig geworden, außer der vorgesehenen Betonierung des Beckenbodens und Erneuerung der Beckenwände die Einspeisung des Bades mit Ihlewasser zu unterbinden. Dafür hatte die Stadt einen Tiefbrunnen und ein Brunnenhaus anlegen lassen.

Öfen qualmen entsetzlich

Aus den Protokollen zur Abnahmebegehung der Neubauten Kuhrstraße in Burg: „Die Wohnungspolitik in der Stadt Burg wird bestimmt von der Entwicklung der struktur- und profilprägenden Betriebe. Der werktätigen Bevölkerung der Kreisstadt können in diesem Jahr 177 Wohnungseinheiten in der Wilhelm-Kuhr-Straße übergeben werden, davon 88 Wohnungen in den Neubaublocks 32, 33, 34 und 35."
Bei der Abnahme der begehrten Neubauquartiere vor dem Einzug der ungeduldig wartenden Bewohner mussten aber dort noch verschiedene Mängel festgestellt werden. So waren die Waschkessel noch nicht an die Gasheizung angeschlossen, was besonders für kinderreiche Familien recht hinderlich war. Die mit Mini-Gerüsten zum Trocknen der Wäsche ausgerüsteten Hausaufgänge reichten vielleicht für eine Familie, keineswegs aber für acht, stellte sich bei der Kontrolle heraus. Bemängelt wurde auch die Ausrüstung der für die Mitglieder der Arbeiter-Wohnungsbau-Genossenschaft vorgesehenen Neubaublocks 29, 30 und 31 mit nicht funktionstüchtigen Heißluftöfen. Da die Aufnahmefähigkeit der Schornsteine nicht ausreichte, hätten die Bewohner im Qualm fast ersticken müssen. In einem Bau waren die Treppen fehlerhaft gebaut und stellten eine Unfallquelle dar.

GENTHINER CHRONIK

Im Kreis besitzen 2,3 Haushalte einen Kühlschrank, 4,8 Haushalte eine Waschmaschine und 8,0 Haushalte einen Pkw.

31. Januar: Erste Vorbereitung für den Bau eines Busbahnhofes am Bahnhof. Betonmaste werden entfernt und Buschwerk und Bäume gefällt.

9. April: Die Schüler Doris Meyer und Bernd Rothbauer von der POS Schlagenthin werden Sieger bei der 1. polytechnischen Olympiade des Kreises, Einsatz in der sozialistischen Landwirtschaft.

1. Mai: Durch die Umstellung auf EDV bei den Kreditinstituten werden neue Kontonummern eingeführt. Es werden die einzelnen Ziffern erläutert.

23. Mai: Erstes Selbstbedienungs-Lebensmittelgeschäft der KG „Kaufhalle Mitte", Brandenburger Straße, nach erfolgtem Umbau eröffnet. Der Einkauf erfolgt mit Einkaufskörben und bedeutet für die Bürger der Stadt eine neue Einkaufsform.

7. Juni: Baubeginn für das Kulturzentrum Süd V. Beim Bau der Anlagen helfen neben den Einwohnern Betriebe mit ihrer Technik. Das Zentrum wird von den hier Wohnenden gern besucht.

15. Juli: Richtfest an der Beadsanlage im Waschmittelwerk. Mit dieser Anlage wird es möglich, das „Spee" gekörnt herzustellen.

15. August: Einweihung des neu erbauten Springbrunnens auf dem Genthiner Marktplatz. Der Brunnen ist mit Unterstützung von Genthiner Betrieben auf der Grundlage von Kommunalverträgen entstanden.

1. September: Feierliche Übergabe der neuen Schule in Genthin-A. Die Diesterweg-Schule wird zum Schuljahresbeginn übergeben.

BURGER CHRONIK

9. Januar, Burg: Der Wintermarsch von GST und FDJ geht ab 8 Uhr in die freie Natur. Der gemeinsam durchgeführte Kreisleistungsvergleich im militärischen Mehrkampf gehört bereits zur Aktion „DDR Signal 20".

11. März, Burg: Die Arbeitsgemeinschaft Fotografie des Deutschen Kulturbundes, Ortsgruppe Burg, hat sich im Volkskunststafette angeschlossen und dazu verschiedene Aufgaben festgelegt. Geplant ist eine Kreisfotoschau im Juni. Dazu wird demnächst ein Aufruf zur Beteiligung an der Fotoausstellung herausgegeben.

20. Mai, Burg: Ein Missstand wird beseitigt, denn jahrelang mussten die Burger Einwohner, wenn sie vom Schlachthof Roheis holen wollten, einen fast unpassierbaren Weg benutzen. Eine etwa 200 m lange Straße wird jetzt mit Teersplitt befestigt.

5. Juli, Grabow: Es gibt eine weitere Bademöglichkeit, denn die Grabower Badeanstalt wird freigegeben. Bei der Renovierung haben die Jungen Pioniere und Schüler ihrem Alter entsprechende Leistungen vollbracht.

1. September, Gerwisch: 44 Lehrlinge haben im Betriebsteil Gerwisch des Wohnungsbaukombinates Magdeburg die Lehre begonnen. Zugleich geht an diesem Tag dieser Betriebsteil zum Dreischichtsystem über, um mit höherer Auslastung der Grundmittel die Arbeitsproduktivität zu steigern, d.h. in gleicher Zeit mehr Wohnungen zu bauen.

5. November, Burg: Ein Color-Dia-Forum startet um 20 Uhr im Klub „Theodor Fontane". Jeder Besucher kann hier seine schönsten und interessantesten Dias mitbringen und vorführen lassen.

1970

GENTHINER CHRONIK

Anfang Februar: In den Treibhausgewächshäusern der LPG „Traktor" werden die ersten Gurken geerntet und zum Kauf angeboten. Das ist neu für die Genthiner, deshalb werden sie über diese Leistung in der Presse besonders informiert.

Frühjahr: Extrem schlechte Witterungsbedingungen. Auch im März hält der Winter an und macht insbesondere den Bauarbeitern zu schaffen. Erst Anfang April kann das Schwanenpaar im Volkspark wieder ausgesetzt werden.

25. Juni: Die Abgeordneten der Stadt Genthin beschließen eine neue Stadtordnung.

10. August: „250 Jahre Genthiner Post" heißt das Thema einer neuen Sonderausstellung im Kreisheimatmuseum, die vom alten Wandfernsprecher OB/04 bis hin zum neuesten Fernsprecher W 63 neben anderen postalischen Erzeugnissen alles zeigt, was zur Genthiner Postgeschichte gehört.

2. September: Die HO-Gaststätte „Volkshaus" wird zur Schülergaststätte umgebaut, in der täglich rund 700 Portionen Essen an die Schüler der Hanno-Günther-, der Pestalozzi- und EOS-Oberschule verabreicht werden.

1. bis 7. Oktober: 3. Genthiner Kulturfesttage mit Estradenprogramm des Stadtmusikkorps des Ministeriums des Innern Magdeburg und Künstlern der Städtischen Bühne Magdeburg.

Ende Dezember: Die Tierkörperbeseitigungsanstalt Genthin wird Volkseigentum und dem Fleischkombinat Magdeburg, Tierkörperverwertung, angegliedert. Klagen der Bevölkerung sowie mehrfach eingeleitete Maßnahmen der Behörden gegen den geruchsbelästigenden Betrieb scheitern.

BURGER CHRONIK

2. Januar, Burg: Die GST-Grundorganisation der Burger Comenius-Oberschule verstärkt die vormilitärische Ausbildung. Im Bereich der Schießausbildung werden 150 „goldene Fahrkarten" geschossen. In den Mannschaftsmeisterschaften im Kleinkaliberschießen werden drei 1. und zwei 2. Plätze erreicht. Drei Lehrer kümmern sich um die Fahrschulausbildung (Moped/Motorrad).

10. April, Königsborn: Wie Zwerge wirken die auch nicht gerade kleinen Traktoren in Königsborn neben dem Riesen K 700 aus der Sowjetunion. Bei der Vorstellung dieser neuen Technik besichtigen 150 Bauern den neuen Riesentraktor und die zugehörigen Folgegeräte.

12. Mai, Burg: Das Schul- und Heimatmuseum veranstaltet eine Ausstellung und ein Rahmenprogramm anlässlich der „Woche des Buches 1970". Einen Schwerpunkt bildet die Literatur der deutschen Klassiker.

7. Juli, Kreis Burg: Etwa 1380 Abc-Schützen erhalten am letzten Schultag vor den großen Ferien ihre Schulzeugnisse. Die besten von ihnen werden in der Presse namentlich genannt.

2. November, Gommern: Immer wieder kommt es im Betriebsgeschehen der Deutschen Reichsbahn zu Unfällen, die vielfach auf leichtsinniges Verhalten Reisender zurückzuführen sind. So ereignet sich auf dem Bahnhof Gommern ein bedauerlicher Unfall, bei dem ein junger Mensch tödlich verletzt wird. Ursache des Unfalls war das Aufspringen auf einen bereits fahrenden Zug.

1970, Burg: Die Volkszählung hat ergeben, dass in Burg genau 29 994 Einwohner leben.

Bau von neuen Wohnungen in Genthin

Im Rahmen des Neubauwohnungsprogrammes der Stadt Genthin werden in der Schillerstraße ein Neubaublock mit 24 WE und im Komplexgebiet Andreas-Gröbler-Straße weitere 288 Wohnungen übergeben.

Der letzte Wohnblock Nummer 7 wurde unter den schwierigen Witterungsbedingungen fertig gestellt (Ende Mai). An der Errichtung der Kinderkombination Kinderkrippe/Kindergarten wurde gearbeitet – Fertigstellung 17. Januar 1971. Mit der Fertigstellung des letzten Wohnblocks 7 und der Kinderkombination war der Wohnungsbau im Komplex Andreas-Gröbler-Straße beendet. Insgesamt waren im Kreis von 1966 bis 1970 614 neue Wohnungen entstanden.

Soldatenfriedhof wird umgestaltet

8. Mai: Umgestaltung des sowjetischen Soldatenfriedhofs in Genthin an der Berliner Chaussee zu einem Ehrenmal mit gestaltetem Bronzerelief, das von der Künstlerin Ursula Schneider-Schulze (Magdeburg) gestaltet wurde, endgültige Fertigstellung 8. Mai 1971. Bei der Umgestaltung wurden der Obelisk und die Einzelgräber beseitigt. Die ehemaligen Grabsteine fanden als Gehwegplatten „Am Birkenwäldchen" Verwendung.

Modernes Lehrlingswohnheim

Das an der Niegripper Chaussee (Siedlung) errichtete neue Lehrlingswohnheim der Zentralen Berufsschule Burg war am Ende des Jahres 1970 fertig gestellt. Es konnte mit Beginn des neuen Jahres 140 Internatsplätze aufweisen. Der Wert wurde mit 1,6 Millionen Mark angegeben. Die bisherige benachbarte Wohnbaracke hatte Platz für 90 Lehrlinge, war nur 90 000 Mark wert und entsprechend dürftig ausgestattet.

„Freundschaft in Aktion" nennt der Fotograf sein Bild vom Einsatz sowjetischer Soldaten in der Landwirtschaft. Mit Hacken bewaffnet sind die jungen Soldaten auf einem Feld bei Körbelitz. Der Boden um die gerade aufkeimenden Sämlinge (Gurken) wird aufgelockert und von Unkraut befreit. Auf jeden Fall ist das eine bessere Aktion als Waffenputzen.

Siedlungskomplex Andreas-Gröbler-Straße nach der endgültigen Fertigstellung 1971/72.

Neue SKET-Hallen

28. August: Im VEB SKET Stahl- und Apparatebau Genthin begann mit der Errichtung weiterer Betriebsanlagen (2 Montage-Stahlblechhallen, Größe 15x72 m und 32x108 m und 1 Mehrzweckhalle) ein neuer Ausbauabschnitt.

Ferner war die Einrichtung eines Betriebskindergartens geplant (1971). Der Betrieb entwickelte sich zum zweitgrößten Arbeitgeber der Stadt.

Mit Märchenbar

Burg hatte ab **3. Oktober** eine Spezialverkaufsstelle für Kinderbekleidung. Wie sehr hier so etwas fehlte, bewies der Andrang gleich am Eröffnungstag. Man musste den Mitarbeitern der HO-Werbeabteilung bestätigen, dass ihnen die liebevolle Gestaltung der Verkaufsräume gelungen war. Eine Märchenbar erfreute kleine und große Kunden.

Die Ihlestadt im „Eulenspiegel"

Die in der DDR beliebte satirische Zeitschrift „Eulenspiegel" hatte in ihrer Ausgabe vom 6. April einige Merkwürdigkeiten aus Burg in einem größeren Beitrag verpackt. Der bekannte Zeichner Heinz Behling spielte mit seiner Zeichnung auf den nicht immer ansehnlichen Zustand der Häuserfassaden an: „Tja, die Zeit vergeht, Fritze. Burg ist nun auch schon tausendundzweiundzwanzig Jahre alt." „Man sieht's, Meister. An den Fassaden."

Man sieht's an den Fassaden

Pareyer Legehennenbatterie

Die Pareyer Legehennenbatterie nimmt trotz vieler Schwierigkeiten den Betrieb auf

Über die Fertigstellung und Inbetriebnahme der Pareyer Legehennenanlage am 1. März schrieb die damalige Leiterin der Anlage in ihr Tagebuch: „Es gibt unwahrscheinliche Schwierigkeiten bei der Materialbeschaffung und mit der Baukapazität. Auch im extremen Winter 1970/71… wird gebaut. Endlich steht der Einstallungstermin fest, das heißt unser Junghennenlieferant (die Aufzuchtanlage LPG „Traktor" Genthin-Altenplathow; d.V.) weigerte sich, die Junghennen noch weiter zu halten. Statt bei uns, werden dort die ersten Eier gesammelt. Aber das Wetter will plötzlich nicht mehr! Ständig sinken die Temperaturen. Tierarzt Rudat vom Geflügelgesundheitsdienst in Stendal lehnt unter so ungünstigen Bedingungen eine Umsetzung der Tiere ab… Also heizen! Aber wie? Der VEB Getreidewirtschaft kann helfen und stellt uns ein altes Aggregat zur Verfügung, das einmal zur Getreidetrocknung gedient hat. Unsere Abteilung Technik leistete in dieser Zeit viel. Ein Loch wird in die Stallwand geschnitten, und einen Tag vor Einstallungsbeginn pustet das Gerät Warmluft in die Halle. Am Morgen des 1. März 1971, des ersten Einstallungstages, liegen hohe Schneewehen. Unsere Techniker haben während der ganzen Nacht geheizt, aber es sind nur neun Grad in der Halle." Über die Situation in den ersten Wochen und Monaten nach Inbetriebnahme der Anlage heißt es im Tagebuch weiter: „Wir stallten die erste Halle ein, in der zweiten Halle verlegen die Installateure noch die Wasserleitung. Die Stromversorgung erfolgte durch ein Dieselaggregat, denn das Trafohaus ist noch im Bau. Wir schlafen in dieser Zeit alle nicht gut, denn wir hatten immerhin etwas von seuchenhygienischer Absicherung gehört, aber bei uns gehen die Handwerker ein und aus"… „Allzuviel Eier gab es am Anfang noch nicht zu sammeln, dafür lagen aber umso mehr Steine im Objektgelände herum. Also sammelten wir

Die Pareyer Legehennenanlage im Oktober 1970 vor der Einstallung der ersten Tiere am 1. März 1971.

zunächst Steine"… „Machten uns anfangs die niedrigen Temperaturen zu schaffen, so machten uns im Sommer die ersten heißen Tage mindestens ebenso große Schwierigkeiten - eine Knochenweiche in Verbindung mit einer Sauerstoffanämie brachte die ersten großen Verluste. Dazu kamen die vielen Matscheier! Die Eier flossen vom Band. Anni stand am Eiersammeltuch und heulte!" Als Dr. Günther (Tierarzt) aus Stendal zu Hilfe gerufen wurde, sagte er: „Anfängerdummheit". 1972 waren in Parey 25 400 Legehennen eingestallt.

Der Bericht macht die damalige wirtschaftliche Situation, insbesondere aber die enormen Schwierigkeiten deutlich. Dennoch wurde die eierproduzierende Batterie-Anlage in Parey nach ihrer endgültigen Fertigstellung 1973 mit drei Ställen und nach der 1978 erfolgten Umrüstung zur Haltung von 63 000 Stück Legehennen als erste industriemäßig produzierende Batterie-Anlage im Kreis gefeiert. Nicht selten diente sie als Vorzeigeobjekt für den erreichten technischen Fortschritt im Kreis. Durch die Pareyer Anlage wurde im Kreis etwa die Hälfte des Eieraufkommens abgedeckt und damit die Versorgung der Bevölkerung mit Eiern weitestgehend sichergestellt.

800 Jahre Genthin

Ein großes Ereignis kündigte sich im Oktober an. Die Stadt Genthin bereitete sich auf die Feierlichkeiten zum 800-jährigen Bestehen vor. Es wurde auf die Sauberkeit und Ausschmückung in der Stadt hingewiesen. Auch der Großhandel wurde in die Pflicht genommen, um eine umfassende Versorgung abzusichern. Die Festveranstaltungen fanden in der Zeit vom 1. bis 10. Oktober statt. Das Museum zeigte eine Sonderausstellung, den Höhepunkt bildete jedoch der Festumzug. Museumsleiter Börner zog Bilanz: „Ausstellung zur Geschichte der Stadt gut besucht, aber dennoch nicht befriedigend."

Bau vorwiegend im Zentrum

Der volkseigene Betrieb Kommunale Wohnungsverwaltung wurde schrittweise in einen VEB Gebäudewirtschaft umgestaltet, mit dem Ziel, dass der Betrieb die Hauptauftraggeberschaft für die Instandsetzung und Instandhaltung übernähme. Die Kapazität der Werterhaltung wurde vorwiegend im Bereich des Zentrums der Stadt eingesetzt, insbesondere in der Jacobistraße, Schartauer Straße, Magdeburger Straße und am Platz der Weltjugend (Markt). Im Rahmen des Nationalen Aufbauwerkes wurde von der Bevölkerung der Weg von der Siedlung Ost in den Ortsteil Gütter zu einem ordnungsgemäßen Radfahrweg ausgebaut. Die Ihlebrücke im Unterm Hagen wurde durch Kettenfahrzeuge beschädigt und musste von Grund auf repariert werden. Die von Panzerfahrzeugen stark strapazierte Betonstraße von Burg nach Blumenthal musste wiederholt ausgebessert werden.

Clausewitz-Grab in Burg

Der am 1. Juli 1780 in Burg geborene Carl von Clausewitz, der preußische General und Militärtheoretiker, gestorben am 1. Juni 1831 in Breslau, wurde nach Burg überführt. Am 16. November war die feierliche Einweihung der Clausewitz-Grabstätte auf dem Ostfriedhof. Die sterblichen Überreste von ihm und seiner Frau sowie die beiden Grabsteine kamen aus Breslau (VR Polen). Burg ist somit Geburtsort und Grabstätte von C. v. Clausewitz, eine angemessene Erinnerungsstätte (kleines Museum) fehlt allerdings noch bis heute.

Der Clausewitz-Grabstein auf dem Friedhof Ost.

1971

GENTHINER CHRONIK

11. Februar: Mit Blasmusik wird die zentrale Wasserleitung in Tucheim eingeweiht. Zum Auftakt gibt es eine öffentliche Wasserverkostung. Das Wasser wird aus einem 60 m tiefen Brunnen gewonnen.

12. Februar: Beginn der Arbeiten für den Umbau des ehemaligen Gasanstaltgebäudes zur Konsum-Verkaufsstelle in der Dimitroffstraße/Straße der Freundschaft. (Heute befindet sich hier ein Modellbaugeschäft.)

29. Mai: Der „Blumenstrauß der Woche", eine Aktion in der Zeitung, geht an Maria Dahms, Journalistin beim Sender Radio DDR, Sender Leipzig, über ihre Reportage „Genthiner Impressionen". In dieser Sendung wurde die „Perle am Kanal" umfassend dargestellt. So heißt es u.a. „Wie sauber die Straße ist, Straße um Straße. Auffallend sauber, von den Wegen bis zu den Fassaden."

15. Juni: 17 Tage vor dem eigentlichen Fertigstellungstermin übergibt die Genthiner Werft das MS Berlin an die Weiße Flotte Potsdam. Die Fahrgastschiffe aus der Werft entsprechen durchaus den an sie gestellten Kriterien.

18. Juni: Mit einer Festsitzung der Gemeindevertretung wird in Güsen mit den Feierlichkeiten zum 750-jährigen Bestehen der Gemeinde begonnen. Höhepunkt ist der historische Festumzug, der die Entwicklung der Gemeinde von 1221 bis zur Gegenwart darstellt.

27. Oktober: Richtfest am letzten Behälter des von Polen erbauten Tanklagers für Waschrohstoffe auf dem Nordgelände des Waschmittelwerkes. Es entstand im Rahmen des Baues der Beadsanlage.

BURGER CHRONIK

1. Januar, Burg: Den ersten Erdenbürger des Jahrgangs 1971 gebiert im Kreiskrankenhaus Frau Heidrun Mrozek in der Silvesternacht um 1.55 Uhr in der Entbindungsstation. Beistand leisten ihr bei der Geburt ihres Sohnes die Hebamme Frau Lorenz und die Ärztin Frau Dr. Tölke.

21. Mai, Burg: Mit der Einrichtung einer modernen Flaschenfüllstrecke wird eine neue Etappe in der Entwicklung der Molkerei Burg zur besseren und schnelleren Verarbeitung der Produkte eingeleitet. Die Anlage ist sehr leistungsfähig und senkt erheblich den manuellen Anteil der Arbeit.

6. Juli, Gommern: Mit einem Kostenaufwand von 180 000 Mark wurde in den vergangenen Monaten das Lichtspieltheater in der Ehlestadt Gommern von den Bauarbeitern der PGH „Frohes Bauen" und anderen Baufirmen renoviert und modernisiert. Diese Kulturstätte wird übergeben. Eine neue Bildwand ermöglicht nun eine ausgezeichnete Bildwiedergabe.

15. September, Reesen: Auf Initiative der Volksvertreter der Gemeinde Reesen wird eine ehemalige Scheune zu einer Mehrzweckhalle umgebaut. Sie soll den Jüngsten als Turnhalle dienen. Außerdem wird eine Kegelbahn eingebaut.

23. Dezember, Hohenziatz: Auf dem ehemaligen Kleinbahngelände und in der Thälmannstraße werden 100 Linden gepflanzt. Dabei wird es nicht bleiben, wie wir heute wissen, denn bisher säumen 3222 neue Bäume die Straßen nach Hohenziatz und begrüßen die Gäste. Allein die historische Poststraße wird auf eine Länge von 3,5 Kilometern von 672 Linden gesäumt.

1972

GENTHINER CHRONIK

1. Januar: Das Ministerium des Innern führt die Personenkennzahlen ein. Diese gewähren eine lückenlose Erfassung aller Bürger und im Ernstfall den schnellen Zugriff bei besonderen Anlässen.

7. Januar: Ein Einwohner von Ferchland wendet sich mit dem Vorschlag an die Volksstimme, die Fährverbindung in Ferchland wieder herzustellen. Diese sei praktisch und würde den Bewohnern des Umfeldes bis zu 30 Kilometer Umwege ersparen und die Stadt Genthin vom Durchgangsverkehr entlasten. Der Vorschlag scheitert am fehlenden Geld und an der Baukapazität der Werften.

13. Januar: Die Stadtwirtschaft führt die Marken für die Müllabfuhr ein. Eigentlich eine praktische Sache, mit einem Nachteil: Schulkinder, aber auch Erwachsene reißen verschiedentlich diese ab, so dass der Müllkübel stehen gelassen wird.

10. Juni: Richtfest am Erweiterungsbau der Hanno-Günther-Oberschule. Dieser wurde notwendig, da die vorhandenen Räumlichkeiten keinen ordnungsgemäßen Unterricht mehr gewährleisten.

14. September: Der Genthiner Bahnhof erhält den heute noch vorhandenen braunen Farbanstrich, der alles andere als gut aussieht und auch nicht zu dem schön gestalteten Bahnhofsvorplatz passt.

6. Dezember: Grundsteinlegung für die neue Poliklinik, das heutige Ärztehaus, auf dem Gelände des früheren Friedhofes. Durch die konzentrierte Unterbringung der einzelnen Fachgebiete in einem Haus wird die medizinische Versorgung in der Stadt erheblich verbessert.

BURGER CHRONIK

8. Januar, Burg: Seit drei Jahren gibt es eine optimale Krebsprophylaxe in der Gynäkologischen Ambulanz des Kreiskrankenhauses Burg. Darüber berichtet der Oberarzt Dr. Klaus Schikowski.

7. April, Burg: Der Bau der Bildungseinrichtung des VEB Walzwerk „Hermann Matern" geht zügig voran, so dass der vorgesehene Termin der Fertigstellung am 30. Juni gehalten werden kann. Vielleicht kann der Saal aber auch schon für die bevorstehenden Mai-Feierlichkeiten genutzt werden.

11. Juli, Gübs: Die Festschrift und das Veranstaltungsprogramm halten, was der Rat der Gemeinde darin versprochen hat. Ein gelungenes Volksfest für jedermann wird veranstaltet. Anziehungspunkt für die Kinder ist ein Karussell.

10. Dezember, Gommern: Das Fernsehen der DDR zeigt eine Aufzeichnung der Veranstaltung „Mach mit – mach's nach – mach's besser!" An diesen vielseitigen und interessanten Wettkämpfen mit ADI in der Magdeburger Hermann-Gieseler-Sporthalle beteiligen sich Mädchen und Jungen aus Gommern.

Gummibahnhof vor dem Reichsbahn-Bahnhof

Direkt vor dem Hauptausgang des Burger Bahnhofes entstand ein neuer Busbahnhof mit mehreren Bussteigen. Die Warteplätze wurden vierreihig überdacht (Foto). Am 1. November wurde diese Anlage ihrer Bestimmung übergeben. Auf einer kleinen Anlage zwischen den Abfahrtsstellen stand die Figur „Flora".
Von hier aus verkehrten nun die Busse des VEB Kraftverkehr in das gesamte Kreisgebiet, auf einigen Fernlinien Richtung Magdeburg oder Genthin und auf den Stadtlinien.

Zwangsenteignung von Kleinbetrieben

In den Monaten März und April werden auch in Genthin und Burg Kleinbetriebe „in Volkseigentum überführt".

In Durchsetzung eines SED-Politbüro- bzw. Ministerratsbeschlusses verloren in Genthin elf ausgewählte private und halbstaatliche Betriebe sowie PGHs ihre Selbständigkeit und wurden, wie es hieß, „in Volkseigentum überführt". Der Grund: Der SED-Staat befürchtete eine „Rekapitalisierung".
Im März/April lief eine Kampagne zur Enteignung der noch privaten und mit staatlicher Beteiligung wirtschaftenden Industrie- und anderer größerer Betriebe auch im Kreis Burg. Die Auszahlung der von den staatlichen Stellen festgesetzten privaten Anteile des Betriebsvermögens sollte zinslos in Jahresraten erfolgen. Den bisherigen Eigentümern der Betriebe wurden Direktorenposten in Aussicht gestellt.

Zwangsumgebildet wurden im April des Jahres 1972 in Genthin folgende Betriebe:
- Genthiner Brauhaus W. Hild-KG (14.04.)
- PGH Verkehrstechnik Genthin (14.04.)
- Färberei und chemische Reinigung Krüger-KG (17.04.)
- Bauunternehmen Schwarzlose-KG (21.04.)
- Mischfutterwerk U. Feldheim-KG (21.04.)
- Bauunternehmen PGH „Freundschaft" (28.04.)
- Kleiderfabrik Th. Pruski-KG (28.04.)
- Kleiderfabrik P. Glaw-KG (28.04.)
- Brandenburger Kleiderfabrik-KG, BT Genthin (28.04.)
- Mechanische Werkstätten Kaufmann-KG (28.04.)
- Sägewerk Sporkenbach KG (01.05.)

Nach der gesellschaftlichen Umstrukturierung im Jahre 1990 erhielten die ehemaligen Besitzer ihr Eigentum zurück. Ein Teil von ihnen machte von der Rückführung Gebrauch und entwickelte aus den Kleinbetrieben neue leistungsfähige Unternehmen.

Verlust für die Kreisstadt – Burger Museum hat ausgedient

Das Ende des Burger Schützenhauses war gekommen. Das Gebäude, in den letzten Jahren als Schul- und Heimatmuseum genutzt, wurde abgerissen. Die Exponate des Museums wurden innerhalb von Burg ausgelagert und kamen später in die Museen Genthin und Magdeburg. Ein Teil verschwand auf bisher unbekannte Weise. Noch viele Burger haben gute Erinnerungen an die Veranstaltungen im Saal des Hauses, sei es nun die Einschulungsfeier oder eine Ausstellung. Die Bestände des Kreisheimatmuseums mussten aber vor ihrer Verlagerung in die beiden genannten Städte auf Anordnung des Rates des Kreises kurzfristig in ein früheres Fabrikgebäude auf dem Hinterhof am Platz der Weltjugend (Markt) 22 verlagert werden. Damit war die fast 80-jährige Tradition des Burger Museums vorerst beendet. Das bisherige, seit 1952 genutzte Domizil, das bekannte frühere Schützenhaus, sollte abgerissen werden, um Platz für eine Hermann-Matern-Gedenkstätte zu machen, hieß es amtlicherseits als Begründung.

Auf viel Gegenliebe stieß der Abriß des ehemaligen Schützenhauses bei den Burgern nicht. Vermisst wurde nicht nur das dort befindliche Museum, sondern auch der Saal.

Schwerer Sturm richtet große Schäden an

Ein schwerer Sturm im Herbst suchte das Kreisgebiet Genthin heim. Mindestens 60 Prozent aller Gebäude wurden beschädigt. Es kam zu erheblichen Stromausfällen. Vor Parchen lagen auf 1,5 km Länge die Strommasten wie Streichhölzer abgeknickt. Die Stilaufbauten am ehemaligen Genthiner Postgebäude mussten nach dem Sturm entfernt werden, denn sie drohten abzustürzen. Schwer betroffen waren die Häuser in der Lindenstraße (unser Bild) durch umgestürzte Bäume.
(Foto: Stadtarchiv Genthin)

Berufswahl nach den Erfordernissen

Widersprüche zwischen individuellen Berufswünschen und sogenannten gesellschaftlichen Erfordernissen lässt die Partei in der Öffentlichkeit diskutieren.

Den Anlass bot im Oktober der Empfang der Bewerbungs- und Bestätigungskarten. Den Abgängern stand im Kreis seinerzeit eine Ausbildung in 62 Berufen zur Wahl. Jedem Schulabgänger stünde eine Lehrstelle zur Verfügung, doch die Entscheidung für den richtigen Beruf sei auch immer eine gesellschaftliche, hieß es weiter. Vorrang hätten jene Berufe, die in „Auswertung der Beschlüsse der 10. ZK-Tagung der SED" anstünden: Berufe des Bauwesens, Facharbeiter der chemischen Produktion, Betonfacharbeiter, Brauer, Mälzer, Berufe für Dienstleistungen und Reparaturen usw. Für diese Berufe stünden mehr Lehrstellen zur Verfügung als sich Schulabgänger dafür interessierten.

Starke Disproportionen registrierte man bei medizinischen Berufen (2:1), bei allen kaufmännischen Berufen (2:1), bei Funkmechanikern (10:1), Elektroinstallateuren (2:1), Fahrzeugschlossern (5:1) und Krippenerzieherhern (6:1). In Anbetracht dieser Zahlen appellierte man an Eltern, Lehrer und an die Verantwortlichen der Berufsberatung, das „Interesse auf volkswirtschaftlich bedeutende Berufe zu lenken".

1000 Jahre Dretzel werden groß gefeiert

Mit einer großen Festwoche beging Dretzel im Juni des Jahres 1973 sein 1000-jähriges Bestehen. Das Dorf-Jubiläum wurde in großem Stile, unter anderem mit einem Festumzug in 30 Bildern, gefeiert. Am Festumzug beteiligten sich 400 Personen. Außerdem begeisterte Meister Nadelöhr etwa 1500 große und kleine Besucher der näheren Umgebung, berichtete die Volksstimme.

Grundstein für Milchviehanlage

Der Grundstein für eine 1232er Milchviehanlage in Tucheim wurde am 20. August gelegt. Die drei traditionellen Hammerschläge vollzog Michael Maier, 1. Sekretär der Kreisleitung der SED. Als Fertigstellungsdatum galt der 25. Jahrestag der DDR, der 7. Oktober 1974.

Fachwerk weicht der „Platte"

In der Stadt Burg ging der Wohnungsbau voran. Für die Errichtung von Neubaublocks an der Großbaustelle am Platz des Friedens (Schützenplatz) wurden die dort befindlichen, von den Bewohnern geräumten Wohnhäuser der Hausnummern 1-9 abgerissen, um Baufreiheit zu bekommen. Ebenfalls war der Abbruch der Wohnhäuser in der Wilhelm-Külz-Straße vorgesehen. Hier sollte auch das Heizwerk für die zu errichtenden Plattenbauten entstehen. Für die Innenstadtbebauung war das Gebiet zwischen der Bruch- und Kammacherstraße bestimmt. Auch hier musste ein Großteil der Altbausubstanz weichen. Zu Beginn des Jahres waren die Wohnhäuser, zumeist Fachwerkbauten aus dem 18. Jahrhundert, in der Kammacherstraße 7, 8 und 11 abgerissen worden. Die Straße war für den Verkehr gesperrt. Der große Garten hinter der Kurbadeanstalt mit dem alten Baumbestand war bereits planiert. Die schon vor dem Krieg auf den Gütterschen Bergen wiedererrichteten und bis jetzt noch teilweise bewohnten zwei Holzbaracken sollten jetzt abgerissen werden. Den dort in den Behelfsunterkünften lebenden zehn Familien bzw. Einzelpersonen waren die Behausungen nicht mehr zuzumuten. Ihnen wurden andere Wohnungen zugewiesen. Ebenso erfolgte die Umsetzung von 44 Familien aus von der staatlichen Bauaufsicht gesperrten Wohnungen.

Es bestand aber immer noch ein großer Mangel an Wohnraum in der Stadt. Die Behörden unternahmen verstärkt Kontrollen, um unterbelegten Wohnraum zu erfassen. Es sollte eine effektive Wohnraumlenkung erreicht werden. Den Wohnungstausch galt es straffer zu organisieren. Während am 23. Juni die Grundsteinlegung der am alten Friedhof zu errichtenden Volksschwimmhalle erfolgte, konnte der Bürgermeister der Kreisstadt, Günter Skibbe, am 12. September die neue Katzentreppe – vom Städtischen Bauhof und dem Burger Walzwerk errichtet – den Einwohnern übergeben.

Maternhaus eingeweiht

An der Stelle des ehemaligen Schützenhauses wurden zum Gründungstag der DDR das Hermann-Matern-Haus und die benachbarte Sporthalle eingeweiht. Die neue Schule an der Ernst-Thälmann-Allee (Kirchhofsweg) war zudem fertiggestellt. Das Besondere: Hier befand sich ein Astronomisches Zentrum zur niveauvollen Gestaltung des Astronomieunterrichts und zur Freude der Hobbyastronomen.

Herrmann-Matern-Haus

1973

GENTHINER CHRONIK

Januar: Die Linden der Lindenstraße in Jerichow werden gefällt. Das war den Jerichowern zwar nicht einerlei, aber schließlich seien viele Bäume schon morsch gewesen, hieß es offiziell. Das Weichen der Bäume wird auch mit dem sich entwickelnden Verkehr entlang der Straße begründet.

8. April: In der Sauenanlage Demsin werden die ersten Sauen eingestallt. 150 Sauen werden aus Steutz, Kreis Zerbst, mit Viehhängern nach Demsin gebracht.

Mitte April: Die Genthiner Molkerei produziert Sauerrahmbutter.

1. Mai: Vorfristig nimmt im Waschmittelwerk die Beadsanlage den Betrieb auf. Noch 1973 sollen in dieser Anlage insgesamt 8500 Tonnen Spee hergestellt werden, 1974 sollen es schon 20 000 Tonnen sein.

Mai: Das Pionierblasorchester Genthin wird in das Bezirksmusikkorps für die X. Weltfestspiele aufgenommen.

17. Juni: Die Genthiner Jagdhornbläser erringen den 2. Platz beim DDR-Ausscheid in Merseburg.

Juli: An der Großtankstelle Genthin gibt es seit Anfang Juni eine Neuheit: eine Tanksäule, an der man sich nach Tankstellenschluss selbst bedienen kann. Voraussetzung ist, dass man ein 5-Mark-Stück für Benzin und ein 1-Mark-Stück für Öl hat.

Juli: Die Erweiterte Oberschule erhält den Namen „Dr. Theodor Neubauer".

Juli: Über 500 Jugendliche aus dem Kreis Genthin sind bei den X. Weltfestspielen der Jugend und Studenten in Berlin dabei.

1. Oktober: Die PGH Frisur übernimmt in Güsen einen Friseursalon.

BURGER CHRONIK

7. März, Burg: Radio DDR I sendet aus Burg. Um 10 Uhr wird die Veranstaltung „Musik auf Touren" aus dem Haus der Einheit, Karl-Marx-Straße, übertragen. Thema ist das geistig-kulturelle Leben in der Ihlestadt.

13. Juni, Berlin/Burg: Das Ministerium für Post- und Fernmeldewesen der DDR gibt eine Sonderbriefmarke zu Ehren des 80. Geburtstags von Hermann Matern (geb. 17. Juni 1893/gest. 24. Januar 1971) heraus.

10. August, Gommern: Damit das Haus der Geschichte noch im Sommer so schnell wie möglich seiner Bestimmung übergeben werden kann, vollenden zwei Maler letzte Arbeiten an der Eingangstür. Indessen erhält auch die HO-Gaststätte „Haus der Einheit" in der Martin-Schwantes-Straße 17 ein Gerüst, denn nicht nur innen soll sie einladend sein.

8. September, Körbelitz: Für die Kraftfahrzeugbesitzer rund um Körbelitz wird es um einiges leichter. Sie werden eine Tankstelle vor der Tür erhalten. Die LPG „Neues Leben" sorgt seit einigen Wochen dafür. Der Neubau kostet rund 250 000 Mark. Getankt werden kann in Zukunft VK 88 und VK 79.

3. und 4. November, Burg: Die ehemalige Tauschzentrale wird kurzerhand abgerissen. Mit entsprechender Technik wird das alte Haus an den Einmündungen Schartauer Straße/Jacobistraße zum Platz der Weltjugend (Markt) abgetragen. Zwei Tage sind für den Abriss geplant, in zwei Tagen ist das Haus verschwunden. Rund zwei Wochen vorher war das alte Gebäude durch Kokelei von Jugendlichen in eine Brandruine verwandelt worden.

1974

GENTHINER CHRONIK

10. Januar: Die Mitarbeiter der Konsum-Bäckerei beschließen im Rahmen des sozialistischen Wettbewerbs, ein neues Spezialbrot auf den Markt zu bringen. Das „Hagenower" Brot dient der besseren und gesünderen Ernährung der Bevölkerung.

26. März: Für den Versand der Fertigware nutzt das Waschmittelwerk Container. Diese werden durch einen Mobilkran auf die Bahntragwagen auf- bzw. abgesetzt. Um dieses System wirtschaftlich betreiben zu können, fehlt ein Containerumschlagplatz mit entsprechender Technik.

28. März: Die Genthiner Feuerwehr begeht ihr 100-jähriges Bestehen. Bei ihren Einsätzen und Hilfeleistungen hat sie sich die Anerkennung der Genthiner Bürger erworben. Die Festveranstaltung findet im Sitzungssaal der Stadtverordneten im Rathaus statt.

14. Juni: In Mützel wird die neue Abwasseranlage in Betrieb genommen. „Durch die zusätzliche Beregnung der Flächen mit Abwässern erfolgt eine enorme Steigerung der Hektarerträge."

Juli: Der Tiefbau Genthin beendet die Arbeiten an der Verbindungsstraße Karow–Tucheim. Für den Güterverkehr zwischen diesen beiden Fiener-Gemeinden ergibt sich eine Einsparung von 20 Kilometer Wegstrecke.

August/Oktober: Zwischen Anfang August und Ende Oktober 1974 wird eine neue Straße von Kuxwinkel bis nach Neudessau gebaut. Bislang gab es dort nur einen Sandweg. Endgültig für den Verkehr freigegeben wird sie am 1. Juni 1975. Die Straße Schlagenthin–Kuxwinkel war bereits im Februar 1967 fertig gestellt worden.

BURGER CHRONIK

2. Februar, Wüstenjerichow: Ungeteilte Freude über die erweiterte Konsum-Verkaufsstelle bei der Verkäuferin und ihren Kunden. Die Verkaufsfläche wurde auf 44 Quadratmeter verdoppelt und modernisiert.

30. April, Burg: Anlässlich des 20-jährigen Bestehens der AWG (Arbeiter-Wohnungsbau-Genossenschaft) Burg wird an dem ersten AWG-Bau in der Stollbergstraße 28 eine Gedenktafel angebracht und am Vorabend des 1. Mai enthüllt. Auf der Tafel ist zu lesen: „1. Mai 1954 Beginn des sozialistischen Wohnungsbaus durch die AWG Burg".

1. Juli, Burg: Fünf Burger Boote haben sich für die DDR-Meisterschaft qualifiziert. Das ist ein schöner Erfolg für die Einheit-Ruderer bei der ersten Qualifizierungsregatta in Berlin-Grünau.

24. Oktober, Körbelitz: Jetzt sind in Körbelitz die Mohrrüben aktuell! 140 Tonnen wurden bis jetzt geerntet. Aber mit der Ernte allein ist es noch nicht getan. Das geborgene Gemüse wird zunächst in Säcke gefüllt und dann auf Paletten verfrachtet. Die Auslieferung erfolgt in die gesamte DDR.

13. November, Hohenziatz: Die Handwerker der LPG „Thomas Müntzer" decken das Kuhstalldach neu ein. Dabei errichten sie gleich ein Storchennest.

7. Dezember, Grabow: Seit einem halben Jahr stellen sich willkommene Gäste bei der Familie R. Meseberg ein, und das an jedem Morgen. Die wilden Kostgänger erscheinen beim Lockruf: „Komm, Lorchen, komm!" Dabei handelt es sich um eine Rotte von Wildschweinen, die sogar Frischlinge mit sich führt. Die Fütterung ist die erste Voraussetzung für die spätere Forschungsarbeit durch Dr. Heinz Meynhardt.

Jubiläum im Stahlbau Parey

Der Stahlbau Parey begeht im Februar sein 25-jähriges Bestehen.

In den Jahren des Bestehens entwickelte sich der Betrieb zu einem wichtigen Lieferanten auf dem Gebiet des Stahlbaues. Kesselgerüste für Kraftwerke, Masten für Energieleitungen, Konstruktionen für Industriehallen sind nur einige Artikel aus der Vielfalt der Produktion.

Für den ehemaligen Palast der Republik, ein typisches Vorzeigeobjekt der DDR, wurden über 3000 Tonnen Stahlkonstruktionen geliefert. Für diesen Zweck wurde ein Wohnraumzellentrakt im Betrieb errichtet, in dem 100 NVA-Soldaten wohnten. Diese wurden zur Unterstützung der Produktion eingesetzt, um die Termine zu halten. Die Aufnahme zeigt die Montage von Stützen für den „Palast" durch die hier eingesetzten Soldaten.

Der Mangel an Arbeitskräften muss auch hier gravierend gewesen sein, denn im zweiten Halbjahr kamen noch polnische Arbeiter zum Einsatz.

Die NVA-Soldaten (Foto oben) unterstützten in Parey die Produktion von Stahlkonstruktionen für den Palast der Republik in Berlin. In dem Wohnraumzellentrakt (Foto unten) wurden 100 Soldaten untergebracht.

Burg ist um eine Sport- und Erholungsstätte reicher

Burg konnte sich über eine neue Sportstätte freuen. Am 7. Oktober wurde eine moderne Schwimmhalle der Öffentlichkeit übergeben. Ehrengast war unter anderem der Doppelweltmeister Täve Schur.

Das Bauwerk vom Typ „Anklam" wurde in der Fertigteilbauweise errichtet. Eingerichtet werden sollten in dem Gebäude noch eine Sauna, Kioskbetrieb und Arztpraxen. Gedacht wurde auch an einen Fitnessraum.

Schon nach kurzer Zeit war diese Freizeiteinrichtung, die den Namen Volksschwimmhalle erhielt, der Treffpunkt der badefreudigen Burger, denn hier konnten die Wassersportler auch im Winter trainieren. Klassenweise erlernten die Schüler der unteren Klassen das Schwimmen – nicht nur aus Burger Schulen. Kindergartenkinder kamen mit ihren Eltern hierher, um in kleinen Gruppen das Wasser zu erkunden.

Die Außenfassade der neu eröffneten Burger Volksschwimmhalle.

Die letzte Fahrt des T 34

Im Sinne der Deutsch-Sowjetischen-Freundschaft wurde im Auftrag der Stadtverwaltung von Burg eine Gedenkstätte für die in Burg nach dem Zweiten Weltkrieg gestorbenen sowjetischen Militärangehörigen angelegt. Auf dem ehemaligen Westfriedhof entstand die Anlage mit den bekannten schwarzen Schrifttafeln für die verstorbenen und dem Panzer. Das hier aufgestellte legendäre Kettenfahrzeug T 34 wurde in der VR Polen für die NVA gebaut.

Im Standort Waldfrieden war der Panzer für die Ausbildung eingesetzt. Inzwischen besitzt er Seltenheitswert. Allerdings wurde es von der allerhöchsten Stelle der SED-Bezirksleitung in Magdeburg nicht gerne gesehen, dass im nahen Burg ein sowjetischer Panzer aufgestellt wurde. Der Grund war profan, denn in der Bezirksstadt Magdeburg gab es noch kein Denkmal mit einem Panzer! Der aufmerksame Betrachter wird festgestellt haben, dass die aufgemalten Wappen seitenverkehrt sind.

Die letzte Fahrt des Panzers ging Mitte September dann quer durch Burg. Durch die Straßen rollte er mit einer Fahne der Gesellschaft für Deutsch-Sowjetische Freundschaft. Panzertechniker des Burger Regimentes hatten unter Leitung eines Hauptmannes schwer zu tun, um den Koloss auf die Schräge des Denkmalsockels zu bugsieren. Danach bestand ihre Aufgabe darin, das historische Kriegsgefährt vollkommen auszuschlachten. Und um absolut sicher zu gehen, dass allzu Neugierige nicht nachsehen konnten, was das Stahlungetüm denn noch so an technischen Innereien haben könnte, wurde jede kleine offene Ritze gut zugeschweißt. Trotzdem entpuppte sich das Panzerdenkmal für die Kinder als vortreffliches Spielzeug.

Die letzte Fahrt des T 34.

Werft Genthin baut Fahrgastschiff

Die Genthiner Schiffswerft nimmt eine erfolgreiche Entwicklung.

Die Konzentration lag zunächst auf der Reparatur von Stromschubschiffen, Eisbrechern und Fahrgastschiffen sowie auf dem Neubau von zwei Binneneisbrechern und einer Fähre. Die jeweiligen Quartalsziele wurden von den Beschäftigten der Genthiner Werft überboten – im Jahr zuvor konnte im sogenannten Gegenplan das Fahrgastschiff „Aktivist" mit Abschluss des 1. Halbjahres der Weißen Flotte Brandenburg übergeben werden.
Unmittelbar vor Jahreswechsel 1974/75 erfolgte die Kiellegung eines neuen Fahrgastschiffes, womit auch gleichzeitig die Wettbewerbsinitiativen 1975 ausgelöst wurden. Das Fahrgastschiff sollte eines der größten in der DDR werden und zum Wohle der „erholungssuchenden Bürger" dienen, erfuhren die Leser der Genthiner Volksstimme.

Eins der größten Fahrgastschiffe der DDR wird auf der Genthiner Werft gebaut – hier kurz nach Kiellegung.

Verkehrssicherheit erhält hohen Stellenwert im Kreis Burg

Mit Abschluss des Jahres 1975 befanden sich im Kreis Burg 32 000 Kraftfahrzeuge, darunter 7721 Personenwagen auf den Straßen. Auch die Zahl der Mopeds nahm mit mehr als 2000 Stück beträchtlich zu, wobei Ende 1975 über 10 000 Mopeds im Straßenverkehr registriert wurden. Von den bei der Verkehrspolizei zugelassenen Pkw befanden sich 6849 im Privatbesitz.
Die zunehmende Verkehrsdichte auf den Straßen des Kreises führte allerdings zu einer steigenden Zahl von Verkehrsunfällen. Während sich 1974 insgesamt 137 Verkehrsunfälle mit Personen- und Sachschaden ereigneten, waren es in diesem Jahr 164 Verkehrsunfälle. Dabei kamen acht Personen ums Leben, zwei mehr als 1974.
Betriebe wurden vom Rat des Kreises und dem Volkspolizeikreisamt aufgefordert, den Werktätigen die Teilnahme an Verkehrsteilnehmerschulungen anzubieten. Entweder sollten sie betrieblich organisiert werden oder im jeweiligen Wohnort des Betriebsangehörigen stattfinden. Die Volkspolizei und der Rat des Kreises betonten die gediegene Verantwortung der Verkehrssicherheitsaktive in den Betrieben und den Orten. Als besonders gut arbeitendes Aktiv wurde das in Gommern tätige genannt.
Einen Schwerpunkt bildete außerdem die Verkehrserziehung an den Schulen und in den Kindergärten des Kreises, wobei hier VP und Aktive gemeinsam wirkten.

Bockwindmühle wird Denkmal
Die Parchener Bockwindmühle wurde unter Denkmalschutz gestellt. Das Mühlengelände wurde zum Freilandmuseum umgestaltet. Die Gemeinde Parchen hatte die Bockwindmühle erst im Jahr zuvor übernommen.

Dorfmotiv 1975: Hohenwarthes Mörtelstraße

Zu den wenigen Postkartenmotiven von Hohenwarthe gesellte sich 1975 das Foto mit der „Mörtelstraße".
Einfamilienhäuser und eine Starkstromfernleitung bestimmten das Motiv.
Da hat sich der Fotograf mit der Motivsuche keine Mühe gegeben.

1975

GENTHINER CHRONIK

18. Januar: In Parey überlegen die Gemeinderäte, der Jugend ein Objekt zu übergeben, das zu einem Jugendklubhaus ausgebaut werden könnte.

Januar: Die LPG Pflanzenproduktion „Ernst Thälmann" Tucheim/Paplitz schließt zu Beginn des Jahres einen sogenannten Kommunalvertrag über 120 000 Mark ab. Ziel: Die Arbeits- und Lebensbedingungen der Bevölkerung sollen sich verbessern.

8. Februar: Im Saal der Genthiner HO-Gaststätte „Zur Eisenbahn" findet die Zwischenrunde zur Box-Bezirksmeisterschaft der Schüler und der Senioren statt.

17. Juni: Die Oberschule Parchen erhält am Geburtstag von Hermann Matern (17. 06. 1893 bis 24. 01. 1971) den Namen „Hermann-Matern-Oberschule" verliehen.

30. Juli: Das Waschmittel „Spee gekörnt" erhält auf der Incheba-Messe in Bratislawa, an der sich alle RGW-Mitgliedsstaaten beteiligen, eine Goldmedaille.

August: Im Kreismuseum wird eine Sonderausstellung eröffnet, die sich dem Thema „450. Jahrestag des Bauernkrieges" widmet.

26. August: Das zweite Eigenheim ist in diesem Jahr in der Gemeinde Derben bezogen worden, ein drittes ist im Rohbau fertig gestellt, und für ein viertes ist der Grundstein gelegt worden.

28. November: Eine neue Kaufhalle entsteht in Parchen aus sogenannten Ratio-Mitteln. Seit Jahren haben sich die Bürger des Ortes über die schlechten Einkaufsbedingungen beschwert.

12. Dezember: Der Genthiner Weihnachtsmarkt öffnet und erstrahlt in vollem Lichterglanz. Zuvor wird aber der Strom abgestellt. Grund: Abschlussarbeiten.

BURGER CHRONIK

3. April, Burg: Herr Max Brand, Gestaltungsleiter der HO-Werbeabteilung, konnte in den vergangenen sechs Wochen sein Hobby mit seiner täglichen Arbeit verbinden. In der HO-Gaststätte „Gerichtsschänke", Breiter Weg, die gründlich renoviert wird, hängen ab heute zwei von ihm gemalte Bilder. Das größere stellt kuriose Gerichtsszenen aus dem Mittelalter dar und das zweite Bild zeigt den sagenumwobenen Trommler von Burg.

30. Mai, Krüssau: Kurz vor Ende des Zweiten Weltkrieges wurden KZ-Häftlinge durch Krüssau getrieben und für eine Nacht in der Scheune untergebracht. Einer von ihnen, zu schwach für den weiteren Marsch, wurde von einem SS-Mann niedergeschlagen und erschossen. Krüssauer Bürger begruben den unbekannten Toten. An dieser Stelle gibt es jetzt eine Gedenkstätte. Der Stein trägt die Inschrift: „Dem 1945 ermordeten antifaschistischen Widerstandskämpfer zum Gedenken".

9. Juli, Burg: Gut betreut werden die Rehabilitanten im neuen Rehabilitationszentrum des VEB „Roter Stern" von der erfahrenen Mitarbeiterin Sabine Bertz. Für die modernen Produktions- und Pausenräume hat der Betrieb 20 000 Mark für den Umbau bereitgestellt.

25. November, Burg: 50 Lehrer und Lehrlinge der Kommunalen Berufsschule Burg erklären sich bereit, Blut zu spenden. Damit folgen sie einem Aufruf des Deutschen Roten Kreuzes. Sie begreifen ihre Blutspende als einen Teil der Solidarität in Aktion.

1976

GENTHINER CHRONIK

6. Januar: Der Kreistag beschließt auf seiner Sitzung die Bildung des Gemeindeverbandes Stremme. Mit dieser Bildung erfolgt die Verbesserung der Infrastruktur in den Gemeinden, der Versorgung der Bevölkerung sowie der medizinischen Betreuung.

7. Januar: In Brettin wird eine Arbeitsgruppe gebildet, die sich mit der noch besseren Nutzung der vorhandenen Kies- und Sandvorkommen für die Bauwirtschaft beschäftigt.

16. Januar: Zügig voran, bedingt durch das offene Wetter, geht der Ausbau zur 25 000er Schweinemastanlage in Gladau. Die Belegschaft verpflichtet sich, 50 Prozent der Tiere in den Schlachtklassen I und II abzuliefern.

1. April: Um 10 Uhr werden die ersten 24 von 112 entstehenden Wohnungen in der Andreas-Gröbler-Straße den Mietern übergeben.

1. Mai: Irma Gabel Thälmann, die Tochter E. Thälmanns, weiht auf dem Genthiner Marktplatz den neuen Gedenkstein für den Arbeiterführer ein. Der Platz trägt den Namen des Arbeiterführers. Das Denkmal wurde nach einem Entwurf von J. Prause gestaltet.

3. Mai: Die Genthinerin Katrin Bayer vom TZ Genthin, wird DDR-Meisterin im Turnen (Jugend).

16. Mai: Einweihung des neuen Parchener Einkaufszentrums (Konsum) in der Parkstraße durch Bürgermeister Franz Einecke. Verkaufsstellenleiterin ist Lucie Benecke. Das Verkaufsangebot umfasst Lebensmittel, Textilien und Industriewaren.

29. November: Der elfenbein-orangefarbene Städteexpress „Börde" nimmt seinen Dienst zwischen Magdeburg und Berlin auf.

BURGER CHRONIK

9. April, Burg: Eröffnet wird das Schuhhaus „Elegant" der HO in Burg. Dazu schließen Handelseinrichtung und der VEB Schuhfabrik „Roter Stern" einen Kooperationsvertrag ab. Neun Verkäuferinnen bemühen sich um die Wünsche der Kunden.

1. Juni, Burg: In der Siedlung und am Brehm stellen Jugendliche des Jugendwerkhofes im Auftrag der Deutschen Post „Zustellfachanlagen", so sagt der Postfachmann, auf. In diese grauen Kastenanlagen kann der Postbote an einem Ort viele Postsendungen von sonst auseinander liegenden Haushalten einstecken. Der Briefträger spart Wege und der Postkunde hat womöglich früher seine Post. Nach der Wende werden diese Kastenanlagen wieder demontiert.

17. August, Burg: Die Freilichtbühne im Flickschupark nutzen in den Sommerferien die Mädchen und Jungen der Kreisstadt für Veranstaltungen. In einem kleinen kulturellen Wettstreit zeigen sie, was sie im vergangenen Schuljahr gelernt haben.

12. November, Burg: Die Großhandelsgesellschaft „Waren des täglichen Bedarfs" lädt ein zum Tag der offenen Tür in der Niergripper Chaussee. In dem EIZ (Einkaufs- und Informationszentrum) werden fast alle Artikel des Handelsprogramms der WTB Nahrungs- und Genussmittel, Seifen, Waschmittel und Kosmetika zur Schau gestellt.

2. Dezember, Königsborn: Stroh ist einer der Grund- und Zuschlagstoffe für die Herstellung von Pellets als Fütterungsmittel in der Strohpelletanlage der Kooperativen Abteilung Pflanzenproduktion Königsborn. Das Kollektiv dieses Jugendobjektes hat sich vorgenommen, seinen Plan mit über 200 Tonnen zu erfüllen.

29. Internationale Friedensfahrt

Burg ist Standort der 13. und zugleich letzten Etappe der 29. Internationalen Friedensfahrt Prag-Warschau-Berlin. Ein einmaliges Ereignis, das auch die Burger in echtes Friedensfahrtfieber bringt.

Der spätere Friedensfahrtsieger Hans-Joachim Hartnick (DDR) auf dem Rolanplatz kurz vor dem Start Richtung Berlin.

Die Creme de la Creme des internationalen Amateurradrennsports hatte sich auf dem Rolandplatz eingefunden, nachdem am Vortag die Etappe in der Bezirksstadt geendet hatte. Sportler aus 15 Nationen formierten sich zum Ehrenstart. Umringt waren die Radrennfahrer von Autogrammjägern. Besonders begehrt waren die eigenhändigen Unterschriften des 21-jährigen Hans-Joachim Hartnick, Träger des gelben Trikots, und des Zweitplazierten, des Polen Stanislav Szozda. Aber auch viele Offizielle trugen einen großen Namen. Zu ihnen gehörten der aus Heyrothsberge stammende mehrmalige Friedensfahrtsieger und Amateurstraßenweltmeister Gustav Adolf Schur, Klaus Ampler, Friedensfahrtsieger 1964 und Teamchef der DDR-Equipe, sowie Rudi Altig, Profistraßenweltmeister und Betreuer der BRD-Mannschaft. Am Ende der 13 und letzten Etappe sollte Hans-Joachim Hartnick die Ziellinie auf der Tartanbahn des Berliner Jahn-Sportparkes als Erster überqueren. Hartnick wurde nicht nur Tagessieger, sondern auch Gesamtsieger der 29. Friedensfahrt. Was an dem Tag keine Rolle mehr spielte, war die zurückliegende gründliche Vorbereitung der Kreisstadt auf das Ereignis. Partei- und Kreisspitze hatten ein ausgefeiltes Vorbereitungsprogramm auf die Beine stellen lassen. Pikantester Teil: Was würde aus den desolaten und zum Teil leeren Häusern, die an den Zufahrtsstraßen des Friedensfahrtkonvois nicht vom sozialistischen Baufortschritt kündeten? Farbe musste zumindest her und Transparente in etwas größerem Format. Entweder wurden die Fensterrahmen leer stehender Wohnhäuser auf Anweisung des kreislichen Vorbereitungskomitees frisch gestrichen oder die größten Putzlöcher an den Wänden plakativ verschämt zugedeckt. So geschehen beispielsweise in der Magdeburger Straße und in der Straße Hinterm Roland – im letzten Fall nur wenige Meter vom Startplatz der Finaletappe entfernt.

„Leinen los" für MS „W. Pieck"

Am 14. Mai erfolgte die Indienststellung und Jungfernfahrt des Motorschiffs „Wilhelm Pieck". Das Schiff wurde auf der Genthiner Werft gebaut. Das 460 Personen fassende Fahrgastschiff wurde das Flaggschiff der Berliner Weißen Flotte. An der Jungfernfahrt nahmen 140 Betriebsangehörige teil. Das Schiff fährt heute in Berlin unter dem Namen „Mark Brandenburg".

„Leinen los" zur Jungfernfahrt hieß es am 14. Mai 1976 für das auf der Genthiner Werft gebaute Fahrgastschiff „Wilhelm Pieck".

Der neue Stadtteil der Kreisstadt heißt „Burg Süd"

Am 6. Februar, es war ein Freitag, wurde um 14.30 Uhr durch den 1. Sekretär der Kreisleitung der SED, Gustav Höft, der Grundstein für ein weiteres großes Neubaugebiet gelegt.

Hier am Südrand von Burg in Richtung Schermen sollte der größte Wohnungsbaukomplex der Kreisstadt entstehen. Schon in kurzer Zeit waren an der Magdeburger Chaussee die ersten Plattenbauten hochgezogen. Diese neuen Wohnungen trugen zu einer erheblichen Verbesserung der Wohnsituation bei.

Schade war nur, dass nicht auch im gleichen Maße die Altbausanierung in der Innenstadt vollzogen wurde.

1977

Schuhfabrik als „Wulff"-Filmkulisse

Die DEFA produziert im Herbst 1977 in Burg und Umgebung einige Szenen für den Spielfilm „Sabine Wulff", dargestellt von Karin Düwel.

Nach dem Roman „Gesucht wird eine freundliche Welt" von Heinz Kruschel wurde der Film (Regie Erwin Stranka) teilweise im Jugendwerkhof „August-Bebel" und in der Schuhfabrik VEB „Roter Stern" gedreht. Der Roman entstand auch nach Recherchen von Kruschel in der Schuhfabrik und im Jugendwerkhof. Teils lässt sich in dem literarischen Werk die Ihlestadt wiederentdecken. Kruschel übrigens leitete in Burg einen Zirkel schreibender Arbeiter. Große Spannung der Betriebsangehörigen und deren Anverwanten, als im folgenden Jahr die DDR-Premiere in Burg erfolgte. Großes Hallo, als über die Leinwand des Theaters des Friedens Gesichter von Kollegen flimmern, Produktionssäle wiedererkannt werden und sogar das Direktorenzimmer abgelichtet erscheint. In dem abschließenden Filmforum in der Gaststätte „Am Holländer" mit Stranka und Schauspielern äußerten die Zuschauer Zustimmung: „Ja, so geht es in unserer Fabrik zu, und auch so erleben wir

Die Schuhfabrik „Roter Stern" diente auch mit ihrer Außenfassade als Kulisse für den DEFA-Film „Sabine Wulff".

die Probleme mit den Jugendwerkhofmädchen, die bei uns arbeiten." Einzig leitende Parteifunktionäre des Kreises zeigten sich pikiert, ob denn unsere Jugend wirklich so dargestellt werden müsse. Vorgeführt wurden nämlich auch die „asozialen" Lebensumstände eines studierten Aussteigers, der so gar nicht in das vorgezeichnete Klischee des strebsamen DDR-Jugendlichen passte.

Grundsteinlegung für das Tucheimer Trockenwerk

Für eine weitere Großanlage der Tierproduktion im Kreis Genthin, die ZBE Trockenwerk Tucheim, erfolgte am 30. April die Grundsteinlegung. Es sei, wurde seinerzeit berichtet, das größte Trockenwerk in der DDR. Bei voller Funktionstüchtigkeit sollten später 22 308 Tonnen erreicht werden. Die Anlage diente nach Fertigstellung als zentrale Produktionsstätte für Futtermittel des Kreises. Die Kosten für das Projekt beliefen sich auf 15 700 000 Mark. Als Generalauftragnehmer fungierte die ZBO Landbau Genthin, Sitz Schlagenthin.

Der Chef der SED-Kreisleitung, Michael Maier, nahm auch hier die Grundsteinlegung vor. Im Bild: Arbeiter.

Ein Jahr der Namensgebungen

1977 wird für die Schulen im Kreis zum Jahr der Namensverleihungen.

Am 10. Januar erhält die Oberschule in Tucheim den Namen „Wilhelm-Pieck-Oberschule".

Die Oberschule Güsen folgt mit dem Namen „Karl-Liebknecht-Oberschule". Die Namensgebung wird am 27. April gefeiert.

Die Polytechnische Oberschule Jerichow trägt seit dem 17. September den Namen „Dr. Richard-Sorge-Oberschule".

Auch in Karow laufen 1977 Vorbereitungen auf die Namensverleihung „Nateshda Krupskaja".

Roland auf der Betonpyramide

Nachdem von Seiten der Bevölkerung wiederholt Anfragen an den Rat der Stadt Burg über den Verbleib des Burger Rolands gestellt worden waren, fand jetzt die historische Büste nach einer über neun Jahre währenden Odyssee einen Platz vor dem Rathaus. Zuvor musste sich der alte Herr noch eine „Grunderneuerung" der durch die verschiedenen Transporte entstandenen Blessuren mittels Zementmörtel gefallen lassen, ehe er nun auf einem ziemlich geschmacklosen Betonklumpen seinen vorerst letzten Ruheplatz fand. Mit der Wiederaufstellung kam der Rat der Stadt Burg den Wünschen zahlreicher Bürger nach und auch der Notwendigkeit zur Erhaltung und Pflege von Kulturdenkmalen.

Der Burger Roland bestand als Ganzes bis 1923. Erhalten blieben nur Kopf und Halsansatz, die bei der Abnahme am ehemaligen Hotel „Roland" nochmals zerbrachen.

Sorgsam wird der Kopf auf den Betongipfel gehievt.

GENTHINER CHRONIK

Januar: In der LPG „Junge Welt" Hohenseeden wird eine neue Küche mit einem Speisesaal übergeben. Es ist der erste Abschnitt eines Sozialtraktes, der gebaut wird.

8. Februar: Einer der ersten Preise bei der Bezirksolympiade junger Mathematiker geht nach Genthin. Matthias Bauer, Oberschule „Ernst Thälmann" Genthin, Klasse 7, gehört zu den vier Erstplatzierten.

5. April: In Kleinwulkow wird ein neues Kultur- und Speisezentrum übergeben.

1. Mai: Richtfest an der Genthiner Poliklinik.

7. Juni: In Genthin findet der 1. Genthiner Bauernmarkt statt, dem noch weitere folgen werden.

10. Juni: Die Gemeinde Parchen und die Feuerwehr feiern den 50. Jahrestag der Gründung der Freiwilligen Feuerwehr mit Festumzug und Feuerwehrball. Die Chronik der Feuerwehr erarbeitete Günther Schulenburg, der auch die Festrede hält.

29. Juni: Ein Galaabend mit Bisse Kirow, einem zu DDR-Zeiten bekannten Künstler, findet im „Volksgarten" statt.

Juli: In Jerichow wird das ehemalige Kino nach erfolgtem Umbau den Jugendlichen als kulturelles Zentrum des Gemeindeverbandes übergeben.

Oktober: In der Karower Straße eröffnet die Konsumgenossenschaft im Wert von 300 000 Mark eine neue Kaufhalle.

Edeltraud Kliemann wird zur Roßdorfer Bürgermeisterin gewählt. Mit 22 Jahren ist sie die jüngste Bürgermeisterin des Kreises Genthin.

BURGER CHRONIK

1. Februar, Gommern: Der Ehrenname „Friedrich Wolf" (Schriftsteller/Antifaschist) wird an die seit 20 Jahren bestehende Betriebsfachschule des ZRAW Gommern verliehen. Schon lange beschäftigen sich die Lehrlinge mit dem Leben von Friedrich Wolf. Zu einem Höhepunkt gestaltet sich nun die Namensgebung, anwesend dazu sind viele Ehrengäste, darunter der Genosse Minister Markus Wolf, der Sohn von F. Wolf (und Stasi-Chef).

1. April, Burg: Unsere Kreisstadt hat wieder ihren „Menüladen" in der Schartauer Straße 29, gegenüber der Mauerstraße. Die Verkaufsstelle „Feinkost" wird vom HO-Direktor Müller feierlich übergeben. Von der Eröffnung an macht die Bevölkerung von dieser Einrichtung einen regen Gebrauch, auf Bestellung werden Menüplatten zusammengestellt.

9. September, Burg: Ein Magdeburger Ausstellungszug vermittelt vieles unter dem Begriff „interessante Eisenbahn". Der 35 Meter lange, aus sechs Wagen bestehende Berufsorientierungs- und Ausstellungszug steht noch bis zum 11. September in Burg. Hauptanziehungspunkt ist die 7,50 Meter lange und 1,40 Meter breite Modelleisenbahnanlage der Spur H0.

15. November, Burg/Oberhof: Elektromeister Heinz Meynhardt kann mit seinen Filmen bei den Internationalen Oberhofer Filmtagen vier Preise gewinnen. Ausgezeichnet wird der Film aus dem Bereich der Ornithologie mit dem Titel „Bläßralle". Den höchsten Preis dieser Veranstaltung, den „Oberhofer Schneekristall" bekommt er für den Streifen „Kinderstube der Wildschweine". Das ist gleichzeitig die Qualifikation für den internationalen Start des Filmes in den Niederlanden. Auch im Fernsehen der DDR ist dieser Film zu sehen.

1978 — Kanal wird bei Genthin verbreitert

GENTHINER CHRONIK

6. Januar: Entschlammen und Wiederherstellen des Teiches in Parchen im Rahmen der Landeskultur. Im Teich soll eine Fischzucht angelegt werden, zur Freude der Angler, und die Uferzone soll zum gemütlichen Verweilen einladen.

25. Februar: In Parey wird das neu erbaute Landambulatorium am Stahlbau seiner Bestimmung übergeben. Genau vor 25 Jahren wurde die erste Einrichtung dieser Art im Ort der Bevölkerung übergeben. Die alte Einrichtung wird zu einer Kinderkrippe umgebaut.

6. März: Die Konsumgenossenschaft eröffnet in Genthin-Nord ihre größte und modernste Kaufhalle für Waren des täglichen Bedarfs (WtB). Die 22 Mitarbeiter betreuen eine Verkaufsfläche von 300 Quadratmetern, in dem 1,2 Millionen Mark teuren Objekt.

30. April: Feierliche Übergabe des fünfgeschossigen Erweiterungsbaus der Poliklinik. Damit ist das gesamte Projekt fertig gestellt. Symbolisch wird der Schlüssel dem Leiter der Einrichtung, Dr. Gröning, überreicht.

19. Juli: Auf dem Gelände des ACZ wird eine Lagerhalle für Mineraldünger errichtet. Die Konstruktion der 10 000 Tonnen fassenden Halle besteht aus Holz und gewährt somit eine lange Lebensdauer der Halle.

4. Oktober: Nach einer Bauzeit von 13 Monaten wird das zentrale Ausbildungszentrum der HO in Altenplathow, Fabrikstraße, übergeben. Das Gebäude war früher der Landsitz der Familie von Pieschel.

6. Dezember: In der Uhlandstraße wird der erste Neubaublock für 30 Familien übergeben. Ein Arbeiter aus dem Genthiner Brauhaus erhält symbolisch den Schlüssel für die neue Wohnung.

BURGER CHRONIK

21. März, Gerwisch: Seit Sonnabend ist die Konsumgaststätte komplett. Der Saal mit 200 Plätzen und einer Garderobe ist übergeben worden. Er wird das geistig-kulturelle Leben des Gemeindeverbandes, in dem es seit seiner Gründung keinen niveauvollen Saal gab, positiv beeinflussen.

19. April, Burg: Nach viermonatiger Umbauzeit ist die Betriebsgaststätte des VEB Schuhfabrik „Roter Stern" auf dem Gelände des F.-L.-Jahn-Sportplatzes wieder eröffnet worden.

2. Mai, Burg: In der Holzstraße 34 eröffnen die Wohngebietsgaststätte „Gastronom" und ein Frisörsalon der PGH „Modische Linie".

28. Juli, Wüstenjerichow: Mit der Übernahme des Gasthauses „Zur Forelle" stehen als Spezialität wieder zahlreiche Forellengerichte auf dem Speiseplan. Die Gaststätte wird von vielen Bürgern unseres Kreises und aus dem ganzen Bezirk aufgesucht.

2. September, Burg: 2800 vollbeschäftigte berufstätige Frauen mit zwei und mehr Kindern kommen in den Genuss der 40-Stundenwoche.

27. Oktober, Gerwisch: Auf den Feldern wird fleißig gearbeitet. Das bezieht sich nicht nur auf die Kartoffel- und Rübenernte. Auch das Gemüse muss schnellstens geerntet werden. Zur Zeit wird in der Ogema Gerwisch Rotkohl einkonserviert.

14. November, Altengrabow: Eine neue Haltestelle für den Kraftomnibuslinienverkehr ist am Bahnhof eingerichtet worden.

1. Dezember, Burg: Auf dem Gelände der Schuhfabrik „Roter Stern" im Bereich der Feldstraße ist die erste Traglufthalle des Kreises errichtet worden.

Am 22. Februar des Jahres beginnen die Arbeiten für den Ausbau des Elbe-Havel-Kanals zwischen Genthin und Seedorf auf eine Breite von 60 Meter, um bessere Bedingungen für die Schifffahrt zu schaffen. Bisher betrug die Breite 35 Meter. Im Rahmen des Kanalausbaues entsteht auch die Liegestelle für die technische Flotte der Wasserstraßenverwaltung. (Foto: Stadtarchiv Genthin)

Mühlengraben nun mit neuer Brücke

Im September wurde die Brücke über den Mühlengraben in der Feldstraße durch die Schiffswerft Genthin fertig gestellt.
Diese Brücke wird heute überspannt von der neuen Brücke, die im Rahmen der Umgehungsstraße errichtet wurde. Durch zwei Autokräne wurde die Brücke eingehoben.

Schweinemist stoppt Mastsystem

In einigen LPG des Kreises Burg hielten die Bauern ihre Schweinebestände inzwischen recht naturnah. Die ständige frische Luft und der Auslauf der Tiere im Freien förderten die Gesundheit der Tiere; und das Resultat war ein größerer Fleischberg. Um die Mastschweine vor Witterungsunbilden zu schützen, wurden sogenannte „Schweinepilze" aus einfachen Baumaterialien wie Holz und Stroh errichtet.
Ein Vorreiter dieser neuen Haltermethode ist das Volkseigene Gut Kampf Ziepel. Für dieses wurde aber kein Gelände im Kreis Burg ausgesucht, sondern im Nachbarkreis Zerbst. Die Wahl fiel auf ein Gelände bei Schweinitz. Waldmast wurde das Verfahren genannt, da die Hütten in einem krüppligen Kiefernwald errichtet wurden.

Volkspark entwickelt sich zum Sorgenkind

Was sollte bloß aus dem Genthiner Volkspark werden? Es wurde Kritik am Zustand der grünen „Oase" in der Stadt im Februar in der Volksstimme geübt. Auch die durchgeführten Arbeiten entsprachen nicht immer der geplanten Konzeptionen. Um eine Kontinuität der Arbeiten zu gewährleisten, wurden „interessierte Bürger für Pflegearbeiten gesucht".

Nach anfänglichen Erfolgen eines Produktionszuwachses stellten sich bald die Nebenwirkungen der Produktionsmethode ein. Die Schweinefäkalien verseuchten dermaßen den Boden, dass die Bäume einzugehen drohten. Auch eine Belastung des Erdreiches und Grundwassers war nicht auszuschließen. Nach wenigen Jahren der Praxis der sogenannten Waldmast wurde sie deshalb generell und in aller Verschwiegenheit wieder eingestellt.
Eingeführt wurde sie allerdings nicht ohne Gegenwehr von einigen DDR-Landwirtschaftsexperten, die das Entsorgungs-Problem kommen sahen. Deren Meinung kam beim Entscheid über das neuartige Mastsystem nicht zum Tragen. Wichtig war in erster Linie, den ständig wachsenden Schweinefleisch-Bedarf der Bevölkerung zu befriedigen, so wie es Partei und Staat als Aufgabe vorgaben.

Wie aus einem Kinderbilderbuch: Die putzigen Schweinchen leben in wildromatischen Behausungen.

Wo landet der Adler der Adler-Apotheke?

1979

Es kommt zu verstärkten Abrissen von alter Bausubstanz in Burg, darunter die Häuserecke Berliner-/Große Hirtenstraße und alte Fachwerkgebäude der früheren „niederen Töchterschule" an der Zerbster Promenade.

Besondere Beachtung, gemischt mit Wehmut der Bevölkerung, fand der Abbruch der bekannten Adler-Apotheke am unteren Breiten Weg. Das alte Eckhaus an der Deichstraße/Breiter Weg, die ehemalige königlich privilegierte Apotheke, wurde im Januar 1979 abgerissen. An der Abrissstelle sollte eine Grünanlage entstehen. Dabei ging es nicht nur um ein zu dieser Zeit unansehnliches Haus. Immerhin war in diesem Haus der bekannte Theodor Fontane als junger Mann als Provisor tätig gewesen.

Das markante, von einem hohen Satteldach bekrönte Eckhaus wurde nach einem Brand des zuvor dort stehenden Gebäudes im Jahre 1792 von dem Apotheker Palm erbaut. Fontane hatte 1840 sein bekanntes Epos „Burg an der Ihle" verfasst. Hier schrieb er ein von kleinen Nichtsnutzigkeiten handelndes längeres Gedicht mit dem Titel „Burg an der Ihle".

Ein vermutlich pfiffiger Liebhaber von Antiquitäten entfernte noch vor dem Abriss des Hauses die Adlerskulptur, die über dem Eingang thronte. Sie soll in einer Nacht- und Nebel-Aktion per Lkw abtransportiert worden sein, berichteten Zeugen. Bis in die Gegenwart ist der schwarze Adler nicht auffindbar, obwohl die Gerüchteküche über seinen Verbleib immer wieder mal blubbert. Viele haben auch schon vergessen, dass im Februar im Zuge der sogenannten „Altstadtsanierung" das Haus in der Mauerstraße 25 abgerissen wurde. Hierbei handelte es sich um das Scharfrichterhaus von Burg. Die aus Burg stammende Brigitte Reimann schreibt in ihrem 1974 herausgegebenen Buch „Franziska Linkerhand" einiges über die Probleme mit der Erhaltung historisch gewachsener Innenstädte, die Wohnsiedlungen rings um eine Stadt. Was aber hier in Burg praktiziert wurde (städtebaulich gesehen) überstieg sogar die Fiktion im Roman!

Die Adler-Apotheke am Platz der Weltjugend (Markt), wie sie die Burger bis 1979 kannten.

Einen traurigen Anblick bietet das Apothekengebäude während der Abrissarbeiten.

GENTHINER CHRONIK

3. Februar: In der Presse wird angekündigt, dass in der Kurzwarenverkaufsstelle eine Exquisitverkaufsstelle für Herren eingerichtet wird.

Februar: In Jerichow feiert die Glaserei Hohenstein ihr 100-jähriges Handwerkerjubiläum.

Der Kreistag beschließt die Abberufung von Dr. Arno Dan und die Berufung von Renate Schüßler als Vorsitzende des Rates des Kreises Genthin.

April: In Brettin wird eine neue Kaufhalle eröffnet.

21. April: Die Station Junger Naturforscher und Techniker Genthin feiert ihr 25-jähriges Jubiläum.

Mai: Die Sektion Kegeln der BSG Chemie Genthin begeht ihr 30-jähriges Jubiläum.

Anfang Juni: In der LPG Tierproduktion Wulkow wird nach achtmonatigen Rekonstruktionsarbeiten ein Schweinestall in Betrieb genommen. Damit geht der Betrieb von der Schweinemast auf die Läuferproduktion über.

17. Juli: Eröffnung der Kurzwarenverkaufsstelle in den Räumen der ehemaligen Verkaufsstelle der HO An- und Verkauf von Gebrauchtwaren in Genthin.

September: Genthin ist Gastgeber des 3. Sängertreffens der Chöre der Volkssolidarität des Bezirkes Magdeburg.

Oktober: Der Ex-Genthiner Bernd Dittert, SC Dynamo Berlin, wird bei seinem ersten Start in der Männerklasse überlegener Sieger beim Radkriterium um den Preis der Stadt Genthin.

Dezember: Die Stadtambulanz Jerichow feiert das 30-jährige Jubiläum. 1978 wurden hier 1300 Patienten betreut, die zu insgesamt 30 000 Konsultationen in die Sprechstunden kamen.

BURGER CHRONIK

8. März, Gommern: Die vom Forschungsinstitut Erdöl/Erdgas, der Kulturkommission der BLG und dem Klub „Martin Schwantes" im Kulturbund der DDR organisierte Ausstellung „Fotografieren – eine sinnvolle Freizeitgestaltung" wird eröffnet. 17 Fotoamateure beteiligten sich an dieser Repräsentation.

20. April, Ziepel: Mit Abschluss der Komplexüberprüfungen aller Anlagen wird das neu erbaute Trockenwerk heute in Betrieb genommen. Dieser Betrieb ist für die Tierproduktion im Kreis sehr wichtig.

8. August, Burg: Von den Bundesfreunden der AG Natur- und Heimatfreunde im Kulturbund der DDR der Ortsgruppen Magdeburgerforth, Lübars, Gommern, Möser und Hohenwarthe sind 47,5 km Wanderwege markiert worden.

6. Oktober, Möckern: Die moderne Minol-Tankstelle wird heute ihrer Bestimmung übergeben. Den Aufbau übernahm die LPG (T) Freundschaft Möckern Lühe.

18. Dezember, Burg/Königsborn: Auf Grund der Schließung des Feierabendheimes Königsborn vor zwei Jahren ist die Pflegestation A4 im hiesigen Kreiskrankenhaus eingerichtet worden. Seitdem bemühen sich unter medizinischer Leitung der Oberärztin Dr. Häcker und der Stationsschwester Monika Wichmann weitere sechs Schwestern um die 30 zu betreuenden Veteranen. Anlässlich des Tages des Gesundheitswesens wurde ein Raum renoviert. Er wurde mit Leuchten, hübschen Gardinen und modernen Möbeln dekoriert. Nun dient der Raum als Kultur- und Speiseraum. Die Station soll aber kein Ersatz für ein Pflegeheim sein.

Genthins neue Sport- und Schwimmhalle

Im Oktober wurde die Sport- und Schwimmhalle in Genthin übergeben. Euphorisch und parteitreu die Tageszeitung: „Die Bauleute, zahlreiche Betriebe und Handwerker unseres Territoriums, haben den Bürgern der Stadt Genthin und des Kreises das schönste Geschenk und des Kreises das schönste Präsent zum 30. Jahrestag der Gründung der DDR gemacht". Mit den Tiefbauarbeiten war bereits am 11. November 1975 begonnen worden, die Grundsteinlegung erfolgte am 15. 3. 1976.

1980

GENTHINER CHRONIK

11. Januar: Gründung des Kombinates VEB Haushaltchemie Genthin. Stammbetrieb und Sitz des Kombinates wird Genthin. Gleichzeitig wird die VVB Leichtchemie aufgelöst. 1. Generaldirektor des neuen Kombinates wird Dr. Baldowski.

18. Januar: In der Presse werden regelmäßig Auszüge aus der Genthiner Stadtordnung abgedruckt. Diese wird auch allen Haushalten zugestellt. Damit will man erreichen, dass die Einwohner ihren Pflichten gegenüber der Allgemeinheit nachkommen und die Sauberkeit in der Stadt verbessert wird.

1. Mai: Eine Delegation des Patenschiffes der NVA ist zu Gast in der Stadt, zwecks Teilnahme an den Maifeierlichkeiten. Das ehemalige MSR-Schiff (Mienen-Such- und Räumschiff) wurde auf der Peenewerft gebaut. Nach Jahren des Dienstes kam es zum wissenschaftlich-technischen Zentrum der Volksmarine als Erprobungsschiff.

1. August: In den Morgenstunden entgleist durch Achsbruch auf dem Bahnhof Güsen ein Triebwagen der Strecke Güsen-Jerichow. Es kommt zu zeitweiligen Verkehrsstörungen.

20. September: In Genthin finden zum ersten Mal die Museumstage statt. Höhepunkte sind die Führungen zu historischen Sehenswürdigkeiten und das erste Idiophonenkonzert im Museum.

Oktober: Der Parchener Rassegeflügelzuchtverein veranstaltet eine Geflügelausstellung in den Sälen der HO-Gaststätte und der Konsum-Gaststätte anlässlich des 20. Gründungstages des Geflügelzuchtvereins. Der Verein wurde am 15. März 1960 in der Gaststätte Steinbrück gegründet.

BURGER CHRONIK

1. Januar, Parchau: Die Stammgäste der Gaststätte „Parchauer See" finden sich zum letzten Frühschoppen ein. Aus Altersgründen des Betreiberehepaares Schaaf schließt die bei Anglern und Ausflüglern beliebte Restauration nach fast fünf Jahrzehnten. Selbst Angler, die zu ungewöhnlichen Zeiten anklopften, wurden nicht abgewiesen. Das Paar kochte den Durchgefrorenen eine Tasse Kaffee oder brühte einen Grog auf.

29. Februar, Burg: Heute wird die Kindergarten-/Kinderkrippenkombination Burg-Süd eingeweiht. Der Schlüssel wird symbolisch von Bauleiter Willi Ludwig an die Leiterin der Einrichtung, Hiltrud Thonke, übergeben. Nun stehen den Eltern weitere 180 Kindergarten- und 80 Krippenplätze zur Verfügung.

8. März, Burg: Im Kreis Burg bestehen 43 Sportgemeinschaften mit 8272 Mitgliedern.

1. April, Kreis Burg: 11,5 Prozent aller Berufstätigen des Kreises sind aus verschiedenen Gründen (persönlicher oder gesundheitlicher Art und zum Teil wegen fehlender Kinderkrippenplätze) nur Teilzeitarbeiter bzw. -angestellte.

5. September, Kreis Burg: Heute legen Angehörige der am Manöver „Waffenbrüderschaft 80" teilnehmenden befreundeten Armeen der sozialistischen Länder Kränze am Ehrenmal für die Gefallenen der Sowjetarmee auf dem alten Friedhof nieder.

16. Dezember, Burg: Heute öffnet an der Ecke Magdeburger Straße/Gartenstraße eine Konsum-Selbstbedienungsgaststätte. Hier gibt es Mittagstisch und auf Wunsch auch Eisbecher. Letztere gehörten zum Außer-Haus-Sortiment, so Heinz Tausch, Leiter der Gaststätte.

Genthiner Ziegelei stellt Produktion ein

Am 15. November 1980 kommt es zur Einstellung der Ziegelproduktion in der Genthiner Ziegelei (links im Bild). Die Maschinen und Anlagen der fast 100-jährigen Ziegelei sind derart verschlissen, dass das Verhältnis von Kosten und Nutzen nicht mehr gerechtfertigt erscheint. Die etwa 1,2 Millionen Steine werden nun vom Betrieb Wefensleben produziert. Aus der Genthiner Ziegelei wird eine Sero-Annahmestelle und ein Lager. Heute erinnern nur noch bauliche Reste an den ehemaligen Betrieb. (Foto: Stadtarchiv Genthin)

Der Anfang vom Ende der DDR

Ende der Siebziger, Anfang der Achtziger spitzte sich die wirtschaftliche und politische Lage in allen Teilen des Landes zu. Die vom IX. Parteitag der SED verkündete „Einheit von Wirtschafts- und Sozialpolitik" (Mai 1976) als letzter Versuch scheiterte. Die in Kraft gesetzten sozialpolitischen Maßnahmen mit ihren zusätzlichen Ausgaben rüttelten auch an der wirtschaftlichen Basis im Kreis Genthin.

Beispiele: Erhöhung der Renten ab 25.09.1979 = zusätzliche monatliche Ausgaben von 90 000 Mark, Gewährung von 1560 Krediten für junge Eheleute ab 1972 = zusätzliche Ausgaben von insgesamt 7,8 Millionen Mark. Die Ausgaben für Schwangerschafts- und Wochengeld stiegen von 577 600 Mark (1975) auf über 1 Million Mark (1980) an. Ferner mussten 500 000 Mark Unterstützungsgelder für Mütter mit zwei und mehr Kindern sowie 455 000 Mark staatliche Geburtenbeihilfen aufgebracht werden. 1980/81 erblickten im Kreis rund 500 bis 600 Neugeborene das Licht der Welt und wollten versorgt sein.

Das Neubau-Wohnungsbauprogramm kam den gewachsenen Anforderungen nicht nach und geriet ins Stocken. Schon ab 1978 stand die gesamte DDR mit 6,58 Mrd. Dollar bei westlichen Banken in der Kreide. Das von der SED-Führung propagierte Ziel des Sozialismus, „die gewachsenen Bedürfnisse der Bevölkerung zu befriedigen", erwies sich als Trugschluss und platzte. Für viele Bürger des Kreises wurde es immer schwieriger, das verdiente Geld auszugeben. Auch mit der Einrichtung von Exquisit- und Delikatläden wurde die gewachsene Kaufkraft der Bevölkerung nicht eingedämmt.

Nicht selten wurden auf Grund der langen Wartezeiten für einen neuen Pkw doppelte Preise geboten. Knappe Güter wurden getauscht: Baumaterialien für die Datsche bzw. das Eigenheim gegen Kristallgläser oder Sachgegenstände aus dem Westen bzw. Autoreparaturleistungen. Glücklich war derjenige, der die harte DM besaß, für die er alles bekam.

Auch der politische Druck auf ausreisewillige Übersiedler und Regimekritiker nahm zu. Wer kritisierte, wurde mundtot gemacht bzw. ausgebürgert. Jeglicher Kontakt von Angestellten mit Verwandten in der BRD wurde durch das MfS überwacht bzw. unterbunden.

Westschiefer für Kirchturm

Nachdem im vorigen Jahr der große Turm der Burger Oberkirche Unser Lieben Frauen erneuert werden konnte, waren jetzt die Spezialbauarbeiter des VEB Denkmalpflege Magdeburg tätig, den kleineren nördlichen Kirchturm vollständig zu restaurieren und vor dem fortschreitenden Verfall zu bewahren. Balken und Holzsäulen, vor allem die krönenden „Laterne" oberhalb der ehemaligen Türmerwohnung, waren durch eindringendes Regenwasser z. T. verfault. So hatte sich der obere Turmteil verdreht und bedrohlich geneigt. Als Abschluss der Arbeiten wurde am 3. September die kupferne Wetterfahne mit dem Stadtwappen als Zeichen der Zuständigkeit des Rates der Stadt für diesen Bauteil auf der Turmspitze befestigt. In die darunter befindliche Kugel wurden historische Dokumente, aber auch Zeitberichte, Personalien, Fotos und Geldmünzen eingelegt.

Das für den Bau erforderliche Schiefermaterial wurde von der westdeutschen Partnerkirche bezahlt. Der für die Erhaltung des Turmes verpflichtete Rat der Stadt hatte aus politischen Gründen eine Baubeteiligung verweigert.

Die Montage der Wetterfahne der Burger Oberkirche.

Dorfmotiv 1981: Grabower Ansichten

1981

Der Fotograf der Firma „Bild und Heimat"– Reichenbach bereiste unseren Kreis, und jährlich gab es Mehrfachmotivkarten von Gemeinden in „moderner" Aufmachung. 1981 bekam Grabow seine Ansichtskarte: Oben links sieht man eine historische Teilansicht über den Dorfteich, oben rechts die Dorfstraße, unten links den Ernst-Thälmann-Platz und unten rechts das ehemalige Schloß, in dem später die Polytechnische Oberschule untergebracht war. Dem Betrachter der Karte wird aufgefallen sein, dass die interessante kleine Dorfkirche nicht in die Motivauswahl aufgenommen wurde.

Auf dem Wege zur Erschließung der Klausuren des Klosters Jerichow

Abschluss der Beräumungs- und Baumaßnahmen zur Erschließung des Klosters Jerichow als Nebenobjekt des Kreisheimatmuseums Genthin, die durch die Freilegung beziehungsweise Beräumung des gesamten Ostflügels sowie des Kreuzganges mit seinen anliegenden Klausuren gekennzeichnet waren. Dabei wurden von 1978 bis 1981 folgende Schwerpunktaufgaben durchgeführt: Öffnung bzw. Schaffung des heutigen Haupteinganges auf der östlichen Straßenseite mit der Gestaltung einer neuen Eingangszone; Öffnung und Beräumung (später Sanierung) des Kapitelsaales einschließlich seiner anliegenden ehemaligen Bibliotheksräume; Beräumung des gesamten Obergeschosses des Ostflügels (ehem. Dormitorium und Speicher des VEG Jerichow) und Ausbau/Nutzung als Ausstellungshalle mit der Einrichtung von Arbeits- und Verwaltungsräumen des heutigen Klostermuseums; Beräumung und etappenweise Wiederherstellung des gesamten Kreuzganges einschließlich des Sommer- und Winterrefektoriums.

Diesen Arbeiten war 1968-1970 eine umfangreiche Niveausenkung und Gestaltung des Innenhofes vorausgegangen. Noch im gleichen Jahr wurde im ehemaligen Dormitorium (Obergeschoss Ostflügel) die 1. Ausstellung zur Geschichte und Baugeschichte des Klosters durch das Museum Genthin eingerichtet und mit der Anlage eines Sammlungsbestandes begonnen. Ferner hatte 1979/80 das Museum Genthin auch damit begonnen, auf der Grundlage einer zwischen dem Rat des Kreises Genthin und dem evangelischen Gemeindekirchenrat Jerichow getroffenen Vereinbarung seine ersten Führungen nach einem eingegrenzten Zeit-Plan zu organisieren. Dafür richtete das Museum im alten Brennereigebäude (ehemalige VEG-Wohnung) am Osteingang seine ersten Aufenthalts- und Kassierräume ein.

Der heute von den Mitarbeitern des Klostermuseums genutzte und zweckentsprechend eingerichtete Kassierraum

In 1981 sind die Beräumungs- und Baumaßnahmen im Kloster Jerichow im Großen und Ganzen beendet. (Foto: Sigrun Tausche)

(ein ehemaliger Wirtschaftsraum der alten Klosterküche) konnte erst später im harten Ringen um seine Beräumung und Freigabe durch das VEG Jerichow mit der Entfernung eines alten installierten Sprittbehälters der VEG Brennerei genutzt und eingerichtet werden.

Ab dem 01.01.82 wurde das Kloster Jerichow durch die damalige Bezirks-Regierungsbehörde offiziell als Nebenobjekt festgeschrieben und das Kreisheimatmuseum in die Kategorie II der ehemaligen DDR-Museen eingestuft. Die Erschließungs- und Restaurierungsarbeiten mit einem jährlichen finanziellen Aufwand von durchschnittlich 80 000 Mark erfolgten in Zusammenarbeit mit der Denkmalschutzbehörde Halle und wurden vom Rat des Kreises Genthin zusätzlich gefördert. Auch Eigenleistungen waren damals gefragt und wurden sowohl von den Mitarbeitern des Museums Genthin als auch von zahlreichen Schülern im Rahmen der Ferientätigkeit geleistet.

Mit den zu Beginn der 80er Jahre intensiv durchgeführten Erschließungsarbeiten waren alle Voraussetzungen für eine selbständig funktionierende Außenstelle des Museums Genthin geschaffen.

GENTHINER CHRONIK

1. Januar: Die auf dem Gelände der stillgelegten Ziegelei Genthin (VEB Ziegelwerke Magdeburg, Werk III Genthin) 1980 geplante VEB Sekundärrohstofferfassungsstelle Magdeburg, BT Genthin, nimmt ihren Betrieb auf. Die Einrichtung der sog. SERO-Erfassungsstelle ist deshalb von Bedeutung, weil Rohstoffe in der DDR knapp sind und auch das Sammeln von Altpapier, Flaschen und Metall für Kinder oft ein Anreiz zur Aufbesserung ihres Taschengelds ist. Für eine Flasche gibt es fünf bis 30 Pfennige.

Januar: Im VEB Dauermilchwerk Genthin wird die Produktion von Eipulver aufgenommen.

11. Juni: Nach einem Ministerratsbeschluss wird das Grundstipendium für alle Studenten einheitlich auf 200 Mark monatlich festgelegt. Allerdings erhalten Studenten, die vor der Aufnahme des Studiums Soldat/Offizier bei der NVA waren bzw. sich nach dem Studium für den aktiven Wehrdienst entscheiden, zusätzlich 100 Mark Stipendium.

30. August: Fertigstellung und Übergabe der neu erbauten Polytechnischen Oberschule in Parchen.

1. Oktober: Fertigstellung von vier neu errichteten Zuckersilos der Zuckerfabrik Genthin zur Lagerung von je 10 000 Tonnen Weißzucker, die im Rahmen der vollständigen Betriebsdemontage 1991/92 wieder abgerissen werden.

20. Oktober: Der Ministerrat beschließt die Verordnung über die Erhöhung des staatlichen Kindergeldes für das dritte und jedes weitere Kind. Damit wird das Kindergeld für die genannte Personengruppe ab 1. Oktober auf monatlich 100 Mark erhöht und die Staatskasse weiter belastet.

BURGER CHRONIK

4. Februar, Lüttgenziatz: Das Kinderheim des Ortsteiles von Hohenziatz erhält den Namen „Dr. Salvador Allende". Präsident Allende wurde in Chile während des Militärputsches ermordet.

1. März, Burg: Aus Anlass des 25. Jahrestages der NVA besteht für die Bürger der Stadt die Möglichkeit eines Besuchs im Truppenteil „Friedrich Wolf". Dort sind Panzereinheiten stationiert.

16. März, Niegripp: Seit heute gilt die Alarmstufe III zum Hochwasserschutz. Um 7 Uhr wird an der Schleuse ein Pegelstand von 8,10 Meter gemessen. Das Betreten der Deiche ist ab sofort verboten. Deichwachen sind gebildet. Am 17. März erhöht sich der Pegel auf 8,36 Meter. Das Pretziener Wehr muss gezogen werden.

11. April, Burg: Heute wird die Schartauer Straße in einen Fußgängerbereich umgewandelt.

31. Mai, Burg: Die 34. Friedensfahrt rollt durch unseren Kreis. Den Prämienspurt auf der Umgehungsstraße gewinnt der derzeit erfolgreichste Radsportler der DDR, Olaf Ludwig.

September, Möckern: 44 Schulabgänger nehmen die Lehre im VE KIM auf. 39 Jugendliche haben das Ziel, Facharbeiter für Zootechnik/Mechanisator zu werden.

2. Oktober, Burg: Um 14 Uhr wird die neue Kanalbrücke über den Elbe-Havel-Kanal am Knäckewerk für den Verkehr freigegeben.

11. November, Burg: Das 1000. im Kreiskrankenhaus Burg entbundene Baby erblickt das Licht der Welt. Es trägt den Namen Katja. Mutter ist eine Königsbornerin.

1982

GENTHINER CHRONIK

21. Januar: Die Stadt Genthin wird für besondere Leistungen im sozialistischen Wettbewerb „Schöner unsere Städte und Gemeinden – Mach mit" durch den Ministerrat der DDR und den Zentralvorstand der Nationalen Front mit einer Urkunde ausgezeichnet. Anlass: Die Bürger der Stadt hatten 1981 für insgesamt 9,1 Millionen Mark Eigenleistungen erbracht.

März: In Parchen wird eine neu geschaffene Kinderkrippe fertig gestellt und ihrer Bestimmung übergeben.

25. März Gegenwärtig werden die Vorbereitungen zur Schaffung einer Schnellen Medizinischen Hilfe (SMH) getroffen. „Es ist die höchste Form der medizinischen Hilfe…", so die Presse. Diese Einrichtung arbeitet schon erfolgreich in anderen Kreisen. Kernstück ist ein mit Funk ausgerüsteter Krankenwagen, der mit einem Arzt besetzt und mit Geräten versehen ist.

31. März: „Eintopf aus dem Futterkübel", so die Zeitungsmeldung mit einem Blick auf die Speisekarte in der Schweinemast Nielebock. Man appelliert, noch mehr Wert auf die Sammlung von Küchenabfällen zu legen. 23 dt Sammelfutter seien ausreichend für 1 dt Schweinefleisch, so der Verantwortliche.

12. Mai: Im Neubaugebiet Uhlandstraße erhalten die ersten Straßen Namen. Es handelt sich dabei um folgende Widerstandskämpfer: Ernst Grube, Wenzel Gobi und Hermann Danz.

15. Juli: Grundsteinlegung für den Schulneubau in Güsen, Baukosten 5 Millionen Mark.

31. Juli: Fertigstellung und Übergabe der neuen Schule in Schlagenthin.

Dezember: Bei einem Leistungsausscheid in Meiningen wird die Jagdhornbläsergruppe Güsen I mit dem höchsten Titel ausgezeichnet.

BURGER CHRONIK

11. Februar, Burg: Der Fahrkartenschalter des Bahnhofs nimmt einen rechnergesteuerten Fahrkartendrucker in Betrieb. In dem Rechner sind 750 Inlandverbindungen gespeichert.

24. Februar, Lübars: Zur Zeit laufen die Vorbereitungen auf die Sommersaison. So wird die Ihlequelle freigelegt und gestaltet. Auch Karten für die Wanderwege und den Naturlehrpfad sind in Arbeit. So können sich die Feriengäste besser orientieren.

22. April, Kreis Burg: Am 112. Geburtstag von Wladimir Iljitsch Lenin erhält die Schule Burg-Süd den Namen POS „W. I. Lenin". Bei der Feierstunde, die von den Schülern der Schule kulturell umrahmt wird, ist der Vorsitzende des Rates des Kreises, Otto Bergholz, zugegen.

12. Juni, Kreis Burg: Infolge der anhaltenden Wärme und Trockenheit ist der Trinkwasserverbrauch im Kreisgebiet in den vergangenen 14 Tagen enorm angestiegen. Es werden in den zentral versorgten Städten und Gemeinden wie Burg, Gommern, Biederitz, Heyrothsberge, Gerwisch, ja sogar in Hohenwarthe Spitzenwerte von 482 Litern pro Einwohner und Tag gemessen.

31. August, Biederitz: In diesem Jahr wurden 169 Haushalte an das zentrale Trinkwassernetz angeschlossen. Damit ist ein Anschlussgrad von 94 Prozent aller Haushalte erreicht worden.

21. Dezember, Kreis Burg: Der dritte Bauabschnitt des Verkehrsrings von der Magdeburger Chaussee bis zur August-Bebel-Straße wird freigegeben.

Burger Wohngebiet „Ameisensiedlung"

In Möckern, unweit der Minol-Tankstelle, wird der Grundstein für das 1000. Eigenheim gelegt, das seit dem VIII. Parteitag der SED im Kreis errichtet wird.

Mit dem Eigenheimprogramm sollte die angespannte Lage auf dem Wohnungsmarkt entschärft werden. Der Staat gab den Bauwilligen günstige Kredite, deren Tilgungsrate den monatlichen Mietpreis einer Neubauwohnung nicht überschritt. Die Verantwortung für den Bau lag nun bei den Familien.

Handwerkliches Können und Organisationstalent entschieden nun, wie groß die Zeitspanne zwischen Grundsteinlegung und Einzug war. Da die Häuser typisiert waren, wirkte so manche Straßenzeile etwas uniform. Nur die Gestaltung der Fassaden und der Vorgärten ließ den persönlichen Geschmack der Bauherren erkennen. Eine der größten Eigenheimsiedlungen, die im Rahmen des staatlich geförderten Eigenheimprogramms errichtet wurde, entstand in der Kreisstadt zwischen Grabower Landstraße und Zerbster Chaussee. Im Volksmund trug sie bald den Namen „Ameisensiedlung". Auf dem Lande waren die Grundstücksflächen größer als in der Stadt, die in der Regel 300 Quadratmeter betrugen. Auch

Die Burger Ameisensiedlung im Rohzustand. Zwei Erklärungsversuche für den Namen gibt es: 1. Viele Bauarbeiter schlugen hier ihr Familiendomizil auf und benutzten zum Baustofftransport oftmals die betriebseigenen sogenannten „Dieselameisen". 2. Die Abstände zwischen den Grundstücken und Häusern sind vielen Eigentümern zu eng, vergleichbar mit einem wühligen Ameisenberg.

komplettierte ein kleiner Stall den ländlichen Eigenheimbau. Damit wurde der Landbevölkerung die Möglichkeit zur individuellen Viehhaltung gegeben. Der Staat stellte Bauland zur Verfügung, das nicht Eigentum des Bauenden wurde. Später sollten die Rückübertragungsansprüche der Alteigentümer so manchem Eigenheimbesitzer schlaflose Nächte bereiten.

Teure Braunkohle statt Erdöl

15. Mai: Die erste FDJ-Delegation zum zentralen Jugendobjekt „Erdgastrasse" auf dem Territorium der UdSSR wurde auf einem sogenannten Meeting mit DDR-Führungsspitzen in Berlin verabschiedet. Unter den Trassearbeitern befanden sich auch Jugendliche aus dem Kreis Genthin. Bis 1984 beteiligten sich 4928 Jugendliche aus verschiedenen Teilen der DDR an diesem Projekt.

Wie das Erdgas-Konzept, so ging auch der Plan der Erdöl-Lieferung aus der UdSSR nicht auf, weil die sowjetische Führung ihre Erdöl-Lieferung zu RGW-Billigpreisen von 19 auf 17 Millionen Mark kürzte. Der DDR fehlten jetzt nicht nur 13 bis 17 Prozent ihres Ölbedarfs, es fielen auch jene Devisen weg, die beim Verkauf von Fertigprodukten aus russischem Erdöl (2 Millionen Tonnen) hereinkamen.

Die DDR setzte daraufhin weiter auf den unrentablen Abbau von Braunkohle, der auch enorme Investitionen (12 Milliarden Mark) verschlang und verheerende Umweltschäden verursachte.

Tucheimer 10 000-t-Silos

Das erste von vier Zuckersilos wurde am 24. Februar in Betrieb genommen. Die anderen drei Silos sollten bis zum Herbst, dem Kampagne-Beginn, fertig gestellt werden. Voraussetzung dafür war die Fertigstellung der Kühl- und Trockentrommel sowie der Siebanlage.

Neue Schule für Güsen

15. Juli: Grundsteinlegung für den Neubau der Oberschule in Güsen. Die bisherige Schule war in neun Baracken des ehemaligen Unternehmens Pennigsdorfer Dynamit AG untergebracht. Das Projekt lehnte an die Pareyer Schule an und sollte 23 Unterrichtsräume beherbergen. Es war der letzte Schulneubau im Kreis Genthin.

Die Tucheimer Silos. (Foto: Stadtarchiv Genthin)

Ansicht der Güsener Schule nach ihrer Fertigstellung. (Foto: Stadtarchiv Genthin)

Nach Schlussübung Speck und Wodka

1983

Auch im dreißigsten Jahr des Bestehens der Kampfgruppen der Arbeiterklasse wird alles unternommen, „um eine hohe Gefechtsbereitschaft zu gewährleisten".

Die Kampfgruppen waren in Folge der Ereignisse des 17. Juni 1953 gebildet worden und sollten ihre erste große Feuerprobe am 13. August 1961 in Berlin bestehen. Ausgewählte Mitglieder der Betriebskampfgruppen, auch aus dem Kreis Burg, waren aktiv dabei, als die Grenze nach Westberlin abgeriegelt wurde.

Die meisten, die in der Kampfgruppe Dienst taten, wurden allerdings mit der Freistellung vom Reservistendienst geworben. Später wurde noch nach 25 Jahren aktivem Dienst eine Zusatzrente bewilligt. Und so wählte man das kleinere Übel. NVA-Reservistendienst konnte nämlich hart und unbarmherzig sein. Bei der monatlichen Kampfgruppenausbildung dagegen ging es locker und leger zu.

Einmal im Jahr die große Abschlussübung. Sie war der Höhepunkt des Ausbildungsjahres. Nach Unterzeichnung des Patenschaftsvertrages mit den in der Neuen Kaserne Burg stationierten sowjetischen Streitkräften konnte die 1. Kampfgruppen-Hundertschaft „Willi Weiß" des VEB Maschinenbau Burg für die Abschlussübung den Schießplatz Finkenbusch nutzen. In dieser Kampfgruppentruppe versahen Betriebsangehörige des Maschinenbaus, des LBK, des Holzverarbeitungswerkes und des Konsums ihren Dienst. Die Führung der Kampfgruppenhundertschaft und die sowjetischen Offiziere maßen am Pistolenschießstand ihre Treffsicherheit. Hier kam es schon mal zu herzlichen Begegnungen, schließlich hatte man so manche gemeinsame Stunde bei Wodka, Speck und Trockenfisch verbracht.

Der Bruderkuss zwischen den beiden Kommandeuren gehörte schon fast zum gewohnten Begrüßungszeremoniell.

Genthiner Druckerei schließt

Januar: Im Zuge der Durchsetzung von sogenannten Rationalisierungsmaßnahmen wurde die ehemalige Kreisdruckerei Genthin, die zuvor bereits der Druckerei „Vorwärts" Burg als Betriebsteil angegliedert war, aufgelöst. Während ein Großteil der Ausstattung (darunter auch die historischen Satzbuchstaben und Maschinen) unter den Hammer kam, wurden die brauchbaren technischen Einrichtungen von der Druckerei „Vorwärts" Burg übernommen. Damit endete die Geschichte einer alten (und letzten) traditionsreichen Genthiner Druckerei (ehemals E. Donath), die über Jahrzehnte die Stadt mit Drucksachen versorgt hatte.

RGW-Medaillen für Spee

28. April: Das neue Produkt „Spee-intensiv" kam auf den Markt. Es war neben „Color" und Brilliant" das dritte Kind der Genthiner Spee-Familie, das im VEB Waschmittelwerk entwickelt wurde. Bis Jahresende sollten noch 25 000 Tonnen „Spee-intensiv" für die Bevölkerung hergestellt werden.

Juli: Auf der RGW-Ausstellung in Bratislava erhielten die Spee-Produkte „Color", „Brilliant" und „intensiv" des Kombinates VEB Haushaltschemie Genthin eine Goldmedaille.

Schlangenbildung in Parchau

Der Sommer war glutheiß. Ständig gab es Feueralarm. Schuld daran war oft überhitzte Erntetechnik. Aber auch die Manöverfahrzeuge der Sowjetischen Streitkräfte setzten Forst- und Flurstücke in Brand. Strände und Campingplätze waren dicht bevölkert. Parchau hatte jetzt durch das benachbarte Naherholungszentrum mehr Gäste als Einwohner. Man sah es an den langen Schlangen vor der Kaufhalle. Diese bildeten sich, da das Verkaufspersonal nur wenige Einkaufskörbe in den Eingangsbereich gestellt hatte, um Diebstähle weitgehend vermeiden zu können.

Kiessee-Promis mit Beziehungen

Ein Geheimtip für Freunde des textilfreien Badens waren die Kiesseen bei Gerwisch. Auch in diesem Jahr bevölkerte die Nudistengemeinschaft mit ihren Leinwandvillen die Ufer des Gewässers, sehr zum Unwillen der Verwaltungsspitze des Kreises Burg. Denn eigentlich hätte laut Gesetz für Verkaufs- und Sanitäreinrichtungen gesorgt werden müssen. Nur war planmäßig weder Geld noch Material für diese Zusatzbauten da. Alles Wehren des Rates des Kreises gegen die illegale Ausweitung der Kiesseekultur half nichts. Dort gleichfalls badende akademische Prominenz aus der nahen Bezirksstadt, die ihrerseits gute Beziehungen zur SED-Bezirksleitung und dem Rat des Bezirkes unterhielt, wusste entsprechend gegenzuhalten.

GENTHINER CHRONIK

4. Februar: Die Bürger der Kreisstadt werden aufgerufen, die neue Gemeinschaftsaktion „Genthin – mein Zuhause" zu unterstützen. Mit dieser Aktion sollen bei den Bürgern Aktivitäten zur Instandsetzung und Verschönerung ihrer Häuser entwickelt werden.

Februar: Die ZBO Landbau Jerichow übergibt in Jerichow einen fertig gestellten Neubau-Wohnblock mit 24 WE an die neuen Mieter.

10. Mai: Neu im Genthiner Backwarenangebot: das Kilobrot. Das Roggen/Weizen-Mischbrot ist zu 0,62 Mark zu haben.

31. Mai: In Kleinwusterwitz wird ein Neubaublock fertig gestellt, in dem 60 Wohnungssuchende ein neues Zuhause finden. Die meisten Mieter sind in der neuen Milchanlage beschäftigt, die dringend Arbeitskräfte benötigt.

5. Juli: Die BSG „Aufbau" Güsen feiert ihr 25. Gründungsjubiläum. Der Sportgemeinschaft gehörten damals 250 Mitglieder an, die in 19 Mannschaften bzw. Sportgruppen organisiert waren.

31. Juli: Fertigstellung und Einweihung der neuen Schule in Güsen mit 24 Unterrichtsräumen.

1. September: Arno Dieckmann, Güsen, begeht sein 30-jähriges Dienstjubiläum als Bürgermeister.

3. September: 1900 Besucher informieren sich über die Sonderausstellung „Heimisches Raubwild" im Kreisheimatmuseum.

7. Oktober: Feierliche Übergabe der neuen Kinderkrippe mit 20 Plätzen in Schlagenthin durch die Vorsitzende des Rates des Kreises, Renate Schüßler.

BURGER CHRONIK

4. Januar, Kreis Burg: 15 Orte mit rund 10 000 Abnehmern sind in Folge eines Sturmes, der vom Nachmittag bis zum Abend tobt, ohne Strom.

7. Februar, Burg: Den ersten Schlüssel für den zweiten Bauabschnitt des Stadtteils Burg-Süd übergibt der Vorsitzende des Rates des Kreises, Otto Bergholz, der Familie Parschau aus Burg. Mit der Schlüsselübergabe beginnt der Einzug in die ersten 24 Wohnungen des Typs WBS 70.

7. April, Burg: Im Konferenzraum des Hermann-Matern-Hauses zeigt der Filmzirkel „Studio 5" der Burger Knäckewerke Filme mit regionalen Themen. So auch einen Film über den Burger Karneval, was sehr großen Anklang findet.

14. Mai, Möser: Gäste der Volksstimme-Wanderung, die in Möser endet und an der mehrere Hundert Wanderfreunde teilnehmen, sind Täve Schur und Jürgen Pommerenke. Ihre Autogramme sind bei den Wanderern begehrt.

17. Juni, Burg: Das Brigadetagebuch des Meisterbereiches Hermann aus der Adjustage des Walzwerkes „Hermann Matern" wird in der jüngsten Auswertung im Betrieb mit dem Prädikat „beispielhaft" ausgezeichnet.

2. August, Parchau: 534 Zelter haben ihre Leinwandvillen auf dem Campingplatz am See aufgebaut. Sie kommen aus allen Bezirken der DDR. Auf dem Platz können bis zu 400 Zelte, 75 Wohnwagen und 50 Campinganhänger aufgestellt werden. Der Erholung dienen auch zwei Kinderferienlager und 160 Bungalows.

12. September, Grabow: Drei der größten Nerzfellproduzenten der DDR produzieren jährlich 14 000 Nerzfelle.

1984

Wohnungen in Plattenbauten spottbillig

GENTHINER CHRONIK

14./15. Januar: Orkanartige Stürme mit Geschwindigkeiten bis zu 119 km/h richten im Kreis erhebliche Schäden an. Besonders betroffen sind Energieleitungen und landwirtschaftliche Einrichtungen. Die Schäden belaufen sich auf mehrere hunderttausend Mark.

28. Januar: Die Konsum-Großbäckerei bietet in ihren Verkaufsstellen seit einigen Tagen „Hörnchen" an. Das Angebot wird von der Bevölkerung wohlwollend angenommen.

30. Januar: Das Agro-Chemische-Zentrum Genthin beginnt in Wilhelmsthal mit dem Abbau von Torf zwecks Einsatz als Feldkompost zur Verbesserung der Bodenfruchtbarkeit. Der Torf hat hier eine Mächtigkeit von 3,60 m. Leider finden sich keine Angaben darüber, wie die ausgetorfte Fläche rekultiviert wurde, es wird nur von Ödland gesprochen.

15. Februar: Einweihung einer Gedenkstätte für Fritz Schulenburg auf dem Friedhof in Jerichow.

7. März: In der Geschwister-Scholl-Straße wird eine Umschlagstelle für Wohnungsbauelemente für die Baustelle Uhlandstraße eingerichtet. Durch die Anlieferung der Bauelemente mit einem Ganzzug werden Lkw-Transporte eingespart und die Straße entlastet.

27. März: Mit einer feierlichen Veranstaltung ehrt die Forstwirtschaft den vor einhundert Jahren verstorbenen Oberförster Ahlemann, der sich um die Forstwirtschaft, besonders im damaligen Kreis Jerichow II, große Verdienste erwarb.

8. Mai: Übergabe der 2000. Neubauwohnung, die im Kreis seit dem 8. Parteitag errichtet wurde, in feierlicher Form im Wohngebiet Uhlandstraße.

BURGER CHRONIK

28. Januar, Stresow: In einer neuen Küche wird das Essen für die Werktätigen des VEB (T) Stresow zubereitet. Die Küche und der neue Speisesaal mit 210 Plätzen befinden sich auf dem Gelände der Schweinemastanlage. Vom fünfköpfigen Küchenkollektiv werden 330 Essensportionen zubereitet. Auch einige Fremdbetriebe werden versorgt.

30. April, Gommern: Auf dem Platz des Friedens wird eine Sonnenuhr aufgestellt. Dazu wurde aus dem Elbsandsteingebirge ein 1,8 Tonnen schwerer Cottaer Sandsteinblock herangeschafft. Aus ihm wurde der Grundkörper des Uhrensockels, eine etwa 1,2 Tonnen schwere walzenförmige Steinplatte, herausgeschlagen.

3. Juli, Wahlitz: Im Ort befinden sich die LPG (T) Menz/Wahlitz, zwei Handwerksbetriebe, ein Betriebsteil des VEG Obstbau Olvenstedt, zwei Gaststätten und ein Notschlachtebetrieb.

31. Juli, Zeddenick: Im Ort wohnen 173 Bürger. 55 von ihnen sind im Rentenalter.

29. September, Burg: Hans Zelder, Hegelstraße 26, führt täglich von 17.30 Uhr bis 19.30 Uhr die Pilzberatung durch.

24. November, Kreis Burg: Für pflegebedürftige Bürger werden täglich im Kreisgebiet 365 Mittagessen ausgegeben. Davon sind 148 Essen Freihauslieferungen. 197 Hauspflegerinnen betreuen 363 ältere Menschen.

7. Dezember, Burg: Der Schlüssel für die letzten zwölf Wohnungen im sogenannten Würfelblock wird im Stadtteil Burg-Süd übergeben. Damit finden die Baumaßnahmen im Stadtteil ihren Abschluss.

September: Fertigstellung der letzten Wohnblöcke im Plattenkomplex Uhlandstraße (endgültige Fertigstellung mit Umlandgestaltung 1986)

Blick auf die bis 1982 fertig gestellten Plattenbauten im Neubaukomplex Genthin-Süd „Uhlandstraße". (Foto: Klaus Börner)

Die letzten in der Gillhoffstraße fertig gestellten SWG-Wohnungen wurden im Herbst von den Mietern bezogen. Für eine 2-Zimmer-Wohnung (55,16 qm) zahlten die Mieter den Spottpreis von 88,75 Mark (incl. BTK und die monatliche Abzahlung von 3 Mark für die Einbauküche). Ein Preis, den eine junge Familie mit Kleinkind und geregeltem Verdienst (Er: 680 Mark als Angestellter und Sie: 400 Mark als Verkäuferin) locker bezahlen und zusätzlich für einen Trabant sparen konnte, den sie allerdings nicht mehr bekamen. Auch für das Kleinkind war in der Kindertagesstätte (heute Rappelkiste) gesorgt. Heute bezahlt ein Mieter für die unsanierte Plattenwohnung rd. 450 Mark (davon 298 Mark Kaltmiete und zirka 140 Mark BTK-Vorauszahlung). Auch diese Miete ist im Vergleich zu anderen heutigen Mieten relativ gering. Dennoch hat inzwischen die junge Familie der Gillhoffstraße den Rücken gekehrt und wohnt heute in einer sanierten 3-Raum-Wohnung (58 qm) zum Preis von rd. 800 Mark mit einer erheblich besseren Wohnqualität. Auch diese Miete kann die Familie bezahlen, weil beide Arbeit haben und sich ihr Verdienst nach der Wende wesentlich verbessert hat. Da die Plattenwohnungen der SWG in der Gillhoffstraße seit ihrer Erbauung vor 15 Jahren weder eine Sanierung noch Instandsetzung (außer Rohrleitungswechsel) erfahren haben, dokumentieren sie einen charakteristischen DDR-Wohnstandort (desolate Eingangstüren, zusammengezimmerte Keller-Latten-Verschläge u.a.) und könnten, so meinen Mieter, unter Denkmalschutz gestellt werden, weil sie echte Zeitzeugen einer vergangenen DDR-Zeit sind. Der Plattenbau-Komplex Uhlandstraße mit 1108 WE ist der größte seiner Art, in dem 2300 bis 2500 Menschen wohnen.

Für mehr Geld harte Koteletts

Mit Beginn des Jahres erhielt das HO-Hotel „Stadt Burg" nach Renovierung eine höhere Preisstufe.
Eine Aktion, die auf einer Anweisung des Ministerrates fußte. Das Niveau des Hotels scheint jedoch nicht berücksichtigt worden zu sein. Wie hätten sich sonst Bargäste über kalte und äußerst zähe Koteletts oder über ein mangelndes Wein- und Kognakangebot während des Neujahrsfrühschoppens beschweren können?

Unwetter tobt über Kreis Genthin

Ein Orkan zog in der Nacht vom 23./24. November über das Kreisgebiet, erste Anzeichen des Orkans zeigten sich schon um 22 Uhr durch stürmischen Wind. Der Katastrophenstab des Kreises löste um 2 Uhr morgens Katastrophenalarm aus. Direktoren der Schulen, Bürgermeister und Betriebsleiter mussten sich an ihre Arbeitsstätten begeben. Der Regen prasselte vom Himmel und überschwemmte die Straßen. Das Regenwasser stand in der Genthiner Straße in Parchen 15 bis 20 Zentimeter hoch. Dem Heizer der Oberschule gelang es nicht, die Öfen im Heizhaus anzuzünden, die Schule blieb kalt. Ein Teil der Bergzower Schüler kam mit dem Bus in die Parchener Schule. Der Unterricht fiel aus, viele Schüler blieben auch zu Hause. Der Orkan schwächte sich am Tage ab. Das Dach der Oberschule (Plastedach) wurde beschädigt, die Plasteplatten wurden angehoben. Die FFw musste umgestürzte Bäume zerschneiden.

Beispiel Schuhfabrik „Roter Stern" – BRD-Technik in DDR-Händen

Die Schuhfabrik „Roter Stern" Burg war ein sensibler Bereich im Gefüge der Wirtschaft des Bezirkes Magdeburg. Aus diesem Grund sahen mehrmals im Jahr hochrangige Partei- und Staatsfunktionäre der DDR nach dem Rechten. So auch in diesem Jahr zum Auftakt des Planjahres der 1. Sekretär der SED-Bezirksleitung, Werner Eberlein. Das Interesse war u.a. in der von der Partei vorgegebenen Strategie von immer mehr Konsumgütern für die Bevölkerung zu sehen. In diesem Zusammenhang wurde ein FDJ-Jugendobjekt zum sogenannten Anschäumen von Sportschuhsohlen eingerichtet. Das dazugehörige Anschäumkarussell stellten Ingenieure und Betriebsmechaniker des „Roten Stern" zum größten Teil selbst her. Sportschuhe waren Anfang der 80er Jahre im Westen als Alltagsschuhe modern geworden, was von der DDR-Bevölkerung nicht unentdeckt blieb.
Ein weiterer Grund, warum die Burger Schuharbeiter im wachen Blickfeld der Partei- und Staatsfunktionäre standen, war die Gestattungsproduktion. Die DDR-Wirtschaftsführung schloss mit dem bundesdeutschen Schuhhersteller Salamander einen Vertrag ab, der im Groben besagte, dass gestattet wird, in Burg Modelle des Westpartners herzustellen, wobei dieser einen Teil abnehmen soll-

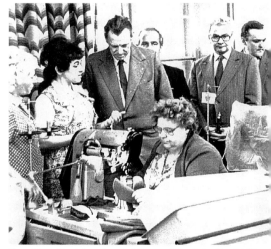

Der SED-Bezirkssekretär Werner Eberlein (3.v.l.) lässt sich die Produktion von Damenschuhen erklären.

te. Das wichtigste Plus für die DDR-Industrie: Die Technik stellte Salamander zur Verfügung, also begehrte Schuhtechnologie aus dem „NSW" („Nichtsozialistischem Währungsgebiet"). Nach einer bestimmten Anzahl von Jahren wechselte die Schuhtechnologie wie vereinbart in den Besitz der Burger Schuhfabrik.

Zwei Armeen in Burg daheim

Militär prägte das Bild Burgs immer sehr. Jetzt sind es Nationale Volksarmee und Sowjetarmee, die in Nachbarschaft ihre Kasernen haben: Waldfrieden und Neue und Alte Kaserne.

In der Regel öffneten sich am 1. März die Kasernentore für eine breite Öffentlichkeit. Da machte das Jahr 1985 keine Ausnahme. Am Tag der NVA konnten Angehörige ihre in den Kasernen stationierten Ehemänner und Söhne besuchen, was sonst übers Jahr innerhalb der Kaserne nicht möglich war.
Besonders willkommen waren Schulklassen. Solche Jahrestage sollten für den Dienst in der Volksarmee werben. Dazu wurde in dem NVA-Ausbildungszentrum 14, wie die Burger Garnison jetzt hieß, die Technik präsentiert, die Gulaschkanone angeheizt. Man umhüllte sich mit einem freundlichen Schein und verschwieg, dass der Dienst bei der „Fahne" kein Zuckerschlecken war. Besonders Grundwehrdienstleistende waren hin und wieder der Willkür der Ausbilder ausgesetzt, waren sie doch die Herren über Ausgangs- und Urlaubsscheine. Trotzdem war die Härte des NVA-Alltags für viele junge Männer eine Schule des Lebens. Irgendwie brachte man die 18 Monate Grundwehrdienst eben hinter sich.
Ein zweites Militärkapitel für Burg war die Anwesenheit der Roten Armee. In der DDR wurde 1985 der 40. Jahrestag der Befreiung vom Hitlerfaschismus angemessen und würdig begangen. Während am 9. Mai in der Schartauer Straße ein Bunter Basar die Besucher anlockte, spielte auf dem neu gestalteten Platz der OdF die Blaskapelle der Volltuchwerke Chrimitschau.
In der Neuen Kaserne, dort waren die Sowjettruppen zu Hause wurde anlässlich dieses Jubiläums ein Denkmal enthüllt. Dazu hatten sich Vertreter der bewaffneten Organe wie NVA und Kampfgruppen sowie die Burger Politprominenz eingefunden. Auch die Hauptdarsteller bei der Denkmalsweihe, die hier stationierten sowjetischen Streitkräfte, waren zahlreich erschienen.
Während sich die Sowjetsoldaten bei der Enthüllung des Denkmals ehrfurchtsvoll verneigten, bauten die Verkäuferinnen des Magazins ihren Stand im Eingangsbereich der Kasernenanlage auf. Dort konnte man manche Raritäten erwerben. Radeberger Bier, Wernersgrüner Bier oder auch das begehrte Pilsener Urquell wurden verkauft.

Aufgefahrene Militärtechnik (oberes Foto) wurde auf dem Appellplatz des NVA-Ausbildungszentrums vorrangig von der Jugend bestaunt. Gut besucht ist auch der Verkaufsstand des sowjetischen Militärhandels (unteres Foto) während der Feierlichkeiten zum 40. Jahrestag der Befreiung.

Allerdings koppelte man die Geschäfte: Wer zwei Flaschen des begehrten Exportgerstensaftes kaufen wollte, musste Marmelade miterwerben. Auch wenn der Betreffende Brotaufstrich aus eigener Gartenproduktion zu Hause hatte, erstand er unter Zähneknirschen das Glas mit. Das „Radeberger" war doch zu verlockend.
Diese sowjetische Verkaufstaktik war Alltag in der Militär-Verkaufsstelle Bebelstraße, die von der deutschen Bevölkerung vor allem am Wochenende besucht wurde. Dort, wo Mangel herrschte, konnte man sich diese Art von Verkaufskultur eben unwidersprochen leisten. Und wer wollte schon die Sowjetarmee kritisieren, sei es auch nur ihre seltsame Handelstätigkeit.

Gesteuerte Kultur auf dem Lande

Um die Menschen auf dem Lande mit Kultur zu versorgen, wurden durch die verantwortlichen Kulturfunktionäre und Einrichtungen des Kreises in den Landgemeinden Veranstaltungen entwickelt und ihre Durchführung gefordert. Nach einem Bericht in der „Volksstimme" waren Anfang der 80er Jahre in den Dörfern des Kreises u. a. folgende Veranstaltungsreihen entwickelt: Dorffestspiele in fast allen größeren Gemeinden, die sich jährlich wiederholen. Hervorgehoben werden in diesem Zusammenhang die sogenannten Gemeindeverbandsfestspiele in Parey, die jährlich in einer anderen Gemeinde des Verbandes stattfanden, Tierparkfeste in Zabakuck (seit 1974), die nicht nur für die Einwohner, sondern auch für die Badegäste gedacht waren, und Parkfestveranstaltungen in Parchen. Ferner fanden zum Beispiel in Nielebock „Jägerfeste" und in Karow/Kade Sängerfeste statt. Träger der Veranstaltungen waren natürlich die Räte der Gemeinden, die von den örtlichen Vereinen und Verbänden unterstützt wurden.

Neues „Spee" wird produziert

Februar: Im Kombinat VEB Haushaltschemie, Waschmittelwerk Genthin, wurde die Produktion von „Spee-gekörnt-Konzentrat" aufgenommen, das ergiebiger als das herkömmliche „Spee-gekörnt" war. Mit einem 900-Gramm-Paket konnte die Hausfrau 10-12 kg Trockenwäsche mehr waschen. Auf Grund der gesteigerten Ergiebigkeit erhielten jetzt die Betriebsangehörigen statt bisher drei nur noch zwei Pakete des neuen Produktes als Deputat.

Neue Bauserie auf Genthiner Werft

Juli: Stapellauf des dritten Stromschubschiffes einer neuen Bauserie im VEB Schiffsreparaturwerft Genthin. Das erste Schiff dieser Art hatte 1980 die Probefahrt erfolgreich bestanden. Das neue Schubschiff, das mit zwei Motoren mit einer Leistung von über 600 PS ausgestattet war, zeichnete sich durch einen geringeren Tiefgang, eine erhöhte Manövriertätigkeit sowie geringere Wartungskosten aus.

1985

GENTHINER CHRONIK

Januar/Februar: Die winterlichen Temperaturen betragen im Kreis im Durchschnitt - 19/20 Grad und sind durch strenge Nachtfröste gekennzeichnet.

Februar: Im Kreis werden jährlich etwa 1600 Hausschlachtungen durchgeführt. „Viele Bürger", heißt es in einem Pressebericht, „helfen somit, die eigene bzw. die gesamte Versorgung unserer Bürger mit Fleisch und Wurstwaren stabil zu gestalten."

12. März: Anlässlich des Ablebens des Oberhauptes der UdSSR, Konstantin Tschernenko, statten die Mitglieder des Sekretariats der Kreisleitung der SED den Einheiten der sowjetischen Armee in Altengrabow einen Kondolenzbesuch ab.

2. April: 17. Materialbörse der Kreise Genthin/Havelberg im Kreiskulturhaus eröffnet. Ziel der Börse ist es, ungenutzte Materialreserven zu erschließen und diese der Volkswirtschaft wieder zuzuführen. Auf der Genthiner Materialbörse werden Materialsortimente mit einem Gesamtwert von 1 026 300 Mark angeboten, die aber kaum Abnehmer finden, weil es sich zum größten Teil um Ladenhüter handelt.

29. Oktober: In Auswertung des Leistungsvergleiches auf kulturellem Gebiet zwischen den Städten und Gemeinden des Kreises erkämpft sich die Stadt den 1. Platz und wird als Sieger ausgezeichnet.

4./5. November: 6. Kulturangebotsmesse im Kreiskulturhaus. Mit der angeordneten Messe sollten die kulturellen Einrichtungen des Kreises ihre Jahresangebote präsentieren und effektiver arbeiten.

Dezember: Eine Ausstellung über Sitten und Gebräuche zur Weihnachtszeit ist der Anziehungspunkt für zahlreiche Bürger und Schulgruppen des Kreises.

BURGER CHRONIK

11. Januar, Dörnitz: Nach mehrjähriger Pause wird heute im Saal der Gaststätte „Freundschaft" wieder eine Kinoveranstaltung durchgeführt.

1. März, Burg: Sportlich geht es im Saal des Hauses des Sports (Zentralhalle) zu. Haben sich doch die Judo-Sportler der BSG „Fortschritt" in Eigenleistungen eine attraktive Trainings- und Wettkampfstätte geschaffen.

17. April, Ihleburg: Vier Ziegenlämmer von einer Mutterziege sind eine tierisch ernste Sensation. Das brachte in der vorigen Woche „Liesel" fertig. Stolzer Besitzer der Ziege ist der Schüler Thomas Paasche.

7. Mai, Drewitz: Das 1000. Eigenheim, das seit dem 8. Parteitag der SED im Kreis fertig gestellt wurde, ist in der Lindenstraße 14a von der vierköpfigen Familie Seidler bezogen worden.

27. Juni, Krüssau: Zu einem Sängertreffen versammeln sich die Frauenchöre aus Schermen und Schartau und die gemischten Chöre aus Rietzel und des Bäckerhandwerks. Seit 1962 wird ein derartiges Treffen veranstaltet. Ein gemeinsames Lied, von allen Chören gesungen, beendet die Veranstaltung.

31. August, Ziepel: Der Freizeitplatz des Dorfes erhält den Namen „40. Jahrestag der Bodenreform".

17. September, Theeßen: 9300 Gäste besuchten das Waldbad in dieser Saison.

11. November, Burg: Um 16.50 Uhr erblickt das 1000. Baby des Jahres das Licht der Welt. Mutter ist die Bürgerin Carola Dorn.

21. Dezember, Möser: 18 Dächer wurden in diesem Jahr instand gesetzt. Das entspricht einer Fläche von 1620 Quadratmetern.

1986

GENTHINER CHRONIK

17. bis 21. April: XI. (letzter) Parteitag der SED. An dem Parteitag, der nichts wesentlich Neues, außer Durchhalteparolen und dem Vormarsch des Sozialismus zu verkünden hat, nehmen zum letzten Mal Delegierte des Kreises Genthin teil – Kreisleitungschef Günter Sieling, Angelika Hagemeier, Wolfgang Fliß, Willi Steinhagen und Hartmut Scholz.

10. Juli: Die Staatsbank rät, sich rechtzeitig ausländische Währung für den Urlaub im sozialistischen Ausland zu sichern. Dazu sind Nachweise der Reise oder Reisepässe mit Visum bzw. Personalausweis samt Einklebeseite nötig. Fehlt Letztere, so ist „eine Ausstattung mit Zahlungsmitteln für Reisen in die CSSR und VR Ungarn in Frage gestellt".

1. September: „Studienplätze für Pedro und Janina" ist das Motto für den Solidaritätsbasar der Journalisten. Und da „die Leser der Volksstimme helfen, die Ausbildung junger Journalisten aus Nationalstaaten zu finanzieren", bietet die Fachgruppe Heimatgeschichte am 13. September rund 800 Fotos vom alten Magdeburg an. Der Reinerlös kommt der Aktion zugute.

7. November: In Tucheim wird eine neue Kinderkrippe mit über 50 Plätzen fertig gestellt.

1986 entsteht durch Fusion mit „Hallo – das Jugendjournal" vom Sender „Stimme der DDR" das Vollprogramm „Jugendradio DT 64", das vor allem Rock- und Popmusik sendet. Seit dem 29. Juni 1964 ist das „Jugendstudio DT 64" als Nachmittagsprogramm im Berliner Rundfunk zu hören.

BURGER CHRONIK

25. Januar, Burg: Per Lautsprecher in Betrieben und Burger Schulen macht die Volkspolizei alle Burger mit einem Mithilfeersuchen bekannt: Gesucht wird das vermisste 11-jährige Mädchen Nancy Gropler. Die Suche bleibt leider erfolglos. Erst im März wird das Mädchen im Elbe-Havel-Kanal ermordet aufgefunden.

7. März, Burg: Das „Pasadena Roff Orchestra" aus Großbritannien wird am 3. April in Burg im Hermann-Matern-Haus gastieren.

9. April, Burg: Eine Aquarien-Ausstellung wird in der Volksschwimmhalle eröffnet. Viel Mühe haben sich die Mitglieder der Fachgruppe Aquaristik des Kulturbundes gegeben. Zu den ausgestellten Fischen gehören auch Piranhas. Auskünfte für Zierfischliebhaber-Anfänger werden gegeben.

20. September, Burg: Wie am günstigsten die Jacke zu nähen ist, „sagt" der Rechne. Im BBW (Bekleidungswerk) soll der Personalcomputer vorfristig eingesetzt werden. Dadurch wird die Arbeit der Technologen um ein Mehrfaches produktiver.

14. Oktober, Burg: Seit den ersten Unterrichtswochen des Schuljahres arbeiten an der POS Diesterweg zehn fakultative Kurse. Hier können Schüler der 9. und 10. Kassen entsprechend ihren Interessen und Begabungen mitarbeiten. Besonders viele Schüler sind im Kochen und Servieren aktiv.

15. November, Burg: Nicht nur schöne Kosmetik ist die Gestaltung des künftigen Boulevards, dessen erster Abschnitt in dieser Woche fertig gestellt wird. Voraus ging eine umfassende Erneuerung der zum Teil sehr alten Versorgungsleitungen für Wasser und Strom in der Erde.

Freier Blick zum Burger Postamt

Auch in diesem Jahr fallen wieder einige der alten Wohnhäuser dem Abriss zum Opfer.

Dem Abriss zum Opfer fielen im Verlauf dieses Jahres die Häuser in der Mittelstraße 19, Brückenstraße 3, Hainstraße 2, Bruchstraße 12 und 33, Brüderstraße 39 und die eigentlich unter Denkmalschutz stehende Häuserzeile Breiter Weg 2 bis 6. So entstand eine große Freifläche in der historischen Burger Innenstadt. In den ersten Maitagen hatte man einen freien Blick auf die bisher versteckt liegende Rückfront des Postamtes. An dieser Stelle, wo Planierraupen das Erdreich einebneten, stand einst das bekannte Konzerthaus von Burg. Auch die Häuser am unteren Breiten Weg und in der Bruchstraße waren schon verschwunden. Die Burger Innenstadt war hier früher sehr dicht bebaut gewesen. Das als sehr baufällig ausgegebene Konzerthaus fiel bei der ersten Sprengung noch nicht zusammen.

Aber auch von der baulichen Erhaltung der geschichtlichen Zeugen der Burger Vergangenheit ist erfreulicherweise zu berichten. Ehrenamtliche Denkmalpfleger und Schüler der Erweiterten Oberschule Burg sanierten unter Leitung von Klaus Möbius in zahlreichen Stunden ihrer

Der schlimme Bauzustand vieler Gebäude in der Burger Innenstadt wird nach den Abbrucharbeiten sichtbar. Hier die für die Plattenbauaktion vorbereitete Fläche hinter dem Postamt

Freizeit den Burger Hexenturm in der Nordstraße. Da für die Erneuerung kein Baumaterial zur Verfügung gestellt werden konnte, wurde das Dach mit Hilfe der Freiwilligen Feuerwehr mit Dachziegeln aus Abbrüchen gedeckt. Wie auch sonst in der Mangelwirtschaft der DDR wurde hier aus der Not eine Tugend gemacht.

Brückenbau nach Protest der Genthiner Bürger

Die Fußgängerbrücke Uhlandstraße/Mützelstraße über die siebengleisige Eisenbahnstrecke Magdeburg–Berlin in Nähe des Neubaugebietes wurde eingeschwenkt und montiert. Tausende Bürger verfolgten das Zeremoniell. Die offizielle Einweihung fand am 11. Dezember mit Böllerschüssen unter Beteiligung der Politprominenz aus Stadt und Kreis statt. Den feierlichen Einweihungsakt übernahm Bürgermeister Wolfgang Bernicke, der in seiner Rede den Fleiß der Bauarbeiter von 22 VE-Betrieben und der Handwerker würdigte, die den 90 Tonnen schweren stählernen Strang in acht Monaten fertig gestellt hatten. Weil sich sowjetische Soldaten an den Planier- und Säuberungsarbeiten im Rahmen des Brückenbaues beteiligt hatten, erhielt das technische Bauwerk den Namen „Brücke der Freundschaft". Die Brücke von zirka 400 Meter Länge war die längste ihrer Art in der Region. Sie

Einschwenken und Montage der „Brücke der Freundschaft". (Foto: Kreismuseum Genthin)

war zunächst im Bebauungsplan Uhlandstraße nicht vorgesehen gewesen und erst unter Druck der rund 2500 Bewohner der Uhlandstraße entstanden.

Kritische Töne zur Planerfüllung „Werterhaltung"

Dezember: Bei der Diskussion über den Volkswirtschaftsplan der Stadt Genthin für das Jahr 1987 wurden von Abgeordneten harte und kritische Töne geäußert, weil von den 1986 geplanten 60 instand zu setzenden Wohnungen in der Industrie nur 20 realisiert wurden. Als Grund wurde von den Verantwortlichen die bei der Sanierung vorgefundene verschlissene Bausubstanz genannt, die einen erheblichen Mehraufwand erforderte.

Auch die zahlreichen desolaten Schornsteinköpfe sowie Dächer standen zur Diskussion. So wurden von den Abgeordneten für 1987 Reparaturleistungen an 171 Schornsteinen und 18 000 qm Dachfläche gefordert. Anmerkung: Hauptursache für den wachsenden Verfall der Häuser waren die fehlenden Baukapazitäten, die in den 80er Jahren vorrangig bzw. ständig im Wohnungsneubau gebunden waren.

Heizhaus für LPG Gartenbau

Grundsteinlegung für ein neues Heizhaus für die drei Hektar Fläche umfassende Gewächshausanlage der LPG Genthiner Gartenbau. Bei dem baulichen Zeremoniell waren anwesend: der 1. Sekretär der SED-Kreisleitung Genthin, Günter Sieling, und die Ratsvorsitzende Renate Schüßler, die die Gäste begrüßte. In ihrer Ansprache würdigte Renate Schüßler diese Grundsteinlegung als wichtigen Markstein auf dem Wege zur Verbesserung der Versorgung der Bevölkerung mit Treibhausgemüse von derzeit 131 auf 275 Tonnen Frischgemüse. Das alte Heizhaus blieb als Reserve stehen.

Das mit einem hohen Schornstein versehene neue Heizhaus sollte im Oktober 1997 die erste Wärme liefern.

Grundsteinlegung für das neue Heizhaus der LPG Genthiner Gartenbau an den Gewächshausanlagen in Genthin-Nord.

Genthiner Gasnetz wird rekonstruiert

1987

8. Mai: Bei umfangreichen Arbeiten zur Rekonstruktion des Gasnetzes in der Stadt werden neue Rohre verlegt, die Hausanschlüsse erneuert und Reglerschränke installiert. Nach Abschluss der Maßnahmen kann der Druck in den Leitungen erhöht werden. Gleichzeitig wird neue Sicherungstechnik eingebaut. (Foto: Stadtarchiv Genthin)

Umschlag von Kohlen in Altenplathow

14. Januar: Umschlag von Hausbrand (Kohlen) in Altenplathow. Da Erdgas und Öl für Heizungszwecke zwecks Deviseneinsparung nicht zur Verfügung standen, wurde verstärkt auf den heimischen Brennstoff Kohle zurückgegriffen. In jener Zeit waren die ergiebigen Braunkohlevorkommen um Leipzig/Halle fast ausgekohlt, und es musste auf Kohle aus den Lausitzer Revieren, die stark salzhaltig war, zurückgegriffen werden. Der Kohletransport beanspruchte sehr viel Transportraum, ganz zu schweigen von den Mondlandschaften, die ein Tagebau für Jahre hinterließ. Im Waschmittelwerk mussten in kalten Wintern ständig Arbeitskräfte abgestellt werden, welche die Kohle in den Waggons für den Greifer brechen mussten. Für das Heizwerk der Zuckerfabrik entstand am Kanal ein Kohlelagerplatz mit Bandbetrieb. Die benötigten großen Kohlemengen wurden per Schiff geliefert. Das Heizwerk in der Karower Straße verfeuerte täglich 110-120 Tonnen Kohle.

Für das Heizwerk der Zuckerfabrik entsteht am Kanal ein Kohlelagerplatz mit Bandbetrieb. (Foto: Stadtarchiv Genthin)

Jungen für Militärberufe mit Flugzeug-Technik geködert

Burg. Nachdem die Segelflieger der GST vor einigen Jahren ihren angestammten Platz in den Burger Krähenbergen räumen mussten, warfen andere ein Auge auf diese herrliche Heidelandschaft. Brauchte man doch ein Gelände zur Reservistenausbildung der Fallschirmjäger auf dem Gebiet der DDR. Und dafür war die weite, baumlose Landschaft ideal.

Und so wird diese Ausbildung nun schon einige Jahre in den Burger Krähenbergen durchgeführt. Nur selten wurden militärische Einrichtungen der Öffentlichkeit vorgestellt. Und wenn es mal geschah, wie hier im Bild zu sehen, war der Hintergedanke die Werbung junger Menschen für eine längere militärische Laufbahn in den Reihen der Nationalen Volksarmee der DDR. Als das Foto entstand, fand die Ausbildung der Fallschirmjäger vor 20 Offiziersbewerbern im Rahmen des 8. Traditionstreffens künftiger Berufssoldaten und Offiziere statt.

In Burg: Sowjetischer Hubschrauber zum Anfassen.

GENTHINER CHRONIK

30. Januar: Abriss des ehemaligen Wohnhauses Wilhelm-Külz-Straße 25 (Mühlenstraße). Das rund 100 Jahre alte Gebäude ist das dritte von vier Häusern, die auf Grund ihres Bauzustandes (Stufe IV) nur noch abgebrochen werden können. Die Hölzer sind vom echten Hausschwamm befallen und müssen verbrannt werden. Die Gebäude Nr. 11 und 13 wurden bereits abgebrochen. Die Lücken werden wieder bebaut.

10. April: Fortführung des Ausbaues der Geschwister-Scholl-Straße. Durch den Ausbau von sieben auf 11,50 Meter soll die Straße dazu beitragen, den innerstädtischen Verkehr zu entlasten. Im Rahmen des Ausbaues werden auch die vorhandenen Gleisanlagen zurückgebaut.

13. Mai: Im Kreiskulturhaus „Volksgarten" werden die 12. Genthiner Musiktage eröffnet. Die Eröffnungsveranstaltung, für die Jugend gedacht, erfolgt durch Petra Zieger und Band. Die anderen Musikveranstaltungen wirken eher etwas lau und können die Jugend nicht gerade begeistern.

28. Mai: Kurz vor dem Abschluss stehen die Rekonstruktionsmaßnahmen in der Genthiner Brauerei. Ein generalüberholter Abfüllautomat für 0,5-Liter-Flaschen „lässt eine Leistungssteigerung um 180 Prozent erwarten". Somit können täglich 5000 Kästen abgefüllt werden. Auch das Genthiner Bier wird wieder abgefüllt, eingestellt wird dagegen die Produktion von Fassbier. Die Gaststätten erhalten das Magdeburger Börder Bier aus dem Fass.

6. Oktober: Auf der Schiffswerft wird das fünfte flachgehende Stromschubschiff zu Wasser gelassen. Es ist der 100. Schiffsneubau auf der Werft.

BURGER CHRONIK

24. Februar, Burg: Nach der Winterpause im Tiefbau geht es nun mit dem Ausbau in der Burger Hauptgeschäftsstraße weiter. Der zweite Bauabschnitt beginnt ab Nachstraße und reicht bis zur Höhe der HO-Verkaufsstelle Foto-Optik.

8. April, Küsel: Die Küseler verschönern weiterhin ihren Heimatort, zwei Hausfassaden werden erneuert und an zentraler Stelle werden 20 Bäume angepflanzt. Auch Säuberungsarbeiten dienen einem ordentlichen Antlitz der Gemeinde.

31. Mai: Im Pflegeheim **Pabsdorf** hat man am letzten Tag des Monats Mai einen Grund zum Feiern. Frau Ida Gennermann begeht ihren 100. Geburtstag.

2. Juli, Gommern: Im Betriebsteil des VEB Datenverarbeitungszentrums Magdeburg arbeitet ein Großcomputer für 700 Partner aus dem Bereich der Landwirtschaft und für das Kombinat Erdöl-Erdgas.

2. Juli, Gommern, Burg: In dem Fachwerkhaus Karl-Marx-Straße (Ecke Franzosenstraße/Bruchstraße) befindet sich der ärztliche Stützpunkt der staatlichen Gemeinschaftspraxis. Im Vergleich zum bisherigen Stützpunkt haben sich die Arbeitsbedingungen wesentlich verbessert, zur Freude von Frauchen und Herrchen und zum Wohle der Tiere.

1. Oktober, Burg: Bald wird auch der VEB Kraftverkehr, Magdeburger Chaussee, eine neue Reparaturhalle besitzen. Diese präsentiert sich bereits im Rohbau auf dem Gelände des Heizwerkes Burg-Süd.

15. November, Möser: Über 150 Orientierungsläufer und deren Gäste laufen zum Saisonausklang unter sehr guten Wettkampfbedingungen beim 2. Clausewitzlauf.

1988

GENTHINER CHRONIK

6. Januar: In der Genthiner Werft wird das flachgehende Stromschubschiff „SSS" 2639 als 100. Neubau an den Auftraggeber übergeben. Werftleiter W. Krüger würdigt die Leistungen der Werftarbeiter, die sich stets um Plantreue bemühten.

5. Februar: Erich Honecker übernimmt die Ehrenpatenschaft über das fünfte Kind der Familie Lindecke, Parchen. Die Ehrenurkunde und das Geschenk für die neugeborene Constanze, ein Sparbuch und einen Koffer mit Kleidung sowie Spielzeug, überbringt der stellvertretende Vorsitzende des Rates des Kreises, Hans Röhr.

15. Februar. Auf einer Vertrauensleutevollversammlung der BHG Genthin wird die Bäuerliche Handelsgenossenschaft unter Vorsitz von Dr. Günter Kollmann mit dem DDR-Wettbewerbsbanner des Zentralvorstandes der BHG ausgezeichnet.

Anfang Juli: In Weiterführung des Neubau-Bauprogramms der Stadt Genthin wird mit der Bebauung des zweiten großen Siedlungskomplexes „Einsteinstraße" (432 WE) begonnen. Der erste Plattenbau befindet sich zu dieser Zeit bereits in Arbeit. Es ist das letzte Bauprojekt der Stadt, das sich bis 1991 hinzieht.

29. Juli: Im Kloster Jerichow sind die Restaurierungsarbeiten am Kapitelsaal beendet. Noch in diesem Jahr wird mit der Instandsetzung der Außenfassade des Ostflügels begonnen. Die Zahl der durch das Museum zu betreuenden Besucher ist auf zirka 4000 gestiegen.

19. November: Verbot der sowjetischen Satire-Zeitschrift „Sputnik". Die Zeitschrift wird auch in den Bestell-Listen des Genthiner Postzeitungsvertriebes gestrichen und ist nicht mehr erhältlich. Hintergrund: Glasnost und Perestroika.

BURGER CHRONIK

2. Januar, Parchau: Diese Gemeinde nahe der Kreisstadt bereitet sich in diesem Jahr auf einen großen historischen Höhepunkt vor. Vor 800 Jahren wurde das Dorf erstmals urkundlich erwähnt.

1. März, Burg: Die Sektion Frauengymnastik der TuS Empor Burg wird mit dem Titel „Vorbildliche Sektion im Deutschen Turnerverband der DDR" ausgezeichnet.

7. Mai, Ziepel/Brno (CSSR): Eine Delegation aus dem Staatsgut Brno (Brünn) besucht das VEG (T) Kampf. Die Gäste tauschen Erfahrungen auf den Gebieten Ökonomie und Gewerkschaftsarbeit aus. Es werden auch Fragen zum Kinderferienaustausch beraten. Bereits seit 28 Jahren pflegen die Staatsgüter den Erfahrungsaustausch.

16. August, Lostau: Stück für Stück verschönern die Lostauer ihre Gemeinde. Dazu gehören auch die Fassaden. So hat es sich auch die Familie Schröder, Am Mühlenberg 11, gedacht. Ein Windmühlenmotiv ist jetzt an dem Eigenheim zu sehen.

12. Oktober, Königsborn: Anwohner der Möckeraner Straße in Königsborn sind in diesen Tagen dabei, den Gehweg zu befestigen. 500 Meter Gehweg werden somit in Eigeninitiative im Oberdorf erneuert.

7. Dezember, Burg: Die Schüler der Lenin-Oberschule in Burg-Süd gehen nicht nur vormittags zur Schule. Auch am Nachmittag kann man sie dort antreffen. An fünf Tagen in der Woche können sie sich an über 50 Arbeitsgemeinschaften beteiligen. Beliebt bei den Schülern sind besonders der Chor (Oberstufe) und die Zierpflanzen.

Kritik und Stagnation

Das Jahr ist gekennzeichnet durch ständige Appelle der Regierenden an die Bevölkerung, sich stärker an Eigenleistungen zu beteiligen, was sie zum großen Teil auch tut. Feierabendbrigaden werden mobilisiert.

So war zum Beispiel der Bau von benötigten Kinderkrippen/Kindergärten/Jugendklubs etc. auf Grund fehlender finanzieller Mittel und Baukapazitäten hauptsächlich nur noch mit Hilfe örtlicher Betriebe/LPG und mit Unterstützung der Einwohner möglich.

Auch die Versorgung mit Frischgemüse und Fleisch war durch zusätzliche Eigenversorgung erwünscht und wurde teilweise staatlich gefördert. Dabei kam dem VKSK eine besondere Rolle zu.

Kritik der Bevölkerung an mangelnden Dienstleistungen wurden laut. Die Zahl der dienstleistenden Handwerker war rückläufig (1985=154 und 1988=142). Der VEB Dienstleistungskombinat Genthin mit seinen Zweigstellen in den Landgemeinden kam den Anforderungen nicht nach. Die Zweigstellen reichten nicht aus. Gefragt waren u.a. Bäcker-, Tischler-, Polsterer-, Schneider- und Schuhmacher-Leistungen.

Die Konsum-Großbäckerei musste ihre Produktion zeitweilig um ein Drittel erhöhen, um den gewachsenen Bedarf der Bevölkerung und die Zulieferung in die Kreise Havelberg und Zerbst zu sichern. Rekonstruktionsmaßnahmen standen auf der Tagesordnung. Die SED-Kreisleitung und der Staatsapparat waren schon lange dazu übergegangen, aktive Handwerker und Arbeitskollektive in Industrie und Landwirtschaft laufend und zu jedem politischen Anlass auszuzeichnen und sie zu neuen, höheren Leistungen zu motivieren.

Ernsthafte Probleme gab es bei der Realisierung der geplanten Werterhaltungsmaßnahmen und bei der Erschließung von zusätzlichem Wohnraum. Allein die 171 mehrfach geplanten baufälligen Schornstein-Köpfe in der Stadt konnten nicht instand gesetzt werden. In einem Pressebericht vom 30.09. heißt es: „….es fehlen Schornstein-Steine. Die Bürger sind aufgerufen, eigene Reserven zu mobilisieren." Auch in der Landwirtschaft stagnierte die Produktion und war zum Teil rückläufig (zum Beispiel Schweine: 1980=75 100/1988=67 000 Stück).

Auf der 24. Kreisdelegiertenkonferenz der SED am 10.12. wurde die schwierige wirtschaftliche Lage im Kreis nicht umfassend analysiert, sondern es wurde lediglich von einer guten Erfüllung der industriellen Nettoproduktion von 102,4 Prozent per 30.11. gesprochen. Auch die wachsende „Republikflucht" und das Fehlen von Arbeitskräften kamen vermutlich nicht zur Sprache. Erst als der SED-Chef (Günter Sieling) in seinem Bericht die Planrückstände und Mängel in der Konsumgüter- und Dienstleistungsproduktion kritisierte und Günther Wienroth vom VEB Waschmittelwerk in seinem Diskussionsbeitrag von den zahlreichen notwendigen Sonderschichten und den ausbleibenden Zulieferungen im Betrieb sprach, wurden die sich am Jahresende in der Region abzeichnenden wirtschaftlichen Schwierigkeiten deutlich.

Die Statue des Heilgottes Äskulap blickt 1988 über das aufgewühlte Burger Stadtzentrum.

Burgs Zentrum umgekrempelt

Äskulaps Blick glitt über ein weites Areal. Ein großer Teil der Burger Altstadt war der Abrissbirne zum Opfer gefallen. Während Denkmalschützer und viele alte Burger mit Wehmut das Verschwinden der so vertrauten Häuserzeilen am Platz der Weltjugend (Markt), des Breiten Weges und der Bruchstraße verfolgten, freuten sich ebenso viele auf die neuen komfortablen Wohnungen, die dort entstanden. Würden sich doch für viele Einwohner die Wohnverhältnisse merklich verbessern. Bad und Fernheizung ließen vergessen, dass man in einem Plattenbau wohnte. Noch war eine Neubauwohnung begehrt. Die Nachfrage war wesentlich größer als das Angebot.

Es gab Zeitgenossen, die ihr Grundeigentum der Stadt schenkten und in eine Neubauwohnung zogen.

DDR wirtschaftlich bankrott

Als mit Beginn des Jahres die berufstätigen Frauen und Männer des Kreises in den Betrieben pflichtbewusst wieder ihrer Arbeit nachgehen, ahnen viele von ihnen nicht, welcher politische Wandel sich am Ende des Jahres vollziehen sollte.

Auch die tatsächliche wirtschaftliche Situation der DDR kannten sie nicht, weil sie von der DDR-Führung verschwiegen wurde. Erst im Herbst, nach dem politischen Zusammenbruch des Regimes und der Anfertigung einer Wirtschaftsanalyse durch eine fünfköpfige Expertengruppe von Wirtschaftsleuten (27.10.), wurde die bis dahin vertuschte wirtschaftliche Lage bekannt.

So hatte sich die Verschuldung der DDR gegenüber den NSW-Ländern, einschließlich BRD, bis 1989 auf insgesamt 49 Milliarden Valuta-Mark (VM) erhöht. Die erhöhten Ausgaben gegenüber

Staatsanwältin R. Fährmann versiegelt am 4. Dezember im Auftrag des Bezirks-Staatsanwaltes in der ehemaligen MfS-Dienststelle Genthin, Rudolf-Breitscheid-Straße, Aktenschränke. Die Mehrzahl der Stasi-Akten ist schon zuvor nach Magdeburg umgelagert worden. Die endgültige Auflösung der ehemaligen MfS-Dienststelle (Amt für Nationale Sicherheit) erfolgt am 11. Dezember. Dabei werden unter Kontrolle der Genthiner Staatsanwältin, einer Vertreterin des Neuen Forums und der Kriminalpolizei unter anderem die noch vorhandenen Waffen an die VP übergeben.

den Minus-Einnahmen, insbesondere für die sozialpolitischen Maßnahmen, waren von 12 Milliarden Mark 1970 auf 123 Milliarden (1998) angestiegen. Hinzu kamen die in Anspruch genommenen NSW-Importe, für die 21 Milliarden VM zu zahlen waren und die höher lagen als die DDR-Exporte. Für die Weiterführung der laufenden Ausgaben aus dem Staatshaushalt waren Kredite in Höhe von 20 Milliarden Mark notwendig, so dass die Gesamtverschuldung Ende 1989 insgesamt 140 Milliarden Mark betrug. Die notwendige Kreditaufnahme, verbunden mit Zinszahlungen, war daher die Hauptursache für den außergewöhnlichen Schuldenberg der DDR.

"Selbst ein Verschuldungs-Stopp", so meinten die Experten, „hätte eine Senkung des Lebensstandards der Bevölkerung um 25-30 Prozent zur Folge und automatisch die DDR unregierbar gemacht." Die Feststellung, dass die DDR über ein funktionierendes System der Leitung und Planung verfüge, war ein Trugschluss. Die vorgegebene Strategie war vielmehr die Selbständigkeit der Betriebe und die Entwicklung der „1000 kleinen Dinge" gebremst. Viele Betriebe waren überaltert und mit unteffektiven Instandhaltungs-/Reparaturbedarf belastet. Das zeigte sich u.a. auch an der Zuckerfabrik und an Produktionsstrecken des Waschmittelwerkes in Genthin. Die Konzentration der Mittel auf den Wohnungsneubau auf Kosten dringender Reparaturleistungen war auch in Genthin erkennbar. Der Aufwand für den Wohnungsneubau und den nichtproduktiven Bereich im Kreis betrug 1989 insgesamt 83,1 Millionen Mark.

Die Arbeitsproduktivität in der DDR lag offiziell um 40 Prozent niedriger als in der BRD. Die DDR (auch der Kreis Genthin) konnte deshalb nur mit der Durchführung einer Wirtschaftsreform gerettet werden. Statt dessen propagierten die Partei- und Staatsfunktionäre nur Erfolge auf allen Ebenen, mobilisierten die Menschen zu höheren Leistungen und nahmen dazu die Vorbereitung auf die Kommunalwahlen (7. Mai) und den 40. Jahrestag der Gründung der DDR (7. Oktober) zum Anlass.

In der Tat folgte die Mehrzahl der Bürger des Kreises dieser von der SED vorgegebenen Strategie mehr oder weniger bewusst oder unbewusst, ehe sich nach der im Sommer einsetzenden Massenflucht und dem Mauerfall (9. November) die Erkenntnis frei eine Wende durchsetzte und die Abschaffung der SED-Bevormundung verlangt wurde.

So war auch der Kreis Genthin Ende des Jahres durch eine tiefgreifende politische und ökonomische Krise gekennzeichnet, für die es nur eine Alternative gab: demokratische Erneuerung.

Das Neue Forum formiert sich auch in Genthin

Wie in anderen Teilen der DDR begann sich auch in Genthin das Neue Forum zu formieren. Zuerst gab es Beratungen zwischen Pfarrer Willi Kraning und Thomas Begerich und anderen oppositionellen Bürgern, die sich im Schwestern-Waldhaus im evangelischen Johanniter-Krankenhaus Genthin trafen.

Die Genehmigung zur offiziellen Gründung des Neuen Forums erhielten sie am 8. November auf Antrag vom Rat des Kreises. Die Oppositionsgruppe mit ihrem Sprecherrat (Brigitte Hörster, Regina Damm, Sabine Vopel, Willi Kraning, Fred Sommer, Peter Stange und Martin Bratz) wurde zum wichtigen Träger des demokratischen Umbruchs in Genthin, organisierte Demonstrationen, öffentliche Aussprachen und unterstützte die Durchführung der ersten demokratischen Reformen in der Stadt. Auch in anderen Orten des Kreises kam es zur Gründung des Neuen Forums: Jerichow (7.11.) und Güsen.

Auch in den Gemeinden kochte und brodelte es. „Eine Versammlung löste die andere ab", hieß es in einem Be-

Kundgebung des Neuen Forums am 10. 12. in Genthin.

richt. So verlangten die Bürger u.a. in Jerichow, Bergzow, Güsen und Schlagenthin auf öffentlich geführten Volksvertreterversammlungen eine Veränderung der gegenwärtigen politischen und wirtschaftlichen Lage und ihre Umgestaltung.

1989

GENTHINER CHRONIK

3. Januar: Das Jahr beginnt mit dem obligatorischen Besuch von Sekretariatsmitgliedern der SED in Betrieben der Stadt und des Kreises, um vor Ort die Werktätigen für eine gute Planerfüllung zu motivieren.

7. Juni: Grundsteinlegung für das neue Kindergartengebäude im Südwestteil des Parks.

2. November: Auf der 4. Tagung der Stadtverordnetenversammlung bekunden die Abgeordneten Dialogbereitschaft und den Willen zur Erneuerung.

10. November: Kreistagsberatung, auf der 25 Bürgermeister des Kreises einen Brief an den Staatsrat verfassen, in dem sie um eine „schnellstmögliche" Durchführung von neuen Kommunalwahlen bitten.

10./11. November: Die alten Oberhäupter des Kreises geben ihr Amt auf. Auf der 3. Kreistagssitzung erklärt Renate Schüßler als Ratsvorsitzende ihren Rücktritt, Nachfolger wird Lothar Finzelberg (10.11.). Einen Tag später legt der SED-Chef Günther Sieling sein Amt nieder. Das alte SED-Sekretariat wird aufgelöst. Auf dem außerordentlichen SED-Kreisparteitag am 24.11. erfolgen Neuwahlen und Uli Seiß wird neuer SED-Chef.

13. November: Versammlung der CDU-Ortsgruppe Genthin, auf der die anwesenden Mitglieder ein Positionspapier verabschieden, in dem die Partei ihre spezifische Eigenständigkeit festschreibt.

25. November: Erster schulfreier Sonnabend im Kreis Genthin.

12. Dezember: Zum ersten Mal treffen Vertreter aus dem Landkreis Nordheim (Oberkreisdirektor Ralf, Reiner Wiese und Landrat Axel Endlein) in Genthin ein und beraten mit dem Ratsvorsitzenden Lothar Finzelberg über eine umfassende Partnerschaft.

BURGER CHRONIK

13. Januar, Lübars: Zwei Feierabendbrigaden, Eisenbahner und Bauhandwerker nehmen sich des Bahnhofes an. Nun hat der ankommende Bahnreisende einen besseren Eindruck vom Ort, da der Bahnhof ein Gebäude ist, das das Gesicht des Dorfes prägt.

7. April, Burg: Das Burger Wassersportlerheim am Kanal von TuS Burg (heute privates Wohnhaus) ist seit dieser Woche wieder eröffnet. Es füllt eine „gastronomische Lücke" für die beiden Wohnbezirke 1 und 2 und erwartet Besucher aus nah und fern.

19. Juli, Brandenstein: Nun wird auch das Kinderheim „Hanno Günther" in Brandenstein umfangreich renoviert. Daran beteiligen sich besonders die Gewerke der PGH Bau Biederitz.

12. August, Burg: Heute beginnt um 21 Uhr im Theater des Friedens (Kino Burg) die diesjährige Kinosommernacht. Ende der Mammutveranstaltung ist Donnerstag, 4 Uhr.

6. November, Burg: Zur 2. Monatsdemonstration treffen sich 3000 Bürger auf dem Platz des Friedens (Schützenplatz) vor dem Hermann-Matern-Haus. Fast 30 Redner sprechen zu den Bürgern. Der Vertrauensbruch gegenüber der SED wird herausgestellt. Erstmalig gibt es im Anschluss eine Demonstration des Neuen Forums. Hier ist noch nicht abzusehen, dass schon drei Tage später die Grenzen zur Bundesrepublik geöffnet werden (9. November 1989).

6. Dezember, Burg: Freimütige und gleichberechtigte Gespräche mit Vertretern aus allen neuen Parteien und Bürgerbewegungen werden beim ersten „Runden Tisch" geführt.

1990

Ausreisewelle und Währungsunion

GENTHINER CHRONIK

3. Januar: Der Runde Tisch (2. Beratung) mit Vertretern aller demokratischen Parteien und Organisationen setzt seine Beratung fort. Heiß diskutiertes Thema: Medienpolitik. Kritik wird auch gegen die „Volksstimme" als ehemaliges Parteiorgan der SED (jetzt PDS) gerichtet. Es wird ein neues Mediengesetz vom Ministerrat gefordert. Die Gruppe setzt sich ferner mit Strukturveränderungen in den Betrieben auseinander.

6. Januar: 5. Kreistagssitzung, die eine Trennung der Exekutiven (Staatsverwaltung) von der Legislativen (der dem Parlament zustehenden Gewalt) herbeiführt. Es wird ein Präsidium und ein Kreistagspräsident gewählt. Präsident wird Mathias Koch (NDPD). Ferner erfolgt die 1. Lesung und Diskussion zum Jahresplan 1990.

17. Januar: Nach einem Vorschlag des Kreistages und mit Zustimmung des Runden Tisches werden vier Pkw aus dem Bestand des ehemaligen MfS-Fuhrparkes an bedürftige Einrichtungen übergeben. Einen Pkw erhält Elektromeister Sommer.

14. Februar: Genthiner Ärzte gründen den Ärzte-Kreisverband Genthin, Berufsverbund der Ärzte Sachsen-Anhalts.

1. September: Eine ABM-Gruppe „Verschönerung des Dorfes" nimmt in Parchen ihre Arbeit auf. Leiter der ABM-Gruppe ist Werner Janke. Elf Männer und eine Frau gehören zur Arbeitsgruppe.

Oktober: 30 Jahre Rassegeflügelzuchtverein in Parchen. Die Jubiläumsausstellung findet in den Räumen des Schlosses mit 250 Tieren statt.

Dezember: Die Futtermittel für den Tierpark in Zabakuck werden knapp. Rund um die Uhr werden deshalb Kartoffeln gedämpft.

BURGER CHRONIK

2. Februar, Burg: Der CDU-Kreisvorstand informiert darüber, dass beabsichtigt ist, für junge Leute eine parteinahe Jugendorganisation ins Leben zu rufen. Am 14. Februar gibt es ein erstes Treffen im Gemeindehaus in der Grünstraße.

6. April, Parchau: Anglerglück hat Siegfried Mattzeck aus Burg, er hievt einen Prachtkarpfen von 77 Zentimetern Länge und 3850 Gramm Gewicht aus dem Dorfteil des Parchauer Sees. Kein Aprilscherz in diesem Monat!

6. Juni, Burg: Die Burger Sankt-Nicolai-Kirche zeigt sich nach 16-jähriger Rekonstruktion wieder in alter Schönheit. 1974 wurde das sakrale Bauwerk für die Öffentlichkeit gesperrt, es bestand in einigen Teilen Einsturzgefahr.

14. Juli, Burg: An diesem Tage werden 202 wehrpflichtige Bürger vorgeladen. Davon gehen 61 zum Grundwehrdienst, fünf als Unteroffiziere auf Zeit. Das WKK gibt auch Rechtsbeistand, immerhin entscheiden sich 45 Bürger für die Ableistung des Zivildienstes. Vom Amt für Arbeit erfolgt der Einsatz der Zivis.

14. September, Burg: Die Burger Busfahrer bilden keine Ausnahme, sie folgen einem Aufruf der Gewerkschaft ÖTV. Von 6 bis 8 Uhr lassen sie die Fahrzeuge unberührt, um damit unter anderem ihren Lohnforderungen Nachdruck zu verleihen. Bei den Burger Fahrgästen ist der Streik nicht populär.

1. November, Burg: Festlich werden die Freundschaftsverträge mit den zukünftigen Partnerstädten von Burg unterzeichnet. Vor allem die Stadtoberen besuchen sich anlässlich regionaler Feierlichkeiten gerne gegenseitig.

5. Januar: Die Ausreisewelle hielt an: „Wie in Bonn mitgeteilt wird", hieß es in einem Bericht, „sind 1989 nach Angaben des Bundesinnenministeriums 343 854 Bürger der DDR von den Behörden der BRD als Übersiedler registriert worden." Die Nachrichtenagentur AP berichtete unter Berufung auf die Grenzschutzkommandos, dass bis zum 3. Januar bundesweit 1800, am 4. Januar 2300 und am 5. Januar 2175 DDR-Übersiedler gekommen waren. Der Ratsvorsitzende des Kreises Genthin gab auf Anfrage des Neuen Forums am 6. Januar bekannt, dass von seiner Behörde 1989 72 Ausreiseanträge bearbeitet wurden, die insgesamt 176 Personen betrafen, denen die Ausreise gewährt wurde. Vor dem 9. November waren es 72 Personen, die aus dem Kreis in die BRD übersiedelten. Vom 1. bis 4. Januar lagen dem Kreis fünf Ausreiseanträge für 11 Personen vor, die ebenfalls ausreisen durften. Aus dem Johanniter-Krankenhaus wurde bekannt, dass dort im Januar sieben Pflegeschwestern in den Westen übersiedelten. Tatsache ist, dass es nach dem Mauerfall eine große Anzahl von illegal ausgereisten/geflüchteten Ausreisewilligen auch aus dem Kreis gegeben hat, die von den hiesigen Behörden nicht erfasst wurden, sondern nur von den BRD-Behörden.

Massenprotest

14. Januar: Massenkundgebung auf dem Marktplatz, zu der die SPD, CDU und das Neue Forum aufgerufen hatten. Sie forderten mit Nachdruck die Veränderung der alten Machtstrukturen und den Rückzug der SED-PDS mit der nach ihrer Meinung noch vorhandenen „Übermacht aus den Ministerien und anderen wichtigen Strukturen", so hieß es in einem Pressebericht. Weiterhin wurde unter anderem die Auflösung der NVA-Dienststelle in Brettin gefordert. An der Kundgebung nahmen zirka 3000-4000 Bürger der Stadt teil.

Neue Parlamente

18. März: Bei den Wahlen erlebten die Bürger der Stadt und des Kreises erstmalig einen auf demokratischer Grundlage geführten Wahlkampf, der in den Tagen zuvor das Stadtgeschehen maßgeblich bestimmte und von den Schwesterparteien der etablierten Parteien CDU und SPD unterstützt wurde. Im Ergebnis der Wahl erhielten die CDU 44,71 Prozent und die SPD 29,02 Prozent der Stimmen. Das Neue Forum, das mit anderen Bürgerbewegungen einen Wahlverbund eingegangen war, konnte für sich nur 1,86 Prozent der Stimmen verbuchen.

Himmelfahrt mit West-Bier

Sogar Himmelfahrt erhielt nach der Wende wieder seinen für das Mannsvolk ursprünglichen Sinn zurück. Erstmals seit Jahren musste sich das bier- und wanderfreudige starke Geschlecht nicht mehr einen Urlaubstag abknapsen, wie zu DDR-Zeiten üblich. Himmelfahrt wurde wieder arbeitsfreier Feiertag. Und erstmals konnte für die mannhaften Ausflugskollektive eine breitere Vielfalt von Biermarken gezapft werden.

Härke und Wittinger waren die ersten West-Brauereien nach der Wende, die im Kreis Burg in HO- und Konsum-Kaufhallen und Gaststätten Fuß fassten.

Auch die Volkskammer wird 1990 neu gewählt. Hier die Stimmenauszählung im Wahllokal 14 in Genthin.

Lange Schlangen vor der Sparkasse Genthin.

DDR-Mark wird umgetauscht

1. Juli: Laut Staatsvertrag trat die Währungsunion in Kraft. In Genthin begann der Geldumtausch am 6. Juli. Schon Tage zuvor waren dafür von der Kreissparkasse 60 000 Umstellungsanträge an Bürger ausgegeben und zusätzliche Öffnungszeiten festgelegt worden, dennoch herrschte an den Schaltern Hochbetrieb. Löhne und Gehälter, Renten etc. wurden im Verhältnis 1:1 umgestellt, Guthaben nur bis zu einer bestimmten Höchstgrenze, die vom Alter abhängig war.

Als Symbol für das Ende der DDR-Mark hatten Unbekannte am 1. Juli am Eingang des Landratsamtes einen kleinen Sarg, eingehüllt in eine DDR-Fahne und am Fuß die Mark, abgestellt. Der Sarg sollte die zu Grabe getragene DDR-Währung dokumentieren. Nach dem Umtausch verschwanden DDR-Produkte aus den Regalen und wurden durch Westimporte ersetzt. Es begann der Kampf ums Überleben vieler Ostbetriebe mit ihren Produkten.

Samt Trabant läßt sich diese bierselige Burger Männerbrigade am Himmelfahrtstag über die Elbe nach Rogätz setzen.

Wirtschaftsprobleme im Kreis Burg

Mit der Wende beginnt für viele Betriebe im Land und auch im Kreis Burg ein harter Überlebenskampf.

Im Rahmen der revolutionären Ereignisse in Osteuropa und des Zusammenbruches des sozialistischen Wirtschaftssystems brachen die Absatzmärkte für die Industriebetriebe der ehemaligen DDR völlig zusammen. Diese bittere Erfahrung musste auch der ehemalige VEB Getränkemaschinenbau Magdeburg, Betriebsteil Burg, der bis jetzt als GmbH weitergeführt wurde, machen. Am 30. Juni hörte der Burger Betriebsteil auf, juristisch zu bestehen. Über 300 Betriebsangehörige wurden in eine ungewisse Zukunft entlassen. Noch in den letzten Jahren der DDR waren polnische Vertragsarbeiter verpflichtet worden, um Rückstände in der Ersatzteilproduktion aufzuarbeiten. Im Hochsommer 1989 wollte die Betriebsleitung noch Überstunden zur Pflicht machen. Ein halbes Jahr später hingen die ersten Listen mit den Namen der in den Vorruhestand zu schickenden Kollegen aus. Vertreter führender Firmen der Branche aus der alten Bundesrepublik winkten nach Besichtigung des Betriebes dankend ab, zu marode war der Maschinenpark. Und warum sollte man auch lästige Konkurrenz am Leben erhalten. Somit stand der Burger Maschinenbau am Anfang der Zusammenbrüche traditioneller Industrien in Burg und auch im Kreisgebiet.

Montage einer der letzten Kronkorkenmaschinen des VEB Maschinenbau Burg.

„Schuster-Burg" war einmal

Das „Schuster-Burg" hatte einen guten Ruf. Um 1880 gab es in der Ihle-Stadt über 140 Schuhmachermeister, im Zuge der Industrialisierung der Schuhherstellung arbeiteten hunderte Burger in den verschiedensten Schuhfabriken. Conrad Tack gründete 1883 in Burg die größte Schuhfabrik Europas, 1928 wurden Burger Schuhe in 30 eigenen Verkaufsstellen in ganz Deutschland verkauft. Nach dem Zweiten Weltkrieg arbeiteten wieder hunderte Burger im VEB „Roter Stern". Nach der Wende entstand die Burger Schuhfabrik, die aber am 1. Juni 1991 Konkurs anmeldete. Einige Versuche, die Schuhindustrie in Burg zu halten, schlugen fehl.

Der gewohnte Anblick der Burger Schuhfabrik, hinter deren Fassade die Produktionsräume immer leerer wurden.

QBG wird gegründet

7. Februar: Vorbereitung zur Gründung eines Bildungswerkes unter der Schirmherrschaft der Waschmittel GmbH und anderer öffentlicher Einrichtungen. Die Gesellschaft sollte die frei werdenden Arbeitskräfte aufnehmen und in verschiedenen Projekten weiterbeschäftigen. Die eigentliche Gründung erfolgte am 8. April. Das Bildungswerk bekam den offiziellen Namen „Bildungs- und Qualifizierungsgesellschaft für den Landkreis Genthin", Chefkoordinator war Dieter Muth.

Das Foto zeigt (v.l.) QBGT-Chefkoordinator Dieter Muth, Geschäftsführer Manfred Hillicke, Pfarrer Willi Kraning und Dr. Rolf Brose.

Genthiner Werft übergibt „schwimmendes Hotel"

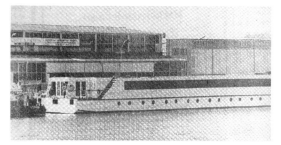

4. April: Die Genthiner Werft übergab das schwimmende Hotel Potsdam I an den Auftraggeber. Der Fahrgastschubverband bestand aus zwei Wohneinheiten für je 50 Gäste, einem Gaststättenkomplex und einem Schubschiff als Antriebseinheit. Die Prahme waren 36 Meter lang und 8,20 m breit. Noch waren die Binnenwerften von der Schiffbaukrise nicht so betroffen wie die Seeschiffwerften.

Preußen passieren Ihlestadt

Der Soldatenkönig Friedrich Wilhelm I. und sein Sohn Friedrich II., bekannt auch als Friedrich der Große bzw. als alter Fritz, kehrten nach fast fünfzig Jahren in die Residenzstadt Potsdam zurück. In den Wirren des Zweiten Weltkrieges waren die Särge der bedeutenden Preußenkönige auf Anordnung Hitlers in ein Harzer Salzbergwerk, später nach Marburg verbracht worden. 1952 hatten sie ihre vorerst letzte Ruhe auf der Stammburg der Hohenzollern in Hechingen gefunden. Im wiedervereinigten Deutschland wurden sie nun an ihre einstige Wirkungsstätte nach Potsdam überführt und dort zur letzten Ruhe gebettet. Der Sonderzug mit den Särgen der Könige und Vertretern des Geschlechts der Hohenzollern passierte auch den Kreis Burg. Der aus historischen Eisenbahnwagen bestehende Sonderzug, noch mit einer Diesellok bespannt, fuhr auf den letzten Kilometern von Brandenburg aus mit einer Dampflokomotive in Potsdam ein. Während der Soldatenkönig in der Potsdamer Friedenskirche seine letzte Ruhe fand, wurde Friedrich II. seinem Willen gemäß nach 205 Jahren um Mitternacht vor dem Schloss Sanssouci an der Seite seiner Hunde beigesetzt. Allerdings war die Beisetzung ein großes Medienereignis und das war wiederum nicht ganz im Sinne des alten Fritz. Schließlich gaben sich Bundeskanzler Kohl und andere Politprominenz in Potsdam die Ehre.

1991

GENTHINER CHRONIK

13. Januar: Landrat Heinz Baudisch bewilligt finanzielle Mittel für den Tierpark Zabakuck.

1. Februar: Es erfolgen erste Schritte, um die Umweltbelastung zu mindern. Das Heizhaus in der Karower Straße wird auf Ölfeuerung umgestellt. Damit entfällt für die Bewohner der Einsteinstraße die unzumutbare Belastung durch Rauchgase, und die Entsorgung der Asche entfällt.

14. Februar: Neustrukturierung in der Parteienlandschaft. Die Genthiner SPD gibt bekannt, dass sie sich dem Elbe-Havel-Unterbezirk anschließt. Alle neu gegründeten Parteien in den neuen Bundesländern müssen nach Strukturen suchen, nicht alle Erfahrungen aus den alten Bundesländern können hier genutzt werden. In den alten Ländern ist die Parteienlandschaft historisch gewachsen.

20. Februar: Die Stadtverordneten beschließen die Schließung des Kohleumschlagplatzes in Altenplathow. Damit wird die Staubbelästigung der Anwohner unterbunden. Gleichzeitig wird die erste Baumschutzsatzung der Stadt in Kraft gesetzt.

28. Juni: Gründung der ersten Verwaltungsgemeinschaft im Kreis. Die Gemeinden Dretzel, Gladau, Paplitz und Tucheim schließen sich zusammen. Mit dem Pilotprojekt soll mehr Bürgernähe in der Verwaltung praktiziert werden bei gleichzeitiger Erhöhung der Qualität der Verwaltungsarbeit.

3. Juli: Der Bürgermeister und Leiter der Verwaltungsgemeinschaft Tucheim, Otmar Fricke, ruft zur Unterschriftenaktion für einen Autobahnanschluss an die A 2 bei Tucheim auf. Ziel ist, die Infrastruktur des Gebietes zu verbessern.

BURGER CHRONIK

Januar, Burg: Der Ministerpräsident des Landes Sachsen-Anhalt vollzieht den ersten Spatenstich für den neuen Burger Industrie- und Gewerbepark. Bereits am 1. August 1991 beginnt die Firma Holzbau-Schnoor als erster Betrieb im Burger Gewerbepark mit der Produktion.

11. März, Burg/Waldfrieden: Die etwa 60 Panzer der ehemaligen NVA sind aus dem Objekt Waldfrieden verschwunden bzw. abgezogen, um nach Löbau transportiert zu werden. Dort wird diese Technik eingesammelt und der Verschrottung zugeführt. Das Armeeobjekt bleibt, hier wird jetzt ein Transportregiment stationiert.

2. April, Burg: Das stadteigene Geschäftshaus Markt 1 mit seinem markanten Glasturm hat als ersten Mieter das Modehaus Liesegang, dieses wird feierlich eingeweiht.

18./19. Mai, Burg: Ab diesem Wochenende ist das 1. Burger Schützenfest nach der Gründung der „Schützengilde 1810 e. V." im Mai 1990. Schützenkönig wird Herr S. König.

8. August, Burg: Um recht schnell wieder vielen Bürgern der Stadt, die ihre Arbeit auf Grund von Betriebsschließungen verloren haben, eine neue Arbeit anbieten zu können, wird die Sanierungs-Qualifizierungs- und Innovationsgesellschaft als Eigengesellschaft (100 %) der Stadt Burg gegründet.

11. Oktober, Gommern: Im Industriepark Gommern erfolgt der erste Spatenstich, vollzogen vom Minister Rehberger und Bürgermeister Petersen. Es beginnt zunächst der Bau von Straßen, Plätzen und Gehwegen im anzulegenden Gewerbegebiet.

1992

Ersatzstrecke für den schnellen ICE

GENTHINER CHRONIK

5. Januar: Mit einem festlichen Gottesdienst wird das Pflegeheim in Genthin-Wald dem Johanniter-Orden übergeben. Es ist die zweite Einrichtung dieser Art, die der Orden im Land übernimmt.

6. Januar: Die Genthiner Feuerverzinkerei des früheren STAG gehört jetzt zur Seppeler Gruppe. Die Rietbergwerke, die zur Gruppe gehören, haben den Betrieb von der Treuhand gekauft. Der Betrieb führt den Namen „Feuerverzinkerei Genthin GmbH und Co KG".

16. Januar: Die Abgeordnete Heidrun Zietz vom Neuen Forum wechselt zur SPD, dadurch verliert das Neue Forum seinen Status als Fraktion.

18. Januar: Die Finanzierung und der Weiterbau des Altenheimes in der Einsteinstraße sind gesichert. Die Stadt investiert 719 000 DM. Die Gesamtkosten belaufen sich auf 27 Millionen DM.

7. März: Die Telekom erweitert umfassend das Kommunikationsnetz. Bis zum Ende des Jahres wird sie 4000 Anschlüsse geschaffen haben. Kernstück ist die digitale Knotenvermittlungsstelle, die hinter dem Postamt errichtet wird. Im Oktober wird der 67 m hohe Funkturm als Geräteträger errichtet. Am 7. Dezember wird die gesamte Anlage in Betrieb genommen.

25. Juli: Die Gemeinde Parchen wird an das zentrale Trinkwassernetz angeschlossen. Die erste Etappe umfasst den Anschluss vom Flurstück „Hörste" über die Grünewaldstraße, Genthiner Straße, Rudolf- und Friedensstraße und Parkstraße.

1. September: Durch die neue Gerichtsorganisation wird das Kreisgericht in Amtsgericht umbenannt.

23. September: Nach 83 Jahren des Bestehens wird das Kino in der Bahnhofstraße geschlossen. Das Filmtheater rentiert sich wegen der geringen Zuschauerzahlen nicht mehr.

BURGER CHRONIK

4. Januar, Kreis Burg: Neuer Leiter der Burger Volkshochschule ist Peter Letzgus. Er tritt die Nachfolge des in den Ruhestand getretenen Walter März an.

4. Februar, Gommern: Heute wird am Turm der katholischen Kirche eine Richtfunkanlage für das Gommerner Gebiet installiert.

2. April, Burg: Das Modehaus Liesegang bezieht den fertig gestellten Marktneubau an der Ecke Breiter Weg/Markt.

15. Mai, Burg: Die SQI-Kleiderkammer wird übergeben. Die pro Woche anfallenden 20 Tonnen Kleidung werden sortiert, aufgearbeitet und an finanzschwache Mitbewohner sowie Asylbewerber abgegeben.

13. Juni, Wahlitz: Die Familie Dame eröffnet ihren Reiterhof. Den Interessenten stehen 20 Pferde zur Auswahl. Als Dienstleistung werden Kremserfahrten, Kutschenverleih und Ponyreiten angeboten.

10 Juni, Burg: Sintflutartige Regenfälle gehen gegen 18 Uhr über der Stadt nieder. Die Kanalisation ist überlastet, Gullydeckel werden hochgedrückt. Viele Keller laufen randvoll mit Wasser.

3. Oktober, Burg: Der von Burger Denkmalpflegern und heimischen Firmen rekonstruierte Berliner Torturm wird übergeben.

2. Dezember, Ziepel: Heute geht eine Anlage zum Aufarbeiten von Schadstoff belasteten Böden in Betrieb. Es ist bisher die einzige Anlage ihrer Art in Sachsen-Anhalt. Betreiber ist die Büdener Bodenaufbereitungsgesellschaft.

Um Berlin möglichst schnell an das westdeutsche Hochgeschwindigkeitsnetz anschließen zu können, wird die erst 197. rekonstruierte Eisenbahnstrecke Biederitz-Gommern-Güterglück im Jahr 1992 erneut aufwendig modernisiert, so das beide Gleise mit 160 km/h befahrbar sind. Von 1993 bis 1995 fahren hier ICE-Züge im Zweistundentakt über Belzi. nach Berlin und zurück, während die direkte Bahnverbindung Magdeburg-Berlin über Burg erst elektrifiziert wird.

Erster Spatenstich für Kreishaus

Erster Spatenstich am 22. April für das neu zu errichtende Kreishaus in der Brandenburger Straße. 36 Monate wurden als Bauzeit veranschlagt. Das Gebäude entstand noch unter dem Gesichtspunkt, dass die Stadt den Status einer Kreisstadt behielt. Ein Irrtum, wie sich herausstellen sollte. Der Verlust des Kreisstadtstatus' wirkte sich nachteilig auf die Entwicklung der Stadt aus.

Autoklau hoch im Kurs

In der Nacht belebte sich die Szenerie von Altengrabow. Die hohe Zeit der Pkw-Diebstähle war angebrochen. Während sich die Offiziere der russischen Garnison Stellplätze bei den deutschen Einwohnern besorgten, um ihre Autos in Sicherheit zu wägen, beklauten sich die einfachen Soldaten gegenseitig. Wenn ein Fahrzeug verschwand, wurde eben ein anderes „besorgt". Profitieren von der Situation sollten die Dörnitzer. Hinter vorgehaltener Hand sprach man von Stellplatzmieten bis zu 100 Mark.

Dessen ungeachtet schwand der Bestand von Sowjettruppen im Kreis zusehends. Truppenteil auf Truppenteil trat per Eisenbahn den Marsch nach Hause in die ferne Heimat an, zumeist in eine sehr ungewisse Zukunft.

TGZ Genthin entsteht

Erster Spatenstich am 2. Juli für das Technologie- un. Gründerzentrum am Stadtrand von Genthin. Es entstan. mit Hilfe der Stadt, des Landkreises und der Henke. GmbH. Schwerpunkt der Arbeit war die Beratung un. Unterstützung von wirtschaftlichen Neugründungen. Ar 19. Oktober nahm der damalige Wirtschaftsminister D. Rehberger die Grundsteinlegung vor.

Ein gewohntes Bild an den Familienunterkünften der S. wjetarmee, wie hier in Burg. Bahn-Container stehen be. reit, um die Habseligkeiten zur Heimkehr zu verstauen.

Brandserie erschüttert Genthin

Eine Brandserie hielt am 24. Juni die Stadt in Atem. Um 12.47 Uhr brannte es in der OdF-Straße 53, 14.30 Uhr in der Poststraße 10, 16.53 in der OdF-Straße, Pension „Goldener Anker", 17 Uhr in der ehemaligen Gaststätte „Grüne Kachel", 17.20 Uhr in der Steinstraße. Weiterhin wurden Brandanschläge gegen die Gaststätte „Deutsche Flagge" und gegen die Stadt- und Kreisverwaltung angedroht. Auf dem Foto der Brand in der Poststraße 10.
(Foto: Stadtarchiv Genthin)

1993

Genthins Kreisstadtsitz geht verloren

Die bevorstehende Kreisgebietsreform beschäftigt im Frühjahr die Genthiner.

Dabei zeichnete sich bereits mit dem Gesetzentwurf und folgend mit der Klausurtagung der CDU-Landtagsfraktion im März ab, dass Burg bessere Karten hatte als Genthin. Gescheitert waren zu diesem Zeitpunkt auch die Bemühungen der Genthiner, Havelberg für einen Elbe-Havel-Kreis zu gewinnen. Eine von der Genthiner CDU initiierte Gesprächsrunde zur Kreisgebietsreform im „Volksgarten" nahm der Havelberger Landrat, ebenfalls CDU, nicht wahr. Genthin hätte sich in der Konstellation Havelberg-Genthin-Burg auf Grund der zentralen Lage als Kreisstadtsitz angeboten.

Genthins Bürgermeister Glöckner schlug in dieser Situation Alarm. In einem Gespräch mit der „Volksstimme" sagte er seinerzeit: „Ich weiß nicht, was Innenminister Perschau bewogen hat, eine zukünftige Kreisstadt Burg zu favorisieren, aber wissen sollte er, dass ein solcher an den Interessen Genthins vorbeigehender Beschluss langfristigen Unfrieden programmiert."

Anfang April rief die Bürgerinitiative „Jerichower Land Genthin" zu einer Briefaktion auf. Pfarrer Willi Kraning machte Hoffnung und Mut in einem Interview: Unterschriften sollten Landespolitiker doch noch für den Kreissitz Genthin umstimmen. Politische Vertreter aller Parteien riefen die Bürger auf, sich an der Aktion zu beteiligen. Die Unterschriften von 6647 Bürgern wurden dem Innenausschuss des Landtages am 20. April übergeben, als er Havelberger, Genthiner und Burger anhörte. Am 2. Juni waren die Würfel gefallen: Der Landtag entschied sich mit einem Stimmenverhältnis von 40:30 für Burg bei 24 Enthaltungen. Die Enttäuschung im Altkreis Genthin war daraufhin riesengroß.

Pulverwaschmittel und Flüssigstrecke bei Henkel

Bei Henkel nahm Anfang Juli eine Produktionsanlage für Pulverwaschmittel ihren Betrieb auf. Deren Produktionsvolumen betrug jährlich 80 000 Tonnen. Die Gesamtinvestition lag bei etwa 45 Millionen Mark, davon kamen zehn Millionen Mark vom Land.

In Genthin wurden die pulverförmigen Waschmittel Spee, Perwoll, Fewa, Weißer Riese, Schwanweiß, Imi und Henko hergestellt. Die Henkel Genthin GmbH legte am 18. Oktober den Grundstein für eine hochmoderne Produktionsstrecke für flüssige Reinigungs- und Waschmittel. Das Land beteiligte sich an dem 50-Millionen-Mark-Objekt mit 18 Millionen Mark. Im Henkel-Stammbetrieb Düsseldorf wurde daraufhin die Flüssig-Produktion eingestellt.

ZRAW-Schornstein gesprengt

Am 21. August um 7 Uhr früh wurde der erste der beiden hohen Schornsteine des Heizwerkes des ehemaligen VEB ZRAW Gommern (Zentrales Reparatur- und Ausrüstungswerk der Erdöl-Erdgasindustrie der DDR) gesprengt. 15 Kilogramm Sprengstoff ließen das 60 Meter hohe Bauwerk einknicken. Der Schornstein war 1953/1954 aus 300 000 Steinen gebaut worden.

Der zweite Schornstein folgte im September. Diese Sprengungen wurden von vielen Schaulustigen verfolgt, galt das sehr weit sichtbare Schornsteinpaar doch als eine Art zweites Wahrzeichen der Stadt – nach dem Zwiebelturm.

Restauration für Redekins Glocken

Restauriert wurde im August das Glockengeläut der romanischen Backsteinkirche in Redekin. 5500 Mark wurden von der Kirchengemeinde für die Rekonstruktion des über 500-jährigen Geläuts gesammelt.

Die Patengemeinden Dodenau und Reddinghausen trugen einen Großteil dazu bei. Die Gemeinde Albertsdorf in Nordfriesland hatte mehrere Kollekten für das Vorhaben gesammelt. In Redekin wurden durch Haussammlungen weitere Gelder zusammengetragen, um den ersten Bauabschnitt mit 10 000 Mark absichern zu können.

Als Sponsor beteiligte sich auch die Familie von Alvensleben, der früher das Gut Redekin gehörte.

„Lieselotte" blockiert Kanal

Schwarzer Freitag am Elbe-Havel-Kanal: „Lieselotte" schlug am 13. August leck. Der Frachtkahn aus Werder lief voll Wasser und drohte den Schiffsverkehr für einige Zeit lahm zu legen. Beteiligt am Suchen des Leckes waren Taucher der Wasserwacht Burg. Ihre Mühen waren aber umsonst, das Loch war wegen der schlechten Sichtverhältnisse unter Wasser und der Lage des Schiffes nicht zu finden. Tausende von Litern Wasser mussten die Feuerwehrkameraden aus dem Schiffsrumpf pumpen, damit er nicht gänzlich absacken konnte.

Dann wurde die Suche vorübergehend ausgesetzt, um eine Spezialfirma mit entsprechender Hebetechnik herbeizurufen. Das gelang auch, und vier Tage später setzte die geflickte „Lieselotte" die Fahrt fort.

Johanniter bauen in der Region

Mitte September wurde der erste Spatenstich für den Neubau eines OP-Gebäudes im Johanniter-Krankenhaus und ein zweiter Spatenstich für ein neues Johanniter-Pflegeheim in Genthin-Wald von seiner Königlichen Hoheit Wilhelm Karl Prinz von Preußen, Herrnmeister des Johanniter-Ordens, vollzogen. (Hier ein Foto vom weiteren Baugeschehen.)

Taucher der Burger Wasserwacht suchen das Leck.

GENTHINER CHRONIK

14. Januar: Bergzower protestieren gegen die schlechten Straßen im Ort und fordern die beantragten Fördermittel. Eineinhalb Stunden werden alle Zufahrtsstraßen gesperrt. Verkehrsteilnehmer meistern die Situation mit Verständnis.

Januar: Henkel arbeitet daran, ein betriebliches Museum aufzubauen.

16. Februar: In Jerichow werden die Schlüssel für 27 Sozialwohnungen übergeben. Im November folgen 30 weitere.

5. März: In Genthin wird das TGZ eröffnet. Geschäftsführer wird Lutz Mehlhorn.

8. März: In Güsen werden die ersten von 44 Sozialwohnungen an die Mieter übergeben.

25. März: Redekins Gewerbegebiet wird feierlich übergeben.

1. Juli: Mit Deutschlands neuem Postleitzahlensystem erhält Genthin die Postleitzahl 39307.

August: Nach 55 Jahren feiert die Jerichower Schützengilde 1825 wieder ein Schützenfest. Glücklich über den Gewinn der Titel einer Schützenkönigin und eines Schützenkönigs sind Marion und Holger Wallner.

24. August: Das Union-Theater hat mit Wilfried Schlaak einen neuen Pächter gefunden. Der Kinostart wird am 4. Novermber mit dem Film „Jurassic Park" vollzogen.

Dezember: In der 23. Weihnachtsmärcheninszenierung spielt das gat „Aschenbrödel". Letztmalig findet eine Aufführung im „Volksgarten" statt. Für das Haus werden Rückübertragungsansprüche geltend gemacht. Von nun an wird das HdW für größere Veranstaltungen genutzt.

BURGER CHRONIK

1. Januar, Burg: Mit Beginn des Jahres tritt eine neue Baumschutzsatzung in Kraft. Damit sollen die zur Zeit registrierten 2085 Bäume vor Eingriffen geschützt werden. Von den im Stadtgebiet vorkommenden Baumarten steht die Linde mit 1059 Bäumen an vorderster Stelle.

4. Februar, Hohenwarthe: Der Grundstein für das Wohngebiet „Eulenbruch" wird in Anwesenheit des Bauministers von Sachsen-Anhalt, Herrn Dr. Karl-Heinz Daehre (CDU), gelegt.

8. April, Gerwisch: Die Sparkassenfiliale begeht heute ein kleines Jubiläum. Sie erhält zum fünften Mal Besuch von Bankräubern.

20. April, Schopsdorf: Der erste Investor legt den Grundstein im neu geschaffenen Gewerbepark des Ortes. Der Fläming Stahl- und Anlagenbau wird nach Inbetriebnahme 80 bis 100 Mitarbeitern einen Arbeitsplatz bieten.

18. Mai, Burg: Die Burg-Information zieht in die ehemaligen Räume des Kurzwarengeschäftes „Strickliesel", Schartauer Straße, ein.

2. Juni, Magdeburg: Die Abgeordneten des Landtages entscheiden nach langer Diskussion: Burg wird Kreisstadt des zukünftigen Großkreises Jerichower Land.

21. August, Gommern: Ein Wahrzeichen der Stadt, die 60 m hohe Esse des ZRAW, wird gesprengt. Im September wird der zweite Schlot niedergelegt.

6. September, Gübs: Die vier Tonnen schwere Kirchturmspitze, die im April abgenommen wurde, wird heute nach erfolgter Rekonstruktion wieder aufgesetzt.

1994

GENTHINER CHRONIK

Januar: In der Altenplathower Straße 109 wird von der Firma Blohmeyer der letzte Hauswasseranschluss getätigt.

14. Januar: Die Kreisverbände Genthin und Burg von Bündnis 90/Die Grünen schließen sich zum Verband Jerichower Land zusammen.

21. Januar: Nach dreimonatigen Umbauarbeiten wird in der Geschwister-Scholl-Straße der katholische Jugendklub „Thomas Morus" eröffnet. Er entwickelt sich zu einem Anziehungspunkt für die Jugendlichen.

10. März: Reuige Diebe bringen die am 24. Januar gestohlene Musikanlage aus dem Jugendklub „Thomas Morus" zurück. Sie wird morgens vor der Tür von Pfarrer Kraning abgestellt.

24. März: In der Gaststätte „Brasserie" erfolgt die Gründung des „Allgemeinen Genthiner Wählervereins". 30 Einwohner erklären ihre Bereitschaft zur Mitarbeit.

6. Mai: Im Henkel-Werk begeht man das 25-jährige Jubiläum der Produktionsaufnahme des Vollwaschmittels „Spee". In der Rezeptur und Verpackung verbessert, bleibt es vor allem in den neuen Bundesländern ein gern benutztes Waschmittel.

13. Mai: Ein großer Tag für den bisher erfolgreichen Genthiner Radsport – Marcus Lemm wird in die Nationalmannschaft aufgenommen.

11. September: Tag des offenen Denkmals in der Stadt. Nach 20 Jahren kann der Wasserturm wieder von der Öffentlichkeit als Aussichtsturm genutzt werden. 250 Besucher nutzen diese Möglichkeit. Im gleichen Monat bezieht der Kunstverein im Turm sein Domizil.

BURGER CHRONIK

13. Januar, Möser: Die 36 Meter lange und 19 Tonnen schwere Fußgängerbrücke, die im Rahmen des Bahnhofsbaus weichen muss, wird demontiert.

5. Februar, Biederitz: Wegen Bergung einer 50 Kilogramm-Bombe aus dem Zweiten Weltkrieg nahe der Bundesstraße 1 müssen Familien aus 20 Häusern evakuiert werden. Die Bombe wird auf dem Bundeswehrschießplatz Körbelitz gesprengt.

20. Februar, Gommern: Über 3000 Besucher strömen in die Wasserburg anlässlich des Tages der offenen Tür. So ist die Flaschenabfüllanlage der Schlossbrauerei ständig dicht umringt.

29. Februar, Burg: Heute findet der erste Wochenmarkt auf dem umgestalteten Rolandplatz statt.

10. April, Burg/Madel: Ein Bus mit 40 französischen Jugendlichen verunglückt auf der A 2. Wie durch ein Wunder wird niemand verletzt.

24. Mai, Burg: Ein Frauenhaus bietet misshandelten und sexuell bedrohten Frauen und deren Kindern Asyl. Die Einrichtung wird vom Verein „Schiebetür" betrieben.

2. September, Burg/Blumenthal: Die SQI beginnt mit der biologischen Tierhaltung. Stolz präsentiert SQI-Geschäftsführer Wohlgemuth die ersten Eier aus der eigenen Hühnerfarm.

20. Oktober, Burg: Während Drehorgel-Rolf den Leierkasten dreht, wird das Goethepark-Center mit über 30 Metern auf 5000 Quadratmetern Handels- und Bürofläche übergeben.

24. November, Burg: Die „Volksstimme" nimmt mit den Lesern und viel Prominenz die neuen Geschäfts- und Redaktionsräume in der Zerbster Straße 39 in Besitz.

Die Kreisgebietsreform tritt in Kraft

Die 1952 aus Restgebieten der ehemaligen Verwaltungsdistrikte Jerichow I und II gebildeten Kreise Burg (I) und Genthin (II) werden auf Beschluss der Landesregierung zu einem einheitlichen Landkreis „Jerichower Land" zusammengelegt.

1. Juli, Jerichower Land: Mit dem heutigen Tag verschwanden die Kreise Burg und Genthin von der Landkarte. Der neue Großkreis „Kreis Jerichower Land" umfasste 74 Gemeinden mit 100 938 Einwohner.

Die Fläche des Kreises, zu dem auch fünf Städte gehörten, Burg, Genthin, Gommern, Möckern und Jerichow, betrug 738 Quadratkilometer. Heftig wurde der Kampf um den Verwaltungssitz geführt, den schließlich Burg für sich entscheiden konnte.

Die Landratswahl gewann knapp Detlev Lehmann (SPD) vor Wolfgang März (CDU). Einige Gewerbegebiete im neuen Landkreis waren ausgelastet: Erster Bauabschnitt Burg 91,9 Prozent, Gommern 100 Prozent, Stegelitz 66,3 Prozent, Lübars 0 Prozent; Zweiter Bauabschnitt Burg 35,2 Prozent.

Noch 4751 Zweitakter waren im Landkreis zugelassen, eingeschlossen die vorübergehend stillgelegten.

Während es bei dem territorialen Zusammenschluss der beiden Kreise keine Ursachen für große Diskussionen oder Streitigkeiten gab, kochten die Emotionen bei der Kreisstadtfrage hoch. So wurde der Vorschlag des Innenausschusses des Landtages, Genthin den Kreissitzstatus zu übertragen (Mai 1993), unter massivem Protest einer Bürgerinitiative der Stadt Burg fallen gelassen und die Ihlestadt als Verwaltungssitz des neuen Kreises bestimmt. Auch der Versuch der Genthiner Politiker, die 1952 verloren gegangenen Elbe-Havel-Gebiet (Kreis Havelberg) in die Gründung des Kreises Jerichower Land einzubringen, scheiterte.

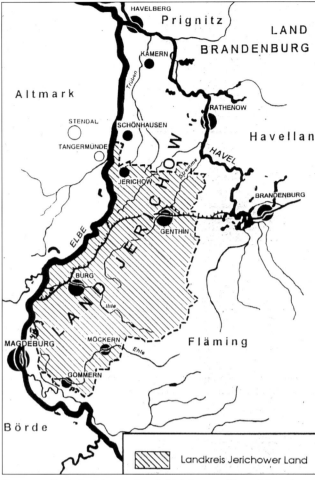

Der neue Kreis Jerichower Land. (Zeichnung: Klaus Börner)

3./4. Dezember, Burg: Der vertraute Übergang, der die Tackschen Grundstücke, die sich beiderseitig der Magdeburger Straße befinden, verband, wurde wegen Baufälligkeit demontiert. Nach 68 Jahren wurde der 15 Tonnen schwere Übergang aus seinen Verankerungen gehoben.

Häuserrettung in letzter Minute

1995

Die nicht nur von alteingesessenen Burgern ersehnte Sanierung von Häusern der Altstadt macht in diesem Jahr beeindruckende Fortschritte.

Entweder wagten die Eigentümer das Risiko eines Bankkredites oder die Gebäude und Abrissflächen wurden von bauwilligen Investoren erworben. Aber auch die Stadt Burg nahm ihre Verantwortung wahr und versuchte je nach Umfang des Jahresetats und nach Höhe der Fördermittel vom Land und Bund, eigene Häuser zu sanieren oder vor dem weiteren Verfall zu bewahren. Zwei Beispiele, die für viele des 95er Jahrganges stehen:

Rettung in letzter Minute für die Bergstraße 7: Nach zähem Ringen in den vergangenen Jahren fanden die Stadtoberen einen Käufer für die Bergstraße 7. Das abgebildete Foto des ruinösen Hauses entstand im Juni, bereits im August war dieses Haus „eingepackt" in Baufolie (Christo läßt grüßen). Das Haus wurde in der Folgezeit komplett abgetragen und dann sorgsam wieder aufgebaut. Im März 1997 konnte für das „Weinmeisterhaus" Richtfest gefeiert werden. Heute ist dieses Haus ein Schmuckstück.

Unter einem Stahlskelett befand sich die Berliner Straße 38: Das laut Balkeninschrift aus dem Jahre 1589 stammende große Fachwerkhaus Berliner Straße 38 stand unter einem Stahlskelett und wurde durch blaue Plastikfolie bei der Sanierung vor Witterungseinflüssen geschützt. Laut Bautafel entstand in diesem Haus ein Kreisheimatmuseum. Inzwischen (1999) spricht man von einem Stadtmuseum, für das ein Ausstellungskonzept erarbeitet wird.

Historisch wertvoll ist die Bergstraße 7 (oben). Trotzdem währte es lange, bis an die Sanierung gegangen werden konnte.
Mit Bundesfinanzen beendete die Stadt das zunehmende Siechtum der Berliner Straße 38 (rechts), eines der ältesten Häuser der Kreisstadt.

Zuckersilos am Kanal fallen

Keine Zuckerfabrik mehr – keine Zuckersilos. Anfang Juni wurde damit begonnen, die einstigen Wahrzeichen der Kanalstadt, die Anfang der 80er Jahre erbauten Silos, abzureißen.
Zuvor jedoch mussten starke alte Zuckerschichten mit Presslufthämmern gelockert werden. Mit 2,7 Tonnen schweren Stahlkugeln gingen die Baufirmen beim Abriss zu Werke. Mitte Oktober waren die Arbeiten beendet. Zum letzten Mal wurde in den Silos 1990 Zucker eingelagert. (Foto: Stadtarchiv Genthin)

US-Operateur im Johanniter-Krankenhaus

Tatkräftige Unterstützung aus den USA erhielt am 23. August Dr. Roland Jahn. Der Chefarzt der Chirurgischen Abteilung des Genthiner Johanniter-Krankenhauses setzte gemeinsam mit dem amerikanischen Professor Richard J. Friedmann einem 59-jährigen Patienten aus Burg eine in Deutschland neuartige Schulterprothese ein.
Mit dabei waren auch Orthopäden der Universitätsklinik Dresden und der Chefarzt der Chirurgie Dipoldiswalde. Die Operation verlief komplikationslos. Im Genthiner Krankenhaus war dies der zweite Eingriff dieser Art.

Kartei der Silva-Werke wird aufgefunden

Großer Rummel ab 22. April in Genthin-Wald. Nur wenige Meter vom Haupteingang des Altenheimes entfernt wurde bei Erdarbeiten eine Kartei der Silva-Werke gefunden.
Der ehemalige Genthiner Museumsdirektor Klaus Börner fand heraus, dass in Genthin-Wald Frauen aus dem KZ Ravensbrück, Kriegsgefangene und Zwangsarbeiter gearbeitet hatten. Klaus Börner stellte auch einen Plan des Lagers her. Zahlreiche Fernsehsender und Journalisten waren mehrere Tage am Ort des Geschehens im Einsatz.

Ehrenbürger

Das Wochenende 4./5. November stand im Zeichen des fünfjährigen Bestehens der Städtepartnerschaft Burg–Gummersbach. Aus diesem Anlass wurde dem ehemaligen Stadtdirektor von Gummersbach und gebürtigen Genthiner Dr. Hans Joachim Kochheim die Ehrenbürgerschaft Burgs verliehen.

GENTHINER CHRONIK

1. Januar: Steffen Reichel wird neuer Leiter im Amtsgericht Genthin.

1. Februar: Die Kreishandwerkerschaft Jerichower Land eröffnet im TGZ eine Außenstelle für Genthin.

24. Februar: Landrat Lehmann vollzieht die Grundsteinlegung für das Mützeler Wohngebiet „Mollenberger Feld".

März: Nach einem 52 Stunden umfassenden Seminar legen 23 Kirchenführer in Wulkow eine Prüfung ab, um in den Kirchen des Kirchspiels Wulkow/Wust Führungen durchführen zu können.

23. März: Grundsteinlegung für die neue TBA in Mützel. Ende August wird sie in Betrieb genommen.

April: Die Drogerie Meißner wird abgerissen.

1. Juni: Klaus Haase wird neuer Chefkoordinator der QSG.

10. Juni: Beim 6. Landeswettbewerb der Jagdhornbläser im Letzlinger Schloss verteidigt die Güsener Bläsergruppe ihren Titel.

Juni: Der Stahlbau Parey feiert sein 45-jähriges Bestehen.

August: Margot Schmidt und Karl-Heinz Hausmann sind das Jerichower Schützenkönigspaar 1995.

16. September: Der Parchener Gastwirt Gerald Deinert wird beim Kartoffelfest in Genthin zum Kartoffelsuppenkönig gekürt.

Oktober: Die Genthiner Stadträte beschließen, sich erneut auf eine frühere Mitarbeit beim Staatssicherheitsdienst der DDR überprüfen zu lassen.

26. November: Für die RTL-Serie „Notruf" wird in Brettin eine Verfolgungsjagd zwischen Täter und Polizei dargestellt.

BURGER CHRONIK

17. Januar, Burg: Der 50 m hohe und 1958 fertig gestellte Schornstein des Walzwerkes wird gesprengt.

16. März, Jerichower Land: Der Landrat verlegt seine Dienstzimmer aus dem alten Landratsamt in der Burger Bahnhofstraße in das Verwaltungszentrum In der Alten Kaserne, Haus 4.

3. Mai, Burg/Gütter: Im Ort wird eine Windkraftanlage vom Typ MICON 1500 montiert. Betreiber der Anlage werden die Besitzer der traditionsreichen Zänkermühle, Familie Hüttner, sein.

15. Juni, Schartau: Heute wird die Poststelle in der Gemeinde geschlossen.

2. August, Gerwisch: Die Elektriker haben der Turmuhr der hiesigen Kirche zu einem neuen Antrieb verholfen. Nun können die Turmuhr, das Läutewerk und die Heizung zentral gesteuert werden.

17. August, Burg: Im völlig rekonstruierten Fachwerkhaus Fruchtstraße 1 eröffnet das griechische Lokal „Athos".

23. September, Burg/Waldfrieden: 300 Gäste aus Politik, Wirtschaft und der Bundeswehr sind zum ersten Regimentsball in die Burger Clausewitz-Kaserne geladen, unter ihnen Oberbürgermeister Daniel Kohnert und Landrat Detlev Lehmann. 38 Kellner umsorgen die Ballgäste.

26. Oktober, Jerichower Land: Bisher wurden im Landkreis 373 herrenlose Fahrzeugwracks entdeckt.

22. November, Burg: Nur noch 30 Prozent der Kreisstädter heizen mit Kohlen. 6500 Haushalte von 15 873 werden mit Gas versorgt. 3400 Haushalte werden zentral mit Fernwärme beliefert.

1996

GENTHINER CHRONIK

1. März: Beginn der umfassenden Renovierung der St.-Trinitatis-Kirche.

Die Arbeiten stehen in Zusammenhang mit der Vorbereitung der 825-Jahr-Feier der Stadt Genthin.

13. April: Im Haus der QSG diskutieren Zeitzeugen über die Vereinigung von KPD und SPD zur SED. War es eine Zwangsvereinigung oder nicht? Die Diskussion verläuft kontrovers und erregt die Gemüter der Anwesenden.

22. Mai: Im Rahmen eines ABM-Projektes wird die alte Badeanstalt an der Friedenstraße abgebrochen. Das Gelände wird zu einer 5479 Quadratmeter großen Grünlage umgestaltet.

6. Juni: In Vorbereitung der 825-Jahr-Feier der Stadt Genthin wird in der Geschwister-Scholl-Straße der neue, 11 000 Quadratmeter große Festplatz durch den Bürgermeister eingeweiht. Er löst den als Baufläche ausgewiesenen alten Platz in der Friedenstraße ab.

20. September: Sachsen-Anhalts Wirtschaftsminister Schucht ist zu Gast im Henkel-Werk aus Anlass des 75-jährigen Bestehens des Betriebes. Der einen Tag später durchgeführte Tag der offenen Tür ist ein Erfolg – 1700 Besucher nutzen die Gelegenheit, die Herstellung von Waschmitteln vor Ort zu betrachten.

10. November: Nach 15-monatiger Bauzeit wird die umgebaute und renovierte ehemalige Villa Usbeck den Elbe-Havel-Werkstätten als Wohnstätte übergeben.

23. Dezember: Der Genthiner Informations-Kanal, eine Bild/Text-Sendung, ist in der Uhlandstraße zu empfangen. Gesendet werden Daten und Informationen über die Stadt. Ab Januar 1997 will man im Breitbandnetz senden.

BURGER CHRONIK

25. Januar, Burg: Heute besteht der Gewerbepark der Kreisstadt fünf Jahre. 20 Firmen sind bisher auf dem 120 ha großen Areal heimisch geworden. Sie investierten 135 Millionen Mark. Davon profitieren 550 Frauen und Männer, die dort einen Arbeitsplatz erhielten.

23. März, Burg: Der 42 Meter hohe Schornstein der ehemaligen Molkerei Magdeburger Straße wird exakt um 15 Uhr gesprengt.

10. Juni, Burg: An der Zerbster Chaussee unweit des Aldi-Marktes vollziehen in einem feierlichen Rahmen Landrat Detlev Lehmann und Oberbürgermeister Daniel Kohnert den ersten Spatenstich für das Feuerwehrtechnische Zentrum. Das Projekt wird in den nächsten Wochen und Monaten die Volksseele, insbesondere die der Feuerwehrleute, zum Kochen bringen.

1. August, Pietzpuhl: 6500 Tonnen Flüssigkeit sind aus dem 4000 Quadratmeter großen Ölsee abgepumpt worden.

18. August, Schartau: Anlässlich der 1050-Jahr-Feier der Gemeinde wird ein Denkmal für die Opfer des Weltkrieges enthüllt.

20. August, Schopsdorf: Der Dorfteich, der exakt 40 Jahre trocken lag, füllt sich wieder mit Wasser. Bei der Renaturierung des Teiches fielen 900 Kubikmeter Aushub an. Auch mussten 3 km Bach beräumt werden.

22. Oktober, Hohenwarthe: Das östliche Widerlager der Trogbrückenbauruine wird mit Hilfe von 250 kg Plastiksprengstoff niedergelegt.

28. November, Lostau: Für 30,4 Millionen Mark wird in der Lungenklinik ein zentrales Funktionsgebäude errichtet.

Genthin feiert 825-jähriges Bestehen

Am 1. Juni feiert die Stadt Genthin mit großem Aufwand ihr 825-jähriges Bestehen. Gelungener Startschuss einer großen Festwoche ist der Auftritt der bekannten Popgruppe „Prinzen". Rund 5000 Zuschauer kommen ins Gewerbegebiet Süd, wo das Konzert stattfindet. Höhepunkt der Feierlichkeiten ist der historische Festumzug durch die Stadt (im Bild), der auf großes Interesse des Publikums stößt. Im Rahmen der Feierlichkeiten erhält die Stadt- und Kreisbibliothek den Namen „Edleff Köppen" verliehen. (Foto: Stadtarchiv Genthin)

Haus an Haus im Burger Ihletal

Neben der Sanierung der alten Bausubstanz, der Plattenbauten und einer Lückenbebauung in der Burger Innenstadt wuchsen auch Neubauten außerhalb der Stadtgrenzen: Dicht nebeneinander standen bereits Anfang Juni die Häuser an der zukünftigen Straße durch diese Siedlung. Übrigens, Sachsen-Anhalts Bauminister Heyer gab sich bei der späteren Namensgebung einer der Straßen des Wohngebietes die Ehre.

Arbeiten an der Westumgehung

Umfangreiche Umleitungen wurden in Genthin mit Beginn der Bauarbeiten an der neuen Westumgehung notwendig, bis 1999 das Bauwerk für den Verkehr freigegeben wurde. Teilweise recht aufwendig gestalteten sich die Tiefbauarbeiten, umfangreiche Erdbewegungen (Auskofferungen) mussten vorgenommen werden. Höhepunkt wurde das Einheben der beiden je 275 Tonnen schweren Segmente der neuen Genthiner Brücke durch den Schwimmkran Atlas am 14. April 1999.

Vier Pfeiler kippen unplanmäßig

Bei der Sprengung der Fahrbahn der Autobahnbrücke bei Hohenwarthe wurden am 21. August mehrere Pfeiler, die eigentlich stehen bleiben sollten, stark beschädigt. Dadurch verteuerte sich der Bau der Elbeüberquerung um Millionen. Drei Pfeiler neigten sich nach der ersten Sprengung wie der schiefe Turm zu Pisa und nach der zweiten Sprengung kippte ein vierter Pfeiler unversehens. Laut Planung sollten fast alle der insgesamt 25 Stützen stehen bleiben. Ein Vorschlag der Projektanten, die das solide Bauwerk aus dem Jahr 1936 genau unter die Lupe genommen hatten.

1. Abschnitt Westumgehung Genthin

1997

Die Genthiner Westumgehung nimmt Gestalt an. Nachdem der erste Bauabschnitt bereits Ende 1996 fertig geworden ist, liegt nach dem förmlichen Planfeststellungsbeschluss das Baurecht für die Abschnitte 2 und 3 vor.

Die Mehrzahl der Einwände gegen das Gesamtvorhaben wurde zurückgewiesen. Was den Eingriff in die Natur anging, hatte das Projekt Beeinträchtigungen funktioneller Art und eine Veränderung der Gestalt und Nutzung von Grünflächen zur Folge.

Vom Regierungspräsidium zurückgewiesen wurde der Einwand der Bewohner der Straße der Freundschaft, die durch die Anbindung ihrer Straße an die Tangente Beeinträchtigungen der Wohnqualität befürchten. Auch der Einwand einer Kiesfördergesellschaft gegen Inanspruchnahme der Flächen westlich des Eichenweges und die Forderung nach Planungsänderungen waren von Erfolg gekrönt.

Das öffentliche Interesse, so die Begründung der Abweisung durch das Regierungspräsidium, an der Zeit- und Kosten sparenden Durchführung eines dringend erforderlichen Straßenbauvorhabens sei größer als das wirtschaftliche Interesse eines Unternehmens.

Geregelt wurden in dem Planfeststellungsbeschluss beispielsweise auch die Verfahrensweise bezüglich des Wasserturms und des Altenplathower Parks, die als Baudenkmäler besonders geschützt werden sollten.

Große Unterstützung aus Burg und Genthin

Am 20. Juli gingen die stärksten Niederschläge seit 1952 über der Region nieder. Experten rechneten aber nicht mit einer Hochwasserkatastrophe. Die tat jedoch in der Oder-Region ein. Die Berichte über das Jahrhundert-Hochwasser im Osten Deutschlands machten die Bürger der Region Genthin sensibel – Genthiner Stadtverwaltung und „Volksstimme" riefen Anfang August zu einer großen Spendenaktion für die Bewohner von Brieskow-Finkenheerd auf, die mit am schwersten von der Katastrophe betroffen waren. 80 000 Mark spendeten die Bürger aus der Region Genthin, so dass den Menschen in Brieskow-Finkenheerd geholfen werden konnte. Bürgermeister Lothar Glaß bedankte sich für die Unterstützung bei allen Spendern. Ein halbes Jahr nach der Naturkatastrophe versicherte das Oberhaupt der Gemeinde Brieskow-Finkenheerd, dass alle Spenden zweckgebunden eingesetzt wurden.

Auch die Spendenbereitschaft der Burger Bevölkerung für die Bewohner des vom Jahrhunderthochwasser betroffenen Aurith in der Ziltendorfer Niederung war im Sommer enorm. Das Spendengeld sollte auf 80 Familien, die davon besonders betroffen waren und evakuiert werden mussten, aufgeteilt werden. Auch Firmen beteiligten sich an der von der Burger „Volksstimme" ins Leben gerufenen Aktion. Die Burger Küchen GmbH spendierte zum Beispiel eine komplette Küche.

Endlich eine Brücke am Burger Bahnhof

Mit dem Spatenstich wurde der Startschuss zum Bau der Straßenbrücke über die Bahnstrecke der Niegripper Chaussee gegeben. Landesbauminister Jürgen Heyer setzte den Bagger zum symbolischen ersten Schaufelaushub in Bewegung.

Schwere Gasexplosion in Genthin

Eine Gasexplosion zerstörte am 14. November in der Kleinen Schulstraße in Genthin das Haus Nr. 1. Bei dem Unglück kam die Bewohnerin ums Leben, ihr Ehemann wurde lebensgefährlich verletzt, zwei weitere Passantinnen wurden ebenfalls verletzt. Die Untersuchungen zur Unglücksursache dauerten mehrere Monate, bis fest stand, dass eine bei Bauarbeiten beschädigte Gasleitung die Katastrophe auslöste.

„Bau Auf"-Schöpfer gestorben

Der Vater von „Bau auf" war gestorben: In Burg war Herr Reinhold Limberg seit 1960 an der Comenius-Schule, dann Hermann-Matern-POS als Musiklehrer bekannt. In seiner Freizeit schuf er zwanzig Lieder und siebzig Gedichte. Bereits im Sommer 1947 fielen ihm die Melodie und der Text „Jugend erwach, erhebe dich jetzt, die grausame Nacht hat ein End..." ein.

„Bau auf, bau auf, freie deutsche Jugend bau auf. Für eine bessere Zukunft richten wir die Heimat auf" kennt heute noch jeder, der in der DDR aufgewachsen ist. Dieses Lied wurde in 41 Filmen gespielt („Egon und das achte Weltwunder", „Mosaik"). Seit 1994 stand er damit im Guinness-Buch der Rekorde. Zu seinen letzten Werken gehörte „Das Lied der Marinekameradschaft" für Shanty-Chöre. Am 23. Juli 1997 starb er in Burg.

GENTHINER CHRONIK

Januar: Die Presselandschaft im Jerichower Land wird um einen Titel reicher: Mit „Jerichower Land & Leute" erscheint eine Zeitung, die sich an die Senioren wendet und vom AWO-Kreisverband herausgegeben wird.

2. Januar: Das Jerichower Land ist ein einziger Eiskeller: Minus 20 Grad werden in der Nacht gemessen. Die extremen Fröste sorgen dafür, dass die Energieleitungen reißen. Bei Henkel bemühen sich die Mitarbeiter, dass die Tanks keinen Schaden nehmen.

6. Januar: Beim traditionellen Dreikönigstreffen der Liberalen des Landkreises in Parey wird heftige Kritik an der Bundesspitze der FDP geübt. Die Kreis-FDP sieht ihre Existenz bei den nächsten Wahlen gefährdet.

Januar: Der Genthiner Kunstverein rührt die Werbetrommel und sammelt Geld für eine Heizung, die in der ersten Etage des Vereinsdomizils Wasserturm eingebaut werden soll. Zahlreiche Privatpersonen sowie Genthiner Heizungsbauer kommen der Bitte um Unterstützung nach, so dass Kunstvereinsvorsitzende Dr. Eva Maria Rohmann den Einbau der Heizung für Januar ankündigen kann.

29. Februar: Tobias Riedel, Sohn von Jeannine Riedel und Thomas Weiß, wird auf Lebenszeit Schwierigkeiten mit seinem Geburtsdatum (29.2.) haben. Seine Eltern beschließen, den Ehrentag am 1. März zu begehen.

März: Das Land gibt grünes Licht für die Wiedereinrichtung der Fähre Ferchland – Grieben.

18. März: Die Holzkabelanlage in Parey, eines der technischen Denkmale der Gemeinde, wird 75 Jahre alt. Fritz Köster hatte 1922 den Bauantrag gestellt. Bis in die 80er Jahre war die Kabelkrananlage noch funktionstüchtig.

BURGER CHRONIK

15. März, Pietzpuhl: 250 Schaulustige erleben die letzte Brückensprengung einer Autobahnbrücke im Rahmen des Ausbaus der A 2 im Jerichower Land. Dieser Sprengung fällt die Straßenbrücke zwischen Schermen und Pietzpuhl zum Opfer.

10. Mai, Parchau: Die original wieder hergestellte Orgel wird heute um 17 Uhr im Rahmen einer Konzertveranstaltung geweiht. Diese Veranstaltung ist Bestandteil des Orgelsommers im Jerichower Land.

8. August, Gommern: 11 300 Mark Spendengelder, die in nur vier Tagen in der Verwaltungsgemeinschaft gesammelt wurden, werden den vom Hochwasser der Oder betroffenen Einwohnern von Ratzdorf zur Verfügung gestellt.

1. Oktober, Burg: Im Kreiskrankenhaus Burg beginnen 20 junge Leute ihre Ausbildung als Krankenschwester bzw. Krankenpfleger. Sie wurden aus 400 Bewerbern ausgewählt.

16. Oktober, Altengrabow: Soldaten aus Deutschland, Frankreich und Albanien bereiten sich auf ihren Einsatz in Bosnien vor. Das Logistikregiment 41 (Burg) ist mit der Ausbildung der Soldaten des 4. Kontingents Stab/Stabskompanie des EU-Verbandes GECONSFOR beauftragt.

14. November, Hohenwarthe: Heute wird die AB-Maßnahme Windmühle beendet. Die ursprünglich in Drackenstadt/Börde stehende und dort demontierte Mühle wurde von zwei Frauen und acht Männern auf dem Hohenwarther Weinberg wieder aufgebaut.

1998

Festgemeinschaft dank einer Urkunde

GENTHINER CHRONIK

22. Januar: Der allgemeine Wählerverein und die SPD im Stadtrat bilden künftig eine Fraktion. Der Zusammenschluss wurde von beiden Fraktionen einstimmig gebilligt.

6. Februar: Die bundesweit agierende Götzen-Gruppe muss das Insolvenzverfahren anmelden. Davon betroffen ist auch der Genthiner Baumarkt. Er wird am 1. August unter der Bezeichnung „toom"-Baumarkt der Rewe Gruppe neu eröffnet.

14. März: Multitalent Heinz Rennhack begeistert im Haus der QSG die Zuschauer mit dem Programm „Über die Liebe und andere Grausamkeiten".

27. April: Mit einer Feierstunde im Johanniterheim wird dieses offiziell seiner Bestimmung übergeben.

11. Juni: Seit der Aufnahme der Stadt in das städtebauliche Sanierungs- und Entwicklungsprogramm des Landes 1994 wurde an 75 Gebäuden mit der Arbeit begonnen, 54 Häuser sind fertig saniert. 6 Millionen Mark wurden investiert.

25. Juni: Per Vertrag geht der Wasserturm in das Eigentum der Stadt über, die das Bauwerk verstärkt für kulturelle Zwecke nutzen möchte.

18. Juli: Henkel verlagert einen Großteil seiner Rohstoff- und Fertig-Erzeugnistransporte auf die Bahn. Somit entfallen im Jahr 3120 Lkw-Transporte.

5. August: Aus wirtschaftlichen Gründen werden in Genthin 14 öffentliche Münzfernsprecher entfernt.

29. Oktober: Ein maskierter Täter überfällt kurz vor Kassenschluss die Sparkasse Jerichower Land in der Brandenburger Straße. Er kann mit einer Beute von 10 000 Mark flüchten.

BURGER CHRONIK

11. Januar, Möckern: Die Einwohner der Stadt Möckern nehmen heute die neue Stadthalle in Besitz. Die 976 000 Mark teure Investition wird dem Vereins- und Kulturleben neue Impulse verleihen. Die Kapazität der Halle umfasst 540 Plätze.

13. März, Pietzpuhl: Einen dreisten Diebstahl verüben unbekannte Täter im Schlosspark. Sie fällen zwei hundertjährige Eiben, die sie bei Nacht und Nebel abtransportieren.

6. April, Burg: Der Teilabschnitt Breiter Weg von der Ihlebrücke bis zum Markt, der Bestandteil der Marktsanierung ist, wird heute übergeben.

16. April, Burg: Bei der Vereidigung von 275 Rekruten des Burger Logistikregiments 41 ist auch Bundesverteidigungsminister Volker Rühe (CDU) anwesend.

6. August, Jerichower Land: 69 Autowracks wurden bis heute auf Wiesen und in Wäldern entdeckt, 1990 waren es noch 400.

3. September, Gerwisch: Das Bürgerzentrum wird übergeben. Der stellvertretende Bürgermeister Günter Schulze betont, dass der 811 000 Mark teure Umbau ein Haus für die Bürger, die Schule, für Parteien und Vereine ist.

10. Oktober, Lübars: Der Heimatverein veranstaltet eine Pilzwanderung, an der sich 32 Interessierte beteiligen. Die Pilzkenner Wolfgang Ebenau und Kurt Schätzke bestimmen 53 verschiedene Pilzarten.

6. Dezember, Möser: Bei einer Geschwindigkeitskontrolle verteilt Innenminister Püchel „Blaue Briefe". Von den 675 kontrollierten Verkehrsteilnehmern überschritten 13 die erlaubte Geschwindigkeit erheblich.

Ein Schnappschuss vom Festumzug zur 1050-Jahr-Feier der Ehlestadt Möckern.

Im Jerichower Land ist das Jahr geprägt vom Gedenken an die erste schriftliche Erwähnung von Burg, Gommern, Möckern, Grabow und weiteren Kommunen in einer Urkunde des deutschen Königs und späteren Kaisers Otto I. aus dem Jahre 948.

Die Städte und Gemeinden feierten in einer zuvor verabredeten Reihenfolge ihren 1050. Jahrestag. Eigens dazu hergerichtete Festwagen nahmen auch in den Nachbarstädten an den Umzügen teil.

Die Städte hatten sich teils jahrelang auf die Festwochen vorbereitet, dazu auch geschichtliche Abrisse herausgegeben. Beispiel Burg: Zu einem wahren Volksfest wurden die verschiedensten Veranstaltungen in der Festwoche vom 30. September bis zum 4. Oktober anlässlich „1050 Jahre Stadt Burg".

Der Höhepunkt war trotz Regenwetters der imposante historische Festumzug durch die Stadt. Als Erinnerungsstücke an diese inhaltsreichen Tage, die bei vielen Burgern das Interesse an ihrer Heimatgeschichte sichtbar belebten, waren neben vielen Fotos und Videoaufnahmen auch postalische Belege mit Sonderstempel ein gefundenes Fressen für Philatelisten.

Bundespräsident Roman Herzog stattete am 4. September dem Landkreis einen Besuch ab. Anlass war die Eröffnung der Grundschule im Schloss Möckern, das von der Stadt für eine Mark gekauft und als Bildungseinrichtung für die jungen Möckeraner ausgebaut worden war. Hier Empfang mit Brot und Salz vor der Schule, im Hintergrund Sachsen-Anhalts Ministerpräsident Reinhard Höppner.

Großer Bahnhof in Burg

Großer Bahnhof am Bahnhof war Anfang Oktober in der Kreisstadt. Wieder war der Verkehrsminister Sachsen-Anhalts, Jürgen Heyer (r.), Gast der Stadt, um zwei bedeutende Verkehrsprojekte zu übergeben.

Dies waren die 23 Millionen Mark teure Straßenbrücke über die Eisenbahnlinie Berlin-Magdeburg und der neue Busbahnhof. Die 23 Millionen, die investiert wurden, umfassten Straße, Brücke und Tunnel.

Großfeuer in Demsin: 1500 Tiere tot

1999

Vier der mit großem Aufwand modernisierten Ställe brennen innerhalb von nur wenigen Stunden nieder. Die zum Teil hochtragenden Muttertiere kommen qualvoll um.

Ein Großbrand vernichtet vier Ställe einer Sauenanlage in Demsin.

Mindestens 1500 zum Teil hochtragende Muttertiere kamen in den Flammen um, weitere schwer verletzte Tiere mussten getötet werden. Vier Mitarbeiter des von einem Holländer geführten Landwirtschaftsunternehmens wurden mit Rauchvergiftungen ins Krankenhaus eingeliefert. Jäger aus der Region wurden informiert, dass in dem angrenzenden Wald weitere Tiere umherirrten, die dem Feuertod entkommen konnten. Ein solches Desaster sei bislang einmalig in der Einsatzgeschichte der Feuerwehren des Landkreises, so Kreis-Dezernent Bernd Girke. Bis heute vermeldete die Polizei keine Aufklärung des Falles.

Schildbürgerstreich: Kreisverwaltung baut Großraum-Parkplatz und sperrt ihn ab

Die lange Odyssee um die Probleme rund um das Genthiner Ärztehaus ging weiter. Der Landkreis Jerichower Land bewies im Januar, wie engstirnig und wenig bürgerfreundlich eine Verwaltung sein kann. Während sich der Kreis hinter seinem Genthiner Verwaltungssitz einen neuen Großraum-Parkplatz baute und diesen für die Öffentlichkeit sperrte, rangierten am Ärztehaus die Patienten bei der Parkplatzsuche hin und her und rutschten in den Graben.
Kreis-Dezernent Bernd Girke antwortete auf eine Bürgerbeschwerde: „Am Ärztehaus gibt es ausreichend Parkplätze". Erst nachdem die Ärzte protestierten und sich der grüne Kreistagsabgeordnete Nitz der Sache annahm, lenkte man in Burg zögerlich (und nach öffentlichem Druck) ein. Ein Durchbruch im Zaun wurde geschaffen, Patienten des Ärztehauses konnten nun auch hinter dem Kreishaus parken.

Genthiner Westumgehung wird freigegeben

Am 21. September war es soweit: Um 15.01 Uhr rollte das erste Fahrzeug über die neue Kanalbrücke. Damit war die seit Jahren im Bau befindliche Westumgehung freigegeben, auch wenn noch Restarbeiten auszuführen waren.
Das erste Fahrzeug war der Lanz-Bulldog der Firma Wicke aus dem Baujahr 1936, der symbolisieren sollte, dass die Pläne zur Umgehungsstraße bereits auf das Jahr 1936 zurückgingen.
Die Baukosten für das Projekt betrugen 60 Millionen Mark. Nunmehr wurde die Genthiner Innenstadt, die nach Verkehrszählungen 13 000 Fahrzeuge täglich verkraften musste, deutlich entlastet (Archivfoto: Thomas Hagen)

GENTHINER CHRONIK

1. Januar: Das erste Baby des Jahres 1999 im Jerichower Land ist Hannes Holger Wendt. Im Kreiskrankenhaus Burg erblickt er um 20.07 Uhr das Licht der Welt.

6. Januar: Bei einer Verkehrskontrolle in Parchen wird eine 23-jährige Polizistin von einem 39-jährigen Temposünder überfahren und schwer verletzt.

10. Januar: Der Zusammenschluss der Kirchenkreise Burg, Genthin und Leitzkau hat jetzt offiziellen Charakter. Gemeinsamer Name: „Kirchenkreis Elbe-Fläming".

22. Januar: Das Thomas-Morus-Haus in Genthin feiert sein fünfjähriges Bestehen.

27. Januar: Ein maskierter Räuber erbeutet in der Jerichower Sparkasse kurz vor Geschäftsschluss 5000 Mark.

6. Februar: „Landrat Detlev Lehmann (SPD) ging die Bürgernähe verloren", bemängelt der Genthiner SPD-Ortsverein auf einer Sitzung. Hintergrund: Die von ihm angekündigte Schließung der Straßenverkehrsamts-Außenstelle.

13. Juni: Die seit Jahren geringste Wahlbeteiligung wird bei der Kommunalwahl registriert, in Genthin liegt sie bei 39,72 Prozent. Neu in den Stadtrat gelangt die Wählergruppe „Pro Genthin".

29. September: Genthins ehemaliger katholischer Pfarrer Willi Kraning erhält das Verdienstkreuz am Band.

5. November: Sachsen-Anhalts Verkehrsminister Jürgen Heyer weiht den mit Fördermitteln frisch sanierten Genthiner Bahnhofsvorplatz ein.

22. Dezember: Der Stadtrat beschließt definitiv die Schließung der Kindertagesstätte „Rappelkiste".

BURGER CHRONIK

31. Januar, Burg: Im Arbeitsamtsbezirk Burg sind 19,8 Prozent der Erwerbsfähigen ohne Arbeit. Die Zahlen sagen aus, dass 6338 Frauen und Männer der Region als Arbeitssuchende registriert sind, 904 mehr als im Vormonat.

8. Februar, Parchau: Heute beginnen die Vorbereitungsarbeiten für den Ausbau des Elbe-Havel-Kanals. Dazu müssen 1025 Bäume am nördlichen Kanalseitenarm gefällt werden. Grund der Aktion: der Kanal wird von derzeit 35 Meter auf 55 Meter verbreitert. Ein Durchstich zwischen Parchau und Ihleburg soll den Kanalradius erweitern.

1. April, Gommern: Neun Felsstücke aus Bayern komplettieren den Gesteinsgarten am Kulk, dessen Bestand auf 150 Schaustücke angewachsen ist. Mit diesen Neuanschaffungen gibt es hier eine deutschlandweit einmalige Sammlung von großformatigen Mineralien.

27. August, Burg: Da der bauliche Zustand der Kirche Unsere Lieben Frauen bedrohlich ist, muss ab sofort der Durchgang hinter dem Rathaus gesperrt werden, da akute Gefahr für die Fußgänger besteht. Die aufzubringenden Mittel für die Sanierung werden sich im Millionenbereich bewegen.

20. Oktober, Friedensau: Das ehemalige Seniorenheim, das aus dem Jahr 1907 stammt, wird nach zweijähriger Umbauzeit als Studentenwohnheim übergeben. Das Gebäude hat 54 Zimmer und 57 Betten für die am Ort Studierenden. Die 3,7 Millionen Mark für den Umbau wurden in einer weltweiten Aktion der Siebenten-Tags-Adventisten zusammengetragen.

Weitere im Wartberg Verlag erschienene Bücher

Magdeburg – Ein verlorenes Stadtbild
Historische Fotografien
72 S., gebunden, zahlreiche S/w-Fotos
ISBN 3-86134-100-X

Hans-Joachim Krenzke, Jürgen Goldammer
**Magdeburg – Bewegte Zeiten –
Die 50er und 60er Jahre**
72 S., gebunden, zahlreiche S/w-Fotos.
ISBN 3-86134-370-3

Nadja Gröschner, Herbert Rosenberger
**Magdeburg-Neustadt
wie es früher war**
Historische Fotografien
72 S., gebunden, zahlreiche S/w-Fotos
ISBN 3-86134-994-9

Hans-Joachim Krenzke
Magdeburg in Farbe
deutsch/englisch
48 S., gebunden, Großformat,
zahlreiche Farbfotos
ISBN 3-86134-263-4

Hans-Joachim Krenzke
**Das war das 20. Jahrhundert
in Magdeburg**
108 S., gebunden, Großformat, zahlreiche S/w-Fotos
ISBN 3-86134-523-4

Hans-Joachim Krenzke, Elke Neubert
**Magdeburg – Luftbilder
von gestern und heute**
Eine Gegenüberstellung
60 S., gebunden, zahlreiche S/w- und Farbfotos
ISBN 3-86134-471-8

Nadja Gröschner, Dieter Niemann
**Magdeburg-Sudenburg
wie es früher war**
Historische Fotografien
72 S., gebunden, zahlreiche S/w-Fotos
ISBN 3-86134-589-7

Claudia Feldner
Freizeitführer Region Magdeburg
1000 Freizeittips
Ausflugsziele, Sehenswürdigkeiten,
Freizeitsport, Kultur, Feste, Veranstaltungen
206 S., broschiert, zahlreiche S/w- und Farbfotos
ISBN 3-86134-543-9

Nadja Gröschner, Dieter Niemann
**Das war das 20. Jahrhundert
in Magdeburg-Sudenburg**
64 S., gebunden, Großformat, zahlreiche S/w-Fotos
ISBN 3-86134-995-7

In der Reihe „Das war das 20. Jahrhundert"
sind in der Region um Magdeburg weitere Bände
erschienen:

Westliche Altmark
mit den Städten Salzwedel, Klötze, Gardelegen
ISBN 3-86134-846-2

Ohrekreis
mit den Städten Haldensleben, Wolmirstedt
ISBN 3-86134-849-7

Bördekreis/Kreis Staßfurt
mit den Städten Oschersleben, Wanzleben, Staßfurt
ISBN 3-86134-847-0

Kreise Halberstadt/Wernigerode
ISBN 3-86134-848-9

Region Schönebeck/Zerbst
ISBN 3-86134-603-6

Wartberg Verlag GmbH & Co. KG
34281 Gudensberg-Gleichen, Im Wiesental 1
Tel.: 05603/93050 · Fax: 05603/3083